職業教育與訓練

李隆盛　著

五南圖書出版公司 印行

序

　　有一則在網路流傳的笑話大意如下：晴天適合出遊、雨天適合睡覺、陰天適合發呆；歲月漫長，竟然沒有一天適合工作。

　　實際上，成人工作時間約占工作日的三分之一。例如美國勞工統計局 2019 年的調查結果顯示，全時受僱在週間工作的美國人，每一工作日的平均工時是 8.5 小時。

　　人人都需要出遊、睡覺、發呆和工作等等以進行相關的學習，因為這些都是生活的層面。教育與訓練在當中扮演的角色，簡要言之，普通教育旨在協助學生廣泛地為生活而學，職業教育與訓練則旨在協助學生（或學員）為工作而學（learning for jobs）。

　　聯合國教科文組織將「技職教育與訓練」（與「職業教育與訓練」同義）定義為「和廣泛的職業領域、生產、服務與生計有關的教育、訓練與能力發展」。並揭示技職教育與訓練四大目的為：(1) 增能個人以促進就業、尊嚴勞動和終身學習；(2) 促進能包容又可持續的經濟成長；(3) 促進社會公平；和 (4) 促進環境永續。我國職業教育與訓練，歷來也對促進個人就業、社會流動、經濟發展等層面做出許多貢獻。

　　就學生（或學員）數量而言，臺灣職業教育與訓練規模龐大，社會大眾對職業教育與訓練的期望很高，例如對青年失業率、人才供需失調和學用落差等課題進行檢討時，對職業教育與訓練體系會比對普通或學術教育體系給予相對更多、更重的要求。

　　因此，職前和在職的職業教育與訓練人員都該更加努力透過學習增進知能和透過工作做出卓越貢獻，政府官員、民意代表和社會大眾對職業教育與訓練也應更加理解和更多支持，使職業教育與訓練更能全球在

地化（glocalization）和在地全球化（logloblization），亦即力求「思考全球化，行動在地化」和「立足臺灣、放眼世界」。

　　本書著眼於此，分八章就職業教育與訓練做一概論層次的論述。書名順應我國於 2019 年修正公布的《技術及職業教育法》第 24 條，以「職業教育與訓練」爲名，但書中所述，除特別說明外，「職業教育與訓練」一詞均得以「技職教育與訓練」替換。

　　本書力求深入淺出，但倘若書中論述內容或表達方式出現力有未逮之處，尚請讀者指教，俾做後續增刪補正！

目錄

第 一 章
職業教育與訓練本質

　　《伊索寓言》中有一則〈河流與海洋〉的寓言，大意是河流匯流到海裡卻責備海洋：我們把甘甜的淡水送來你這裡，為何你馬上把它們變成無法飲用的鹹水？海洋聽到這樣的抱怨，只說：如果你不想變成鹹水，就別匯流過來！這則寓言的意涵是受益者往往也是抱怨者，而造福者常需胸襟開闊地來者不拒，去者不留，才能海納百川成其大。

　　固然，在基礎教育階段實施的職業覺察和試探教育，本質上是普通教育的一環，但是基礎教育階段後期或之後的職業準備或繼續教育與訓練，其本質則是分殊教育與訓練，無論是歸屬全民基礎教育或非全民之分殊教育的職業教育與訓練，都要盡其所能讓學生或學員（以下簡稱學員／生）、教師（或訓練師）、行政人員、雇主等利害關係人受益和滿意，而且所有利害關係人都負有盡其所能的責任。

　　本質（nature）是事物的基本或固有特色、特徵或品質。本章分五節說明職業教育與訓練的知識體、技術及職業的多元學習管道、職業教育與訓練的角色、職業教育與訓練的理論，以及職業教育與訓練的迷失與真實。

第一節 ▶ 職業教育與訓練的知識體

　　在歐洲地區較常用職業教育與訓練（vocational education and training, VET）一詞，在亞太地區較常用技術及職業教育與訓練（technical and vocational education and training, TVET），我國官方則用 "technological and vocational education and training"（TVET，強調以科技／technology 為知識體）當 VET 的同義詞。無論 VET 或 TVET，都是以「技術及職業」為體，以「教育與訓練」為用，意思是職業教育與訓練是協助學習者透過教育與訓練，學習技術（或科技）及職業（或專業）領域所需職能。體就是知識體（body of knowledge, BOK），是

構成某職業（或專業）領域的概念、術語和活動的集合，有知識體才能界定專業領域的範圍，和彰顯專業領域的獨特性。技術及職業可分述如下：

壹　技術和科技

　　技術（technique）是辦事情或做東西的實用方法、程序或方式，例如非純粹知識的協商、素描、拉坯、縫紉、烹調、打字、彎管、駕駛等等都是技術。技術的英文 "technique" 源自希臘字根 "techne"，意指才藝、技藝或技能，所以技術的面向很廣泛，推銷員、藝術家、運動員、駕駛人、水電工等等都有賴其技術執行工作。技術和科技（technology）關係密切，但兩者常被混為一談，"technology" 也常被中譯為「技術」。技術和科技都源自人類為了滿足需求（needs；生活必需品，如食物、水和住所）與欲求（wants；非基本生活上必要但期望擁有的東西或可提高生活品質的物品，如汽車音響、名牌服飾）所做的原料取得、物件製作、服務提供或環境改造等活動，但科技較常涉及機具使用的複雜程序和科學應用，也較專注在產業技術領域及其效益的產出。例如日新月異的電腦「科技」在第一代電腦於 1940 年代出現時才拉開序幕，但是利用打字機打字或鍵盤輸入資料的「技術」由來已久；又如行動科技是跟著使用者移動的科技，包含可攜帶雙向溝通裝置（如智慧型手機、平板和手錶）、運算裝置以及連結這些裝置的網路科技，而智慧型手機的靈活運用則是技術。有技術才會有科技，但科技除了技術還常涵蓋其他，亦即技術是科技的必要但非充分條件，例如汽車科技涵蓋駕駛技術，但不受限於駕駛技術；而相同的技術可用在不同的科技，例如電腦視覺技術可用於機器人科技和機器學習科技。

　　人們會從不同面向看待科技，常見的是：有人將科技看成是物件

（object），例如機具；有人將科技看成是程序（process），例如程式設計；有人將科技看成是知識（knowledge），例如技術知識（know how）；有人將科技看成是系統（system），例如資通訊系統；有人將科技看成是意志（volition），例如為了保家衛國而研發先進武器的驅力（Waseda University, n.d.）。總而言之，科技是在實用目的下相關物件、程序、知識、系統和意志的總和。

此外，釐清科技和工程（engineering）及科學（science）的關係，也有助於了解科技。簡要言之，科技是為滿足需求與欲求而透過人為設計產品、程序和系統以調適環境的活動，例如製造科技、生物科技；工程是利用科學原理和數學推理，以最佳化科技使符合在已知限制下有依規準定義之需求的活動，例如土木工程、電機工程；科學則是自然世界的探究和了解活動，例如物理、化學、生物（ITEEA, 2021）。因此，科學是透過觀察和實驗探究獲得的能量、物質或生命世界的系統性知識。科技不只是科學的產品或應用，科技還必須滿足無中生有的創新性、實用性、可用性和安全性等要求。工程是設計和製作物件和系統作為人類實用手段的目標導向程序，常常（但不總是）使用科學的結果和技術。科技的發展可能會利用許多領域的知識，包括科學、工程、數學、語言和歷史知識等，以獲致實用成果。

在中文裡，「科技」有時指 "technology" 如上述，有時則是 "science and technology" 的合稱，需視其前後文做區分。

貳 職業和專業

隸屬於聯合國的國際勞工組織（International Labour Organization, ILO）所制定的國際職業標準分類（International Standard Classification of Occupations, ISCO）中，將職業（occupation）定義為主要任務（task）

和職責（duty）具有高度相似性的一組工作（job，或稱職務）；工作則是個人（包括受僱者和自僱者）執行（或打算執行）的一組職責和任務。一個人可能透過當前從事的主要工作、第二份工作、未來工作或以前從事的工作和職業關聯；能力（skill）則是執行工作任務和職責的才能（ability）。ISCO 是根據在工作中所承擔任務和職責，將各項工作歸類至有明確定義之群組的工具。ISCO 目的在作為職業統計和行政資料之國際報告、比較和交換的基礎，制定國家和地區職業分類的模式和提供尚未制定本國分類之國家直接使用的系統。現行 2008 年版的 ISCO-08 採四階層分類，將世界上的所有工作根據工作所需能力高低和專精程度分成 10 大類、43 中類、130 小類和 436 細類。其中能力高低由低而高分為 1-4 級，級別愈高所需教育程度愈高；專精程度則考慮所需知識領域、所用工具和機器、所加工或處理材料以及所產出物品和服務類別。ISCO-08 職業分類的樹狀結構及舉例如圖 1.1。在我國職業標準分類（行政院主計處，2010）中，「職業」是指：

> 個人所擔任的工作或職務種類，由一組具有高度相似性的「工作」所組成；「工作」則指個人以獲取報酬（含現金或實物報酬）目的而執行的一組作業項目及職務，故職業分類之對象須具有報酬性，包括受僱者、雇主、自營作業者、及幫家人從事營利工作而不支領薪資之無酬家屬工作者，但不包括義務從事社會公益工作之義工。（頁 2）

我國職業標準分類之編訂係以聯合國國際職業標準分類為基本架構，現行版本（2010 年修訂）將職業分為 10 大類、39 中類、125 小類及 380 細類。

圖 1.1 ISCO-08 職業分類的樹狀結構及舉例

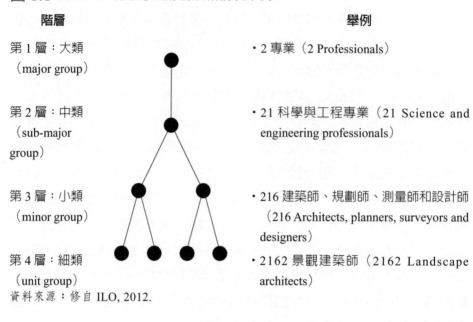

階層	舉例

第 1 層：大類
（major group）

· 2 專業（2 Professionals）

第 2 層：中類
（sub-major
group）

· 21 科學與工程專業（21 Science and
engineering professionals）

第 3 層：小類
（minor group）

· 216 建築師、規劃師、測量師和設計師
（216 Architects, planners, surveyors and
designers）

第 4 層：細類
（unit group）

· 2162 景觀建築師（2162 Landscape
architects）

資料來源：修自 ILO, 2012.

　　專業（profession）常被和職業混合使用，專業是在特定領域需擁有公認專精程度的職業（所以專業是職業中的一股），或者是需要較高層次能力和訓練的工作。例如在我國職業標準分類中 10 大類的第 2 大類是「專業人員」，指：

　　　　從事科學理論研究，應用科學知識以解決經濟、社會、工業、農業、環境等方面問題，以及從事理化科學、生命科學、環境科學、工程、設計、資訊及通訊、法律、醫學、宗教、商業、新聞、文學、教學、社會服務及藝術表演等專業活動之人員。本類人員對所從事之業務均須具有專門之知識，通常須受高等教育或專業訓練，或經專業考試及格者。

　　醫師、教師、會計師、律師、法官、建築師、機械工程師、專案管理師、資訊系統設計師等，都是在此大類之下的專業人員。

　　此外，行業（trade）與職業有別，但一般人常將兩者混為一談。我國行業統計分類（行政院主計總處，2021）指出：

　　　　「行業」係指場所單位所從事的經濟活動種類，「職業」則指工作者本身所擔任之職務或工作。以受僱於酒廠擔任貨車司機為例，其職業為「貨車駕駛人員」，而酒廠係屬「飲料製造業」。

　　　　每一個場所單位均有其主要經濟活動，但因分工關係，往往需要各種不同職業之工作人員，例如成衣製造工廠歸屬行業分類之 12 中類「成衣及服飾品製造業」，廠內設有廠長、出納員、倉庫管理員、作業員等多種不同職業的工作人員。反之，同一種職業之工作人員，亦常分布於不同之行業，例如出納員在製造業、營建工程業、批發及零售業等行業中均會出現（頁 9）

　　我國行業共分為 19 大類、88 中類、249 小類、522 細類，各層級均加以編碼，例如大類及中類編碼如下（大類採大寫英文字母編碼，中類採用二位數編碼）：

A 農、林、漁、牧業 01-03

B 礦業及土石採取業 05-06

C 製造業 08-34

D 電力及燃氣供應業 35

E 用水供應及汙染整治業 36-39

F 營建工程業 41-43

G 批發及零售業 45-48

H 運輸及倉儲業 49-54

I 住宿及餐飲業 55-56

J 出版影音及資通訊業 58-63

K 金融及保險業 64-66

L 不動產業 67-68

M 專業、科學及技術服務業 69-76

N 支援服務業 77-82

O 公共行政及國防；強制性社會安全 83-84

P 教育業 85

Q 醫療保健及社會工作服務業 86-88

R 藝術、娛樂及休閒服務業 90-93

S 其他服務業 94-96

因此前述 12 中類「成衣及服飾品製造業」係在 C 大類「製造業」。

綜合本節上述，職業教育與訓練是以技術／科技以及職業／專業為知識體。而技術與科技以及職業與專業，兩兩意義相近但有別。此外，行業與職業有別，不宜混為一談。

第二節 技術及職業的多元學習管道

和職業教育與訓練有關的學習管道（或途徑）有教育、訓練與發展，正規學習、非正規學習與非正式學習，普通教育與職業教育，職業教育與職業訓練，技術教育與職業教育等，以下說明其異同。

壹　教育、訓練與發展以及正規學習、非正規學習與非正式學習的異同

　　學習（learning）是透過經驗、研修或教導獲得或增進知識、技能和態度的過程。教育、訓練與發展都以促進學習為目的，但三者之間有些差異（見表 1.1）。

表 1.1　教育、訓練與發展的主要差異

	教育	訓練	發展
意義	根據生活需求培養所需知能的計畫性學習過程	根據工作需求培養所需職能的計畫性學習過程	根據整體成長需求所進行的非計畫性學習活動
學習目的	充實自我	改善工作績效	適應未來挑戰
學習標的	廣泛的生活知能	特定工作相關知能	概念性和一般知識
學習時需	未來工作	當前工作	未來或當前工作
學習取向	職涯發展	實務應用	職涯發展
學習時程	長（連續）	短（如 3-6 個月）	長（連續）
主要管理者	教師	訓練師	學習者
學習者人數	許多	許多	單一

資料來源：修自 Aishu, n.d.; Key Differences, 2024.

　　教育（education）在增進個人知能方面，採較正規方式、需較長時間且常先廣後專——先經基礎教育再經分殊（或專門）教育做分流（如在國小和國中都是綜合型基礎教育，高中才分流為普通教育和職業教育；見圖 1.2）；當個人在某個領域幾乎沒有任何經驗時，尤其需藉助教育，例如到技術型高中接受冷凍空調科的職業教育。

圖 1.2 常見的基礎教育及其之後的教育分流

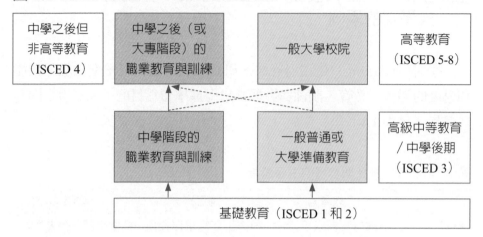

註：ISCED 係 International Standard Classification of Education（國際教育標準分類）
　　的縮寫，其後數字為等級（詳見表 1.2）。
資料來源：修自 Constant et al., 2014.

表 1.2 ISCED-11 劃分的教育階段與等級

階段	等級（level）	修業年限
1.基礎／初階	0—學前教育（低於小學）	沒訂年限規準，但至少應有相當於每天 2 小時和每年 100 天的教育活動方可視為本級之班制
	1—小學	4-7 年，最常見為 6 年
	2—國／初中或中學前期	2-5 年，最常見為 3 年
2.中等／中階	3—高中或中學後期	2-5 年，最常見為 3 年
	4—中學之後但非高等教育	6 個月到 2 或 3 年
3.高等／高階	5—短期高等教育	2-3 年
	6—學士或相當等級	緊接在 ISCED 3 之後 3-4 年或更多，或接在 ISCED 6 班制之後 1-2 年

階段	等級（level）	修業年限
	7─碩士或相當等級	接在 ISCED 6 之後 1-4 年，或緊接在 ISCED 3 班制之後 5-7 年
	8─博士或相當等級	至少 3 年

註：臺灣亦有對應 ISCED-11 的《中華民國教育程度標準分類（第 5 次修正）》，但未使用介於中等教育和高等教育之間的 ISCED-11 第 4 等級（教育部，2016）。

資料來源：ILOSTAT, 2022; UNESCO-UIS, 2012.

　　訓練（training）的目的在教授可在特定工作（如銲接、銷售）或需求（如駕駛、烹飪）中立即使用的知識、技能和態度。接受訓練除了在職前為初任工作學習能力（skilling；如到汽車駕駛訓練班接受自用駕照換考職業駕照訓練）外，亦可能是為晉升職位、提高績效或因應工作內容變化等而提升能力（up-skilling），或為轉換工作或因應工作內容變化等需求而重新培養能力（re-skilling，或稱重建能力）。提升能力較常是縱向增能（搭在現有的能力上做線性提升），例如提升程式設計員升級為系統分析師所需能力或在現有職位上提升能力。重新培養能力較常是橫向增能，例如許多藍領角色正在被自動化所取代，以致擔當這些角色的員工須重新學習管理自動化科技的能力。無論學習能力、提升能力或重新培養能力都是一種增能（skill enhancement）。國際上，訓練一詞也常被用能力發展（或能力開發，skill development）一詞取代。

　　發展（development）的目的則在加深和／或加廣知能，但目標放得較長遠且通常是自願進行的，例如閱讀書報雜誌、觀看電視節目、參與社群討論等，但這些活動中符合個人發展目標和組織營運目標的部分才被採認為發展。

　　因此，教育與訓練都是有計畫的學習過程或活動，但是教育的目標較長遠、發散，訓練的目標較短近、聚焦；發展雖然也是學習過程或活動，但是在本質上較非目標導向，如果是有計畫的發展也是較為鬆散。

因此，有人相當簡約地說：教育像是長期的訓練，學了以後再用；訓練像是短期的教育，學了馬上就用；發展既非教育也非訓練，學了不知何時用上。

國際勞工組織統計部（Gammarano, 2020）曾發展出表 1.3 所示的職業與教育程度對應表，表中經理和專業人員的工作需有由高等教育培育的能力，不會發生過度教育（over-educated）；只需基本能力的從事基層職業人員，高於小學程度就是過度教育；任何未具小學教育程度的工作人員即屬教育不足（under-educated）……。國際勞工組織統計部用表 1.3 當規準分析 114 個國家的資料，發現超過 9.35 億的工作人員，其工作與其教育程度不適配，其中 72%（6.77 億）的工作教育不足，其餘 28%（2.58 億）為過度教育，並認為如分析全球所有國家，工作與教育失調的數值可能要高得多。

而國際勞工組織制訂的 ISCO-08 將各職業所需能力（skill）分為四個等級，由低而高以 1-4 表示。表 1.4 是 ISCO-08 中所定義的四個能力等級及所需的教育與訓練級別，對職業教育與訓練的意涵是職業教育與訓練班制需針對其所對應職業所需的能力等級，提供教育與訓練，不宜過度教育或教育不足，例如培育技術員和準專業人員的班制不宜拉高到學士或以上（ISCED 6 或以上）等級提供；相對地，擬（或已）設置在各教育等級（可依 ISCED-11）的職業教育與訓練班制，即需協助其學員／生（指學員和／或學生，通常在訓練班制的學習者被稱為學員，在教育班制的學習者被稱為學生）達到其所對應的能力等級，例如學士或以上（ISCED 6 或以上）等級的班制需協助其學員／生達到第 4 等級的能力。

表 1.3　職業與教育程度對應表

職業 (ISCO-08 大類)	教育等級 (ISCED-11)									
	x. 沒上 過學	0. 學前 教育	1. 小學	2. 初中	3. 高中	4. 中學後 但非高 等教育	5. 短期高 等教育	6. 學士或 相當	7. 碩士或 相當	8. 博士或 相當
1. 經理人員	□	□	□	□	□	□	▨	▨	▨	▨
2. 專業人員	□	□	□	□	□	□	□	▨	▨	▨
3. 技術員和準專業人員	□	□	□	□	□	▨	▨	■	■	■
4. 事務支援人員	□	□	□	□	▨	▨	■	■	■	■
5. 服務及銷售工作人員	□	□	□	▨	▨	■	■	■	■	■
6. 農、林、漁、牧業生產人員	□	□	□	▨	▨	■	■	■	■	■
7. 技藝及其有關工作人員	□	□	□	▨	▨	■	■	■	■	■
8. 機械設備操作及組裝人員	□	□	□	▨	▨	■	■	■	■	■
9. 基層職業	□	▨	▨	▨	■	■	■	■	■	■

註：表中各細格 □白色――教育不足、■灰色――教育―職業適配、■黑色――過度教育。

資料來源：Gammarano, 2020.

表 **1.4** 國際職業分類標準（ISCO-08）定義的能力等級及所需的教育與訓練級別

等級	典型或特有任務	所需能力類型	所需教育與訓練	典型職業
1	主要涉及簡單和例行的體力或手工任務，需使用手持工具（如鏟子）或簡單電氣設備（如真空吸塵器），涉及任務如清理，挖掘，徒手搬抬材料，徒手（有時在機械作業下）分類、儲存和組裝物品，操作非機動車輛，採摘蔬果。	本等級的許多職業需體力和／或耐力；某些工作需讀寫算素養，但這些素養不至於是工作上的要件。	勝任本等級某些職業需完成基礎教育的第 1 階段（ISCED 1），某些職業需短期的工作崗位上訓練。	辦公室清潔人員、貨物裝卸人員、園藝勞動人員、廚房助理。
2	主要涉及如下列的任務：操作機器和電氣設備，駕駛車輛，維修電氣和機器設備，操作、訂購和儲存資訊。	本等級的絕大多數職業需有下列能力：閱讀資訊（如安全指導），進行書面工作記錄，精確地執行簡單算術計算；許多職業需相對較高階的讀寫算能力和人際溝通能力，在某些工作這些能力是工作上的要件。本等級的職業需高度的手工靈巧度。	勝任本等級職業所需知能一般得自完成中等教育的第 1 階段（ISCED 2），某些職業需完成含專門職業教育核心和工作崗位上訓練在內的中等教育第 2 階段（ISCED 3），某些職業需完成中等教育之後實施的職業專門教育（ISCED 4），在某些情況工作經驗和工作崗位上訓練可取代正規教育。	屠宰人員、公車司機、祕書人員、會計職員、針車人員、裁縫人員、商店銷售助理、警察人員、美髮人員、建物電氣人員、機動車輛維修人員。

等級	典型或特有任務	所需能力類型	所需教育與訓練	典型職業
3	主要涉及需廣泛事實、技術和程序知識體以執行複雜技術和實務任務，分殊任務如：確保符合健康、安全和相關法規，準備特定專案數量及所需材料和人工成本的細部估計，協調、監督、控管和安排其他工作人員的活動，執行支援專業人員的技術功能。	本等級的職業一般需高級的讀寫算和良好的人際溝通能力，這些能力含了解複雜寫作材料、準備事實報告和在困難情況下進行口語溝通的能力。	勝任本等級職業所需知能通常得自完成中等教育後在高等教育機構學習 1-3 年的結果（ISCED 5），在某些情況下廣泛的相關經驗和長期的工作崗位上訓練可取代正規教育。	商店經理人員、醫事檢驗技術人員、法律事務所祕書、商業銷售代表、診斷醫療放射技師、電腦維修技術人員、廣播和錄製技術人員。
4	主要涉及需根據專精領域內之廣泛理論和事實知識體進行複雜的解決問題、做決定和發揮創意，主要任務含分析和研究以延伸特定領域中的知識體，診斷和治療疾病，傳授他人知識，設計結構或機械及營造與生產程序。	本等級的職業一般需超越高級的讀寫算和優異的人際溝通能力，這些能力通常含了解複雜寫作材料，溝通媒體（如書籍、影像、表演、報告和口語發表）中的複雜構想。	勝任本等級職業所需知能通常得自在高等教育機構學習 3-6 年並取得高等教育資歷第一個學位的結果（ISCED 6 或以上），在某些情況下廣泛的經驗和工作崗位上訓練可取代正規教育，或要求在正規教育之外添加。在許多情況下適切的正規教育資歷是進入本等級職業的基本要求。	行銷經理、土木工程人員、中學教師、醫事人員、音樂人員、手術室護理人員、電腦系統分析人員。

註：表中 ISCED 均指 ISCED-11。
資料來源：ILO, 2012.

　　學習管道除了用教育、訓練和發展做大分類，也常大分為下列正規（formal）、非正式（informal）和非正規（non-formal）三種學習管道（見表 1.5）。

1. 正規學習：活動始終是有組織、結構化和有學習目標。學習者是有學習意圖的，例如獲得知識、技能、才能和其他特質（KSAOs－knowledge, skills, abilities, other characteristics，可統稱為職能／competency）。例如在職前教育與訓練或雇主安排的職場訓練中發生的學習即是。所以可說正規教育和／或訓練是指在正規環境中實施的教育和／或訓練。

2. 非正式學習：活動沒組織也沒針對學習結果擬訂目標，學習者沒學習意圖，常只是從經驗中學習或僅僅就是經驗。所以也可說非正式學習是個人暴露在學習情境（如工作上、在家中或在閒暇時間）下的學習。

3. 非正規學習：性質介於上述正規和非正式學習之間，但其定義還有不少分歧。非正規學習活動相當有組織和可以有學習目標。這種管道的學習可以發生在個人主動進行，也可以伴隨有組織的活動發生，而不管活動本身是否具有學習目標。在某些國家，成人學習的整個領域都屬於非正規學習；在另一些國家，大多數的成人學習是正規的。正規學習和非正式學習在作業上必須嚴格界定為互斥以避免重疊，非正規學習則在兩者之間保留一些彈性，有時傾向正規學習，有時傾向非正式學習。

表 1.5　正規、非正規和非正式學習的概略比較

	學習是否有組織（即井然有序）？	是否有學習目標？	學習者是否有學習意圖？	學習時間長短	學習結果是否導致取得資歷憑證？
正規（formal）	是	是	是	相當長和／或全時	是 [1]
非正規（non-formal）	是或否	是或否	是或否	相當長或兼時（即部分時間）	否 [2]
非正式（informal）	否	否	否	NA	否

註：1—幾乎總是，2—通常是，NA—不適用
資料來源：OECD, 2007, p.4.

　　簡要言之，如表 1.5 所示，正規學習是有組織、有學習目標和有學習意圖的學習；非正式學習是沒有組織、沒有學習目標和沒有學習意圖的學習。非正規學習介於正規和非正式學習之間，可以是或不是有組織，可以有或沒有學習目標，也可以有或沒有學習意圖的學習，所以常需用學習時間長短和學習結果是否導致資歷憑證的取得等額外條件，來和正規及非正式學習做區分。而正規學習、非正規學習、非正式學習三者，和本章前述教育、訓練、發展三者都是學習管道的不同分類。正規和非正式學習可分別比喻為搭公車和騎腳踏車。正規學習像搭公車：公車業者和司機決定公車的去向、車速和路線等，乘客們一起搭車；非正式學習則像騎自行車：騎車者選擇目的地、車速和路線等等（Malamed, 2010）。的確，學習管道像交通方式，可以有很多選擇，而且應適切組合使用以發揮綜合效益（synergy，簡稱綜效），例如某一旅程中陸上使用火車、公車和腳踏車，空中使用飛機，海上使用遊艇。

　　上述正規、非正規和非正式學習還可以從學習活動所在的學習環境特徵是專用、非專用或兩者混合做區分。例如父母在家裡教導學前階段的小孩扣鈕扣、拿筷子……，對小孩而言這是在非專用學習環境中的非正規學習。如果小孩也上幼兒園（屬專用學習環境），園裡教師也教他／她這些技能，則小孩就混合使用非正規和正規學習。在學校求學階段的學生固然在學校（屬專用學習環境）經歷許多正規學習，但是也同時從家庭、社會和線上等非專用學習環境經歷許多非正規和非正式學習。依此類推，進入職場的成人一方面須更借重從職場（屬非專用學習環境）進行非正規和非正式學習，另一方面由於成人已較學前和在學階段成熟而更有可能進行自我導向學習（Smith, 2008）。

　　例如 70：20：10 學習與發展（learning and development, L&D；相當於教育、訓練與發展）模式主張在職人員（主要是成人）的學習大約 70% 得自工作崗位上的實務經驗（即從工作中學習），大約 20% 得自與他人共事和互動（即從工作夥伴中學習），大約 10% 得自正規教育或訓練（即從教育或訓練的介入中學習），前兩者的組合——在職場的實務經驗和與他人共事和互動——則可學到最多（70 + 20）（見圖 1.3）。70：20：10 的比例會因專／職業別、工作環境等因素而異（例如某個組織依其特性主張 50：30：20），所以是參考模式。此一模式對在職人員的學習與增能，雖然不建議過度倚重正規教育或訓練管道，但卻高度支持從做中學（learning by doing，亦稱邊做邊學）、體驗學習（experiential learning）等，對旨在協助職前或在職學員／生學習工作能力、提升工作能力或重新培養工作能力之正規職業教育與訓練而言，在學校／機構本位學習（school/institution-based learning）之外，涵蓋工作本位學習（work-based learning）至為重要。

圖 1.3 學習與發展的 70：20：10 參考模式

70% 從工作中學習	**20% 從工作夥伴中學習**
・解決實務問題	・師徒式指導（mentoring）或教練
・擴大工作範圍	（coaching）同事
・承擔挑戰性任務	・協作和持續改善
・經歷新的工作體驗	・提供和接收回饋
・接受稽核／評核	・在內、外部人際網絡中學習
・從事創新活動	・進行行動學習
・進行反思	・落實行動後檢討
・……	・……
	10% 從教育或訓練的介入中學習
	・修讀實體／數位課程或模組
	・參加工作坊／研習會、研討會
	・參加專業資格檢定／認證
	・……

資料來源：修自 70:20:10 Institute, n.d.; DeakinCo, 2018.

貳　普通與職業教育以及技術與職業教育的差異

一、普通與職業教育的差異

　　聯合國教科文組織（United Nations Education Scientific and Cultural Organization, UNESCO）為了促使跨國教育制度比較有一綜合性架構表，制定有國際教育分類標準（International Standard of Classification of Education, ISCED），該標準採用統一和國際協定的定義來組織教育班制和資歷，ISCED 的現行版本是 2011 年發布的 ISCED-11。如表 1.2 所示，ISCED-11 將教育程度等級劃分為 0-8 等級：0—學前教育（低於小學）、1—小學、2—國／初中或中學前期、3—高中或中學後期、4—

中學之後但非高等教育、5―短期高等教育、6―學士或相當等級、7―碩士或相當等級、8―博士或相當等級。其中，0-2 級為低階／基礎教育，3-4 級為中階／中等教育，5-8 級為高階／高等教育。

　　ISCED-11 另將第 2 至 5 級教育班制大分為普通教育（general education）和職業教育（vocational education）兩類，亦即國際上普通和職業教育的分流主要發生在國／初中及以上。ISCED 也聲明雖然在高等教育階段會用「學術」（academic）和「專業」（professional）分別取代「普通」和「職業」二詞，但普通和職業兩類也可以延伸適用到第 6 至 8 級教育。ISCED 對職業和普通兩類教育的簡要說明如下：

1. 職業教育：為習得某特定職業、行業或行／職類所需知識、技能和能力之學習者設計的教育班制，這種班制可能含有工作本位成分（如學徒制、二元制教育班制）。成功完成這種班制可取得有關國家主管部門和／或勞動力市場認可的相關職業資格。

2. 普通教育：為培養學習者普通知識、技能和能力以及讀寫算能力，且常是為接受在相同或較高 ISCED 等級較高階教育班制和奠定終身教育基礎而設計的教育班制。這些班制主要以學校或大學校院為基地。普通教育包括設計來準備進入職業教育就讀，但不準備在特定職業、行業或行／職類就業，也不直接以取得勞動力市場相關職業資格為目的。

　　上述的普通教育主要是學生學習分殊或專門（如前述職業教育、專業教育和學術教育）教育之前的預備教育或基礎教育（如我國國民教育階段技術型高中和綜合型高中專門學程以外的教育），但也可指稱一般大專校院所實施的專業教育（一般大專校院中的技職教育班制除外）。

　　職業教育的定義有廣狹之分，廣義的職業教育涵蓋職業覺察（awareness）教育、職業試探（exploration）教育、職業準備（preparation）教育和職業繼續（continuing/further）教育等等；狹義的職業教育則指職業準備教育。上述 ISCED-11 中所稱的「職業教育」

係狹義定義。狹義職業教育與其他教育部門的主要區別在於職業教育需與工作世界有很強的聯繫，且需及時了解勞動市場的變化（OECD, 2021）。

　　廣義的職業教育與訓練指涉及普通知識、科技和相關科學研習，以及在各種經濟與社會生活部門就職人員有關實用技能、技術知識、態度和了解之習得的所有形式與層次之教育過程。因而，職業教育與訓練被進一步了解為是：(1) 普通教育中不可或缺的成分；(2) 為職業領域做準備和有效參與工作世界的手段；(3) 終身學習的一環，並為擔當負責任的公民做準備；(4) 促進不危害環境之永續發展的工具；和 (5) 促進脫貧的方法。職業教育與訓練可在中等教育階段和大專教育階段實施，也涵蓋修習期滿及格可獲得文憑或證書資歷的職場本位學習、繼續教育和專業發展。職業教育與訓練還包括與國家和地方環境契合的廣泛能力發展機會。學習如何學習、培養識讀和計算能力（literacy and numeracy，兩者常被統稱為素養／literacy）、橫向轉換能力和公民能力都是職業教育與訓練中不可或缺的成分（UNESCO-UNEVOC, n.d.）。

　　有人認為，職業準備教育促進了學員／生從學校到職場的轉銜，但因為學習普通知識的時間相對較少而會降低以後對環境變遷的適應能力。已經有不少研究（如 Hampf & Woessmann, 2017）做了驗證，並呼籲既要奠定好接受職業準備教育之前的普通教育，在職業準備教育中也須重視有關普通知識的學習。

　　我國 2019 年修正的現行《技術及職業教育法》第 3 條，就該法六個用詞做了下列定義：

1. 職業試探教育：指提供學生對職業之認識、探索及體驗教育。
2. 職業準備教育：指提供學生進入職場所需之專業知識、技術及職業倫理涵養教育，以及建立技職專業之榮譽感。
3. 職業繼續教育：指提供在職者或轉業者，再學習職場所需之專業技術或職業訓練教育。

4. 技職校院：指技術型高級中等學校、普通型高級中等學校附設專業群科、綜合型高級中等學校專門學程、專科學校、技術學院及科技大學。

5. 技專校院：指專科學校、技術學院及科技大學。

6. 職業訓練機構：指依《職業訓練法》登記或許可設立之職業訓練機構。

　　《技術及職業教育法》第 9 條明定「高級中等以下學校應開設或採融入式之職業試探、生涯輔導課程，提供學生職業試探機會，建立正確之職業價值觀。」和「國民小學及國民中學之課程綱要，應納入職業認識與探索相關內容；高級中等學校及國民中學應安排學生至相關產業參訪。」因此依該法，我國職業試探教育是高級中等以下學校普通教育的一環，在技職校院中提供的則有職業準備教育、職業繼續教育和職業訓練。

二、技術與職業教育的差異

　　就國際上流通的定義而言，技術教育（technical education）指為專科層次和大學前期設計的教育過程，通常是透過非學位或學位班制，提供廣泛的普通教育、理論、科學、藝術和科技研習、社會服務和相關工作能力訓練，以培育技術員（technician）、準專業人員（paraprofessionals，即輔助專業人員）和其他類別的中階工作人員（GIZ, 2019）。而職業教育則如前述 ISCED 的狹義定義，以在中學階段提供，培育基層（entry-level）工作人員為主。

　　根據美國教育部的說法，技術教育與職業教育的差異在於技術學校會教授職業背後的科學，而職業學校則側重在執行工作所需技能的實作應用。因此，對專業的內部運作感興趣的人可能會喜歡科技本位（technology-based）的技術教育；而關心如何完成工作的人則會喜好職業教育班制。與職業班制相比，技術班制在教學中採用較多理論，而職業班制則強調實務和在工作崗位上的理解。因此在美國，是由技術學

院、社區學院或初級學院提供技術課程和班制，且通常會授予副學士學位（associate degree）、學士前技術學位或證書。技術班制通常著重研習電腦導向訓練和職業的書籍與手冊。職業課程和班制通常會授予結業證書，這種類型的班制著重於透過實作方法教導特定行業（如營建、農業或保健），以及教導一般就業技能（如打字）（Revermann, n.d.）。就我國技術及職業教育而言，在大專階段者被稱爲技術教育，在中學階段者被稱爲職業教育。

　　綜合本節上述，職業教育與訓練需借重多元管道以發揮綜效，而普通教育和職業教育兩者有相需相成的關係，普通教育中有職業教育，分殊後的職業教育中也常有普通教育課程。而技術教育和職業教育的主要差別在於狹義的職業教育常在中等教育階段實施，技術教育則常指在大專教育層次實施的職業教育；職業教育的知識體較側重技術，技術教育的知識體則較側重科技。

第三節　職業教育與訓練的角色

　　職涯（career）有時指職業或專業，但較常指個人一生（或一段）教育、訓練和工作交織的經驗。所以職涯是發展出來的，職涯發展（career development）階段的劃分有很多主張，有的著重終身，有的著重在教育與訓練期間，有的著重在就業以後。而大多數職業教育班制都受到舒伯（Donald Super）職涯發展觀的影響，舒伯及其同事倡導職涯發展有下列五個主要階段，每個階段都具有三到四個適當的發展任務（IResearchNet, n.d.; Super, 1980）：

1. 成長階段（大約 4-13 歲）

　　人生的第一階段，是兒童發展其能力、態度、興趣，社會化其需求，並對工作世界形成一般理解的時期。這個階段包括四個主要的

職涯發展任務：關切未來，增強個人對自己生活的控制，說服自己在學校和工作中取得成就，以及養成稱職的工作習慣和態度。

2. 試探（或探索）階段（14-24 歲）

是個人試圖了解自己並在工作世界中找到自己的位置的時期。透過上課、工作經驗和嗜好，嘗試確認自己的興趣和能力，並釐清本身適合各種職業的程度，做出初步的職業選擇，並終於獲得一份職業。本階段涉及三個職業發展任務：(1) 職業偏好的結晶——發展和規劃一個初步的職業目標；(2) 職業偏好的明細——將廣義的偏好轉化為特定的選擇，即堅定的職業目標；(3) 職業偏好的實現——透過適當的訓練完成並在所選定職業中獲取職位。

3. 建立階段（25-44 歲）

是個人在所選擇工作領域中獲得適當職位後，努力確保其初任職位並尋求晉升機會的時期。本階段涉及三個發展任務：(1) 透過適應組織的要求和在工作職責上做出令人滿意的表現來穩定或確保在組織中的一席之地；(2) 透過積極的工作態度和生產習慣以及建立良好的同事關係來鞏固自己的職位；(3) 獲得晉升到新的責任層級。

4. 維護階段（45-65 歲）

是一個持續調整的時期，其中包括堅持、保持和創新等職涯發展任務。個人努力保持自己取得的成就，並為此提升自己的職能和找到執行例行工作的創新方法。也嘗試尋找新的挑戰，但在此期間通常很少有新的突破。

5. 脫離階段（65 歲以上）

人生的最後階段，即從勞動力轉出的時期。在此階段，個人會遭遇減速、退休規劃和退休生活等發展任務。隨著對職業的精力和興趣的下降，人們逐漸從職業活動脫離，而專注於退休規劃。在適當時機，則會過渡到退休生活而面對組織新生活方式的挑戰。

　　教育世界（world of education, WoE）和工作世界（world of work, WoW）的關係如圖 1.4 所示，斜虛線左下區和右上區分別表示教育世界（WoW）和工作世界（WoE）。理想上，個人在由左向右的成長與發展過程中，和教育世界的互動比例漸減，和工作世界互動的比例漸增。例如個人職涯發展到圖中 X 線（可視需求向左或向右移）時，需靠教育世界和工作世界發展的占比分別是 X_{WoE} 和 X_{WoW}。美國聯邦勞工部和教育部曾推動學校到工作轉銜（school-to-work/STW transition）系統，以兼容學校本位學習、工作本位學習和學校－工作連結活動的理念，從幼稚園開始讓學生接觸潛在的未來職涯並強調終身學習。X_{WoE} 和 X_{WoW} 分別相當於學校本位學習和工作本位學習，工作本位學習含工作崗位上訓練（on-the-job training, OJT）、學徒制和建教合作等協助學生準備進入工作市場的方案。圖 1.4 中由左向右提升的職能線，則指個人為了在工作世界獲得工作和在工作中持續發展，所應具備的職能理應逐漸提升。

圖 1.4 教育世界（WoE）和工作世界（WoW）的關係和職涯發展階段

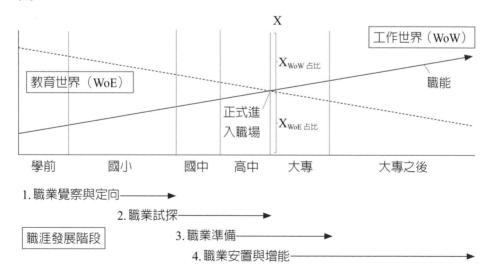

教育與訓練應針對個人（指學員／生）各職涯發展階段，適時提供必要的促進、輔導與協助，例如美國科羅拉多州教育廳（Colorado Department of Education, 2014）即主張如下：

1. 職業覺察與定向（career awareness and orientation）階段

本階段應從小學低年級就開始，且永不止息。其目的在培養自我覺察和自我價值感（或自信）。在此階段應協助學生：(1) 培養有助其知覺未來將成為工作人員的工作性格；(2) 擴大覺察不同的工作；(3) 培養適合其獨特能力和需求的工作價值、態度和其他屬性。協助學生職業覺察的活動可含溝通、自我覺察、校內工作、自我決定、自我倡導、志工機會、職涯演講、服務學習、實地參訪等。

2. 職業試探（或探索，career exploration）階段

儘管本階段也永不止息，但在國／初中階段應特別強調。在本階段應提供學生機會親自檢視職業類別（如農業工作、辦公室工作、家政、公共服務職務、商業和工業職位）的數量。學生應有各種動手經驗，並有機會檢視關聯自己和工作世界、職業興趣、休閒和娛樂追求，以及和整個職涯發展中其他角色的特定能力與需求。協助學生職業試探的活動可含職業類群、師徒制、大專校院資訊、職場本位學習、工作跟學（job shadowing）、職業評估、職業諮商、選修課、社團等。

3. 職業準備（career preparation）階段

本階段通常發生在高中或大專階段，學生開始培養和釐清個人、社會和職業知識與技能。學生就其想要的生活方式，在本階段應更清楚地勾勒所需特定興趣、性向和能力，並在此基礎上選修課程以取得課堂內外的各種經驗，習得立即就業和後續發展能力。協助學生職業準備的活動可含：就讀職業教育班制、大專校院、參加工作學習、學徒制、加深的工作本位學習、職場實習，同時修讀高中及大專等。

4. 職業安置、追蹤與繼續教育（career placement, follow-up and continuing education）階段

本階段通常需要學校和社區機構合作，以提供支持性的輔導和諮詢服務，以確保個人獲得滿意的職業、休閒和獨立生活角色。和工作世界會持續變動一樣，所有人的興趣和目標隨著年齡增長和時間推移，都會有所改變。因此，需有提升能力（up-skilling）和重新培養能力（re-skilling）等繼續教育與訓練的行動。協助學生職業安置與增能的活動可含就業博覽會、求職講座、模擬面試、就業媒合、志工和實習安排等。

　　以上四個職涯發展階段是貫穿一生、前後重疊的，每名學員／生都應有經歷四個職涯發展階段的機會。但對特殊需求學生而言，職涯發展階段的適當起始時間應取決於其本身的發展程度，而不要受制於學校的年級。

　　變動中的工作世界和科技發展分別是職業教育與訓練的重要場域和知識體，圖 1.5 顯示在職涯發展四階段中「個人」與「工作世界和科技發展」互動的概略相對位置，圖中由左而右：第 1 類互動是覺察、第 2 類互動是試探、第 3 類互動是準備、第 4 類互動是投入。職業教育與訓練應扮演重要和積極的角色，協助學生與工作世界和科技發展做良好的互動，使能知己知彼、相得益彰。

圖 1.5　在職涯發展四階段中個人與工作世界和科技發展的互動關係

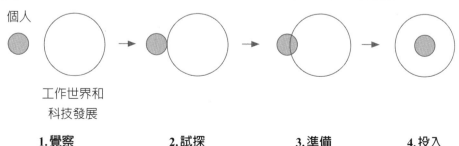

個人			
工作世界和科技發展			
1.覺察	2.試探	3.準備	4.投入

　　就我國的現行學制而言，雖然從高級中等學校階段，有普通型、技術型、綜合型和單科型之分，「普通高中──一般大學校院」被稱爲一般或普通教育體系，「技術高中─技專校院（含科技大學、技術學院和專科學校）」被稱爲技術及職業教育體系（簡稱技職教育體系），但無論在何種體系，教育層次愈高，爲工作而學的占比愈高。就兩種學制體系而言，一般或普通教育體系學生爲工作而學的主要取向是「先廣後專」，例如普通高中高二學生會選擇所在學校開設的班群或學群（各校3-5 個，如人文社會、財經商管、資訊科技、數理工程和醫藥生科），升讀一般大學校院再從 18 學群、126 學類做選擇等。技職教育體系學生爲工作而學的主要取向是「先專後廣」，學生在技術型高中已就讀了細分的科別（如機械群中的模具科，旨在培養模具基層技術人員），但是科技大學中甚少設置模具工程系（旨在培育模具工程師），所以模具科學生常會升讀相近的機械工程系做加廣學習，即使升讀模具工程系，也是兼顧加廣和加深學習（如加廣方面可能加管理、創業等）。

　　綜上所述，以及教育與訓練常被視爲學門（discipline）、過程（process）、系統（system）、投資（investment）、人權（human right）或體制（institution）等觀點，職業教育與訓練旨在擔當下列個人發展、經濟成長、社會公平和環境永續促進者的角色（即關鍵職責）（UNESCO, 2015）：

1. 促進個人發展──增進個人能力以促進就業發展、從事尊嚴勞動和落實終身學習

   職業教育與訓練需有助於培養個人就業、職涯、生計和終身學習所需的知識、技能和才能，幫助個人在教育和工作世界之間轉銜、結合學習與工作、保持就業力、做出明智選擇並實現願望。

2. 促進經濟成長──裨益多元和持續的經濟發展

   職業教育與訓練需有助於提高產業與組織效能、企業競爭力和社區發展，採取勞動力市場導向、預估並促進工作性質和產業與組織的

變化（包括新產業和職業的出現以及科學與技術的進展），透過促
進創業支持自僱和企業成長。

3. **促進社會公平──增進學習機會和社經成果的平等（含性別平等）**
職業教育與訓練除了透過協助個人參與勞動力市場、生計和終身學
習機會，因而促進社會凝聚力之外，需為所有社會、經濟和文化背
景的人口開創有吸引力和適切的學習機會，具有多元包容性、不容
忍任何形式的歧視，有助於發展知識、技能和能力以促進負責任的
公民意識和民主參與。

4. **促進環境永續──裨益環境永續性原則的統整，並透過推動對社會
與環境關係的批判性理解以促進環境責任，進而促進可永續的消費
和生產模式**
職業教育與訓練需有助於培養綠色職業、經濟和社會的知識、技能
和才能，裨益解決氣候變化和保護環境完整性所需之創新和科技解
決方案的發展。

　　綜合本節上述，職業教育與訓練積極介入個人的職涯發展，協助個
人進行職涯察覺、試探、準備和投入，並因而為經濟、社會和環境做出
貢獻，所以扮演個人發展、經濟成長、社會公平和環境永續促進者的多
重角色。

第四節　職業教育與訓練的理論

　　理論（theory）和實務（practice）兩者分別透過抽象和應用過程相
互連結。若從理論解釋兩者關係，理論破除實務的疆域，實務則重新界
定理論的疆域，亦即理論是準實務，實務是準理論；從實務解釋兩者關
係，理論是抽象實務，實務則是應用理論（Steve, 2012）。所以，除非
有更好的依據，否則理論是實務的最佳指引。此外，理論和本書隨後章

節將提及的模式（model，又稱模型）也有密切關係，理論解釋事物的過程和哲學基礎，也尋找相關問題的解答；模式描述事物的過程和支撐的概念性架構，也尋找相關問題的解答。亦即，理論著重解釋「為何」（why），模式著重描述「如何」（how）（Sunday et al., 2016）。可指引職業教育與訓練政策與實務的理論很多（如簡介於本書第五章的各種學習理論），但就職業教育與訓練的宏觀面而言，下列是兩項重要理論。

壹 社會效率理論

社會效率論（social efficiency theory）認為學校應該為社會培養有用人才，學校教育（尤其職業教育與訓練）的設計應符應社會效率，職業教育與訓練為了有效率地將學習者塑造成符應社會期望，應該直接教導工作世界的知識、技能和態度並透過創造社會來改善社會。普羅瑟（Charles Prosser）的職業教育 16 個定理（theorem）是這種理論的代表，普羅瑟是美國第一任聯邦職業教育委員會（Federal Board for Vocational Education）執行長。普羅瑟制訂和發表了 16 個可奠定健全和成功職業教育班制之基礎的定理（Prosser & Quigley, 1949），之後雖然有許多人嘗試改寫或更新這些定理但都沒成功。這些定理可作為職業教育與訓練班制的最低標準，不符標準的職前或在職推廣職業教育班制都難以有效實施。而且，這些基本標準從早期開發以來並沒有發生了什麼實質變化。所以，這些定理雖然古典但仍然被廣泛應用。

1. 職業教育效率，和學習者受訓環境複製自隨後工作環境的程度成正比

   本定理指出職業準備班制的類型、種類、數量、空間使用和布置、材料、設備和器材應是就業場所中所用的複製。本定理關係學習者處理產業實務所需之能力發展的時間長度，影響預期的生產品質和

數量，直接影響教師與學習者的比例（師生比），直接關係學生從學校轉銜到職場的效率。

2. 有效的職業訓練，只能在訓練工作是在和標的職業採行相同方式、相同操作、相同工具和相同機器進行的地方實施

本原理意指教師必須擁有近期的就業經驗，以便熟練地使用最新的設備；使用晚近在就業場所見到的相同工具和設備類型；使用現場工作或和就業場所相同的工作作為教學經驗，而非採用偽工作或所謂專題工作。亦即，施教的能力應遵照產業雇主所期望的相同基本實務，使學習者能在幾乎無需調整下由訓練情境轉換到就業情境。

3. 職業教育的效能（包含效率和效果），和個人直接和專門地在標的職業所需思考習慣和操作習慣中受訓的程度成正比

本原理揭示兩個重要教育因素：(1) 思考習慣——需培養學生科學或解決問題的方法；(2) 操作習慣——需有足夠的重複操作以形成習慣。因此，每堂課時間和課程總時數需足夠，在技術相關內容中知識和事實對思考的重要性就如同工具對生產性工作的重要性。

4. 職業教育的效能，和能使每個人充分利用其興趣、性向和內在智慧的程度成正比

本原理明示班級規模、個別化教學、教學方法、有效輔導和學習者的選擇，以及班制宣導計畫的努力方向。此外，每個特定職業都可能有其特定的入學要求，例如對數學深度和能力的要求在不同職業之間可能相差很大，對個人身體和其他特質的要求也是如此。

5. 任何專業、招聘、行業、職業或工作的有效職業教育，只能提供給選自需要、想要並能從中獲利之個人的團體

本原理意指職業教育並不適合每個人，入學者需透過有效輔導程序審慎選取，且應有潛力成為未來成功的生產工作人員。亦即，應當根據其興趣和性向，以及在職業準備教育後成為成功員工的潛力來選擇人選。

6. 職業訓練的效能，和透過特定訓練經驗反覆操作與思考，以養成正確習慣至成為有酬工作所需能力的程度成正比

本原理指出成功職業準備的最關鍵要求之一。幾乎沒有人可能在不花費足夠時間在所需執行的各種能力上，即被培訓成可以熟練地執行工作；所以在訓練班制結束時，受訓者的操作與思考習慣需被養成而且可在未來致用。這裡的直接意涵是訓練日需有足夠的時間長度、訓練期需有數月時間，以涵蓋有效就業成為有生產力之工作人員不可或缺的能力與技術培養。

7. 職業教育效能，和教師擁有應用技能與知識於其所教授作業與程序之成功經驗的程度成正比

本原理意指教師無法教授他們不知道的東西；而且，由於職業教師的題材是由職業的技能和知識組成，透過擁有實際成功的就業經驗而被認為是高度勝任工作人員的教師會帶來這種題材，這是職業班制最喜愛的。如果要讓學習者培養成符應雇主當前的期望，那麼這種經驗的新近性也至關重要。本原理也意指潛在的職業教師須具備新近的工作經驗。

8. 每個職業都有從業個人必須擁有確保或保留該職業的最低生產能力，如果職業教育沒有和學習者一起做到這一點，則既無個人也無社會效能

本原理指明學習者期望的熟練程度是希望能在工作世界中找到自己的位置。職業教育必須培養個人使個人做好準備以滿足雇主的就業要求。要滿足這些就業要求需大量準備，培育的天數或年份需足夠以肆應各項職業之需求。

9. 職業教育必須認清現狀，而且必須訓練個人滿足「市場」需求，即使可能已知有更有效率的執業方式或高度想要有更好的工作條件

職業教育班制絕不止於只是學校系統中的課程，而必須被認為是社區範圍的專案。因此，本原理意指下列項目的迫切需要：有技術委

員會支持，教師有近期就業經驗，班制扣合社區、地方或全國現有機會。教學超越立即需求雖被鼓勵，但不該因而削弱對雇主當前基本需求的滿足。

10. 任何學習者過程習慣的養成效能，和透過實際工作（而非練習或為工作）訓練的程度成正比

本定理再次強調學習者透過實務、實際工作培養職業重要能力的需求。學習者無法由從事偽工作（指低於資歷的工作，如具工程師資歷者擔任清潔工）或所謂專題中，獲得將在就業中完成之工作的感覺。學習中所執行的工作必須與當前就業情境中的實務保持一致並盡可能合乎時宜。

11. 特定訓練的唯一可靠內容來源，是該職業中師傅們的經驗

本原理重申職業分析作為課程發展之基本方法的必要性。還強調具代表性職業顧問委員會有效參與協助課程規劃的重要性。職業上勝任的教師務必利用這兩種資源建構其所需的詳細課程內容。

12. 每個職業都有一個只適用本職業，而對其他職業沒任何功能價值的特定內容體

本原理指出在班制的相關技術建構和能力發展階段之間要有緊密協調的教學計畫，針對職業問題的數學和科學原理之應用應該成為重點，而不是教可能會或可能不會與學生的需求有直接關係的分離科目。與實務問題無關的所謂廣泛或一般教學領域教材對培育勝任的工作人員幾乎沒有助益。

13. 職業教育提供社會服務的效率，和其可適時滿足標的團體的特定訓練需求且是透過該團體可從教學中獲得最大效益之方式的程度成正比

本原理強調個人端的學習欲望，職業教育應在學習者想學時提供，並連結學習者採認的需求。從業人員的推廣班制需特別重視本原理，因為在職人員不會想花費自己的時間參加無法立即使用所學獲得直接收益的課程。

14. 職業教育的社會效率，和其教學方法及其與學習者的個人關係考慮所服務特定群體之特定特徵的程度成正比

本定理意指不該用單一組的一般特徵（如學校成績、智商或其他此類特徵）作為預測職業成功的基礎。通常知道個別學生的興趣、性向和能力，才能引導其經歷成功的職業經驗，或引導其脫離不適合的職業。

15. 職業教育的行政效率，與其彈性和變通性（而非剛性和標準化）高低成正比

本定理意指在支持良好職業教育的健全標準架構內應保有彈性，而非固著於剛性和僵化的計畫。職業教育人員應始終對可能的改善保持警覺，並樂於順應變遷中的就業需求持續調整班制。

16. 儘管應盡一切合理的努力以降低人均費用，但不能低於某一最低限度以免職業教育無法有效實施；如果課程得不到最低人均費用的支持，就不該實施職業教育

無論是針對技工、準專業（技術）或專業層級的就業準備教育通常比一般教育昂貴，額外費用通常取決於空間、設備、器材以及班級規模比正常學術教學班制小的必要性。但是，本原理直接指出最好不要在辦學成功所需的經濟水準以下辦理職業班制。職業教育不是廉價教育，但可在合理的經濟範圍內提供。

　　每個負責教學班制的職業教育人員只要遵守 16 個原理並努力實現這些目標，其結果將會產出良好和優質的職業教育。在運作上，愈接近完全實現這些原理，職業班制的品質會愈高。企圖忽視這些基本概念中的任何一個，只會導致削弱和破壞職業教育班制（Prosser & Quigley, 1949）。

貳 校準理論

校準（alignment）也稱對準、校正和定位等，例如車輪定位（wheel alignment）指汽車前輪懸吊系統和轉向機構的適時校準（或調整），以避免輪胎磨損不均或提早磨損、單邊偏向或轉向不正常等。校準也被定義爲是爲促成目標實現和策略契合下，系統（或組織）和／或其合作夥伴的不同元素（或要件）之間的相互對接與連結。

校準理論（alignment theory）約在 1990 年代先後在資訊系統和教育等領域出現，並被應用在職業教育與訓練領域。此一理論的主要主張如下：

一、職業教育與訓練利害關係人的要求應相互校準使力求一致

利害關係人（stakeholder）是可影響或受系統（或組織）的行動、決定、政策、實務或目標影響的任何個人或團體。職業教育與訓練的內部利害關係人是學員／生、學員／生的家長／家人、教師／訓練師和職員工、畢業生／結訓學員，外部利害關係人含政府機關、畢業生雇主、事業單位、專業／職業團體。職業教育與訓練在地方、國家、地區或國際層次，都應校準多元利害關係人的觀點和要求，並提供統一的方法來辨識各方的不同性質和彼此之間的關係，以及爲各方的協調提供重要見解。利益的調節、校準和衡平是滿足利害關係人要求的三種不同方法，但其中透過校準促使利益朝著相同的總體方向發展，最適合用在職業教育與訓練領域（Galvão, 2014）。

二、職業教育與訓練政策之間和與程序之間需相互校準使力求一致

職業教育與訓練系統常需改變以支持和維持實務運作，爲促成有效能和有效率地運作，政策、政策有關實施團隊、共同願景、利害關係人協作、資料系統和支持，以及職業教育與訓練人員的專業發展，是必須

校準一致的關鍵要素。其中，各部會（或部門）職業教育與訓練相關政策的相互校準需有：政策環境知識、其他利害關係人辨識、利害關係人協作，以及資料蒐集、使用和共享（Galvão, 2014）。此外，爲了促進人員國際移動、資歷互認和國際招生等，國家職業教育與訓練政策也需促使職業教育與訓練制度、品質和資歷等有相當程度的國際校準。

三、職業教育與訓練系統內有各種向度或子系統內的校準需求

職業教育與訓練系統內需做垂直（或縱向）和水平（或橫向）等向度的校準。如圖 1.6 所示，垂直校準是各階層元素之間的相互校準，例如在系統中課程、師資、設施設備、學校行政、教學、產學連結和學生學習結果，需與外部力量如國家標準、公眾意見和人力需求等協調一致。水平校準是指職業教育與訓練系統內標準、綱領（或架構）和品保（或評估）的調和，主要是在政策層級，因此也可視爲是在政策子系統內的校準。例如大多數歐洲國家已將學習成果導向視爲教育與訓練系統現代化的關鍵，這種導向將重點放在學習者被期望知道、會做和了解什麼，也把這些學習結果當作是教育和勞動力市場對話的先備條件（Cedefop, 2018），所以學習結果和彼此對話分別是供需校準的共通語言和具體行動。此外，建構性校準（constructive alignment）是一種結果本位（outcomes-based）的教學取向，主張在教學之前要先界定預期學生達成的學習結果，再將教學和評估對準這些結果，而學習結果的敘述是學生需做到的行爲表現，並以動詞開頭（如「解說……概念」；常用動詞可參見本書附錄二）（Biggs, 2014, n.d.）。所以這種校準如圖 1.7 所示，是教學子系統中結果、活動與評估三要素的校準。

圖 1.6　職業教育與訓練的垂直和水平校準示例

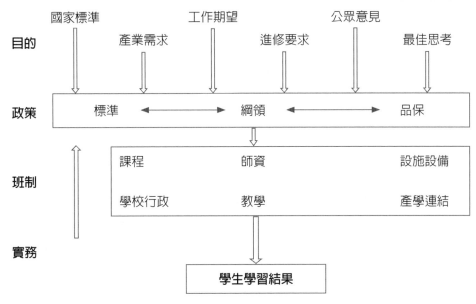

資料來源：修自 Webb, 1997.

圖 1.7　建構性校準的三要素

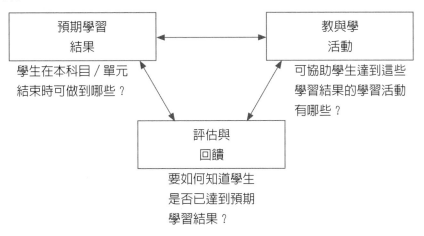

資料來源：Nanyang Technological University, 2022.

第五節 職業教育與訓練的迷思與真實

　　迷思（myth）是廣泛存在但並非事實的信念或想法，簡而言之就是似是而非的負面說法或誤解。職業教育與訓練有許多迷思，破除這些迷思有助於釐清眞實和本質。但是，各國的職業教育與訓練績效表現懸殊，在某些國家的迷思，在其他國家卻是眞實；或者在以前是事實，在當前是迷思。所以，本節討論的迷思只針對當今重視職業教育與訓練的國家而言。

　　波士頓顧問集團（Boston Consulting Group, BCG）曾提出下列四項是職業教育與訓練的關鍵成功因素：(1) 具備一個協調的生態系統，系統中所有利害關係人（含對職業教育與訓練生態系統有明確監督的中央政府機關）都積極合作；(2) 擁有績效本位的政府資助和支持；(3) 普通學術教育（general academic education, GAE）和職業教育與訓練雙軌地位相同，而且學生在雙軌之間有暢通的轉銜方法；(4) 具有產業界的持續協作。波士頓顧問集團以這四個因素當作職業教育與訓練的發展規準，針對全球 45 個國家／地區的職業教育與訓練符合各項規準的程度加以評分，而得出代表各國職業教育與訓練績效表現的職業教育與訓練發展指數，再根據指數做排名，臺灣排在前 10-20 名內，排名在臺灣前面的有芬蘭、德國、丹麥、挪威、荷蘭、瑞士、希臘、瑞典、紐西蘭、葡萄牙、新加坡和奧地利等 12 個國家。BCG 進一步根據各國「職業教育與訓練發展指數」和「2005-2011 年國內生產毛額」（gross domestic product, GDP）平均值的二維關係，將 45 個國家／地區劃分為下列三個群組。此三群組的國家雖然對職業教育與訓練的倚重程度不同，但都可稱之為重視職業教育與訓練的國家：

1. 成熟組——擁有強大職業教育與訓練生態系統的經濟體

　　含芬蘭、德國、丹麥、挪威、荷蘭、瑞士、瑞典、紐西蘭、新加

坡、奧地利、臺灣、澳洲和南韓等 13 個國家。

2. 快速成長組——正在發展其職業教育與訓練生態系統並從一套更穩定的實務中受益的經濟體

含希臘、葡萄牙、比利時、西班牙、沙烏地阿拉伯、香港、越南、捷克、俄羅斯、巴西、阿根廷、中國、埃及、印度和卡達等 15 個國家／地區。

3. 發展組——透過改善其職業教育與訓練生態系統以取得最大相對潛在收益的經濟體

含義大利、法國、加拿大、英國、美國、日本、烏克蘭、南非、墨西哥、智利、泰國、摩洛哥、土耳其、馬來西亞、聯合大公國、印尼和匈牙利等 17 個國家（Puckett, et al., 2012）。

　　在上述 45 個重視職業教育與訓練的國家中有 24 個是經濟合作暨發展組織（OECD）會員國（目前共 38 個會員國）。就整體 45 個國家而言，常見的職業教育與訓練迷思與真實有下列五項：

一、職業教育與訓練只培育非專業人員

真實：職業教育與訓練培育（或培訓）的人力範圍很廣，包含但不限
　　　於培育非專業人員

　　職業教育與訓練常被說成只在培育非專業人員或藍領工作人員（blue-collar workers，即閩南語中的「黑手仔」，如板模工、汽車修護人員、CNC 機台操作人員）等等。「職位有高低、職業無貴賤」，在社會分工下非專業人員或藍領工作人員一直做出很多的貢獻。但職業教育與訓練不只培育非專業人員或藍領人力，也培育專業人員或白領工作人員（white-collar workers，指非體力勞動的工作者，如會計人員、軟體開發人員）。

　　例如在德國，超過三分之一的高中畢業生選擇職業教育與訓練進路，而不是選擇傳統的升大學進路，全國大約 50% 的工作人員是職

業教育與訓練班制培育出來的。職業教育與訓練培養了許多專業工程師、註冊護理師、軟體開發人員、數位行銷人員等等。職業教育與訓練畢業生的專業和職稱，與大學畢業生相比，並沒有太大區別（German Educare, 2023）。在我國，職業教育與訓練班制的跨幅，從職業學校、專科學校、技術學院到科技大學，從高中文憑到博士學位，培育（或培訓）的人力範圍相當寬廣，包含但不限於培育非專業人員。

二、職業教育與訓練只培育低薪的人力

真實：職業教育與訓練畢業生薪資和大學畢業生相當，甚至超越大學
　　　畢業生

　　例如在德國，大學生雖然可享受免費教育，但除了打工賺零用錢外並沒有薪水收入；對就讀二元制（dual system，指由「公司學徒制」和「職業學校職業教育」二元組合而成的學制）班制的學生而言，不僅不需要支付教育費用，還可以獲得每個月 800-1,200 歐元的津貼（取決於班制和公司）。在 3 年修業結束時，大學畢業生到公司開展職涯，平均每月收入 3,600 歐元，而二元制畢業生每月收入約為 2,600-3,200 歐元，雖低於大學生收入但比大學畢業生提前 3 年開始賺錢，可以積蓄得更多。所以對於需要經濟支持來支付生活費用的學生而言，職業教育與訓練是很好的選擇，因為可以在邊學習和邊獲得工作經驗的同時又有一些積蓄。部分公司還會讓二元制畢業的員工以部分時間工作的方式去取得學士學位（German Educare, 2023）。在澳洲，職業教育與訓練畢業生（主要指相當於專科學校或社區學院的技術與進修教育 / technical and further education/TAFE 機構畢業生）的全職年收入中數是 56,000 美元，完成學士學位畢業生的全職年收入中數則是 54,000 美元。職業教育與訓練資歷平均起薪最高的是第 IV 級證書的危險領域——電氣 85,400 美元，高於具學士學位的最高起薪——牙科 80,000 美元（Wyman, 2017; Wyman et al., 2017）。美國聯邦教育部（U.S. Department of Education,

2019）的統計資料也顯示，在高中階段專注於職業與技術教育（CTE）課程的學生（指至少在一個 CTE 班制學習計畫中修了兩個以上的學分者；按：美國高中通常是四年制，22 學分是全美畢業所需學分的中位數），畢業 8 年後之年收入的中位數高於非專注於 CTE 的學生。

三、職業教育與訓練畢業生不容易找到工作

真實：職業教育與訓練畢業生通常比大學生更容易找到工作

　　例如在德國，像 BMW 汽車、賓士（Mercedes-Benz）汽車、DHL 物流、西門子（Siemens）、愛迪達（Adidas）和博世（Bosch）等大品牌公司是年輕人熱愛的就業場所，從科技到汽車，從服飾到保險再到銀行等大品牌公司有八成都積極提供職缺給職業教育與訓練學生（German Educare, 2023）。在澳洲，大學入學人數繼續上升但大學畢業生全職就業率卻不斷下跌。2008-2014 年間大學畢業生全職就業率從 86% 下降到 68%，職業教育與訓練學生的整體就業率是 78%，學徒制或訓練生制畢業生的就業率是 82%，行業學徒制畢業生的就業率則是 92%。職業教育與訓練畢業生通常比大學生更容易找到工作的主要原因在職涯準備程度和產業關聯程度較高，而職業教育與訓練班制因應人力需求變化進行調適的步調也較快（German Educare, 2023; Wyman et al., 2017）。在美國，國家教育統計中心（National Center for Education Statistics, NCES）曾比較傳統四年制大學畢業生和職業教育班制畢業生，發現職業教育班制畢業生較可能在其學習領域內工作，其原因是這些畢業生在進入工作領域之前就接受過實作學習，因而更容易找到和其經驗關聯的工作。同一研究也發現多數雇主喜歡僱用有經驗的學生甚於名校學生，因為雇主認為在學期間參加過工作本位學習的員工，在產能和態度上優於其他全新聘僱的員工（Brush, 2016）。

四、職業教育與訓練只收容學術能力不佳的學生

真實：職業教育與訓練肯定學生的多元智慧，協助他們學習成功

「天生我材必有用」，各國教育系統和社會大眾都非常側重學術智慧及其對應的學業成績，但常會忽視多元智慧（如加德納／Howard Gardner 主張的音樂、肢體—動覺智能、邏輯—數學、語言、空間、人際、內省和自然探索者等八種智慧）應平衡發展，以及忽略每個人的多元智慧都會有不同的組合。

職業教育與訓練是傳統大學的替代方案。一般大學教育較著重理論方法，而職業教育與訓練則提倡從做中學（learning by doing，即邊做邊學）。不同的教學與評核取向旨在順應學生的學習偏好促進因材施教，而無關重學術或重技術、重理論或重實務孰優孰劣。可以在實務教學中學得好，並樂在應用理論的學生，很適合接受職業教育與訓練而成長，但不能給他們貼上「學不會、成績差」的標籤（German Educare, 2023）。

五、職業教育與訓練和普通學術教育不須分流

事實：職業教育與訓練和普通學術教育分流，是為了集中資源提供更
　　　適性的教育與訓練

職業教育與訓練的精髓在「實」與「時」二字。亦即和普通學術教育比較，職業教育與訓練的機構或班制、課程與教學相對講求務實性與時宜性，例如在教育哲學取向方面除了強調「個人發展」之外，在「社會適應」和「社會改造」兩種取向中會相對較強調適應。因此，在特重個人發展和社會適應的取向下，會比普通學術教育更務實重視當前的就業市場需求，也主張適合於想結合切合社會需求和促進個人發展兩者的學員／生就讀或受訓。高度重視培育近程人力需求的職業教育與訓練是政府治理所急需也該努力促成。但是時變實亦變，為了避免較強調近程

需求造成對學員／生長遠發展的限制，許多國家會：(1) 在職業教育與訓練投入豐厚資源，採低／免學費鼓勵學員／生就讀或受訓後快速蔚為國用；(2) 在要求職業教育與訓練培養職前能力（skilling）之外，也需關照在職人員的重新培養能力（re-skilling）和提升能力（up-skilling）；(3) 提供職業教育與訓練學生繼續／轉銜進修的機會……。

　　例如美國加州公立大專校院分為加州大學（University of California, UC）、加州州立大學（California State University, CSU）和加州社區學院（California Community College, CCC）三個系統，UC 和 CSU 依法分別招收在該州高中畢業成績前八分之一和三分之一的加州居民，屬性為職業教育與訓練的 CCC 招生不設成績門檻，學費相對低廉（2022-2023 學年平均為一年 1,997 美元／約新臺幣 60,090 元，CSU 和 UC 則分別為 3,330 美元／約新臺幣 102,897 元和 11,928 美元／約新臺幣 368,575 元，三者比值約為 1：1.67：5.97），而且 CSU 和 UC 大三和大四要保留三分之一名額給 CCC 畢業生轉銜就讀（李隆盛，2018）。除了開設培養職前能力的班制，CCC 有提供許多為在職人員重新培養能力和提升能力的班制。

　　綜合本節上述，職業教育與訓練的許多迷思常是人云亦云且傷害職業教育與訓練的發展。事實上各國職業教育與訓練都以增進職能為核心，都應精進到讓學員／生有機會儘早獲得成功經驗並建立信心，迎向有尊嚴的工作、豐厚的薪資，且能有效適應工作世界變遷。因此，出現在職業教育與訓練的迷思有待積極、持續地透過客觀資料乃至改革行動加以破除，才能讓職業教育與訓練得到更多的參與和支持。

第 二 章

職業教育與訓練制度

　　寓言故事《好奇的人》（*The Inquisitive Man*）裡講述了一個人走進了一座博物館，注意到了館內所有細緻的事物，唯獨沒注意到博物館裡顯目的大象。之後，「房間裡的大象」（elephant in the room）就被用來隱喻雖然巨大、明顯，卻常被眾人視而不見或避而不談的事物或風險。制度很重要，但常成為「房間裡的大象」。

　　職業教育與訓練可從宏觀（macro）、中觀（meso）和微觀（micro）三層次或層面（level）看待，宏觀面著重在職業教育與訓練的制度（或系統），中觀面著重在職業教育與訓練的班制與課程，微觀面則著重在職業教育與訓練的教與學。

　　制度又稱體制（institution），是在一定條件下形成的多層面體系（即體制系統），通常有要求成員共同遵守的規章或準則；制度也被視為系統（system），是為達成總體目標下由某些成分（或子系統）統整而成的集合，在這種集合中有共同據以運作的原則和程序。系統具有各種輸入（input，如入學新生人數、社會夥伴家數），這些輸入經過某些過程（process，如課程與教學、產學合作研發）產生某些輸出（output，如畢業生人數、通過專利申請件數），而一起實現系統的總體目標，展現出影響或結果（impact/outcome）。由於課程與教學等職業教育與訓練系統要件會在本書其他章節論述，本章擇要分三節論述職業教育與訓練的制度模式、職業教育與訓練制度的關鍵成功因素，以及臺灣職業教育與訓練體系。

第一節　職業教育與訓練的制度模式

　　全世界的職業教育與訓練制度，依政府在當中扮演的治理角色，可大分為下列三種模式（Fawcett et al., 2014）：

1. **市場經濟的自由模式**（liberal market economy model，簡稱市場制、
   自由模式、市場模式或自願者模式）

   存在於英國、澳洲、美國和日本等國。採行此種模式的職業教育與
   訓練及其供應，主要是反映由產、企業所主導之私人市場的需求。
   由產業部門的能力委員會決定所對應產、企業所需訓練人力的職業
   資歷類別。由於這種模式能反映市場需求，民營產、企業自願負擔
   其員工的訓練和學徒制費用，所以常被稱為自願者模式。政府通常
   只需提供補助支持高風險（at-risk）青少年，以增加他們接受人力教
   育與訓練的機會。在這種模式下，政府會針對產、職業能力需求資
   助必要的研究，以及成立能力委員會和制定國家資歷架構。但教育
   與訓練取決於民間產、企業的需求，在某些情況下可能會窄化了對
   某些職業的解釋。

2. **政府控管的科層模式**（state-regulated bureaucratic model，簡稱科層
   制、科層模式、官僚模式或國治模式）

   存在於法國、義大利、瑞典、芬蘭、臺灣和中國等國。採行此種模
   式的職業教育與訓練係由國家教育系統界定、提供和資助職業教育
   與訓練。而公司、產業及工會等公私夥伴主要在諮詢層面上發揮作
   用。在這種模式中，職業教育與訓練很大程度上是國家教育系統
   的延伸，從過往歷史看，由於課程側重理論以及學生接觸職場參與
   工作崗位上和實作訓練的機會不足，國定課程雖然確定了課程的內
   容，但常未能貼近人力需求的現實面，所以績效表現一向欠佳。

3. **產學合作的二元模式**（dual model，又稱二元制、雙軌制、職業驅
   動或合作模式）

   存在於在德國、奧地利、瑞士、丹麥和挪威等國。二元指教育與訓
   練發生在公司職場和職業學校，公司重在提供實務訓練，學校重在
   提供理論教學。採行此種模式的職業教育與訓練設計、發展和實施
   都包括廣泛的公、私部門利害關係人，例如同業公會、政府機構和

組織。因此，這種系統包含強健的公、私部門協作：企業資助學徒制訓練，政府機構資助職業教育與訓練學校。這種模式的主要缺點是企業內學徒的空缺數量有限，以及和普通中等教育比較，職業教育的成本高。

簡而言之，自由模式常模糊地採取由政府開設職業學校，由私立訓練機構或公司根據市場需求提供職業教育與訓練；科層模式是由學校和／或訓練機構提供職業教育與訓練，學生所學理論與實務知識和職場常有落差；二元模式學生由學校和職場習得能力，其理論知識和實務訓練是統合的。但是，也有國家聲稱其制度模式是採混合制，如南韓（Ministry of Education and Sports, 2019）。以下就三種模式分別以澳洲（Australia）、芬蘭（Finland）和德國（Germany）為例，簡介其職業教育與訓練制度概要，這三個國家和臺灣都名列在波士頓顧問集團（BCG）所認為的「擁有強大職業教育與訓練生態系統的成熟經濟體」。

壹　採市場模式的澳洲職業教育與訓練制度

位於大洋洲的澳洲（或稱澳大利亞）是混合代議民主、君主立憲和聯邦制的國家，國家象徵性元首是英國國王，並有總督擔當其代理人但不干預行政，總理才是政府首長。澳洲人口數是 26,141,369 人（2022年估計值），約為臺灣的 1.11 倍；土地面積 7,741,220 平方公里，約為臺灣的215.15倍；人均國內生產總值（real GDP per capita）48,700（2020年估計值），約為臺灣的 1.99 倍（CIA, 2022a）。

澳洲學制如圖 2.1 所示，義務教育 10 年（6-16 歲或 1-10 年級）。而各教育與訓練部門授予的學位、文憑和證書等資歷（qualifications）是由澳洲資歷架構（Australian Qualifications Framework, AQF）規範，此一架構是聯邦、州和領地部長商定的單一綜合性國家資歷政策，由教育、能力與就業部（Department of Education, Skills and Employment,

圖 2.1 澳洲學制

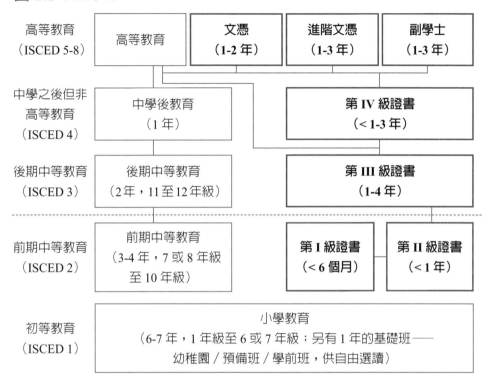

註：1. 虛線以下為義務教育。
　　2. 粗框內標黑體字──職業教育與訓練班制適用的憑證。
　　3. 修業時間為實際值，和表 2.1 學習量規劃值略有差異。
資料來源：UNESCO-UNEVOC, 2022a.

DESE）主管。該架構分為 10 級，1 至 10 級由低而高。各級概要與學習結果（指各該級畢業生學習所需具備知識、技能和知能之應用），如表 2.1 所列。職業教育與訓練部門（vocational education and training/VET sector）提供第 1-8 級，高等教育部門（higher education sector）提供第 5-10 級。2019 年，第 2 至 5 級資歷教育與訓練班制的註冊人數占比依序為 2（第 II 級證書）──18.9%、3（第 III 級證書）──35.3%、4（第 IV 級證書）──17.4%、5（文憑）──12.9%，以上四級註冊人數占比合計高達 84.5%（Parliament of Australia, 2021）。

表 2.1 澳洲資歷架構分級概要與學習結果

級別 （學習量）	概要	學習結果		
		知識	技能	知能之應用
1－ 第 I 級證書（0.5-1年）	具備初階工作、社區參與和／或繼續學習所需知識與技能。	具備日常生活、繼續學習和準備初階工作所需基礎知識。	具備基礎認知、技術和溝通技能： ・執行明確的例行活動。 ・辨認和報告簡單的課題與問題。	在高度結構化和穩定的情境脈絡下以及狹窄的參數內，應用知識和技能，展現出自主性。
2－ 第 II 級證書（0.5-1年）	具備在確定情境脈絡中工作和／或繼續學習所需知識與技能。	具備在確定工作和學習領域中所需基本事實性、技術性和程序性知識。	具備基本認知、技術和溝通技能，以選擇和應用適切方法、工具、材料和現成資訊： ・執行確定的活動。 ・就有限範圍的可預測問題提供解決方案。	在高度結構化和穩定的情境脈絡下以及狹窄的參數內，應用知識和技能，展現自主性和做出有限的判斷。
3－ 第 III 級證書（1-2年）	具備工作和／或繼續學習所需理論和實務知識與技能。	具備在工作和學習之明確領域中所需事實性、技術性、程序性和一些理論性知識。	具備一系列認知、技術和溝通技能，以選擇和應用特定範圍的方法、工具、材料和資訊： ・完成例行活動。 ・就可預測和有時不可預測問題提供和傳達解決方案。	在已知和穩定的情境脈絡下以及已建置的參數內，應用知識和技能，展現自主、判斷和有限的責任。

級別 （學習量）	概要	學習結果		
		知識	技能	知能之應用
4– 第 IV 級證書（0.5-2年）	具備專門和／或技術工作和／或繼續學習所需理論和實務知識與技能。	具備在工作和學習之明確或廣泛領域中所需廣泛事實性、技術性和一些理論性知識。	具備廣域的認知、技術和溝通技能，以選擇和應用一系列方法、工具、材料和資訊： • 完成例行和非例行活動。 • 就各種可預測和有時不可預測問題提供和傳達解決方案。	在已知或變動中的情境脈絡下以及廣泛但已建置的參數內，應用知識和技能，展現自主、判斷和有限的責任。
5– 文憑（1-2年）	具備技術／輔助專業工作和／或繼續學習所需專門知識與技能。	具備在工作和學習之明確或廣泛領域中所需技術性和理論性知識。	具備廣域的認知、技術和溝通技能，以選擇和應用方法和科技： • 分析資訊以完成一系列活動。 • 對有時複雜的問題提供和傳達解決方案。 • 傳達資訊和技能給他人。	在已知或變動中的情境脈絡下以及廣泛但已建置的參數內，應用知識和技能，以展現自主、判斷和確定的責任。
6– 進階文憑、副學士（1.5-2年）	具備輔助專業／高度技術性工作和／或繼續學習所需廣泛知識與技能。	具備在工作和學習之明確或廣泛領域中所需廣泛理論性和技術性知識。	具備廣域的認知、技術和溝通技能，以選擇和應用方法和科技： • 分析資訊以完成一系列活動。 • 對不可預測和有時複雜的問題解說和傳達解決方案。 • 傳達資訊和技能給他人。	在下列環境應用知識和技能，以展現自主、判斷和確定的責任： • 在易變動的情境脈絡下。 • 在廣泛的參數內提供專家意見和功能。

級別 （學習量）	概要	學習結果		
		知識	技能	知能之應用
7－學士學位（3-4年）	具備專業工作和／或繼續學習所需廣泛和關聯的知識與技能。	具備深入一個或一個以上學門或實務領域所需廣泛和關聯的理論性和技術性知識。	具備發展良好的認知、技術和溝通技能，以選擇和應用方法和科技： ・分析和評鑑資訊以完成一系列活動。 ・對不可預測和有時複雜的問題分析、創生和傳達解決方案。 ・傳達資訊、技能和想法給他人。	在下列環境應用知識和技能，以展現自主、發展良好的判斷和責任： ・在需自我導向的工作與學習之情境脈絡下。 ・在廣泛的參數內提供專家意見和功能。
8－學士榮譽學位、研究所證書、研究所文憑（0.5-2年）	具備專業／高度技術性工作和／或繼續學習所需進階知識與技能。	具備在一個或一個以上學門或實務領域所需進階的理論性和技術性知識。	具備進階的認知、技術和溝通技能，以選擇和應用方法和科技： ・批判性分析、評鑑和轉化資訊以完成一系列活動。 ・對複雜的問題分析、創生和傳達解決方案。 ・傳達資訊、技能和想法給他人。	應用知識和技能，以展現實踐者或學習者的自主、發展良好的判斷、調適力和責任。
9－碩士學位（1-4年）	具備研究和／或專業實務和／或繼續學習所需專門知識與技能。	具備在一個或一個以上學門或實務領域，對複雜知識體的進階性和統整性之理解。	具備某知識或實務體之專家和專門的認知、技術性技能，可獨立地： ・批判性分析、反思和統合複雜資訊、	應用知識和技能，以展現實踐者或學習者的自主、專家的判斷、調適力和責任。

級別 (學習量)	概要	學習結果		
		知識	技能	知能之應用
			問題、概念和理論。 ・就某知識或實務體，研究和應用已建置的理論。 ・解說和傳達知識、技能和想法給專家和非專家。	
10–博士學位（3-4年）	具備學習進展和／或專業實務所需，對學習之複雜領域和專門研究技能的系統性和批判性理解。	具備在一個或一個以上學門或專業實務領域前沿，對實質和複雜知識體的系統性和批判性之理解。	具備某學門領域之專家和專門的認知、技術性和研究技能，可獨立和系統化地： ・參與批判性分析、反思、統合和評鑑。 ・發展、調適和執行研究方法以延伸及精進現有知識或專業實務。 ・傳播和推廣新洞見給同儕和社群。 ・創生原創知識和理解，對學門或專業實務領域做出實質貢獻。	應用知識和技能，以展現專家和能領導實踐者或學者的自主、權威的判斷、調適力和責任。

註：1. 粗框內第 1-6 級屬職業教育與訓練部門（vocational education and training/VET sector）。

2. 另在學校部門（school sector）有二年制的高中文憑（Senior Secondary Certificate）；因應 COVID-19 疫情，2020 年在高等教育部門（higher education sector）新增半年制的大學部證書（Undergraduate Certificate），但該證書涵蓋在第 5、6 或 7 級中。

3. 表中學習量，每年為 1,200 小時。

資料來源：修自 Australian Qualifications Framework Council, 2013.

　　澳洲職業教育與訓練的主要目標在提供學生實務能力和經驗，以便在廣泛的就業領域有效和安全地執行任務。班制開設在政府資助的技術及繼續教育（technical and further education, TAFE）機構、成人和社區教育中心，以及私立的已立案訓練組織（registered training organization, RTO）。學生可從中學開始接受職業教育與訓練，而許多職業教育與訓練機構和大學有正式的進路安排，使職業教育與訓練學生在成功取得職業教育與訓練資歷時可進入大學就讀。有的大學會採「雙部門制」，同時開設高等教育班制和職業教育與訓練班制。職業教育與訓練涵蓋廣泛的職業與產業，含需特殊技術和手工勞動的行業（trade）和辦公室工作、零售、餐旅與科技。

　　除了正規的職業教育與訓練，非正規的職業教育與訓練顯現澳洲職業教育與訓練部門彈性大、進路多。職業教育與訓練資歷可以取自學校、職場和已立案訓練組織（RTO）。非正規職業教育與訓練可由公立、私立、社區和產業部門的供應者提供。例如由開設正規教育與訓練的 RTO 提供、由經營供應商訓練的產業部門提供、由社區本位的環境或職場提供、透過民間社會組織的活動或員工訓練，以及經由企業、政府機構和訓練提供者的發展計畫提供。傳授方式可以包括全時、兼時、線上、自學或遠距學習，透過學徒制和對先前學習的採認（recognition of prior learning, RPL）。具體言之，個人可向 RTO 申請以透過非正式和非正規管道習得技能、知識和經驗，通過正式評估，取得國家認可的資歷。通常，學習者必須申請認可並提供證據證明他們具備其所聲稱的職能。

　　2019 年的估計，15-64 歲的澳洲人口中約有四分之一在職業教育與訓練班制註冊，其中約 72% 在私立訓練機構、約 19% 在 TAFE 機構、約 12% 在社區教育提供機構、各約 3% 在企業提供機構和中小學、約 2% 在大學（以上加總逾 100% 係有些人在多個機構註冊）（Parliament of Australia, 2021）。雖然職業教育與訓練可以在中小學學校系統中進

行，但大多數的職業教育與訓練是由 19 歲以上的人接受（2019 年，只有 16% 的接受者年齡在 19 歲或以下），這是澳洲職業教育與訓練的特色，因為許多其他地區（如大部分的歐洲國家）的職業教育與訓練（特別是職前教育與訓練）是從基礎教育就開始。

澳洲的職業教育與訓練部門是由政府、職業教育與訓練機構和產業代表機構之間的牢固夥伴關係所組建。在國家層級，職業教育與訓練系統的政策方向是由澳洲政府審議會（Council of Australian Governments, COAG）之下的澳洲產業能力委員會（Australian Industry Skills Committee, AISC）採產業導向觀點主導，以確保各產業的訓練符合該產業雇主的需求。AISC 成員除由澳洲政府或負責能力與訓練的州及領地部長提名外，還有一名來自主要產業協會的輪值成員，以及兩名現任高級官員的當然成員。此外，由一些獨立和專業的能力服務組織（Skills Service Organisation, SSO）支持產業基準委員會（Industry Reference Committees, IRC；旨在向 AISC 建議其產業部門的訓練需求）進行訓練套件（training package）的開發與審查（UNESCO-UNEVOC, 2022a）。

澳洲的正規和非正規職業教育與訓練經費是由政府、公司和個人一起承擔。由於職業教育與訓練活動高比例是由非政府提供者在按服務收費的基礎上開展的，所以活動費用由學生或其雇主承擔。例如 2019 年職業教育與訓練學生中，只有不到三成的學生就讀於政府直接資助的班制（Parliament of Australia, 2021）。政府的訓練採購決策通常依需求定出班制的優先領域和參考成本。近十年來政府對職業教育與訓練的投資有聯邦政府增加，但州及領地政府減少的趨勢。約半數的聯邦政府職業教育與訓練經費用在提高雇主參與的誘因，而大多數的州及領地政府州經費則用在職業教育與訓練的實施。

澳洲職業教育與訓練的所有訓練師和評估員必須持有訓練和評估第 IV 級證書，和 / 或成人教育文憑或更高級別的資歷，以及具備合時宜的產業的能力 / 資格 / 知識 / 才能（只做評估者，持有評估員能力組合

的認證即可）。而在其領域中能核發訓練與評估第 IV 級證書的 RTO，
就可提供職業教育與訓練教師和訓練師訓練。

所有訓練師和評估員被要求必須進行職業教育與訓練相關的專業發
展，並且 RTO 必須保留證據以便維持立案。訓練機構可以為自己的員
工提供在職專業發展方案，或支付員工參加其他機構的專業發展方案，
還可以聘請客座講師提供特定領域專業發展活動。教師的專業發展也可
由專門的專業發展中心、教師協會或專業協會提供。教師還可以參加專
門針對各種教學和學習功能的研討會和研習會。

貳 採科層模式的芬蘭職業教育與訓練制度

位於北歐的芬蘭是議會制共和國，總統是國家元首，總理是政府首
長。芬蘭人口數是 5,601,547 人（2022 年估計值），約為臺灣的 0.24 倍；
土地面積 338,145 平方公里，約為臺灣的 9.40 倍；人均國內生產總值
（real GDP per capita）47,300 美元（2020 年估計值），約為臺灣的 1.943
倍（CIA, 2022b）。

芬蘭教育系統如圖 2.2，義務教育起自 7 歲，到年滿 18 歲或完成
高中資歷（普通高中資歷或職業資歷）時結束。其中小學教育和初中教
育 1 至 9 學年屬性是未分殊的單一結構綜合型教育。完成綜合型基礎
教育的學生繼續升讀高中，並在普通教育和職業教育之間做一選擇。
就 2019 年而言，初中畢業生 54% 升讀普通高中、40% 升讀職業高中、
3.5% 升讀其他、2.5% 未立即升讀。普通高中畢業生經全國性大學入學
考試合格者，可申請升讀大學、應用科學大學和職業機構。職業資歷
包括職前、繼續和專門職業資歷，以提供職前職業資歷為主的職業高
中資歷提供各該領域所需的基本能力，繼續和專門職業資歷班制則協助
在職人員維持和提升其職涯中不同階段所需能力。三種資歷範圍依歐洲

職業教育與訓練學分制（European credit system for vocational education and training, ECVET），通常是職業高中 180 點，繼續資歷 150 點，專門資歷 180 點。其教育與訓練的要素是促進就業和自僱，兼顧工作需求和繼續學習，並重視專人指導、目標導向的職場學習。職場學習透過

圖 2.2　芬蘭教育系統

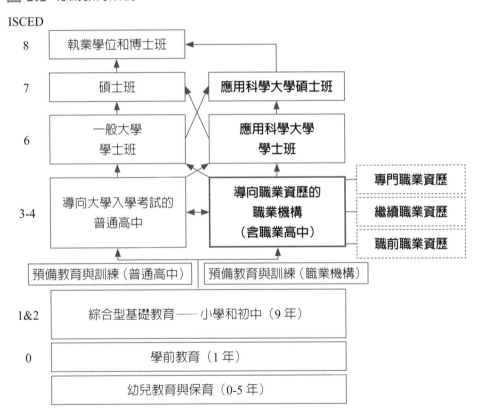

註：粗框內標黑體字──職業教育與訓練（VET，也適用於學徒制或訓練協議），僅黑體則和 VET 高度關聯；預備教育與訓練為外加的 1 年志願基礎教育，旨在補強接受下一階段教育與訓練所需能力，屬不授予資歷的教育與訓練；應用科學大學學士升讀應用科學大學碩士班需有 2 年工作經驗。

資料來源：Finnish National Agency for Education [EDUFI], 2021; Ministry of Education and Culture & Finnish National Agency for Education, 2019.

學徒制、訓練協議或兩者混合實施。職場可用於獲得國家資歷架構（見表 2.2）上所有職業資歷的職能，以及促進繼續訓練或補充職業能力。在職場學習可以涵蓋整個學位、一個模組或一小部分學習。由於講求職能本位（competency-based，又稱以職能為基礎）和顧客導向，芬蘭職業教育與訓練學員／生的學前職能會被評估和採認而只需學習懸缺的職能，亦即芬蘭的職業教育與訓練系統允許學生依其需要彈性學習資歷單元和懸缺的局部（Cedefop, 2019a, b; UNESCO-UNEVOC, 2022b）。

表 2.2　芬蘭資歷架構的分級與類型

級別	類型
1	--
2	基礎教育課程和工作生活與獨立生活的預備教育（TELMA）
3	普通高中預備課程（LUVA）、職業訓練預備課程（VALMA）和藝術基礎教育高階課程
4	普通高中課程和大學入學考試、高中職業資歷和繼續職業資歷、監獄服務基礎考試、消防員資歷和緊急應變中心作業員資歷、邊防警衛基礎課程和士官基礎學習模組
5	專門職業資歷、副官資歷（消防和救援服務）、空中交通管制職業資歷、針對士官的一般級（1 和 2）學習模組和師傅級學習模組
6	應用科學大學（universities of applied sciences, UAS）學士學位和大學學士學位、大學和 UAS 為已有學士學位或 UAS 學士學位者提供的專業專門課程，以及教會提供的專門訓練與牧師資歷
7	UAS 碩士學位和大學碩士學位、大學和 UAS 為已有碩士學位或 UAS 碩士學位者提供的專業專門課程、高階牧師資歷、資深參謀課程、戰爭經濟和科技繼續進修，以及處方藥的特定資歷
8	大學和國防大學之科學與藝術大學後研究所學位（執業和博士學位）、總參謀部屬學位、獸醫學專門學位、醫學專門訓練和牙科專門訓練

資料來源：Finnish National Agency for Education, 2022.

　　針對年輕人的職前職業教育與訓練，和針對成年人的繼續職業教育與訓練是根據相同的立法和原則組織，職前職業教育與訓練（職業高中班制）爲學習者提供基層工作所需職業能力，並支持學習者成長爲良好和平衡的個人與社會成員，也提供他們繼續學習和人格發展所需的知識和技能。持有職業高中資歷者具有在所選領域從事不同任務所需的廣泛和基本職業能力，以及具有在所選領域至少一個部分工作所需的更專門職能和職業能力。繼續進修職業教育與訓練（繼續和專門班制）提供更全面和專門的職能，並要求具備勞動力市場經驗，其資歷主要（但不受限於）是由具有職前職業教育與訓練資歷的就業中成年人獲得。繼續職業資歷持有者需具有滿足工作所需和比職業高中資歷更高階或更專門的職業能力。而專門職業資歷的持有者需具有滿足工作所需和高度進階或多元的職業能力。

　　所有職業教育與訓練的班制都採職能本位。意指完成資歷並不取決於在何處以及如何獲得職能。所有完成基礎教育的學習者都可以參加職業教育與訓練，但由提供者決定選擇標準。在某些地區，普通高中和職業高中會競爭招收潛在學習者。但職業教育與訓練吸引的申請者往往多於可用名額，特別是在社會服務、健康和運動、車輛和運輸科技、商業和管理、電氣和自動化工程，以及美容保養班制（Cedefop, 2019a, b）。

　　芬蘭的國家資歷架構（Finnish National Qualifications Framework, FiNQF），涵蓋教育與文化部（Ministry of Education and Culture）主管範圍內的普通教育、職業教育和高等教育的全部國家資歷，以及其他部門的資歷（如警察、消防和救援服務以及國防）。根據所需職能，資歷、課程綱要和其他廣泛的能力模組分爲八個級別（呼應歐盟發展的歐洲資歷架構 / European Qualifications Framework / EQF 八級別），八級及其類型如前表 2.2 所示。

　　在職業教育與訓練的治理方面，其主要參與機構和執掌如表 2.3 所列。全國的職業教育與訓練總體目標和資歷結構是由教育與文化部決

定，該部也負責教育與訓練提供機構的執照核發。教育與文化部之下的芬蘭國家教育局（Finnish National Agency for Education, EDUFI）則決定國家對資歷的要求，細定各項職業資歷的目標和核心內容。

表 2.3　芬蘭職業教育與訓練治理的主要參與機構和執掌

機構	執掌	
議會	・職業教育與訓練立法 ・職業教育與訓練年度預算分配 ・策略性資金額度	・職業教育與訓練資歷的結構 ・每年學生最大額度
政府	・職業教育與訓練在政府方案中的發展	・共同單元的結構，含職能點的數量
教育與文化部	・職業教育與訓練立法 ・職業教育與訓練提供機構的發照	・資歷的結構 ・掌理、調節、融資和監控
芬蘭國家教育局	・國家資歷要求的準備	・透過資金專案發展職業教育與訓練
芬蘭教育評鑑中心	・評鑑教育與訓練系統的結果（主題式和系統性）	
職業教育與訓練提供機構	・在執照的限制內，獨立決定教育供應量的分配，以及如何和在哪些教育機構和學習環境組織教育	

資料來源：UNESCO-UNEVOC, 2022b.

　　芬蘭的國家資歷要求從 1990 年代初以來就採學習結果取向，所以職業資歷要求是在和工作世界及其他利害關係人密切合作下制定的，以確保資歷具備彈性與促進和勞動力市場的銜接、適應職業發展與變動，也考慮終身學習能力的鞏固，和個人根據本身情況彈性完成資歷的需要和機會。

　　職業教育與訓練提供機構在教育與文化部授權下，可決定提供教育與訓練的教育領域和學生數量，可根據領域或地區的要求，自由組織活

動，自行決定機構網絡（如職業資歷和學習班制）和其他服務。但爲提高職業教育與訓練提供機構的服務能耐，機構被鼓勵合併到區域或其他強大的實體中。在芬蘭，教育機構涵蓋了所有的職業教育與訓練服務和發展活動。職業教育與訓練提供機構同時爲年輕人和成年人提供職前和繼續訓練（半數以上學員／生年齡 20-60 歲）。職業機構與勞動力市場密切合作，一方面是與勞動力市場合作開發自己的供給，另一方面是支持中小型企業的能力發展，以確保和提升教育和訓練的靈活度。較大的職業機構可以提供足夠的職業模組，以確保學習者可以客製化本身的課程並選擇符合不斷變化的職能需求。

　　教育的公共資金主要由國家（30%）和地方當局（市政府，70%）提供，私人資金的投入占比低於 5%。公、私立職業教育與訓練提供機構接受政府資助的標準是統一的，由機構決定所獲資金的用途。學員／生在職業高中接受職前職業資歷班制是免費的，在繼續和專門資歷班制則需繳交合理學費（Cedefop, 2019a, b）。

　　除前述有四成多完成基礎教育的學生會選擇職業高中外，芬蘭人也普遍認爲職業教育與訓練提供高品質學習和強大的工作生活導向。而合格和得力的教師、靈活的資歷取得方式、強勁的就業前景和繼續進修的進路等，被認爲是芬蘭職業教育與訓練廣受青睞的主要原因（Ministry of Education and Culture & Finnish National Agency for Education, 2019）。

參　採二元模式的德國職業教育與訓練制度

　　位於中西歐的德國（Germany）是議會民主制聯邦共和國，總統是國家元首，但總理既是政府首長也是實際掌權者。德國人口數是 84,316,622 人（2022 年估計值），約爲臺灣的 3.58 倍，土地面積 357,022 平方公里，約爲臺灣的 9.92 倍。人均國內生產總值 50,900 美

元（2020 年估計值），約為臺灣的 2.08 倍（CIA, 2022d）。

　　德國有 16 個邦／州，教育責任由邦和聯邦政府共同分擔，但聯邦教育和研究部（Ministry of Education and Research/*BMBF*）負責職業教育與訓練相關課題，各邦負責各自的學校普通教育。各邦的課程、教科書和學校類型等不盡相同，但一般而言，德國的學校系統結構如下（見圖 2.3），義務教育由 6 歲開始 9 年（有五個邦 10 年）的全時學校教育：

1. 小學（primary school/*Grundschule*）：通常 6 歲的孩童進小學展開學校生涯，小學含 1-4 年級。只有在柏林（Berlin）和勃蘭登堡（Brandenburg）的小學持續到 6 年級。在小學結束時，由學童家長和教師根據學童的學業表現決定學童將就讀的中學類型。

2. 中學（secondary school/*Weiterführende Schulen*）：最常見的四種類型如下：

    (1) 主幹中學（secondary general school/*Hauptschule*）：5 至 9 或 10 年級的普通中學。

    (2) 實科中學（more practical secondary school/*Realschule*）：比主幹學校更實用的中學，5 至 10 年級。

    (3) 完全中學（more academic secondary school/*Gymnasium*）：或稱文理中學，是比主幹學校更學術的中學，5 至 12 或 13 年級。

    (4) 綜合中學（comprehensive school/*Gesamtschule*）：組合以上三種類型的中學，是三轉類型的替代類型，5 至 12 或 13 年級。

成功修畢主幹中學或實科中學的學生具有下列資格：(1) 接受職業訓練，或 (2) 轉入完全中學或綜合中學的第二階段／高階班（*Sekundarstufe II/Oberstufe*；相當於英國的第六學級／Sixth Form）。至於完全中學學生在修畢 12 年級或 13 年級時，參加高中畢業資格考試（*Abitur*）及格者可取得高中畢業證書，而有權升讀大學或應用科學大學，但也可以選擇接受職業訓練和直接進入就業市場（The Federal Government, n.d.）。

　　德國職業教育與訓練系統包括職前和繼續教育，導向高品質職業資歷。德國資歷架構（German Qualifications Framework/*DQR*）是將教育系統的資歷加以分類的工具，是教育系統的辦學指引，也是促使教育班制可適切評鑑和促成德國資歷更具備國際比較性的參據。它將不同教育部門的資歷配置到表 2.4 所列八個能力級別（係呼應歐盟發展的歐洲資歷架構／European Qualifications Framework／EQF 八級別），這些能力級別以學習結果的形式描述。

表 2.4　德國資歷架構的分級

級別	概要	專業能力		個人能力	
		知識	技能	社會能力	自主程度
1	具備在某清晰且結構良好的學習或工作領域內滿足簡單要求的能力，任務的完成是在監督下進行的。	・具備基本普通知識。 ・對學習或工作領域有初步的見解。	・具備按照預先規定規則執行簡單任務，並評估這些任務之結果所需的認知和實務技能。 ・建立基本連結。	與他人一起學習或工作，以口語和書面形式獲取和交換資訊。	・在監督下學習或工作。 ・評估自己和他人的行動並接受學習指導。
2	具備在某清晰且結構良好的學習或工作領域內滿足簡單要求的能力，任務的完成大多是在監督下進行的。	在某學習或工作領域具備基本普通知識和基本專業知識。	在某學習或工作領域具備執行任務以及依據預先規定的規準評估這些任務結果和建立連結所需的基本認知和實務技能。	・在團體中工作。 ・接受和提供一般回饋與批評。 ・以適合情境的方式在口語和書面溝通中行動和回應。	・在熟悉和穩定的情境脈絡中、大多在監督下、以負責的方式學習或工作。 ・評估自己和他人的行動。

級別	概要	專業能力		個人能力	
		知識	技能	社會能力	自主程度
					・使用預先規定的學習指引並尋求學習方面的建議。
3	具備在某清晰但部分開放結構的學習領域或職業活動領域內，自主滿足技術要求的能力。	具備在某學習領域或職業活動領域內的擴展性普通知識或擴展性專業知識。	・具備在某學習領域或職業活動領域內規劃和處理技術性任務的廣泛認知與實務技能。 ・主要根據預先規定規準評估結果和進行簡單學習遷移。	・在團體中工作並偶而提供支持。 ・有助於學習或工作環境的組織、安排程序和向標的團體展示結果。	・包含在較不熟悉的情境脈絡下自主和負責地學習和工作。 ・評估本身和他人的行動。 ・徵詢學習的建議和選擇各種學習輔具。
4	具備在某綜合學習領域或會發生變化的職業活動領域內，進行指派之技術性任務的自主規劃和處理的能力。	在某學習領域或某一職業活動領域內具有深入的一般知識或專業理論知識。	・具備廣泛的認知和實務技能，能自主處理有待解決問題的處理任務，並能在評估工作成果和程序時，考慮到替代行動和與相關	・為團體中的工作組織和團體的學習或工作環境做出貢獻，並提供持續的支持。 ・證明過程和結果的合理性。	設定自己的學習和工作目標，反思並實現這些目標，並為其負責。

級別	概要	專業能力		個人能力	
		知識	技能	社會能力	自主程度
			領域的互動。 ・進行學習遷移。	・以綜合的方式傳播事實。	
5	具備在某複雜和專門的學習領域或會發生變化的職業活動領域內，進行指派之廣泛技術性任務的自主規劃和處理的能力。	・具備某學習領域內的統整專業知識或某職業活動領域內的統整專業知識，並包括深入的專業理論知識。 ・熟悉學習領域或職業活動領域的範圍與限制。	・具備很廣泛的專門認知和實務技能。 ・以綜合的方式規劃工作程序並在廣泛考慮替代行動和與相關領域的互動下評估這些主題。 ・進行廣泛的學習轉移。	・以合作的方式規劃和安排工作程序，包括在異質團體中，指導他人並提供詳細的學習指導。 ・以結構化和有目標方式展現跨專業領域、與標的對象有關的複雜事實。 ・提前考慮標的對象的興趣與需求。	反思和評鑑自己的學習和工作目標以及他人設定的目標，以自我導向的方式追求並為這些目標負責，以及為團隊中的工作程序採取適當的行動。
6	具備在某技術專門的子領域或職業活動領域內，對綜合技術任務和問題進行規劃、處理和評鑑的	・具備廣泛而統整的知識，包括基本科學原理的知識和在某技術專門的實際應	・具備很廣泛的方法來處理技術專門（對應德國高等教育學歷資歷架構的 1 級 /	・在專家團隊中工作承擔責任或在前導小組或組織中負起責任。 ・為他人的技	定義、反思和評估學習和工作程序的目標，並自主和可持續地建構學習與工作程序。

級別	概要	專業能力		個人能力	
		知識	技能	社會能力	自主程度
	能力,以及程序上的自主管理的能力。工作要求的結構特性是複雜性和經常變化。	用,並對最重要的理論和方法有批判性的了解(對應德國高等教育學歷資歷架構的1級/學士級)或具備廣泛而統整的職業知識,包括當前的技術發展。 • 具備在某技術專門或職業活動領域進一步發展的知識。 • 具備與其他領域之介面的相關知識。	學士級)、進一步的學習領域或職業活動領域中的複雜問題。 • 開發新的解決方案並在考慮各種標準下就其進行評鑑,即使其要求經常發生變化。	術開發提供指導,並採取預應方法來處理團隊內部的問題。 • 向專家提出與複雜的特定主題問題和解決方案有關的論點,並與他們一起進行進一步發展。	
7	具備在某技術專門或策略導向的職業活動領域內,處理新的、複雜的任務和問題的能力,以及	• 具備綜合、詳細、專業和最新的技術專門(對應德國高等教育學歷資歷架構	• 具備在某技術專門(對應德國高等教育學歷資歷架構的2級/碩士級)或	• 在複雜任務的前導小組或組織中承擔責任,並展示這些小組和組織的工作成果。	• 為新的應用或研究導向的任務定義目標,同時反思社會、經濟和文化的意涵,並

級別	概要	專業能力		個人能力	
		知識	技能	社會能力	自主程度
	程序上自主管理的能力。工作要求的結構特性是經常和不可預測地變化。	的 2 級／碩士級）或具備在某策略導向的職業活動領域的綜合職業知識。 ・具備在相鄰領域的擴展知識。	職業活動領域內，解決策略性問題的專門技術或概念性技能。 ・考慮替代方案，即使在資訊不完整下。 ・開發和應用新的想法或流程，並在考慮各種評估規準下就其進行評估。	・有標的地支持他人的技術發展。 ・領導特定領域和跨領域的討論。	為此目的部署適當的手段和自主獲取所需的知識。
8	具備在某技術專門獲得研究發現或在某職業活動領域開發創新解決方案和程序的能力。工作要求的結構特性是新的和不清楚的問題情境。	・具備在某研究學門的綜合、專門、系統的最新知識，並有助於擴展該專業學科內的知識（對應德國高等教育學歷資歷架構的第 3 級／博士級）或在某策略和創	・具備在某專精技術專門（對應德國高等教育學歷資歷架構的第 3 級／博士級）的研究、發展或創新領域或某職業活動領域關於辨識和解決新問題的綜合發展技	・在複雜或科際整合任務的前導小組或組織中承擔責任，同時激發這些小組和組織的潛力。 ・以有標的和持續的方式鼓勵他人的專業發展。 ・領導跨專業討論並為專	為新的複雜應用或研究導向的任務定義目標，同時反思潛在的社會、經濟和文化意涵，選擇適當的方法，並開發新的想法和程序。

級別	概要	專業能力		個人能力	
		知識	技能	社會能力	自主程度
		新為導向的職業活動領域中擁有綜合的職業知識。 • 具備與相關領域之介面的關聯知識。	能。 • 包含跨活動領域在內的設計、實施、管理、反思和評估創新程序。 • 評估新的想法和流程。	家討論導入創新貢獻，包括在國際環境脈絡下。	

資料來源：Federal Ministry of Education and Research, n.d..

　　德國教育系統如圖 2.3，政府監管的職業教育與訓練從高中階段開始提供，學生可選擇較學校本位的班制或較突出的工作本位學習（work-based learning, WBL）班制。但工作崗位上學習（learning on the job）是德國教育系統中的傳統要素，所以工作本位學習在德國高中及以後階段提供的大多數職業教育與訓練班制中扮演相當重要的角色。

　　圖 2.3 中的二元學徒制（dual apprenticeship system）是德國職業教育與訓練系統的核心，二元指學習由學校和職場兩個場所提供（各約占 30% 和 70% 時間），也指教育和訓練的組合（見圖 2.4）。在學徒制中，企業單位和公共機構提供學徒名額並與學徒簽訂合約，承擔公司內部訓練費用和支付學徒薪酬。與企業訓練交替進行的是學徒每週到職業學校上學一到兩天或分區段上學（例如每月上學一週），到學校實驗室或工場學習和其所選擇職業相關的理論和實務知識，亦即由工作職場採日釋制或期釋制到校學習相關知能。企業和學校均需遵照共用標準實施，學徒在畢業前須參加法定並由公會主辦的期末考試，通過者取得受到雇主高度重視的職業資歷，可進入勞動市場擔任熟練技工或相當職務（Cedefop, 2020）。

圖 **2.3** 德國教育系統

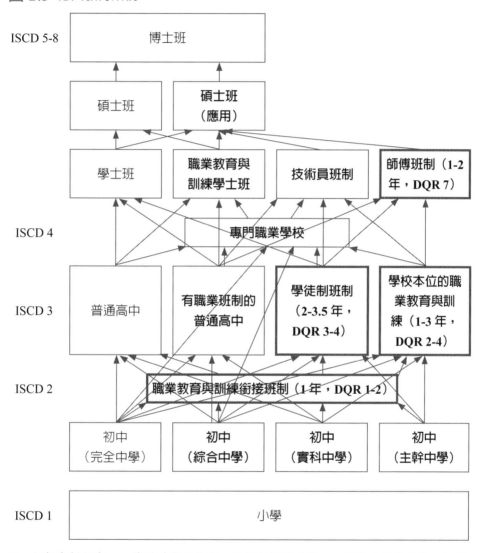

註：細框內標細字——普通／學術教育；粗框內標黑體字——職業／專業教育；細框
　　內標黑體字——普通和職業組合／混合教育；後兩者的職業教育與訓練均內含工
　　作本位學習。

資料來源：Cedefop, 2020; UNESCO-UNEVOC, 2022c.

圖 2.4　德國職業教育與訓練的二元性

	公司	職校
監管主體	聯邦政府	各　邦
依　據	訓練合約	職校義務就讀
規定內容的載體	訓練法規	課程綱要
監督主體	權責機關	學校督學
融資主體	訓練公司	各　邦

⇩　　　　　　⇩

> 熟練技工
> 熟練職員
> 熟練工

資料來源：Cedefop, 2020.

　　2019 年，升讀高中的學生當中將近 50% 選擇職業教育與訓練班制，其中：12.9% 的學生選擇了職業教育與訓練銜接班制接受預備訓練，36.8% 的學生選擇可獲得職業資歷進入勞動力市場的職業教育（其中 67.4% 就讀學徒制）。職業教育與訓練主要是下列三種證書持有者的主要選項：(1)9 年級之後的初級中學證書（lower secondary school certificate/*Hauptschulabschluss*）；(2)10 年級之後的中級中學證書（intermediate secondary school certificate/*Mittlerer Schulabschluss*）；(3) 高中畢業證書（upper secondary school leaving certificate/*Abitur*）。近幾年來，雖然學生在高中階段選擇升讀高等教育進路的占比有上升、選擇職業教育與訓練的占比有下降的趨勢，但是第 3 種證書持有者選擇職業教育與訓練有增加趨勢，主要是選擇學徒制。德國職業教育與訓練畢業生（20-34 歲，ISCED 3-4）的就業率在 2019 年高達 90%，是歐盟 27 個國家（EU-27）中第 4 高的（2019 年 EU-27 平均是 81%），因而彰顯職業教育與訓練資歷在勞動力市場中的價值。此外，德國絕大多數

的公司是中小企業（2018 年家數占比為 99.3%），所以大多數完成學徒制的年輕人是在中小企業完成（2018 年人數占比為 90%）（Cedefop, 2020）。

上述職業教育與訓練銜接班制，是以直接進入連結勞動力市場之職業教育與訓練班制有困難的學生為對象，旨在協助其銜接到導向職業資歷的職業教育與訓練班制，主要有下列三種班制：(1) 職前訓練年（pre-vocational training year/*Berufsvorbereitungsjahr/BVJ*）──一年期，由職業學校提供的課程（通常是全時制），旨在讓年輕人為職業訓練的需求做好準備並給予取得初中畢業證書的可能性；(2) 基礎職業訓練年（basic vocational training year/*Berufsgrundbildungsjahr/BGJ*）──一年期，可在職業學校全時制或變通為在企業完成的課程。學習者獲得某特定職業領域的基礎教育知識，完成者接續到同一領域的職業訓練時可以折抵一年；(3) 導入訓練（introductory training/*Einstiegsqualifizierung/EQ*）──6 到 12 個月，結合職業學校訓練的企業訓練生制，學習者可以熟悉特定的職業，而企業可以認識這些年輕人。這種訓練已被證明具有敲門磚的功能，約 70% 的學習者會銜接到學徒制，並獲得修業時間的折抵（Cedefop, 2020）。

上述二元制學徒制和銜接班制，以及其他高中及高中以後兩階段的職業教育與訓練班制如表 2.5 所列。職業教育與訓練由政府（聯邦和 16 個邦／州）、公司和社會夥伴合作推動，針對兩種學習場所制定了國家標準和訓練法規，導向被社會大眾高度重視的職業資歷，協助學生順利銜接到勞動力市場和降低青年失業率。

表 2.5 德國職業教育與訓練班制

教育階段	教育班制類型（對應的 ISCED/DQR 級別）	主要經濟部門	學校及工作本位訓練	平均修業年數	轉銜進路	入學條件
高中階段	銜接班制　職前訓練（*BVJ*）（2/2）	定向訓練	學校本位，含 WBL 要素	1 或 2 年	職業訓練	沒定條件
	基礎職業訓練年（*BGJ*）（3/3）	定向訓練（經濟與技術部門）	學校本位/學校與實務本位合作式	1 年	職業訓練、全時職業學校，可折抵 1 年二元制 VET	完成普通全時義務教育（9 年學校義務教育）可轉銜 10 年級者
	導入訓練（*EQ*）（2/2）	各部門	公司內（至少 50%）+ 學校	1 年	職業訓練	沒定條件
	學徒制班制（二元制）	各部門	公司內（70%）+ 學校（30%）	大多 3 年	行業與技術學校、職業學苑、專門高中、職業高中、健康照護學校	除完成全時義務教育外沒進一步要求，但由公司選擇所需學徒
	學校本位 VET 班制（含 WBL）　有 WBL 的學校本位班制（在全時職業學校/ *Berufsfachschule* 提供）（3/4）	商業、語文、技藝、家務與照護、藝術、健康照護	學校本位、含 WBL 要素	至少 1 年、大多 3 年	行業與技術學校、職業學苑、專門高中、職業高中、健康照護學校	初階中學畢業證書或中階中學畢業證書持有者
	有職業定向的普通教育班制（在專門高中/ *Fachgymnasium* 提供）（3/4）	經濟、科技、營養、農業、資通科技	學校本位、含 WBL 要素	2 或 3 年	大學、應用科學大學、建教合作大學、二元制大學	中階中學畢業證書書持有者

教育階段	教育班制類型（對應的 ISCED/DQR 級別）	主要經濟部門	學校及工作本位訓練	平均修業年數	轉銜進路	入學條件
高中後階段	高階職業資歷：技藝師傅、技術員、專門人員（由公會評估和發證）(5-6/5-7)	技藝、商業、工業	工作本位	1 至 5 年	學士班制	IVET 資歷、工作經驗，進第 7 級資歷者需 IVET 資歷＋高階職業資歷＋工作經驗
	經認證資訊科技（IT）作業和策略專業人員（由公會評估和發證）(--/6-7)	IT 管理（系統、商務、行銷、顧問）和 IT 工程（技術和商務）	工作本位	未定（以通過考試為要）	--	IVET 資歷＋IT 專門人員高階職業資歷＋工作經驗
	高階職業班制（行業與技術學校）(6/6)	農業、設計、科技、商務、社會照護	工作本位	1 至 3 年	學士班制	IVET 資歷、工作經驗
	二元制學習班制（大學、應用科學大學、建教合作大學、二元制大學）(6-7/6-7)	特別在：工程、科學、經濟科學/商業法律、社會事務、行政與公司法行政、電腦	部分學校和實務本位	3 至 5 年、學士和碩士班制	--	訓練合約和持有高等教育資格高等教育入學資歷證明（學科分書和一般）

註：IVET——職前職業教育與訓練（initial vocational education and training, IVET）；VET——職業教育與訓練（vocational education and training）；WBL——工作本位學習（work-based learning）。

資料來源：UNESCO-UNEVOC, 2022c.

在職業教育與訓練的治理方面，聯邦政府和各邦負責相關政策的發展。聯邦教育與研究部（Federal Ministry of Education and Research, *BMBF*）負責校外職業訓練和繼續教育、訓練援助和高等教育系統的政策、協調和立法；聯邦經濟和科技部（Federal Ministry of Economics and Technology, *BMWi*）或其他部會可在和 *BMBF* 協議下透過立法和頒布訓練規定正式採認訓練職種；聯邦職業教育與訓練研究所（Federal Institute for Vocational Education and Training, *BIBB*）則為聯邦政府和職業訓練提供機構提供諮詢服務、進行公司內部職業訓練領域的研究，和主持社會夥伴之間有關職業訓練創新的對話。在各邦層次，邦教育與文化事務部是學校教育主管機關。各邦政府設有職業訓練委員會，雇主、員工和最高地區當局代表人數均等。雇主、行業工會和政府的緊密夥伴關係對職業教育與訓練的內容與形式有很大影響，也考慮到各方的要求與利益。聯邦和地區當局也共同制定二元制訓練系統的課程架構。他們的協作也涉及公司內部訓練的職業教學和訓練規定，雇主組織、工會和政府三方在職業教育與訓練中以有條理和很稱職的方式表達了不同的集體利益，三方合作的共同理念是：三方共同掌控職業教育與訓練方向也共同承擔責任；職業教育與訓練應採實務導向、重視關聯和優質；職業教育與訓練標準應需求導向並與時俱進；職業教育與訓練是在全球市場具備競爭力的先決條件。雇主和工會在二元制學徒訓練的變革中發揮核心作用，因為職業訓練的結構必須滿足產業需求，例如資歷要求需改變時，聯邦政府、邦政府的代表、雇主和工會需就基本原則達成一致。合作夥伴之間會就訓練規定、課程架構等持續不斷地協調（UNESCO-UNEVOC, 2022c）。

除了雇主組織、工會社會夥伴和政府的參與之外，所謂職業教育與訓練的主管機構（competent body/*zuständige Stellen*）扮演治理上的重要角色，主管機構包括 38 個同業公會以及各種聯邦和州當局。他們的任務是確保訓練中心的適切性，監控企業內訓練，為企業、訓練師和

學徒提供建議；建立和維護訓練合約清單；建置考試制度和舉辦期末考試。每個主管機構都有一個由雇主、行業工會和教師代表三方組成的職業訓練委員會。職業教育與訓練實施的課題和規定之決定都必須通知和諮詢這些委員會。作爲自治機構，工商同業公會、技藝同業公會和自由職業的適當專業委員會，都被指派在二元制訓練中擔當主管機構的公共任務。來自同業公會的訓練顧問審核公司的訓練量能和訓練師的訓練能力，和對公司和學徒提供建議。同業公會承擔訓練合約的檢查、註冊和執行監督，並提供諮詢服務。同業公會也透過確定考試日期和設置考試委員會監督整個考試組織（UNESCO-UNEVOC, 2022c）。

第二節　職業教育與訓練制度的關鍵成功要素

制度或系統產出的影響或結果通常可分爲圖 2.5 所示的四大類：(1) 預期且喜愛的；(2) 非預期但喜愛的；(3) 非預期且非喜愛的；和 (4) 預期但非喜愛的。得償所願的第 1 類和意外驚喜的第 2 類都會受到利害關係人的普遍歡迎，但第 1 類才是制度設計的目的。

圖 2.5　影響或結果的類型

喜愛的 ＼ 預期的	否	是
是	2. 非預期但喜愛的	1. 預期且喜愛的
否	3. 非預期且非喜愛的	4. 預期但非喜愛的

　　職業教育與訓練制度既要「做對的事」（do the right thing，著重在結果對）也要「把事做對」（do the thing right，著重在效率高）。聯合國教科文組織的《有關技術及職業教育與訓練的建議書》（The Recommendation concerning Technical and Vocational Education and Training）（UNESCO, 2015），提出職業教育與訓練的轉型願景，在透過個人、組織、企業和社區的增能和促進就業、尊嚴勞動與終身學習，對永續發展做出貢獻——促進包容和可持續的經濟成長，以及競爭力、社會公平和環境永續。該建議書可作爲全世界技術及職業教育和終身學習轉型與擴張的指引。共 60 條的該建議書條列技術及職業教育的總則和目標，前三條界定建議書的範圍如下：(1) 在本建議書中，技術及職業教育被了解爲和廣泛的職業領域、生產、服務與生計有關的教育、訓練和能力發展；(2) 技術及職業教育是終身學習的一部分，可以在中學、中學以後和高等教育階段進行，並包括可能取得資歷的工作本位學習和繼續訓練和專業發展；(3) 本建議書條文的應用取決於特定國家現存的具體條件、治理結構和憲法條款。接續的 57 條則是圍繞在下列五個重要領域：政策和治理、品質和相關性、監控和評鑑、研究和知識管理，以及國際合作。

　　聯合國教科文組織和國際勞工組織的一份報告書（UNESCO & ILO, 2018），曾彙整出下列職業教育與訓練制度層面的 10 項關鍵成功因素，這些因素也是各國政府部會應做好跨部會協調的重點所在：

1. 有跨政策領域的領導和明確目的

　　政府在職業教育與訓練和能力發展方面的目的和目標是明確的，並且在政府之中和在主要利害關係人之間得到廣泛了解。所有利害關係人都清楚地了解各自和一起需要做什麼才能爲這些目的做出貢獻。能力和國家及地方政策目標的跨政策領域相關性被清楚地陳述。

2. 具勞動力市場相關性和採需求驅動的供應

　　職業教育與訓練的提供是在回應勞動力市場的需求。地方勞動力市

場已經足夠發達到將能力視為提高生產力和競爭力的要件。雇主願意為員工訓練支付費用，並且對產出有能力的工作人員可促進其業務的訓練和對資歷感到滿意。

3. 有運作良好的夥伴關係和網絡以促進修習和公平

不論種族、性別、年齡、社會地位或失能程度，所有想要修習職業教育與訓練的人都可以獲得職業教育與訓練的提供和學習機會。社會夥伴（包括公民社會組織）積極參與職業教育與訓練的實施，並努力確保整個系統的平等，存在管理良好的大學／產業夥伴關係，以及對非正規學習和先前學習的採認（RPL）以進一步促進修習的便利和機會。

4. 有高績效、高品質的教育與訓練機構

無論公立或私立教育與訓練機構有量能、人員配置、設備和設施，實施滿足雇主和學習者期望的高品質訓練。教育與訓練機構提供高品質的學生支持服務、與當地勞動力市場密切聯繫，並利用這些聯繫提供工作本位的學習機會，改善其訓練的品質和相關性。教育與訓練機構具有性別意識，並由具有強大領導能力和創業精神的團隊領導。

5. 有標準化的品保機制和具可攜性的資歷

資歷被廣泛認為是持有人實際能力和職能之準確和可靠的憑證。資歷允許持有人從許多公認的高品質學習路線和進展途徑中進行選擇。對於那些已經工作多年的人和勞動力市場的新進入員，都有繼續學習和進展的機會。有品質確保系統以確保高品質的訓練或必要時的補救措施。

6. 有穩定和持續的資金

職業教育與訓練系統資金充足，能夠達成預期結果。這種融資是穩定的，使利害關係人可以有信心推進計畫。資金用於優先領域，並制定有績效本位的激勵措施以取得積極成果。資金來自多種來源，

減少對單一來源的過度依賴，並增強利害關係人的參與和所有權。

7. 有運作良好的機構、激勵措施和課責機制

職業教育與訓練系統中的機構有效地將國家政策重點轉化爲可實施的活動。公、私立訓練提供機構制定了透明的激勵措施以及相關的課責（accountability，亦稱問責或績效責任）制度。除了機構之外，也需爲個人制定激勵措施，使人們（包括窮人）感到能夠投入時間和稀缺資源來獲得技能。

8. 能獲得大眾尊重，畢業和就業率高

職業教育與訓練系統被利害關係人和公眾認可爲可產出成功的結果，從而獲得有價值的資歷和可持續的就業，並獲得比非技術工作人員更高的薪資報酬。此一成功可吸引更多和更合格的學習者考慮職業教育與訓練選項，並鼓勵更多雇主和職業教育與訓練系統合作。職業教育與訓練除了爲正規部門的員工，也爲非正規部門的工作人員和自僱者提供訓練。

9. 有準確資料和資訊（包括 LMI）可用

建置有監控、報告和評鑑系統，以便政策制定者、利害關係人和公眾能夠獲得有關職業教育與訓練和能力發展活動、產出和成果之進展的準確和及時資訊。該資訊應包括培訓提供者（公共和私人）的績效資訊，這些資訊應包含公、私立訓練提供機構的績效資訊，供公眾、雇主和潛在學習者隨時取得。資料和資訊持續被蒐集、分析和用以影響決策，也被充分分類，而對各部門和地方規劃與決策有意義。如果沒有準確和全面的勞動市場資訊（labor market information, LMI），就很難建立一個與勞動力市場相關且由需求驅動的訓練供應系統。

10. 有政策學習文化和能持續改善

政府和職業教育與訓練利害關係人表現出願意挑戰現有假定，並持續學習和改進現有干預措施的意願。這涉及支持從廣泛來源蒐集和

傳播資訊與研究的態度和機制，因為在傳統的決策過程中資訊和研究可能沒有扮演核心角色。文化應該包括評鑑職業教育與訓練政策與方案影響，以及檢驗擴大前導和創新專案及學術研究的機制。此一機制應該鼓勵互動、協作和反思，使職業教育與訓練是在動態而非靜態的環境中實施。

　　以上 10 項關鍵成功因素，和職業教育與訓練系統本身應符合下列六項最重要原則才會成功的主張是一致的：(1) 與勞動力市場關聯（即滿足雇主需要和期望）；(2) 學習者有接受教育與訓練的近便性；(3) 實施的品質高；(4) 需有職業、職能和品質等標準；(5) 需含人際能力等軟能力的學習；和 (6) 有穩定的資金挹注（MacDonald, et al., 2010; Usman, 2013）。

第三節　臺灣的職業教育與訓練制度

　　我國的現行學制系統如圖 2.6 所示，自 2014 學年度起施行 12 年國民基本教育（在學年齡為 6 至 18 歲的類義務教育），高級中等學校（分為普通型、技術型、綜合型及單科型）3 年，大學學士班 4 年、碩士班 1 年至 4 年、博士班 2 年至 7 年。學生在學制系統中有兩次重要的選擇與分流點：(1) 國中畢業後可選擇高級中等學校或五專就讀，入學方式以「免試入學」為主，「特色招生」為輔；(2) 普通型高級中等學校學生畢業後可參加大學申請入學或相關入學考試；技術型高級中等學校學生畢業之後，可銜接高等教育階段二年制專科學校及四年制技術學院或科技大學。亦即，技職教育主要分為中等和高等兩階段。其中，中等技職教育包括國中技藝教育、技術型高級中等學校（簡稱技高）、普通型高級中等學校（簡稱普高）附設專業群科，或綜合型高級中等學校（簡稱綜高）專門學程。而高等技職教育則包括專科學校、技術學院及科技

圖 2.6 臺灣現行學制系統

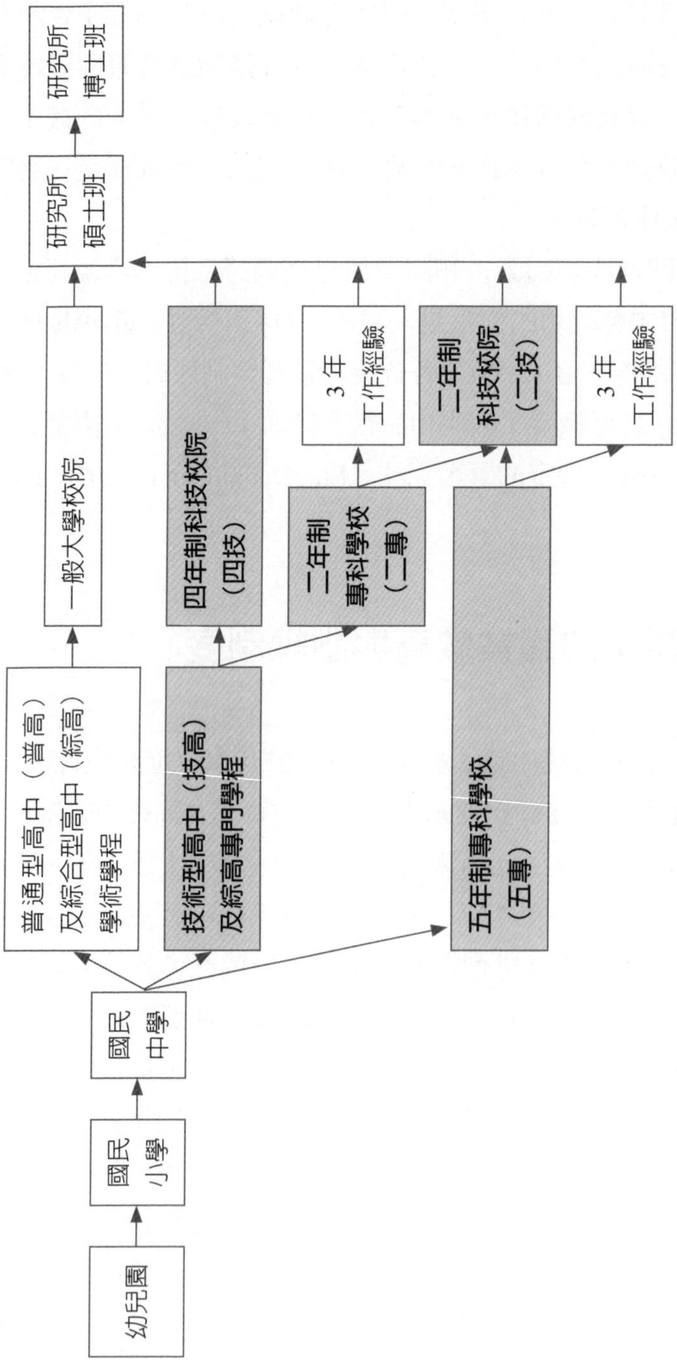

註：加網點者為技術及職業學校和班制。

大學（三種校院統稱爲技專校院，後兩種統稱爲科技校院）。專科學校依修業年限分爲二專和五專兩種，而技術學院及科技大學可招收副學士、學士、碩士、博士等各班次學生。圖 2.6 中，技高和普高附設專業群科、綜高專門學程、五專、二專、四技和二技均屬技術及職業學校與班制。分別簡述如下：

1. 技高和普高附設專業群科

以學習專門技術、培養專業基礎人才爲主要目標，課程偏重實作，主要科目爲專業科目和實習。技高職業類科分成工業、商業、農業、家事、海事水產、藝術六大類，而依不同職業領域又可分成 15 群。每一群包括若干科，例如機械群包括機械科、模具科、製圖科、電腦機械製圖科、鑄造科、板金科、機械木模科、機電科、生物產業機電科、配管科。部分技高之職業類科另有特殊性質，例如高中產學攜手合作計畫、產業特殊需求類科、實用技能學程、建教合作班、就業導向課程專班。部分技高設有進修部，常採夜間上課，學生可兼顧白天的工作，招生方式與日間部相同。此外，部分普高也附設有家事、商業、工業及水產等職業類科。技高學生在就學期間可積極參加技能檢定，取得技術士及其他職業證照，以增加畢業後之就業機會或升學優勢。技高畢業生亦可繼續升讀科技大學、技術學院、二專或一般大學，成爲專門技術人員或學術研究人才（教育部國民及學前教育署，n.d.）。

2. 綜高專門學程

雖然綜合高中（或綜高）一詞常被泛指兼有高中普通科和高職職業類科的高級中等學校，但此處綜高指依《高級中等學校法》設置的綜合型高級中等學校——提供包括基本學科、專業及實習學科課程，以輔導學生選修適性課程之學校。學生進入綜高後，高一皆修習共同科目，並藉由生涯規劃、職業試探等課程探索個人的興趣和能力。高二開始，學生再依興趣和能力、升學或就業，以課程選修

方式選修學術學程或專門學程。學術學程類似普高的課程，又分為自然學程和社會學程，類似普高的自然組和社會組。選擇學術學程者，以一般大學院校為升學目標。專門學程類似技高職業類科，多實作、學技術，鼓勵考證照。選擇專門學程者，畢業後可立即就業，也可以升讀四技二專（教育部國民及學前教育署，n.d.）。

3. 五專

招收國中畢業生，畢業後可取得副學士學位，為我國培育中級技術人力的重要管道之一，重視適性且多元的啟發教育，並與一系列的實務課程結合，落實專業證照制度。五專畢業生除了立即就業外，可繼續升學二技，修業 2 年取得學士學位，亦可報名大學及四技轉學生招生，甚至畢業 3 年後直接報考碩士班（教育部國民及學前教育署，n.d.）。

4. 四技二專

四年制科技校院及二年制專科學校之簡稱，為技術型高級中等學校畢業生主要升學進路。四技修業 4 年，畢業後與大學同樣授予學士學位證書；二專修業 2 年，畢業後授予副學士學位證書。四技二專主要入學方式包含甄選入學、聯合登記分發、技優入學、科技校院繁星計畫、申請入學（招收高中生），以及經教育部核准辦理之各校單獨招生等多元入學管道，升學機會極為暢通；此外四技二專更是所有學制中提供在職人士最多進修管道的機會，包含夜間、週間、假日等配合不同產業排班時間之上課時段，鼓勵高中職畢業生繼續進修；不僅如此，近年各科技校院更開設產學攜手合作計畫專班、雙軌訓練旗艦計畫專班、產學訓專班等產學合作班，加強與產業接軌，提供學生職場實習機會（技訊網，2022）。

　　此外，依我國 2019 年修正的現行《技術及職業教育法》，高級中等以下學校應開設或採融入式之職業試探、生涯輔導課程，提供學生職業試探機會，建立正確之職業價值觀；國民小學及國民中學之課程綱

要，應納入職業認識與探索相關內容；高級中等學校及國民中學應安排學生至相關產業參訪；國民中學為實施職業試探教育，得與技職校院或職業訓練機構合作辦理技藝教育。現正逐步實施中（教育部，2019b）。

　　進一步依現行《中華民國教育程度標準分類》（第 5 次修正）的教育程度標準分類（教育部，2016 ）而言，我國的技術及職業教育分布在第 3-8 等級（但未使用第4等級），各等級教育中其定向（orientation）為職業教育或技術教育的學制（程），如表 2.6 所示。

表 2.6　我國教育程度標準分類中定向為技術及職業教育的學制（程）

等級		定向		子分類	
編碼	等級別	編碼	定向	編碼	學制（程）別
3	高級中等	2	職業教育（高職）	0	非學位（歷）學程
				1	專業（職業）群科
				2	綜合高中專門學程
				3	實用技能學程
				4	高級中等進修部（學校）專業（職業）群科
				5	五專前三年
				6	七年一貫制前三年
				9	其他高級中等職業教育學制（程）
5	專科（副學士）	2	技術職業	0	非學位（歷）學程
				1	五專後二年
				2	二專
				9	其他專科
6	學士（大學）	2	技術職業	0	非學位（歷）學程
				1	技專校院四年制學士班（四技）
				2	技專校院七年一貫制後四年
				3	技專校院二年制學士班（二技）
				4	技專校院學士後學系
				5	技專校院學士後第二專長學位學程

等級		定向		子分類	
編碼	等級別	編碼	定向	編碼	學制（程）別
7	碩士	2	技術職業	0	非學位（歷）學程
				1	技專校院碩士班
8	博士	2	技術職業	1	技專校院博士班

資料來源：摘自教育部，2016。

　　而如本書第一章及本章前述，許多國家的職業教育與訓練通常含學校本位教育和工作本位學習，所以職業教育和職業訓練常是統合的；但是像在我國和日本等國，學校等教育機構固然可辦理職業訓練，但在法規上，對職業訓練另有規定。

　　在我國，依 2015 年修正公布的現行《職業訓練法》，職業訓練係指為培養及增進工作技能而依該法實施的訓練。其主管機關，在中央為勞動部，在直轄市為直轄市政府，在縣（市）為縣（市）政府。職業訓練機構包括下列三類：(1) 政府機關設立者；(2) 事業機構、學校或社團法人等團體附設者；和 (3) 以財團法人設立者。現行《職業訓練法》所規範的職業訓練有下列四種類型：

1. 養成訓練：針對 15 歲以上或國民中學畢業之國民，所實施有系統的職前訓練。

2. 技術生訓練：事業機構為培養其基層技術人力，招收 15 歲以上或國民中學畢業之國民，所實施的訓練。

3. 進修訓練：為增進在職技術員工專業技能與知識，以提高勞動生產力所實施的訓練。

4. 轉業訓練：為職業轉換者獲得轉業所需之工作技能與知識，所實施的訓練。

　　前兩種是「職前訓練」，後兩種是「在職訓練」，都著重在能力發展（skill development；日文稱之為能力開發 / *Noryoku Kaihatsu*）。目前具待業身分的國民參加職前訓練課程，由政府提供 80-100% 不等

的費用補助（依照身分別而有差異）；如具特定身分別（如身心障礙者），參訓期間還可請領職訓生活津貼補助，結訓後訓練單位會提供就業輔導建議。目前具在職勞工身分者，則可參加在職訓練課程，並可申請補助，訓練時間多爲晚間或週末（桃園市職訓教育協進會，2016）。前述政府機關設立的公立職業訓練機構，自 2006 年起逐漸將訓練課程委外辦理。2022 年公立職訓中心職前訓練開訓人數爲 10,731 人，結訓人數爲 9,768 人；在職訓練開訓人數爲 11,170 人，結訓人數爲 11,039 人（國家發展委員會，n.d.）。

　　黃昆輝教授教育基金會於 2017 年 3 月舉辦的「重要教育議題民意調查」結果顯示，受訪民眾認爲在各級各類教育中，「技職教育」最不受政府重視。該基金會也指出：產業界抱怨人力「供需失調」與「學用落差」，時有所聞；媒體甚至以「青年高失業、企業高缺工」雙高現象來形容。學者、專家也都認爲技職教育確實有澈底檢討、積極改革之必要（黃昆輝，2017）。該基金會於 2017 年 10 月進行的「技職教育議題民意調查」結果之一是受訪民眾認爲：技職教育不管是學生還是師資，都要跟產業結合，才能符合職場需求（黃昆輝，2023）。此外，一項技職教育重要課題的釐清和技職教育政策重要性的評估（李隆盛等，2020），發現：(1) 當前技職教育重要課題層面寬廣，涵蓋政策、制度、師資、課程、教學及產學連結等面向；(2) 在各面向中，政策課題最亟待解決，尤以制定端與學校端之間未能相互了解，以及缺乏中長程政策指引等問題爲甚；(3) 教學相關的重要課題數量居多，與業界連結及教學品質提升亟待強化；(4) 差異化補助及落實職能本位教育訓練被視爲重要的技職教育政策。

　　固然，普通學術教育制度（或體系）也該爲人力供需失調與學用落差擔負一大部分的責任，但單就職業教育與訓練系統檢討，至少有如圖 2.7 問題樹（problem tree）上所顯現的核心問題、原因與結果，需要加以正視和解決，而本書各章節內容亦相當關照這些問題與因果的論述。

圖 2.7　臺灣職業教育與訓練發展的問題樹

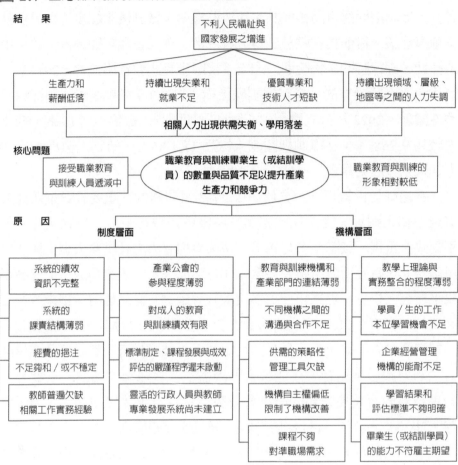

資料來源：修自 Asian Development Bank [ADB], 2020; Schieske, 2021.

　　此外，經濟合作暨發展組織提出的強壯職業教育與訓練制度（或系統）的下列關鍵特徵，已為圖 2.7 中問題的解決指出方向（OECD, 2015, pp. 7-8）：

1. 既決定供給也滿足需求：引導如何決定供需配比及職業班制內容

1.1 有確保職業教育與訓練供給符合勞動力市場需求的機制

　　有時，職業教育與訓練班制的存續是由學生的需求和教育與訓練機

構的容量所驅動，而非根據產業需求。此一失衡的矯正對策包含：限制能力需求甚低的教育與訓練供給、強調工作本位學習作爲傳達產業需求的手段、藉由厚實的職涯輔導告知學生需求。

1.2 職業教育與訓練班制中融入足夠的核心學術能力，特別是讀寫算素養工作崗位上和繼續學習都需要基本能力，因此職業教育與訓練班制需評估學員／生入學或參訓時的基本能力、補足缺弱，和尋求方法將基本能力融入職業課程。

1.3 提供一系列班制給所有人學習機會並極小化中輟
某些類型的實用和工作本位的職業班制，對吸引之前已對學術教育不再抱持幻想的年輕人非常有效。

1.4 提供有工作和家庭責任之成人適合的彈性學習方式
常有家庭和工作責任的成年人傾向喜好彈性和兼時（部分時間）的學習選項，和常希望利用遠距學習。因此，班制和政策應調適以因應其需求。

1.5 有較高階的職業資歷，和從初級職業班制升讀較高階職業和學術班制的進路
爲高中階段職業班制畢業生開設的較高階職業資歷，除了加深學員／生技術職能，也培養其管理和創業能力、管理訓練生的能力，因而在提升高中階段職業軌道之吸引力方面扮演關鍵角色。此外，獲得更多學術資歷的進路也很重要。

2. 提供優質學習：引導如何傳授職業能力給學習者

2.1 有涵蓋廣泛專業領域和較高層級學徒養成的高品質學徒制
學徒制是非常成功的工作本位學習模式，也是一種培養能力和將年輕人過渡到工作的方法。它需要與產業形成夥伴關係得到積極支持，以品質保證爲後盾，並在公共行政等新領域得到發展。

2.2 系統化整合工作本位學習到所有職業班制
學徒制和其他工作本位學習無論是作爲學習環境，和作爲促進與雇

主夥伴關係的手段，都具有深遠的好處，應該被整合進所有職業班制並設定爲班制接受公共資助的條件，而且應該是系統化、有品質確保、有評估，和有信用。

2.3 職業教學人員衡平地兼具教學能力和合時宜的產業知識與經驗

這意味著應有鼓勵產業從業人員從事兼職教學，或在職涯中期轉任職業教職的措施。

3. 利用學習成果：引導如何評估、認證和發揮能力

3.1 夥同勞動力市場參與者一起開發資歷

這意味著課程、班制和評估都有條理地在學習內容和方式滿足產業需求。

3.2 反映勞動力市場需求的資歷全國一致，但有足夠彈性含納地方協商的元素

全國一致的資歷支持勞動力市場中的流動性，但課程容許有地方協商部分以因應地方雇主的需求

3.3 有數量維持在可管理程度的資歷系統和架構

資歷激增的趨勢會造成混淆而稀釋了資歷的價值，需要有雇主和工會參與，積極管理資歷系統予以解決。

3.4 將高品質的職業能力評估納入各種資歷

對複雜的職業能力組合進行良好的評估不易做到，但卻是健全資歷的基本要素，也對職能本位的資歷至關重要。

3.5 有含專業考試和先前學習的採認（RPL）在內的有效職能本位方法

專業考試是國家能力體系中鮮爲人知的一部分，但常在正規教育體系之外扮演重要角色，而對先前學習的採認需要很強的誘因激勵不同的參與者使其落實。

4. 支持條件：整備職業教育與訓練的政策、實務和機構

4.1 有政府、雇主和工會形成夥伴關係發展的職業班制

通常需要一個由不同利害關係人參與的指導實體協調提供、包容含

社會夥伴在內的所有利害關係人，並解決連貫性和協調性問題。

4.2 有可靠資訊當後盾的有效、可取用、獨立又預應的（proactive）職業輔導

職業輔導仍然常常是學校一般諮商中薄弱的副產品。輔導專業需要良好的勞動力市場資訊予以升級和支持。

4.3 有含各該職業班制在國際分類與勞動力結果之資訊在內的職業班制之厚實資料

雖然應採 ISCED-11 改善職業班制（尤其是在中學之後的層級）的識別，但需要實施得好。許多國家需要更好的勞動力市場資訊。

4.4 有穩定的資金配置，使選擇職業教育與訓練不會因為資金挹注而被扭曲

雖然 OECD 國家的高中階段職業教育與訓練很少涉及收費，但在大專階段則受制於一系列收費制度，且不盡然和其他高等教育的資金挹注形式一致。

第 三 章

職業教育與訓練標準

　　《韓非子‧外儲說左上》有一則買鞋子拿尺碼的寓言，大意是：有個人想買鞋子，先自己量好尺碼放在座位上，到市集去卻忘了帶量好的尺碼，找到鞋攤才說忘了帶尺碼，要回家拿。等他再回到市集時，賣鞋的已經收攤了。旁邊的人問他為什麼不直接用腳試穿，這人回答：我寧可相信尺碼，也不相信自己的腳。這則寓言至少有兩個意涵：(1) 做事該像買鞋一樣，應有其標準或依據；(2) 標準的制定和遵循必須務實，世異則事異，不可抱殘守缺或墨守成規。

　　標準可被定義為規範或規格的協定、最低要求或所需水準，或被視為最佳實務等。標準是被認為會令人滿意之特定干預所需資源、過程和結果之性質的描述（TVETA, 2020）。職業教育與訓練特別講求教育世界（world of education, WoE，或教育系統）和工作世界（或勞動市場與各種產業）的互動與合作，如圖 3.1 所示，職業教育與訓練班制需轉譯其所對應的職業所需職能為所欲達成職能，而其學員／生學習結果需轉移為就業結果，所以職業教育與訓練有其需對應的職業標準和需制定的職業教育與訓練標準。職業標準定義工作者在工作世界執行的職責、活動和任務；職業教育與訓練標準則是連結工作世界和教育世界的介面，包含就業明細（specification）、學習明細和評估明細三要件（Mansfield, 2001）。

　　但是相對於教育世界，工作世界的職業分得較細，例如美國在其全國職業資訊的主要資源 O*NET 平台上，有超過 900 個職業的資源（職稱和編碼都依本書第一章所述的國際職業標準分類 ISCO-08），而作為技術及職業教育（career and technical education, CTE）班制設置、課程設計與教學之組織工具的全國職群架構，只分成 16 個職群（career cluster，如「農業、食品與自然資源」）和 79 個職涯進路（career pathway，職群的較小群組，如「農業、食品與自然資源」職群中的「農業經營系統」）。在職涯進路下實際開設的學制別約在 100 多個，例如2019 年美國奧勒岡（Oregon）州各郡（county）設置的 CTE 班制職業

圖 3.1 職業標準和職業教育與訓練標準的關係

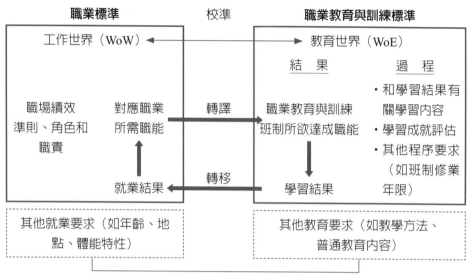

資料來源：修自 Fretwell et al., 2001; TVETA, 2020.

領域數目最多的是 111 個（Oregon Department of Education, 2019）。換句話說，固然不是所有的職業都會由教育世界或職業教育與訓練培育從業人員，但實務上教育世界會以對應一個或幾個職業，或者對應職類或職群的方式設置班制，因而教育端的目標和內涵常顯得較廣泛和較複雜。

　　各國的職業教育與訓練標準名稱，在英國稱為國家職業標準（National Occupational Standards, NOS），在法國稱為專業參考（*Référentiels Professionels*），在德國稱為訓練規定（*Ausbildungsordnungen*）（Mansfield, 2001）。標準的名稱雖然不一致，但其制定目的常是下列當中的一個或多個：定義教育與訓練的品質（即學習者在教育與訓練過程中應該有何成就）、界定教師培育班制的品質、評估教育與訓練班制達成預期結果或學習者的表現等、引導班制設置與課程發展（Spöttl & Becker, 2016）。

　　標準除依上述目的分類，又可依其規範對象分爲機構標準、班制標準和產品標準等，例如澳洲的職業教育與訓練標準含組織和產品標準兩大類，組織標準含立案訓練組織標準和繼續立案重要條件與標準，產品標準則含訓練套件（training package）標準和認證班制（accredited course；"course" 意指課程等，但此處澳洲習用之 course，相當於美式英文的 program／班制）標準（Australian Government, 2021b）。又如德國的國際合作服務機構 GIZ 曾指出下列六項職業教育與訓練標準：(1) 教育標準——對學習目標、課程內容、入學要求和達到學習目標所需資源的陳述；(2) 能力標準——執行某一職業各項任務的績效層次、基本重要知識、技能和態度的要求；(3) 職業標準——某一特定職業相關的職責和任務及其在類似工作中之實務的陳述；(4) 評估標準——待評估的學習成果和使用方法的陳述；(5) 驗證標準——被評估人要達到的成就水準和使用方法的陳述；和 (6) 認證標準——適用於獲得證書或文憑之規則以及由此授予權利的陳述（Tubsree & Bunsong, 2013）。

　　無論如何分類，職業教育與訓練標準旨在促成品質保證（quality assurance，簡稱品保）或品質提升（quality enhancement），關切系統的投入、過程、產出和結果（或影響），針對職業教育與訓練提供機構、人力資源發展、產業參與、監管、評鑑等制定標準，就預期的結果及其需有的投入、過程、產出做全面或重點的明確陳述。本章分爲四節，第一節先概述標準的三大要件及其發展，再分兩節說明常作爲班制設置與課程發展之標準的資歷架構與職能標準，最後一節介紹工作分析與職能建模。此外，有關課程、教學、評估等標準（如課程標準），將在本書第四至七章有關章節中介紹。

第一節 ▶ **標準的要件及其發展**

　　歐洲訓練基金會（European Training Foundation, ETF）是歐盟的機構之一，其角色是在歐盟外部關係的情境脈絡下，協助鄰近國家改革職業教育與訓練及勞動力市場系統，極大化其人民的才能與技能。發展新的職業教育與訓練標準是 ETF 自 1995 年以來協助其鄰近夥伴國家進行的重要改革措施之一。ETF 主張各職業教育與訓練標準應是透過下列三種明細，就勞動力市場之要求和職業教育與訓練系統之回應所做的描述：(1) 就業明細——就業中的人們被期望做出什麼；(2) 學習明細——為滿足上述期望，接受職業教育與訓練中的學生必須學習什麼；(3) 評估明細——如何判斷學生的職能（Mansfield, 2001）。換句話說，就業明細、學習明細和評估明細是職業教育與訓練標準的三大要件，應在模組（module）中一起呈現。

　　模組是有如積木塊之自我具足的獨立學習區塊（或段落），可以單獨完成，也可以作為課程的一部分，其完成可導致一個或多個職能單元（unit of competency，某特定工作功能或職業中關鍵功能或角色之描述）的達成。ETF 的專案計畫「2000 年標準」（Standards 2000）中曾採用包含功能繪圖（functional mapping）在內的功能分析（functional analysis）法完成職業教育與訓練標準中的功能地圖（functional map），其示例之一如圖 3.2。

圖 3.2　餐廳服務員的功能地圖

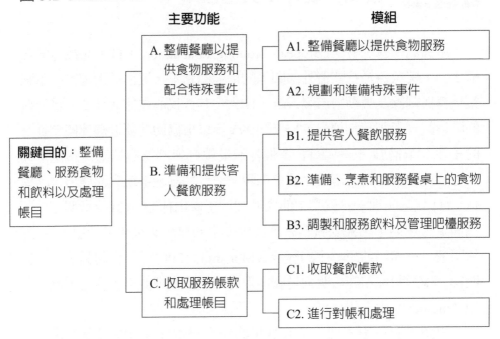

主要功能	模組

資料來源：Mansfield, 2001, p. 20.

　　如圖 3.2 示例，功能地圖的最左側是關鍵目的（key purpose），此一目的既是職業說明也是學習結果，為達成關鍵目的需要一些主要功能（main function）以回答「為達成關鍵目的所述結果，人們被期望能做出什麼？」主要功能的數量和職業複雜度成正比。每個功能需再進一步細分成述句（statement，即陳述），每個述句就是一個模組。各述句各有其獨立性，述句之間不必然存在優先和重要順序。述句被細分到足以成為模組標題的層次為止，每個模組應是一個獨特而獨立的工作活動，使用特定的方法、材料、設備或程序。主要功能通常使用字母 A、B、C……編碼；在模組層次則用數字添加到代碼之後，如 A1、A2、B1、B2 等，如模組需分層，第二層的模組會編碼為 A11、A12、A13 等。每個模組的述句需採相似的語法結構：開頭是用動詞描述達成結果所需

的行動，接著是用名詞描述行動的對象，最後，如果有必要時再描述行動的情境脈絡。表 3.1 所示是圖 3.2 中模組 B1 的局部。但是圖 3.2 所示功能地圖上的七個模組都是技術模組（technical module），由於還有有關工作組織、與職場他人關係，以及社會和環境責任的要求，所以該功能地圖被添加一個無須編碼的總體模組（overarching module）——貢獻於工作組織、有效關係和社會與環境要求，融入在各技術模組的情境脈絡中。該總體模組的績效要求分為組織面和關係面，組織面的績效要求之一是：平衡不同客人在餐廳忙碌時的需求和要求；關係面的績效要求之一是：維持與其他員工的良好關係（Mansfield, 2001）。

表 **3.1** 技術模組中的就業明細、學習明細和評估明細示例

模組名稱：提供客人餐飲服務				
就業明細		學習明細		評估明細
績效要求	範圍	為做到左列要求，學生需學習技能	為做到左列要求，學生需學習技能	展現職能所需證據
1. 有禮貌地歡迎客人，拿取和存放外套及其他個人物品	(1) 客人：個人、團體、特殊需求（如失能） (2) 存放：衣帽、提袋、公事包、貴重物品	(1) 認出和回應客人的特殊需求 (2) 和客人有效溝通	(1) 不同類型客人的特徵與需求 (2) 有效溝通的原則 (3) 客人財物的存放和法律上的責任	(1) 左列範圍內各種客人被有禮貌地歡迎和其個人物品被存放 (2) 說出接待客人時有效溝通的原則
2. 檢查訂位情形、遇滿席時提供備選方案及帶客人到座位	備選方案：等待席位、預訂以後時段、選擇替代餐廳	(1) 和客人有效溝通 (2) 詮釋訂位登記冊	(1) 有效溝通的原則 (2) 訂位系統	(1) 訂位紀錄 (2) 左列範圍內的備選方案被說出
……	……	……	……	……

資料來源：摘自 Mansfield, 2001, p. 54.

　　以上的程序即功能分析法，這種方法是借重一組熟悉待分析功能的工作人員代表，透過演繹法辦認所需職能。進行分析時，先確定待分析職類或職業的關鍵目的，然後提出問題以找出需要執行哪些功能才能實現關鍵目的或上一層的功能。這種方法著重的是某職業從業人員必須做到什麼（what people have to achieve）而非現在正在做些什麼（what people are doing）（Mansfield, 2001; UNESCO-UNEVOC International Centre, n.d.）。功能分析法較重理想面和未來觀，重點和本章第四節介紹的工作分析法有些不同。

　　職業教育與訓練標準除了須包含就業明細、學習明細和評估明細三大要件之外，也會各依需要被加上其他元素，例如區分出各職能層級的要求與明細。無論如何，ETF 認為含有三大要件的職業教育與訓練標準，對經濟和教育層面都很重要，因為這種標準可確保教育與訓練結果的相關性、透明度和品質，而且適用於表 3.2 所列的使用者和使用場合。而換句話說，職業教育與訓練標準的制定也應符合表列使用者和使用場合的需求。

表 3.2　職業教育與訓練標準的使用者及其關切點和使用場合

使用者	關切點	使用場合	
雇主	員工要能做到哪些	・招募明細 ・評核文件 ・辨認和滿足訓練與發展需求	・工作說明 ・人力規劃
經濟規劃人員和政治人物	發展經濟所需的能力	・策略性人力規劃	・決定職業教育與訓練的優序
職業教育與訓練規劃者	學員／生完成職業教育與訓練班制時必須能做到哪些	・規劃職業教育與訓練班制	・調配資源給職業教育與訓練班制

使用者	關切點	使用場合	
教師	學員／生必須學習的知識與技能	・課程設計 ・評估規劃	・教學設計
職涯輔導人員	雇主期望職業教育與訓練畢業生能做到哪些	・提供學生和學員諮商與輔導	・協助個人職涯規劃與發展
學生	完成教育與訓練時，需知道和能做到哪些	・選擇職業教育與訓練班制	・引導本身學習與成長
家長	子弟完成教育與訓練時，需知道和能做到哪些	・協助其子弟選擇職業教育與訓練班制	・引導其子弟學習與成長

資料來源：修自 Mansfield, 2001, p.6.

第二節 資歷架構

在有資歷架構的國家，職業教育與訓練班制的設計需對應資歷架構，所以資歷架構被視為一種職業教育與訓練標準。資歷（qualification）是個人在既定標準下所擁有且經權責機構評估和驗證程序決定，通常會授予證書、文憑或學位等證明的正式學習結果。資歷架構（qualifications frameworks, QF）則是編排已被認可之資歷的結構，在此結構中明確定義資歷層級、層級描述和學習結果。資歷架構適用於全國者被稱為國家資歷架構（national qualifications framework, NQF），如澳洲的 NQF 叫澳洲資歷架構（Australian Qualifications Framework, AQF；澳洲、芬蘭和德國的 NQF 概要見本書第二章第一節）；適用於區域者被稱為區域資歷架構，如歐洲資歷架構（European Qualifications Framework, EQF）和東南亞國家協會（簡稱東協）資歷參考架構（ASEAN Qualifications Reference Framework, AQRF）；適用於

產業部門（如營建產業）者被稱為部門（或領域）資歷架構（Sectoral Qualifications Framework, SQF）。

一般 QF 除了採認從已立案教育與訓練機構獲得的正規學習結果，也關照非正規和非正式學習結果的採認、驗證與認可（recognition, validation and accreditation, RVA）使適切轉化成正式資歷，後者的關照常被認為是促進終身學習的重要機制。例如依本書第二章第一節表 2.1 顯示的澳洲資歷架構（AQF）分級概要與學習結果，這種學習結果除了可由正規學習管道獲得之外，也可由正規學習和非正規學習結果組合而成，亦即透過先前學習的採認（recognition of prior learning, RPL）管道。RPL 是採認個人在先前學習所發展之技能和才能的程序，先前學習包括正規和非正規學習，以及工作經驗和志願服務。通過特定單元的 RPL，當事人可以獲得證書或文憑等資歷，而無須重複已經歷過的相同學習。例如某人沒有完成證書或文憑等正式課程，但想取得證書或文憑，可透過在工作中學到的經驗和能力，以及任何由其他非正規學習結果，通過評估取得證書或文憑。評估時雖然教育提供機構所考慮的證據在機構之間會略有不同，但常會考慮下列文件和證據：工作經歷和職責說明、前雇主指派參加的證書和訓練，以及工作坊、急救等非正規課程、績效評核、執照（如幼兒照護等）、學會會員資格和會員規準、前雇主的推薦信、志願者工作、實習、其他展現當事人能力和經驗的文件。又如 AQF 也訂有立案訓練機構決定 RPL 抵免學分數的指引，表 3.3 為一示例（Training.com.au, 2022b）。

表 3.3 澳洲進階文憑和文憑持有者就讀學士學位可抵免的學分數

持有進階文憑者		持有文憑者	
攻讀三年制學士學位時，最多可抵免 50% 學分	攻讀四年制學士學位時，最多可抵免 37.5% 學分	攻讀三年制學士學位時，最多可抵免 33% 學分	攻讀四年制學士學位時，最多可抵免 24% 學分

資料來源：Training.com.au, 2022b.

　　就正規和非正規學習而言，通常涵蓋下列三個教育與訓練部門（或體系）的學習結果：中等教育、含工作學習在內的職業教育與訓練，以及高等教育。但有些國家的中等教育含職業教育，有的職業教育由中等學校延伸到大專校院串成技職教育（如臺灣），有的技專校院則被納入高等教育……。無論如何，NQF 系統中依技職和普通教育分合程度，可大分為下列三種（或介於下列三種當中的兩種之間）：(1) 分軌制（tracked）──技職和普通教育分別在獨立和獨特的軌道；(2) 連結制（linked）──技職和普通教育分在不同的軌道，但強調相似和相當性，例如有共通結構或軌道間的名分（credit，如學分）轉移；(3) 統一制（unified）──單一系統，沒分軌（Tuck, 2007）。

　　全世界的職業教育與訓練體系往往存在某些弱點或問題，典型的問題如下：(1) 過時的內容；(2) 所培育（或培訓）資歷不符新興的社會和經濟需求；(3) 缺乏社會夥伴的參與（特別是在制定標準方面）；(4) 實施系統缺乏彈性；(5) 與學術資歷的聯繫不良；和 (6) 公眾的敬意偏低。而職業教育與訓練資歷架構的發展被視為是解決許多（或所有）這些問題的一種方法。透過資歷架構，職業教育與訓練可受到普遍和持續的審視而確保其機構安排、資金來源，和促進資歷符應經濟、企業和學員／生的需求（Tuck, 2007）。換句話說，職業教育與訓練比高等教育更需要借重 NQF 落實品保、促進溝通、裨益轉銜、鼓勵多元和終身學習……。

　　歐洲資歷架構（EQF）是一個通用的歐洲參考架構，其目的使資歷在不同國家和系統之間更具可讀性和可了解性。EQF 涵蓋所有級別和教育與訓練所有子系統的資歷，就歐盟會員國（2022 年共 28 國）及其他參與實施的 11 個國家之資歷提供全面性的概覽（EU, n.d.）。而東協資歷參考架構（AQRF）則是一個促使東協會員國（2022 年共 10 國）的教育資歷可相互比較的共同參考架構（ASEAN Secretariat, 2020）。EQF 和 AQRF 均採八級制，表 3.4 是 EQF 和 AQRF 各級別的學習結果。各國或產業部門會根據 EQF 或 AQRF 制定更精細的 NQF 或 SQF。無

論在 NQF 或 SQF 中，符合公平、透明、品質、平等和相關等基本原則和技術特徵一樣重要（Castel-Branco, 2021）。

表 3.4 EQF 和 AQRF 各級別的學習結果

級別	EQF			AQRF	
	知識	技能	責任與自主	知識與技能	應用與責任
1	基本常識	執行簡單任務所需的基本技能	在結構化情境脈絡中、直接監督下工作或學習	・是基本和一般的 ・涉及簡單、直接和例行行動	・涉及結構化例行程序 ・涉及密切程度的支持和監督
2	工作或學習領域的基本事實知識	使用相關資訊以執行任務和使用簡單規則和工具解決日常問題所需的基本認知和實務技能	在監督下有些自主地工作或學習	・是一般和事實的 ・涉及標準行動的使用	・涉及結構化程序 ・涉及解決熟悉課題的監督和判斷的一些酌處權
3	某一工作或學習領域的事實、原則、過程和一般概念知識	透過選擇和應用基本方法、工具、材料和資訊以完成任務和解決問題所需的一系列認知和實務技能	負責完成工作或學習中的任務；在解決問題時調適自己的行為以適應情境	・包括一般原則和一些概念方面 ・涉及選擇和應用基本方法、工具、材料和資訊	・穩定，但某些方面可能會發生變化 ・涉及一般輔導和需要判斷和規劃以獨立解決一些課題
4	在某一工作或學習領域的廣泛情境脈絡下之事實和理論知識	為某一工作或學習領域的特定問題產生對策所需的一系列認知和實務技能	在通常可預測但可能發生變化的工作或學習情境脈絡指引下進行自我管理；監督	・涵蓋某一領域之技術性和理論性的 ・涉及調適中的程序	・通常是可預測的，但可能會發生變化 ・涉及需要一些自我指導

級別	EQF			AQRF	
	知識	技能	責任與自主	知識與技能	應用與責任
			他人的日常工作，對工作或學習活動的評鑑和改善承擔一些責任		的廣泛輔導和協調以解決不熟悉的課題
5	某一工作或學習領域內的綜合、專精、事實和理論知識，以及對該知識邊界的覺察	發展抽象問題之創造性對策所需的全面認知和實務技能	在變化莫測的工作或學習活動情境脈絡中進行管理和監督；審核和發展自我和他人的績效	・是一般領域的詳細技術和理論知識 ・涉及分析性思考	・經常發生變化 ・涉及對解決複雜且有時抽象課題之活動的獨立性評鑑
6	某一工作或學習領域內的高階知識，涉及理論和原理的批判了解	解決專門工作或學習領域中複雜和不可預測問題所需展現出精熟和創新的高階技能	管理複雜的技術或專業活動或專案，在不可預測的工作或學習情境脈絡中負責做決定；負責管理個人和團體的專業發展	・是特定領域中的專精技術性和理論性的 ・涉及批判性和分析性思考	・是複雜和多變的 ・需要主動性和適應性以及改善活動和解決複雜和抽象問題的策略
7	・作為原創思考和／或研究之基礎的高度專精知識，其中一些是某一工作或學習領域的知識前沿 ・對某一領域	為發展新知識和程序及整合不同領域知識之研究和／或創新所需的專精解決問題技能	管理和轉變複雜、不可預測且需要新策略方法的工作或學習之情境脈絡；負責為專業知識和實務做出貢獻和／或審核團隊的策略績效	・是某一領域的前沿並顯示對某知識體的精熟 ・涉及為延伸或重新定義知識或實務之研究基礎的批判性和獨立性思考	・是複雜且不可預測的，並涉及解決課題之創新對策的發展與測試 ・需做專家判斷和負起專業知識、實務和管理的

級別	EQF			AQRF	
	知識	技能	責任與自主	知識與技能	應用與責任
	和不同領域間介面之知識課題的批判性覺察				重大責任
8	某一工作或學習領域及領域間之介面的最前沿（front）知識	為解決研究和／或創新中的關鍵問題以及擴展和重新定義現有知識或專業實務所需的最先進和專精的技能和技術，包括綜合和評鑑	展現實質的權威、創新、自主、學術和專業誠信，並持續致力於在工作或學習情境脈絡（包括研究）之前沿的新想法或程序的發展	·是在某一領域最先進和最專精程度和處在前沿 ·涉及獨立和原創性思考與研究，從而開創新的知識或實務	·是高度專精和複雜的，涉及解決複雜、抽象課題之新理論和新對策的發展與測試 ·需要在研究或組織管理方面做權威和專家判斷，並在擴展專業知識和實務以及開創新想法和／或程序方面承擔重大責任

註：在 EQF 情境脈絡中，知識指理論知識和／或事實知識，技能指認知技能（涉及邏輯、直覺和創造思考的使用）和實用技能（涉及手工靈巧度和方法、材料、工具與儀器的使用），責任與自主指學習者自主和負責地應用知識和技能的才能。

資料來源：ASEAN, 2015; EU, n.d.

　　有些國家的 NQF 會將相當於表 3.4 上的知識和技能等學習結果改以職能描述，所以 NQF 是結果或職能本位（outcome-or competency-based）。學習結果和職能都可用來描述學員／生在個別科目或整個班制

中獲得的學習成果，兩者相關但有所不同。學習結果是準確描述學員／生在科目或班制結束時，將能（或應）以某種可測量（或評估）方式做到哪些的具體陳述。職能則描述學員／生從班制畢業（或修畢科目）時應具備知識、技能和才能等（KSAO）的一般性陳述。一項職能通常不只包含一項學習結果。學習結果較常用在課程與教學的情境脈絡中，職能則較常用在專／職業的情境脈絡下（Gosselin, n.d.）。

　　截至 2015 年，全世界已有超過 150 個國家建置有某種類型的國家資歷架構（NQF），約占聯合國所列 193 個主權國家當中的四分之三（UNESCO Institute for Lifelong Learning, 2015）。在實施資歷架構的國家，職業教育與訓練班制的設置及其課程設計需對應資歷架構上的級別和學習結果，因此和沒資歷架構對應的班制比較，有對應的各班制之級別定位、預期學習結果等較有品質規範、較容易被了解和被比較，班制之間也較容易校準，因而較易落實品保、促進溝通、裨益轉銜、鼓勵終身學習……。但臺灣到目前尚未制定國家資歷架構。

第三節　職能標準

　　1970 年代，美國哈佛大學教授和 McBer 公司創辦人 David McClelland（1973）發表了倡導職能的經典論文「該測試職能而非智力」。McClelland 根據研究發現指出，傳統的學術性向和知識內容測試雖可有效預測學術表現，但鮮少能預測傑出的工作崗位上績效。並指出工作崗位上之績效表現的最佳預測因子是被稱為職能（competency，複數為 "competencies"）的特質和行為（Vazirani, 2010）。之後，職能受到世界各國廣泛的推廣、研究與發展，原先在英國，職能較常用 "competence"（複數為 "competences"）一詞來指稱與職業績效有關的標準範圍。職能被定義為運用知識、理解、實務和思考技能，

以達到就業所要求標準之有效績效的才能（ability）。在美國，職能較常用 "competency"（複數為 "competencies"）一詞來指稱可區分出績效卓越者與績效尚可者的行為特徵（characteristics）。換句話說，"competence" 和 "competency" 都著重可觀察和可評估的才能，但是英國的 "competence" 較著重在執行工作角色所需，是任務功能取向；美國的 "competency" 較著重卓越和優異的歸因，是人員行為取向。可是到 1990 年代，上述這兩種取向的差異就變得模糊了（de Beeck & Hondeghem, 2009）。又有些文獻指稱 "competency/competence" 較著重過去和現在的需求，而以 "capability" 指稱著重未來需求的職能。

　　在各種職能的定義中，三大共通特性為：職能是成功績效表現的基礎；職能應該可以透過某種方式區分出優越和一般的表現者；職能應該可以某種方式測量和觀察到（Alliger, et al., 2007）。時至今日，職能的各種定義雖仍不盡相同但已大同小異，是指一組勝任工作角色或展現工作績效所需的知識（knowledge, K）、技能（skill, S）、才能（ability, A）或其他特質（other characteristic, O）──KSAO。展現的形式可能是統合 KSO 的 A，也可能是統合 KS 的知能部分，也可能只是局部的 K……。KSAO 之簡要定義如下：

1. 知識（K）

   有組織的資訊體，本質上通常是有組織的事實、原理和程序，可廣泛應用在多種情境而有助工作績效的達成。

2. 技能（S）

   針對人員、資料和／或事物所進行的手動、口語或心智上的操作或控制，可促進跨工作的學習和活動之績效表現。

3. 才能（A）

   綜合運用相關的知識（K）、技能（S）和其他特質（O），展現執行工作功能之力道的行為表現，也是個人影響績效表現的持久屬性。

4. 其他特質（O）

　　前述 KSA 之外動機與參與面向的預測性屬性，包含（但不限於）人格特質、自我概念、態度、信念、價值和興趣等。

　　在上述 KSAO 中，KSA 常被比喻爲冰山水面上的能見部分，O 是冰山水面下的隱藏部分；其中的才能（A）又是 KSO 的綜合應用和具體表現，直接關聯績效（見圖 3.3）。就廣義的知識而言，圖 3.3 中的 KSO 相當於「知道什麼」（know-that；支撐行動的理論和程序性知識），A 相當於「知道如何」（know-how；採取行動的實用性知識）（Jones, 2021）。

圖 **3.3**　KSAO 及其和績效的相對位置

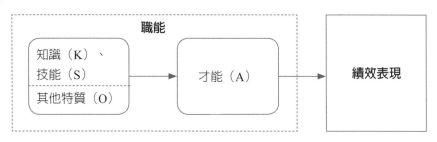

　　註：有些文獻以「行為」（behavior）替代「才能」（ability）。
　　資料來源：李隆盛，2021。

　　許多重要文獻支持才能具有統合和行動屬性，如歐盟建置的歐洲資歷架構（EQF）中，各級資歷的學習結果是以知識、技能和責任與自主三大項描述，當中「責任與自主」（responsibility and autonomy）係指學習者自主且負責運用知識與技能的才能（ability）。亦即，EQF 也將才能界定爲是知識與技能的應用，才能愈高在工作角色上可承擔責任和自主工作的程度愈高。而工作角色（job role）、職責（duty）、任務（task）和職能關係的舉例如表 3.5 所示，一個典型的工作含 5-12 個職責、30-100 個任務（van Vulpen, n.d.a）。最常被提及的職能兩大共通

要素是：(1) 職能可被觀察和測量；和 (2) 職能可被用以區分出績效優良的人員（或具模範績效者）和其他績效的人員（Tubsree & Bunsong, 2013）。

表 3.5 工作角色、職責、任務和職能的關係舉例

工作角色	接待員	註冊護理師
職責之一	執行訪客接待	進行病人評估
任務之一	歡迎訪客並指引他們前往等候室或目的地	進行住院病人疼痛評估
職能之一	親自問候訪客並讓他們放鬆	評估住院病人疼痛的可能反應（如無法下床、拒絕進食、不想見家人、對醫院工作人員恐懼，或要求更多的止痛藥）

資料來源：ANA, n.d.; Regional Health Occupational Resource Center, 2004.

職能由不同依據可分出許多類別和級別，例如職能依共通（或分殊）程度可分為下列三種：

1. 核心職能（core competency）：指某一範圍（如某一產業、職業或組織）內所有人員都應具備的基本職能，例如溝通、團隊合作、與人共事。所以在此核心職能也被稱為軟職能或軟能力。

2. 功能職能（functional competency）：指每個角色的特定工作職能，例如有效處理顧客抱怨和分析特定類型的財務數據以準備報告，分別是餐廳服務員和會計人員的特有功能職能。所以功能職能也被稱為硬職能或硬能力。適用於兩個以上角色的功能職能則是跨功能職能（cross-functional competency），例如電腦應用能力。

3. 領導與管理職能（leadership and management competency）：監督和管理相關角色的職能，例如表達期望、建立團隊、做決定和規劃等（Valamis, n.d.）。

　　臺灣企業界常將職能分爲核心職能、專業（或技術）職能與管理職能三類（行政院勞工委員會職業訓練局，2013；楊源仁，n.d.），和上述分法幾乎是一致的。但是，在某些地方核心職能被定義爲是含上述三種職能在內的跨域共通職能，例如新加坡註冊護士（registered nurse, RN；按：護士是新加坡慣用語）的核心職能含下列四領域：(1) 合法和倫理的護理實務；(2) 專業的護理實務；(3) 協作實務與團隊合作；和 (4) 繼續專業教育與發展，這些核心職能適用於任何實務環境（Singapore Nursing Board, 2023）。又如臺灣公務及專技人員國家考試法規中，規範用人機關申請考試類科時應敘明工作內容、職務所需具備之核心職能，其核心職能亦指基本必要職能，而不限於軟職能。亦即，核心職能一詞有不同的定義與範圍，需依其前後文加以明辨。

　　又如職能依擁有者是個人或組織，可分爲個人職能和組織職能，但未特別指明時均指個人職能；職能依績效表現層級，可分爲要求新進人員做出績效表現所需的入門職能（entry-level competency）、達到所有員工平均績效表現的成功職能（successful competency）和績效表現傑出（如前 10%）所需的模範職能（exemplary competency）。教育與訓練機構在進行職前教育／訓練或用人機構在人員招募和遴選人員時較會著重在入門職能，在推展在職教育／訓練／發展或進行人員評核、升遷時會較著重成功和模範職能，在職能分析時若從模範職能切入，再區分出成功與入門職能則可一舉數得。

　　職能標準（competency standard）是產業界明定其各部門工作人員所需職能的陳述，是由許多職能單元（unit of competency；是學習結果可被評估和採認的最小單位）所組成，每個職能單元描述某一特定工作功能（job function）或職業中的一個關鍵功能或角色。職能標準在英語系國家（如英國、美國、加拿大和澳洲）相當普及，以澳洲爲例，其全國職能標準是全國採認資歷（證書、文憑和學位）的基礎，也提供各種資歷的一致性與可遷移性。這些標準不直接涉及任何特定的工作分類或

任何工作的一個組織，標準也不在強迫所有工作人員做同樣的事情，也不應與課程相混淆，標準尚需透過課程轉化爲學習結果與過程，以達成標準中描述的績效結果。職能標準的主要目的在確認某一職業中執業的工作性質，以及要求工作人員達致勝任的標準。這種標準爲教育與訓練設計、職場評估的詳細規範以及全國產業資歷提供參據。職能標準常連結資歷架構，例如澳洲 AQF 中的各種資歷是由職能單元做有意義的組合而成，這種組合的統合結果對準相關的 AQF 等級和資歷類型，至於個別的職能單元則無須對準 AQF（Training Accreditation Council [TAC], 2023）。

職能標準是由兩個以上的職能單元組成，各職能單元則由職能元素（element of competency）、績效規準（performance criteria）、變數範圍（range of variable）、評估指引（assessment guide）和證據指引（evidence guide）組成（前三項尤爲重要）。所以，職能標準是由職能單元組成，而典型的職能單元結構含下列項目（ANTA, 1998）：

1. 單元名稱：描述在對應職業中執行的主要工作功能。例如發展和維護有效的職場實務與標準（幾乎全以動詞開頭）。

2. 單元描述：提供附加資訊，和可能包括此一工作功能的情境脈絡或限制。

3. 單元編碼：編碼系統，會顯示本單元是由本產業自行開發或採用自其他產業。

4. 職能元素：執行單元中主要功能所需的所有任務，總是以行動的形式描述。例如發展有效的職場關係。

5. 績效規準：確認所執行的任務已達標準要求的基準，總是以結果的形式表達，可評估且必須有結果已發生的證據。例如組織的政策和程序得到支持和遵守。

6. 變數範圍：將（或可）執行主要功能的不同環境、情境脈絡或要求。例如組織的政策和程序包含與本身的角色和職位相關的管理和問責

結構與制度……。

7. 評估指引：職能將如何及在何處評估的界定，常敘明評估工作崗位上或工作崗位外的績效表現。例如本單元所含知識可在工作崗位外評估（如在結構化學習過程中），而應用部分則該評估在職場的績效表現，倘有困難則該將職場題材放在適切模擬情境中評估。

8. 證據指引：評估程序所需資訊以及證據之種類或蒐集的任何條件。例如關鍵結果含具備適用於職場、企業和工作角色，尤其是組織政策和程序以及相關法定要求之知識的證據……。

　　例如在澳洲，職能標準出現在 1990 年代初期，作為職能本位訓練的要件，以引導課程發展人員達成預期結果。到 1990 年代末期，職能標準開始出現在名為訓練套件（training package）的文件中，這種文件包含三個主要組成部分：職能標準、評估指引和資歷（Brady, n.d.）。澳洲全國職業教育與訓練系統的主要特色之一，是政府透過和全國產業雇主及員工代表商議的程序（政策上排除教師和其他教育人員參與，以彰顯需求面），發展出訓練套件，各訓練套件對應澳洲資歷架構（AQF），呈現欲取得各該資歷的職能標準，亦即套件中明定具該資歷個人在職場有效執行工作所需的知識和技能，並以職能單元的形式呈現這些知能。其職能單元格式如表 3.6 所示。

表 3.6　澳洲職能單元格式及說明

單元編碼 *	包含識別訓練套件的三個字母字符，後面再接字母和 / 或數字字符。必須符合 AVETMIS 標準中規定的長度（不超過 12 個字符）。
單元名稱 *	簡明扼要描述單元結果。必須符合 AVETMIS 標準中規定的長度（不超過 100 個字符）。
應用 *	簡要描述本單元如何在產業中實際應用，以及可以在什麼情境脈絡中應用。包括： ・本單元內容的彙總。

	• 本單元可如何和在何處實際應用以及誰可使用的聚焦、有用資訊。 • 本單元與任何發照、立法、監管或認證要求的關係。如果目前沒有要求，需填入：本單元出版時，沒有發照、立法、監管或認證方面的要求。
先備單元	列出在測定本單元的職能之前，候選人須先勝任的單元。
職能領域	僅在訓練套件發展人員希望對訓練套件內的一組單元依工作類別進行分類時用。
單元部門	僅在訓練套件發展人員希望對訓練套件內的一組單元依產業部門進行分類時用。
元素 *	績效規準 *
描述重要結果	描述展現元素成就所需績效表現。
1. 描述可展現和可評估的行動或結果 ……	1.1 績效規準明顯關聯要素。 1.2 以標準的方式表達。 1.3 明定在相關任務、角色和技能方面所需績效表現。 1.4 反映促成勝任表現的應用知識。 ……

基礎能力 *
描述對績效至關重要的語文、讀寫、計算能力和就業能力。
在此列出對本單元績效表現至關重要但在績效規準中未明列的基礎能力，以及其簡短的情境脈絡說明。
當對本單元績效表現至關重要的所有基礎能力均已明列在表現標準中時，在此填入：對績效至關重要的基礎能力已明列在本單元的績效規準中。

條件範圍
明定可能影響績效的不同工作環境和條件，包括可能存在的基本運作條件（取決於工作情境、候選人的需求、項目的可及性以及當地產業和區域環境）。
範圍僅限於基本運作條件和對工作環境至關重要的任何其他變項。

單元對應資訊 *	明定任何等效的職能單元編碼和名稱。如果沒有等效單元則填入：沒有等效單元。
連結 *	連結至附隨實施指引。
評估要求	
名稱 *	職能單元編碼與名稱。

績效證據 *	明定所需的產品和過程證據、產品／過程證據的頻率和／或數量，以及產品和過程證據之間的關係。
知識證據 *	明定個人為安全和有效執行職能單元中的工作任務必須知道什麼，直接關聯績效規準和／或條件範圍，指明符合職能單元需求的知識類別與深度。
評估條件 *	規定評估的強制性條件、明定須蒐集評估證據的條件（含設備與器材、意外事件、規格、身體狀況、與其他團隊成員及主管關係、與客戶／顧客關係、時間範圍方面的明細）、明定評估者的條件（含資歷、經驗與產業流通方面的明細）。
連結 *	連結至附隨實施指引。

註：1. 加星號（*）者為必備項目，餘為選備項目。
　　2. AVETMISS 是澳洲職業教育與訓練管理資訊統計標準（Australian Vocational Education and Training Management Information Statistical Standard）。這項國家資料標準旨在確保一致和準確地擷取和報導職業教育與訓練的學生資訊。
　　3. 附隨實施指引（Companion Volume Implementation Guide）指訓練套件的實施指引，旨在供評估者、訓練者、立案訓練組織（RTOs）和企業用以實施其對應的訓練套件。
資料來源：Commonwealth of Australia, 2012, p. 3.

　　表 3.6 中基礎能力裡的就業能力包含下列八項（Department of Industry, 2014）：

1. 溝通（communication）：含傾聽與了解等，有助於促進員工和客戶之間富有成效之和諧關係的能力。
2. 團隊合作（teamwork）：含工作跨越不同年齡，不分性別、種族、宗教或政治信仰等，有助於促進富有成效之工作關係和結果的能力。
3. 解決問題（problem solving）：含發展創意、創新解決方案等，有助於促進富有成效之結果的能力。
4. 主動和進取（initiative and enterprise）：含適應新情境等，有助於促進創新結果的能力。
5. 規劃和組織（planning and organizing）：含管理時間和優先事項——

設定時程、為自己與他人協調任務等，有助於促進長程和短程策略規劃的能力。

6. 自我管理（self-management）：含擁有個人願景與目標等，有助於促進員工滿意度和成長的能力。

7. 學習（learning）：含管理本身的學習等，有助於持續改善和擴大員工和公司營運和結果的能力。

8. 科技（technology）：含擁有一系列基本的資訊科技（IT）技能等，有助於促進任務執行的能力。

　　例如新加坡的職能標準相當符應上述常見結構。新加坡自 2005 年推動的新技能資格（Workforce Skills Qualifications, WSQ；可視為新加坡的 NQF；中文名稱係沿用新加坡用語）既是訓練、發展、評估和認證勞動力職能的全國憑證系統，也是繼續教育與訓練（continuing education and training, CET）系統。該系統之發展係借鑑英國、澳洲和紐西蘭的職能本位訓練模式（Kodiappan, 2011），其品質是由新加坡勞動力發展局（Singapore Workforce Development Agency, WDA）透過職能標準的發展、訓練提供機構的認可和資歷的授予，予以確保。其中職能標準被定義為是擷取特定產業環境中某工作角色特定工作任務之最相關資訊的參考文件，根據取得產業共識的最低標準和期望，職能標準內含預期的工作績效結果、預期的績效等級、支持工作績效結果實現的知識，以及待實現之工作績效結果所處的工作情境脈絡。換句話說，職能標準敘述個人能夠做什麼，個人應該知道什麼，個人將在何時何地履行其工作職責，以及個人在工作中需表現得多好（WSQ, n.d.）。

　　在 WSQ 中，職能標準與職能單元的關係如圖 3.4 所示，職能標準是兩個以上職能單元的組合，職能標準是以職能單元（如遵守餐飲安全與衛生政策和程序）為單位呈現（單元之下有名為元素的子／次單元，如維護個人衛生），作為訓練與評估的參據。職能單元則出自職能目錄（如餐飲製作），但也是導向繼續教育與訓練（CET）證書的模組之

一。WSQ 職能標準的職能單元格式根據產業需求會有所不同，但基本上有下列兩種格式：(1) 績效結果依各職能元素明列績效要求，如表 3.7 示例，表 3.7 中的績效規準，例如如廁和休息後使用肥皂和溫水澈底清洗雙手；(2) 績效結果只列職能單元績效聲明，如表 3.8 示例，表 3.8 中的績效聲明，例如根據規格分析機具性能指標（WSQ, n.d.）。

圖 3.4　WSQ 中職能標準與職能單元的關係

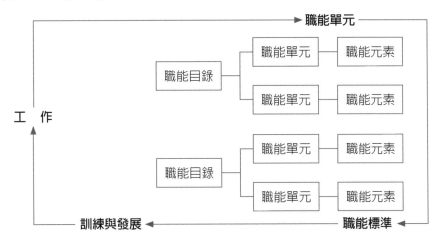

資料來源：修自 WQS, n.d., p.9.

表 3.7　WSQ 職能單元格式二之一：績效結果依各職能元素明列績效要求

產業：	職能目錄：	職能單元：
索引號碼：	有效日期：	分類：
版本號碼： 日期：	建議訓練時數：	
職能標準		
單元名稱： 1. 單元目的 2. 先備技能與知識 　本單元與下列提供基礎知識以建立所需技能組的職能單元連結		

索引	先備技能與知識	備註

3. 先前經驗採認
4. 職能描述
I.. 本職能單元知識要求

職能元素	基礎知識	認知等級

II. 各職能元素績效要求
職能單元：
職能元素：

績效規準 （勝任之個人須能成功展現下列）	範圍與情境脈絡
	工具與設備：
	法規：
	程序：
	互動：
	頻率：
	重要性：
	例外事項：

5. 審查程序

資料來源：摘自 WSQ, n.d., pp. 37-52.

表 3.8 WSQ 職能單元格式二之二：績效結果只列職能單元績效聲明

單元編號和名稱	
學分數：	訓練實施時數： 評估時數：
概述	

相關職業
績效聲明
基礎知識
應用範圍
工具與設備： 軟體： 法規： 程序與支持文件： 互動：
證據指引（含建議的證據來源）

資料來源：摘自 WSQ, n.d., pp. 65-68.

　　新加坡自 2014 年推動「技能創前程」（SkillsFuture；中文名稱沿用新加坡用語）運動，這項在教育部設有精深技能發展局（SkillsFuture Singapore, SSG）負責推動的全國性運動旨在協助新加坡人透過持續學習，極大化潛力和發展精熟技能，而無論其所處階段是就學中、職涯早期、中期或銀髮期。技能創前程透過技能框架（skills framework, SFw；中文名稱沿用新加坡用語）提供有關部門、職業進路、職業／工作角色，以及職業／工作角色所需的現有和新興技能的關鍵資訊，也提供了一系列用於技能升級和精熟的訓練班制。自 2016 年起已建置了 35 個部門／領域（sector；如能源動力），亦即技能框架是個人、雇主和訓練提供機構三者之間的共通技能語言（SkillsFuture Singapore, 2020b）。舉金融服務（financial services）技能框架為例，該框架除簡介該框架為何（what），對個人、雇主和訓練機構（who）有何用之外，在如何（how）發揮效用中透過部門資訊呈現含該部門發展趨勢與工作

概覽的資訊，透過技能地圖呈現對準 6 個軌道（企業評價等）的 158 個工作角色、關鍵工作功能、關鍵任務以及技能與職能，透過技能與職能呈現個人工作角色在下列兩類技能與職能清單：(1) 技術技能與職能類——個人執行各種任務所需具備的職業／工作專門知識、技能與才能；(2) 重要核心技能類——各種工作所需的就業／可轉移技能與職能（SkillsFuture Singapore, 2023）。

　　而支持技能創前程計畫的 WSQ 所發展之能力和職能，包含技術和通用兩方面。技術能力和職能包括個人執行各種工作任務所需的職業、特定工作能力和職能。通用能力和職能則指就業能力和可轉移能力，以及適用於不同工作角色的職能，這種能力和職能幫助每個人適應新的工作需求，並將相關能力帶到不同的工作中（SkillsFuture Singapore, 2020a）。

　　在我國，《產業創新條例》第 18 條規定除法律另有規定外，各中央目的事業主管機關得依產業發展需要，訂定產業人才職能基準。現行《職能發展及應用推動要點》（2022 年 5 月修正版）中就職能、職能基準和職能單元的定義如下：

1. 職能：指完成某項工作任務，或爲提高個人與組織現在及未來績效所應具備之知識、技能、態度或其他特質之能力組合。
2. 職能基準：指爲完成特定職業或職類工作任務，所應具備之能力組合，包括該特定職業或職類之各主要工作任務、對應行爲指標、工作產出、知識、技能、態度等職能內涵。
3. 職能單元：指各職業或職類主要工作任務及其所對應行爲指標、工作產出、知識、技能、態度等能力組合。

　　勞動部勞動力發展署透過職能基準品質管理機制，針對符合品質要求的職能基準（occupational competency standard），給予認證標章，並透過 iCAP 職能發展應用平台公告（iCAP 指 Integrated Competency and Application Platform），以利教育與訓練單位、企業等機構，可運用於

該領域相關之人才培育發展與人力資源規劃，透過明確的產業職場所需能力規格的明確化，更能加速人力發展，符合勞動市場及產業的需求，截至 2022 年 5 月累計已發展 721 項職能基準（勞動部勞動力發展署，2022a）。職能基準類型包含由各部會所發展之職能基準，或者各部會所訂定相關的專業職能組合或技能檢定規範。已公告職能基準可由 iCAP 職能發展應用平台上查詢（iCAP 職能發展應用平台，2022b）。產業人才職能基準的適用對象如下：(1) 企業 —— 用於擬定工作說明書、辦理招募面談、規劃訓練地圖及員工發展計畫；(2) 訓練機構 —— 用於進行訓練規劃、發展能力鑑定；(3) 學校 —— 用於進行班制和課程規劃、輔導學生就業；(4) 個人 —— 用於進行個人能力評估（勞動部勞動力發展署，2016；經濟部工業局，n.d.）。

　　我國標舉職能基準就是政府所訂定的人才規格；在職能的分類上，屬專業職能；宣稱不以特定工作任務為侷限，而是以數個職能基準單元，以一個職業或職類為範疇，框整出其工作範圍描述、發展出其工作任務，展現以產業為範疇所需能力內涵的共通性與必要性（iCAP 職能發展應用平台，2022a），其職能基準與職能單元的關係如圖 3.5 所示。職能基準格式與說明如表 3.9 所示，職能單元格式則如表 3.10 所示。

圖 3.5　我國職能基準與職能單元的關係

資料來源：修自 iCAP 職能發展應用平台，2022a。

表 3.9 我國職能基準格式與說明

職能基準代碼					
職能基準名稱（擇一填寫）	職類	指應用相近技能、知識之工作或職務之集合，如製造領域內的製程研發			
	職業	指職務或工作名稱，如半導體產業─製造─設備工程師			
所屬類別	職類別	指依據職能基準品質認證作業規範領域分類名稱	職類別代碼	指依據職能基準品質認證作業規範領域分類代碼	
	職業別	指依據中華民國職業標準分類名稱	職業別代碼	指依據中華民國職業標準分類代碼	
	行業別	指依據中華民國行業標準分類名稱	行業別代碼	指依據中華民國行業標準分類代碼	
工作描述	指針對此職務工作內容進行整體描述，包含對此工作內容及工作產出之重要成果				
基準級別	指以最主要或最多數的工作任務所對應之職能級別（由低而高分為 1-6 級）為準				
主要職責 指依據該職業（職類）之主要工作進行分析、分層展開；主要職責；需編碼及條列。	工作任務	工作產出	行為指標	職能級別	職能內涵 （K=knowledge／知識）	職能內涵 （S=skills／技能）
	指對應左列職責的工作任務：需編碼及條列。	指執行某任務最主要的關鍵工作產出，包含過程及最終的關鍵產出項目。	用以評估是否成功完成工作任務之工作標準。需具體描述在何種任務情境下，有哪些應有的行為或產出。	依不同工作任務與工作行為指標的能力層次，設定「級別」（分為六級，需參考職能級別表）。	指執行某任項任務所需了解可應用於該領域的原則與事實。	指執行某任項任務所需具備可幫助行任務進行技術性操作層面的能力（通稱硬能力／hard skills），以及跟個人有關之社交、溝通、自我管理行為等能力（通稱軟能力／soft skills）。

職能內涵（A=attitude／態度）
指個人對某一事物的看法和因此所採取的行動，包含內在動機及行為傾向。
說明與補充事項
指若職能基準有其他說明，載於此欄位。如專有名詞釋義、擔任此職類／職業之必要學經歷與能力條件、進行此職類／職業訓練之先備條件等入門水準說明。

資料來源：修自 iCAP 職能發展應用平台，2022a。

表 3.10　我國職能單元格式

職能單元代碼	
職能單元名稱	
領域類別	
職能單元級別	
工作任務與行為指標	
職能內涵（K=knowledge 知識）	
職能內涵（S=skills 技能）	
評量設計參考	
說明與補充事項	

資料來源：摘自 iCAP 職能發展應用平台，2022c。

　　但進一步以表 3.9、表 3.10 和表 3.6 至表 3.8 做比對，可發現我國職能基準的結構較為簡略，明顯部分在於我國的基準有下列兩項落差：

1. 職能基準和職能單元分離

　　前述澳洲和新加坡的職能標準是職能單元的組合，所以是多個職能單元文件的集合；我國的職能基準直接以表 3.9 的形式呈現，雖另有表 3.10 所示涵蓋相關工作任務及與行為指標、職能內涵、評量設計參考和說明與補充事項在內的職能基準單元，但是職能單元和職能基準係平行發展，提供各界作為發展職能導向課程參考用。截至 2021 年 12 月，查詢平台上共有 14 領域類別（如製造、資訊科技）、3,122 個職能單元（iCAP 職能發展應用平台，2022c）。亦即，我國職能基準僅以表 3.9 的形式呈現，而非以包含相關職能單元為充分必要條件。職能基準和職能單元兩者的對準程度或主從關係薄弱。此外，由於職能基準略過職能單元和職能元素，像並排但不連通的筒倉（silo）般直接縱深地列出職場主要職責和工作任務的程序性清單，不太可能涵蓋職場日常活動中突發事件的管理，還可能過度連結會發生變化的特定程序、技術或工作組織形式，亦即可能忽視所需技能和知識範圍的多樣性和複雜性（Department of Industry, 2014）。

2. 職能內涵不夠重視知能與態度等的統合應用

　　我國職能基準和職能單元中的知識、技能和態度是以三者分列的方式呈現。尚未進展到晚近的資歷架構和職能標準，已大多採用圖 3.3 所示 KSAO 的理念詮釋和呈現職能內涵。KSAO 中的 A 是才能（ability），是情境脈絡中知識、技能（合稱知能）和其他特質（O，含態度）的統合應用。有些文獻將這種統合應用直接命名為職能（competence 或 competency），例如 Keevy（2016）主張這種職能應含下列兩部分：(1) 應用職能——含著重在知識之智慧／學術能力的基礎性職能、著重在運作情境脈絡的實用性職能，以及著重在學習

者／員工自主性的反射性職能；(2) 情感職能——含最好採取統合評估的人格、行為和態度職能。有統合應用的才能（或職能）才較容易和績效校準，列出可展現和可評估的職能元素及其績效規準。

　　國際勞工組織亞太區域辦公室（ILO Regional Office for Asia and the Pacific, 2009）指出，許多亞太國家先後建立了現代和有效的能力發展系統，這種程序的核心在於職能標準的設計，以描述產業中執行的工作而據以引導訓練班制的發展，使能符合產業需求，且職能通常制定的是最低標準和應用職能的條件。該辦公室指出，各方可善用職能標準的情境如下：

1. 政府機構：
   (1) 據以評估國際移動人才離開或抵達國家時的職能。
   (2) 據以比對其他國家的職能。
   (3) 據以明定執照和立案要求（如起重機司機、瓦斯安裝人員、食品檢驗員的能力要求）。
   (4) 據以依據特定的品質標準發給訓練和評估組織執照或准予立案。
   (5) 據以發照及認可班制和資歷。

2. 產業雇主：
   (1) 據以向訓練機構明定訓練要求。
   (2) 據以對從國內外提供勞動力的機構（如提供契僱人力的職業介紹所和組織）明定能力要求。
   (3) 據以用在組織內的招募和內部晉升。
   (4) 據以協助做出有關薪酬的決定。
   (5) 據以確認對專門人員的需求。

3. 訓練機構：
   (1) 據以作為課程發展的基礎。
   (2) 據以發展教學、學習和評估資源。
   (3) 據以協助建物和設備的設計。

(4) 據以確認有效訓練的廠房、材料和設備。

4. 員工組織：

(1) 據以協助與雇主協商。

(2) 據以確認其成員所需能力。

(3) 據以為其成員組織訓練計畫。

5. 個人：據以作為現有利害關係人獲得採認的基礎。

　　儘管職能標準有上述多元用途，但是各國職能標準與時俱進程度，以及在各種情境中要求依據和／或落實職能標準的程度不一。例如我國現行《技術及職業教育法》第 11 條對職能基準的應用有下列的規定，但職能基準的更新和課程設計及檢討時參採和／或依據職能基準之遵法合規程度，有待檢視。

　　　　高級中等以上學校（以下簡稱學校）辦理職業準備教育，其專業課程得由學校與產業共同設計，建構合宜之課程安排，且兼顧學生職業倫理之培養與職涯發展、勞動及技術法規之認識，並定期更新課程設計。

　　　　前項專業課程，學校得參採各中央目的事業主管機關所定之職能基準，進行規劃設計，提供學生就業所需之職能。

　　　　各中央目的事業主管機關依產業創新條例所定職能基準應視社會發展及產業變遷情況，至少每二年檢討更新、整併調整，並於專屬資訊平臺公告。

　　　　技專校院應依各中央目的事業主管機關所定之職能基準每年檢討課程內容。

第四節 職能分析、工作分析與職能建模

　　由本章前三節可見職能是各種職業教育與訓練標準的要素，也是教—考—訓—用或徵—選—訓—用—留等人才發展鏈上的共通語言。職能分析是辨識員工（或準員工）成功執行工作所需職能（知道什麼、能做什麼、如何表現的 KSAO）的程序，職能分析做得好，職能本位教育與訓練、評估等才會有堅實的基礎，不至於像在「沙洲築高樓」。職能標準、模型、架構、概覽或辭典的內容大同小異，主要作為教育／訓練發展和實施、教育／訓練結果評估，以及員工現有職能評估的參據。

壹 職能分析

　　表 3.11 和表 3.12 是常見職能分析法的產出標的和概述，在實務上講求適法適用，也可適切混合使用。但如表 3.11 中「產出標的」欄所示，這些方法固然都可分析到職能，但原本的經典程序仍有側重任務／角色、側重職能，或兼顧兩者的特性。例如蝶勘（DACUM）法研究和分析特定工作（如蝶勘法主持人）產出明列和工作有關職責（duty）、任務（task）和資訊的蝶勘研究圖（DACUM research chart），知識、技能、行為以及機具、設備等資訊，常以職責和任務之支持性推動要素的方式呈現，因而蝶勘法也被歸類為是工作分析（job analysis）、任務分析（task analysis）或工作導向的任務分析（job-oriented task analysis）程序。亦即，表 3.11 和表 3.12 中的職能分析法有時會被稱為工作分析法、任務分析法等。

表 **3.11** 四類 12 種職能分析法的產出標的和概述索引

職能分析法類別		產出標的		在表 3.12 中的概述編碼
		任務／角色	職能	
訪談類	一般訪談法	Y	Y	A1
	職能訪談法	Y	Y	A2
	重要事件法	N	Y	A3
調查類	一般調查法	Y	N	B1
	得懷（Delphi）術	Y	N	B2
集會類	提名小組術（NGT）	Y	Y	C1
	蝶勘（DACUM）法	Y	N	C2
	蒐尋會議法	Y	Y	C3
其他類	功能分析法	Y	N	D1
	CODAP 法	Y	N	D2
	觀察法	Y	Y	D3
	McBer 法	Y	Y	D4

註：CODAP—通用線上資料分析平台（Common Online Data Analysis Platform）；
　　DACUM–Developing A CurriculUM 的縮寫，可做課程發展前置作業；Y-Yes、
　　N-No。
資料來源：賴春金、李隆盛，2011；Gonczi et al., 1995.

表 **3.12** 四類 12 種職能分析法概述

職能分析法類別		程序概要	優缺點
A.訪談類	A1. 一般訪談法	·非結構或半結構化訪談：(1) 準備激發性問題；(2) 選取和聯絡受訪者；(3) 依需要訓練訪談者。 ·結構化訪談：(1) 根據非結構化訪談結果，準備訪談程序；(2) 預試小規模的訪談程序；(3) 選取和聯絡受訪者；(4) 選取和訓練訪談者；(5) 進行和分析訪談。	可獲得有品質的深入資訊，但常費時、昂貴（尤其受訪者分散時）。

職能分析法類別		程序概要	優缺點
	A2. 職能訪談法	• 和一般訪談法的區別在於本法訪談對象以待分析職位之工作人員和／或其直屬主管為限。 • 主要訪談受訪者的工作說明、工作活動、工作職責，並釐清職責之間的關係及各項職責的能力。 • 訪談所有受訪者後，職能需整理成 8-12 個領域，並加以命名。	程序簡單、澈底，但費時，也可能昂貴。
	A3. 重要事件法	• 由受訪者回顧工作中造成成功或不成功後果的重要事件（情境脈絡和因素等）。 • 所有的訪談結果都需加以記錄和解釋，只有名稱與能力內容一致及能有效描述行為表現的職能才可被接受。	能獲得真實資料、產出成功表現的屬性，但可能漏失例行且必要的屬性、昂貴，以及可能過於主觀。
B. 調查類	B1. 一般調查法	• 透過郵寄或面交問卷，或訪談、大規模蒐集資料。 • 步驟包含：(1) 選取對象；(2) 發展問卷或問題；(3) 實施調查；(4) 進行催收；(5) 分析調查結果。	可有效率地蒐集大量資料，但為簡化資料的蒐集和解釋，常需有較封閉性的選項，以致限制了深度和細節。
	B2. 得懷術（Delphi）	• 根據取樣規準，選取專家，請其填答數回合的郵寄問卷，第二回合後的問卷附有上一回合填答意見的摘要，參與者因而可在沒討論或辯論和公開衝突的情況下，也能在下一回合知道彙整過的意見而逐漸得到共識。 • 本法通常需費時 45 天以上，參與者需善於文字溝通和有高度參與動機。	適用情境：(1) 變遷中的專／職業，但其未來可預測，唯需避免爭議；(2) 專家們可能對未來結果有不同意見；(3) 專家們分布廣泛時。

職能分析法類別		程序概要	優缺點
C.集會類	C1.提名小組術（NGT）	·一位幹練的主持人和 8-10 位參與者，進行面對面會議。 ·主持人提出有待小組解答的問題，由參與者靜默且獨立地列出解答或構想。主持人循序請每一位參與者每次提出一項構想，列在大張紙上，遇重複的構想，則進行整合，構想窮盡時，即就所列構想評等第以建立優序和共識。	快速（每一問題約 2 小時），可避免參與者之間的衝突，確保參與者的平等性，可產出許多構想，也可就產出的構想再做排序或評估。
	C2.蝶勘法（DACUM）	·一位幹練的主持人和 12 位左右精心挑選的參與者進行面對面的故事板會議。 ·主持人借重腦力激盪術請參與者口述日常職責，並將這些職責逐一列在卡片上，排在牆上，待所有職責都列出，再請參與者口述各職責的任務，也用卡片逐一列出及排在各職責之後。 ·本法常分析至任務為止，但可依需要進一步分析執行各項任務所需的職能。 ·主持人也能依需要請參與者從不同向度（如使用頻率、重要程度），評估各項任務或職能的妥適性。	快速（2 天內）、系統化、中度花費、澈底。
	C3.蒐尋會議法	一位主持人和 15-35 位參與者，進行面對面的會議。先是召開全體會議促進相識及借重腦力激盪構想未來的環境，接著進行分組會議借重發散式思考產出想法，最後再召開全體會議，由各小組報導其想法的優序、策略和行動規劃。	約需 4 週時間，經費由低至高，主要利害關係人都參與，未來導向，主持人及參與者需具專精知能。

職能分析法類別		程序概要	優缺點
D. 其他類	D1. 功能分析法	通常由在業界領銜的企業體分析並由顧問主持，先考慮整個專／職業各種職務和角色的主要（或關鍵）目的，再分析要達到目的需要做什麼，一直細分到職能的單元與元素。	從團隊或組織觀點分析職能，但結果常無法類推至其他團隊或組織。
	D2. CODAP 法	利用電腦程式輸入、統計、組織、摘記和報導，借重工作清單蒐集的資料。問卷式清單含情境脈絡及任務兩大項。	高度文件化，工作類型可系統化分析。中度至高度費時、昂貴及欠缺未來觀。
	D3. 觀察法	透過實地觀察，進行記錄及分析。	可取得第一手資料，但可能欠缺信度，以及需訓練觀察者。
	D4. McBer 法	・McBer 顧問公司採用的統合分析法。 ・先確認專／職業中成功的工作者，探討優越及普通工作者的差異，再確認造成差異的屬性和／或職能。	可克服傳統方法的缺失，但偏重：知識而非表現、一般／非特定屬性、簡化工作表現和太瑣碎。

資料來源：賴春金、李隆盛，2011；Gonczi et al., 1990.

　　進一步針對可辨認工作所需職能／KSAO 的工作分析和職能建模（competency modelling）做說明，工作分析是推導自對組織內現有工作如何完成的了解，而職能建模則是推導自組織的策略並決定工作該如何完成。圖 3.6 是工作分析和職能建模的概略對比，工作分析和職能建模的選用應取決於環境／工作的條件、組織的需求以及分析結果的最終用途，例如某公司要為其資通訊部門進用和培訓人員分析所需職能，因需關切工作情境和前瞻未來，採用策略性工作分析法較為適當；如果某公司要為接班規劃（succession planning）班制發展領導力訓練，因為公司的使命和目標是其中的重要要素，採由上而下的職能建模法

較爲適當。此外,職能一詞除了用在個人層級也被用在組織層級,如表 3.13 所示,如果某公司想在特定時機檢視個人工作,可考慮進行工作分析;如果該公司想在特定時機檢視多項工作,可考慮進行職能分析;如果該公司想要檢視幾個工作層級或整個組織並使其明確化到公司所獨具,可考慮進行組織職能(organizational competency;即組織強項／organizational strength)分析;如果該公司想要檢視適用於整個組織的廣泛職能,可考慮進行核心職能(core competency)分析(University of Baltimore, n.d.)。職能模型除了著重組織強項的組織職能模型、著重組織內所有員工該擁有的核心職能模型,也可有著重組織內特定部門或團隊(如程式設計、領導)所需的功能職能模型(functional competency model)、著重組織內特定工作或角色所需的工作職能模型(job competency model)……。除特別說明外,本書中職能一詞均指個人層級的職能。

圖 3.6 工作分析和職能建模的對比

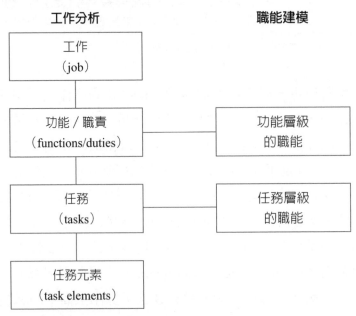

資料來源:修自 Alliger, et al., 2007.

表 3.13　工作分析和職能建模的層級別與分殊性

層級別	分殊性	
	各案件獨特	可應用到許多案件
個人（工作、角色、單一工作層級）	工作分析	職能分析（多個工作取向）
組織（數個工作層級、部門或整個組織）	組織職能（組織強項）分析	核心職能分析

資料來源：修自 University of Baltimore, n.d.

貳　工作分析

　　工作分析（job analysis，又稱職務分析）是針對某一工作蒐集、建檔和分析工作內容、情境脈絡和要求等資訊的系統化程序。更簡要言之，就是針對某一工作蒐集可觀察之工作行為的資料，並描述執行工作所需知識、技能、才能和其他特質（KSAO）的程序。由於一個職業（occupation）通常含兩個以上的工作，所以同時針對兩個以上緊密關聯的工作進行分析時，則稱為職業分析（occupational analysis）。工作分析產出的資訊可用以發展有效的招募、甄選、績效管理與職涯發展方法，所以是後者這些活動的奠基工作。工作人員導向（worker-oriented）的工作分析常被用以產出工作說明書（job description，或稱職務說明書），而任務導向（task-oriented）或工作導向（work-oriented）的工作分析常被用以產出工作明細（job specification）。工作說明書是某一工作所涉及職責、任務與勞動條件的事實敘述，工作明細則是某一工作所需最低資歷（教育與訓練、證照、經驗、能力、特質等）的敘述。而在工作分析過程中所蒐集的任務與職能（task and competency）資訊也可用在績效評估、升遷、員工發展和教育與訓練等實務。以下是可供參考

的七步驟的工作與職能分析程序（Biddle, 2009; OPM, n.d.a）：

1. 組成小組

   由受過工作分析訓練的程序專家擔任主持人，由各該工作的在職績
   優從業人員（又稱專家級工作人員／expert worker）代表 5-12 人擔
   任內容專家（subject matter expert, SME），是提供工作之職責、任
   務與職能等資訊的主要來源。選取內容專家前宜先訂定客觀取樣規
   準再依規準選取代表（即先畫靶再射箭），並針對各該工作適用地
   域範圍大小，依範圍延攬專家參與，專家中可含 1-2 名各該工作從業
   人員的直屬主管代表以注入統合面、發展性和未來觀等觀點。

2. 寫出職責

   小組成員先瀏覽該工作相關資料，這些資料如：職位說明、分類標
   準、績效標準，以及有待更新的工作說明、工作明細和職能基準
   等。再由 SME 各自獨立寫出其職位的職責（常需 1-3 小時），然後
   由主持人彙整成總表，召集 SME 討論並以得到七成以上 SME 支持
   者為共識。

3. 列出任務

   根據在步驟 2 中所蒐集的資訊和 SME 意見輸入，併同資訊來源，列
   出在工作崗位上需成功執行之任務清單（見表 3.14）。任務是員工
   為履行工作職責而常規性進行的活動之集合，這種活動有清晰的開
   頭、中間和結尾。例如醫師的任務之一是「制定診斷」。

4. 辨認關鍵任務

   採用條列有任務及其來源的評分表（見表 3.14），請 SME 就每項任
   務的重要程度和執行頻率進行評分。重要程度和執行頻率的量尺上
   都應有「0—沒執行」選項，任務對工作重要程度之量尺再以 1-5 表
   示重要程度很低（1）到很高（5）；執行任務的頻率之量尺，再以 1-5
   表示：1—每幾個月至每年一次、2—每幾星期至每月一次、3—每幾
   天至每星期一次、4—每幾小時至每天一次、5—每小時一次到許多

次。經 SME 評分後，刪除有半數以上 SME 在重要程度或執行頻率評選為「0—沒執行」的任務，再就留下的任務逐一計算所有 SME 在各任務重要程度和執行頻率評分的平均數（選「0—沒執行」者無須納入，所以各任務分母會變化），以 3.0 或更高作為截斷值，在重要程度和執行頻率兩個量尺上的平均數都高於截斷值的任務可視為關鍵任務。

表 3.14　任務清單

· 填表說明：

量尺	
重要程度 （本任務對工作有多重要？）	執行頻率 （本任務多常執行？）
0—沒執行 1—不重要 2—有些重要 3—重要 4—很重要 5—極為重要	0—沒執行 1—每幾個月至每年一次 2—每幾星期至每月一次 3—每幾天至每星期一次 4—每幾小時至每天一次 5—每小時一次到許多次

任務	來源	重要程度	執行頻率

填表人簽名：　　　　　　職稱：　　　　　　　　日期：

資料來源：OPM, n.d.a, p.6.

5. 列出職能

根據在步驟 2 中所蒐集的資訊和 SME 意見輸入，併同資訊來源，列

出在工作崗位上需成功執行之職能清單（見表 3.15）。職能是個人成功履行工作角色或職業功能所需的知識、技能、才能和其他特質（KSAO）的可測量形式。職能需簡單明瞭，具單一和易於識別的特徵，職能雖常推導自任務但須避免和任務混淆，例如不宜寫成「執行（某一任務）的能力」，也不須出現通達知識、廣泛技能或基本了解等字眼。職能是個人擁有，可透過行為表現評估的特徵，該以動詞開頭（職能的常用動詞可參見本書附錄二），例如醫師的任務「制定診斷」之下的職能之一是：選取最有可能的診斷。

表 3.15　職能清單

・填表說明：

量尺		
重要程度 （本職能對有效執行工作有多重要？）	需用時機 （本職能何時需被用於有效執行工作？）	區辨價值 （本職能被用在區辨優異和普通員工多有價值？）
0—沒執行 1—不重要 2—有些重要 3—重要 4—很重要 5—極為重要	1—就職第 1 天就需要 2—就職後前 3 個月須擁有 3—就職後第 4-6 月須擁有 4—就職後 6 月後須擁有	0—沒執行 1—每幾個月至每年一次 2—每幾星期至每月一次 3—每幾天至每星期一次 4—每幾小時至每天一次 5—每小時一次到許多次

任務	來源	重要程度	需用時機	區辨價值

填表人簽名：　　　　　　　職稱：　　　　　　　　　日期：

資料來源：OPM, n.d.a, p.7.

6. 辨認關鍵職能

採用條列有職能及其來源的評分表（見表 3.15），請 SME 就每項職能的重要程度、需用時機和區辨價值進行評分。評分表上重要程度、需用時機和區辨價值的量尺上都應有「0—不適用」選項，職能對有效工作表現重要程度之量尺再以 1-5 表示重要程度很低（1）到很高（5）；何時需要此一職能的需用時機之量尺以 1-4 表示：1—就職第 1 天就需要、2—就職後前 3 個月須擁有、3—就職後第 4-6 月須擁有、4—就職後 6 月後須擁有。逐一計算所有 SME 在各職能重要程度、需用時機和區辨價值評分的平均數（選「0—不適用」者無須納入，所以各職能分母會變化），分別以「3.0 或更高」以及「2.0 或更低」分別作為重要程度以及需用時機的截斷值，重要程度平均值高於截斷值且需用時機平均值低於截斷值的職能可視為關鍵職能。職能區辨優異和普通／可接受員工的區辨價值量尺上除了有「0—不適用」選項外，再以 1-5 表示區辨價值很低到很高，以 3.0 或更高作為區辨價值的截斷值，區辨價值平均數高於截斷值的關鍵職能應優先納入評估範圍。

7. 連結任務和職能

採用任務—職能連結雙向細目表（如表 3.16，X 軸列出由步驟 6 得出的關鍵職能編碼，Y 軸列出由步驟 3 得出的關鍵任務編碼），請 SME 就每一任務和職能交叉的細格（任務—職能連結）進行職能對任務績效表現的重要程度評分，重要程度量尺除「0—沒執行」選項外，以 1-5 表示重要程度很低（1）到很高（5）。計算所有 SME 在每一細格的評分的平均數（選「0—不適用」者無須納入，所以各細格分母會變化）以了解各職能和任務連結的強度（可以 3.0 或更高作為重要程度的截斷值），如出現無任務—職能連結細格時須檢討有無遺漏關鍵任務或職能。接著刪除沒連結到一個或一個以上職能的任務，也刪除沒連結到任一任務的職能。留下的關鍵及互相連結的

任務與職能即可作為後續職能基準制定、員工招募、甄選、任用、評估等設計之用。

表 3.16　任務－職能連結雙向細目表

・填表說明：

重要程度 （本關鍵職能對有效執行關鍵任務有多重要？）
1－不重要 2－有些重要 3－重要 4－很重要 5－極為重要

關鍵任務	關鍵職能			

填表人簽名：　　　　　　職稱：　　　　　　　日期：

資料來源：OPM, n.d.a, p.8.

上述七步驟工作分析程序是典型的工作分析法之一，在工作相關資訊的蒐集方面借重參考資料和內容專家（SME）會議混成法。實務上，工作相關資訊的蒐集可因應需要，考慮下列方法之一：觀察法、訪談法、問卷法、日常法、技術會議法、功能式工作分析法（functional job analysis, FJA）、工作盤點或檢核清單、工作績效法、個人心理法、工作心理法、測驗式工作分析法、動作研究法、員工工作日誌法、專家會議法、職能概覽法、參考資料法、重要事件法、集體訪談法和混成法

（Economics Discussion, n.d.）。

　　此外，工作分析也有各種輔助工具支持，例如在美國聯邦勞工部出資建立及維護的 O*NET 職業資訊資料庫中，著眼於每個職業都需要不同的知識、技能、才能和其他（KSAO）的組合，並透過各種活動和任務來完成。這些職業的顯著特徵即由 O*NET 內容模型（content model）描述。O*NET 內容模型採用圖 3.7 所示六個領域描述圖中工作人員和職業的屬性和特徵。這些屬性和特徵是經工作和組織分析發展出來，所以可以用來輔助工作分析和職涯探索等之進行（O*NET Resource Center, 2022）。

圖 3.7　O*NET 內容模型的六個領域

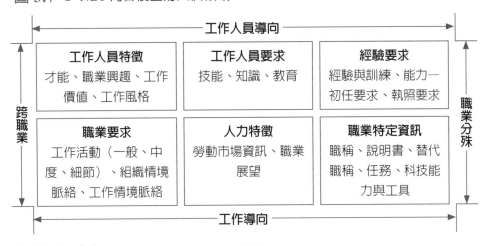

資料來源：修自 O*NET Resource Center, 2022.

參　職能建模

　　職能建模（competency modeling）指職能模型的建立或造型，職能模型在某一產業或職業有效展現工作績效所需職能（KSAO）的架構，

有時也被稱為職能架構（competency framework）。經系統化分析完成的職能模型可為某一產／職業的全部職位或部分（如領導職位）之人員甄選、職涯發展和績效管理的工具設計奠定基礎。將組織策略轉譯為員工行為是職能模型的最重要功能之一（Campion et al., 2019）。前述常由工作導向工作分析產出的工作說明書（job description）雖然和職能模型相似，也描述員工在工作中需做些什麼，但說明書描述的是工作上所需能力的一般摘要，模型則呈現員工在工作崗位上必須做到才能成功的明確行為（Valamis, n.d.）。善用表 3.11 和表 3.12 所列四類 12 種職能分析法，可建立職能模型／架構／標準或類職能模型／架構／標準。

　　以下介紹一種善用數位科技的職能建模程序。美國聯邦勞動部就業及訓練署（U.S. Department of Labor, Employment and Training Administration, ETA）資助的一站式職涯（CareerOneStop）平台中，建置有職能模型交換所（Competency Model Clearinghouse, CMC）網站，是旨在告知大眾職能模型的價值、發展和使用之人力系統。為因應人力挑戰，ETA 和產業夥伴一直協同發展和維護美國經濟重要產業和部門所需的基礎和技術職能的動態模型。這項工作的目標在促進了解教育和訓練具有全球競爭力的人力所基本必要的技能組合和職能（CareerOneStop, 2021）。

　　ETA 的職能建模採積木模型（Building Blocks Model）的架構。如圖 3.8 所示，該架構以九層金字塔圖形描述職業和產業職能是如何建立在個人效能、學術和職場職能的基礎上。每一層都由成功績效表現所必需的技能、知識和才能的積木塊組成。在模型的基礎上，職能適用於大量產業。模型中愈往上的職能愈適用於特定產業和職業。但是，該圖形並不在表示職能獲得的順序，也非意指某些職能比其他職能更有價值。CMC 平台上各職能模型圖都會有附表，以呈現各職能積木塊的定義和相關的關鍵行為（CareerOneStop, 2021）。

圖 3.8　職能模型的積木架構

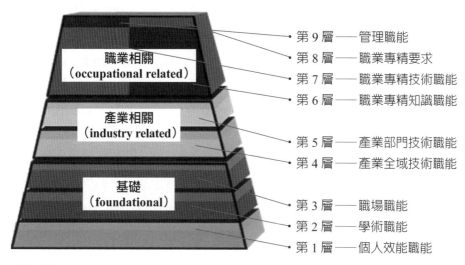

　　職業相關
（occupational related）

　　產業相關
（industry related）

　　基礎
（foundational）

第 9 層—— 管理職能
第 8 層—— 職業專精要求
第 7 層—— 職業專精技術職能
第 6 層—— 職業專精知識職能

第 5 層—— 產業部門技術職能
第 4 層—— 產業全域技術職能

第 3 層—— 職場職能
第 2 層—— 學術職能
第 1 層—— 個人效能職能

資料來源：CareerOneStop, 2021.

　　ETA 為確保積木模型呈現當今人力所需的基礎知識和技能，對 CMC 的 22 個產業模型先後進行了審查、分析、驗證和 2014 及 2017 年兩次修訂。除了提供與維護 22 個產業職能模型之外，CMC 也提供一個互動式線上職能建模工具來幫助企業、教育和人力專業人士實現他們的人才發展目標—— 建置職能模式並加以應用。全球使用者在該工具引導下發展出其所需產／職業職能模型，由該工具使用者指引，可找到說明、示例和工作單。例如可以以多種格式下載產業模型的職能和關鍵行為工作單，離線進行課程發展其他與人力相關的功能（如溝通人力需求、辦認認證用職能、執行人資活動、進行職涯試探與輔導）（CareerOneStop, 2021）。

　　而採用積木模型法發展職能模型的程序共有下列六個步驟（CareerOneStop, 2021）：

1. 進行研究：蒐集和分析背景資訊

　　產業職能模型的發展需分析和統整本產業別現有全國及本州的資

源、能力標準、技術課程和認證。本步驟最好由熟悉本產業術語、程序和所需能力的產業或內容專家（SME）完成。蒐集資訊的程序含：(1) 定義產業；(2) 辨認產業中的關鍵職業；(3) 使用 O*NET 資料庫（ETA 資助的免費線上資料庫，https://www.onetonline.org/）分析所需的知識、技能和才能（KSA），以確定跨關鍵職業的共同性；(4) 辨認和歸類現有資源；和 (5) 校準資源中已定義的 KSA 和積木塊架構。

2. 發展職能模型架構草案

職能模型架構草案包括職能名稱及其定義和說明。ETA 採取本步驟是因為模型發展人員可能會使用略有不同的術語來表示職能（如使用溝通而非聽與說），職能也可能被誤置在不同層和 / 或積木塊上（如批判性思考該放在職場職能卻被放到學術職能積木塊），確保所需的職能包含在產業模型中要比放對層來得重要。使用積木模型確保產業架構草案是全面的：(1) 確定資訊中存在的主題和形式；(2) 關聯術語與積木塊內容領域；和 (3) 發展產業職能模型草案。

3. 蒐集產業代表的回饋

透過 SME 和職能模型標的使用者的意見輸入，修飾步驟 2 中發展出來的模型草案。本步驟先根據下列準則選取高成長 / 高需求產業部門（sector）代表組成焦點團體（或焦點小組）：(1) 對本產業的職能要求熟悉；(2) 跨地域和產業次領域的代表；(3) 不同觀點的代表。再以面對面或透過一系列電話和電子通信方式進行下列活動，蒐集焦點團體成員的回饋：(1) 在會議開始時摘述職能模型發展專案的目的和程序；(2) 審查職能模型草案——提供成員熟悉職能模型的機會；(3) 依次討論每個職能；(4) 蒐集有關以下項目的意見——職能名稱、定義和用以描述每個職能的特定行為。討論如何編輯這些材料以確保能準確捕捉到對使用者「真實」的職能本質。刪除模型草案中對標的職業、組織或產業不適切或不重要的職能，以及和小組成員就

需添加的職能描述出職能的定義和行為。

4. 修訂職能模型架構

像步驟 1 一樣使用產業專家修訂模型草案：分析透過焦點團體會議蒐集的資訊，編輯職能名稱、定義和行為，根據需要在模型中增刪補正職能。

5. 驗證職能模型架構

為了確保標的使用者社群的接受度，架構中辨認的職能相關行為應該是那些對成功工作績效的重要行為。職能模型架構應廣泛分發給產業協會及其成員。ETA 期望企業和產業隨後承擔責任，確保該模型成為有用和可用的工具，並定期更新以滿足不斷變化的人力需求。

6. 完成模型架構

完成的產業模型可在 CMC 網站上取得。產業模型的架構會以圖形顯示針對標的產業客製的內容積木塊。

　　程序嚴謹的工作分析和職能建模都可客觀地產出制定職業教育與訓練標準所需的職能。但職能建模愈來愈受到現代化組織歡迎，其主要原因在於與企業的目標和策略較緊密關聯。而一旦職業內容有大變動時即需重做分析或建模，否則每年隨績效檢核做檢視，每三年做一次定期更新即可。

　　職能標準的建立有原子論（atomistic）和整體論（holistic）兩種取向，原子論主張職能該分解到像原子（atom；化學變化中最小的粒子，可進一步組成不同分子）般獨立和離散，整體論則主張整體任務需要整合而非離散和獨立的職能。在實務上，兩種取向需兼容並蓄，某種程度的原子論是必要的，但需輔以適當數量的整體論，使能在分析與綜合之間找到適當的平衡，所以一個典型的職業，其相對複雜性和需求性高的關鍵任務不宜超過 20-30 個（Hager & Gonczi, 1996）。

　　而無論是採行何種程序分析出所需職能，職能的敘述須符合下列原則（OPM, n.d.b）：

1. 一則一職能

   例如在「溝通」職能方面，「說出和寫出針對預期對象，清晰、簡潔、有條理和能令人信服的訊息」是不當的職能述句（competency statement），因為面對口語（說出）和文字（寫出）兩種特性不同的溝通，有如要徑賽運動員同時跨過兩個放在一起的欄架一樣不合理，需改為分開口語和文字溝通，例如「寫出針對預期對象，清晰、簡潔、有條理和能令人信服的訊息」。

2. 採行為本位

   例如在「推理」職能方面，「根據現有資訊得到精確結論的能力」是欠缺可評量行為的不當述句，可修改為「辨識可解釋事實、資料或其他資訊的規則、原則或關係」或「分析資訊並做出正確的推論或得到準確的結論」。亦即須確保職能可透過可測量行為查核和評估，通常以具體的行動動詞開頭（如認出、辨識、組織，見本書附錄──職能的常用行動動詞）。

3. 簡單又明瞭

   例如在「衝突管理」職能方面，「管理涉及各級人員及外部顧客各種情境中所有類型的衝突、不滿、對抗或分岐，以和組織指引一致的建設性方式解決這些衝突、不滿、對抗或分岐，以極小化對員工、顧客或組織的潛在負面人事衝擊」是過於繁複的不當述句，需改為「解決衝突、投訴、對抗或分岐，以建設性方式極小化負面人事衝擊」敘述即可。

4. 避免太特定

   例如在「電腦」職能方面，「知道 Java 和 C++ 及其應用，使系統能夠執行特定功能」是太特定到某一電腦程式的不當述句，需改為「知道電腦語言及其應用，使系統能夠執行特定功能」涵蓋一般電腦能力即可。

5. 減免修飾詞

例如在「領導力」職能方面，「成功影響、激勵，和澈底挑戰他人」和「調適領導風格以面對各種困難情境」是使用了「澈底」和「困難」等不必要的修飾詞的不當述句，這種修飾詞既無助於清楚區分績效表現，又可能導致使用者做更多猜測，需修改為「影響、激勵和挑戰他人」和「調適領導風格以面對各種情境」。

總而言之，職能述句是有能力的個人在什麼情境脈絡下該做什麼，以及做到什麼程度的描述性陳述，其標準格式或句型是：具體行動動詞＋情境脈絡＋規準／標準（見圖 3.9 示例）。「具體行動動詞」指陳述用在某活動或任務之情境脈絡中可以觀察和測量之行動的可測量動詞（常見動詞可參見本書附錄二）。「情境脈絡」指行動的本質，亦即前述動詞的受詞。「規準／標準」指預期績效表現的規準（如達到什麼水準、達到哪個標準、範圍等）（Gree & Levy, 2021）。

圖 **3.9** 職能述句句型示例

具體行動動詞	情境脈絡	規準／標準
例：處理／選擇／使用／儲存	毒性化學物質	以符合毒性及關注化學物質管理法規定

資料來源：修自 Open Library, n.d.

此外，我國職業教育與訓練班制所欲培育／訓的人才，部分已有對應的職能基準、模型、概覽或辭典等可供參考，部分則無。無論已有或尚無職能參據，均可參考美國聯邦勞工部建置的職業資訊網絡（Occupational Information Network, O*NET）、新加坡技能框架（Skills Framework；https://www.skillsfuture.gov.sg/initiatives/students/skills-framework）等資訊。由 O*NET OnLine（https://www.onetonline.org/find/

all）上可查詢一千多種職業，各種職業含：(1)職業專有資訊——任務、科技能力；(2)職業要求——工作活動、細部工作活動、工作情境脈絡；(3)經驗要求——工作區塊、訓練與憑證、學徒制機會；(4)工作人員要求——技能、知識、教育；(5)工作人員特質——才能、興趣、工作價值、工作風格；(6)人力特質——薪資與就業趨勢、網路上的徵才、相關職業、附加資訊來源。其中第4、5項相當於職能。新加坡技能框架則提供關鍵部門（如會計工作）資訊、職業／工作角色和所需的當前及新興能力。

第四章

職業教育與訓練課程

清代周容的《小港渡者》描述某年冬天傍晚，他從小港下船想進入蛟城，命書僮綑綁了書跟著他走。那時夕陽即將西下，炊煙四起，周容望著前方的蛟城，估計約還有兩里左右的路程，於是問船夫：「我還趕得上南門開啟的時間進城嗎？」船夫觀察書僮一下子，回答說：「慢慢走，城門還開著；走快了城門就會關閉。」周容那時有點不高興，以爲船夫在戲弄他。趕路到一半，書僮跌倒哀嚎著沒辦法馬上站起來，綑書的繩子斷了，書本散落開來。再整理好書、用繩子綁好，走到城門前，城門已經關了起來。周容先是失意茫然，再豁然開悟地想起船夫的話頗近於道。天下因爲急躁而自己把事情辦壞掉，到了晚上無處可去的人，就像這樣啊！

故事的意涵是很多事應穩健處理，不可冒進，否則欲速則不達。職業教育與訓練的課程發展也是一樣，需按部就班。

課程（curriculum）是針對學習者應該透過有系統和有意圖的方式學習什麼、爲何學習、如何學習，以及學到多好的描述（UNESCO-IBE, 2022b），所以學習緣由、目標、內容、活動和評估等都是課程的要素（見表 4.1），課程也常被視爲計畫、過程、發展、旅程、經驗、實踐等等。本章將課程定義爲：內含一系列結構化學習結果及其有關學習經驗，做有順序安排，和常以一系列相關單元、模組或科目呈現的計畫（UNESCO-UNEVOC, 1994）。

表 4.1 課程構成要素及其前導問題

構成要素	對應的前導問題
緣由	爲何學員／生需要學習？（why）
目的與目標	學員／生的學習朝向哪些目標？（which）
內容	學員／生學習什麼？（what）
學習活動	學員／生如何學習？（how）

構成要素	對應的前導問題
教師／訓練師角色	教師／訓練師如何促進學習？（how）
材料與資源	學員／生使用什麼學習？（with what）
群組	學員／生和哪些人一起學習？（with whom）
地點	學員／生在哪裡學習？（where）
時間	學員／生在何時學習？（when）
評估	學員／生的學習進步多少？（how far）

資料來源：Tahirsylaj & Fazliu, 2021.

　　從校準的觀點看，課程可分為下列七個類型（type）（Glatthorn, et al., 2000）及如圖 4.1 所示：

1. 推薦的（recommended）課程：學者專家和專業組織推薦的課程。
2. 書面的（written）課程：國家和地方制定的課程文件，例如國家課程標準／綱要、縣市地方學校課程計畫、學校課程計畫、教師的單元／課目計畫。
3. 施教的（taught）課程：又稱傳授的課程，是教師實際施教的課程。
4. 支持的（supported）課程：資源（如教科書、軟體、硬體等設施、設備和材料）可支持的課程。
5. 評估的（assessed）課程：在校內外考試和績效等評估（如校內學科日常考查、段考和期末考；校外技能檢定、專技人員考試、四技二專統測）出現的課程。
6. 習得的（learned）課程：又稱學到的課程，是學習者實際學到的課程，是評估課程成效之重點所在。
7. 潛在的（hidden）課程：無意圖但實際影響學習的課程，例如教育與訓練機構本身衛生優良環境雅緻、教職員工普遍守法守紀守時……，均會發揮潛移默化的境教與身教功能。

圖 4.1 從校準觀點所分的課程類型

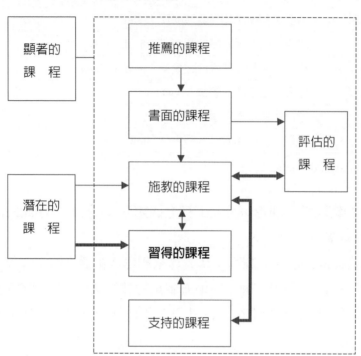

註：——▶ 較弱的影響，━━▶ 較強的影響；◀——▶ 較弱的互動，◀━━▶ 較強的互動
資料來源：修自 Glatthorn, et al., 2000, p. 85.

　　圖 4.1 中顯著課程（explicit curriculum）指教育與訓練主管機關（含考試機關）、學校（或訓練機構）、教師（或訓練師）為學員／生學習所制定且通常文件化的課程。顯著課程中的各類課程需儘量校準，才能裨益學員／生的學習。例如本書第三章第三節所介紹之產業（或產業參與）制定的職能標準本身雖非課程，但是優質的職能標準是書面課程的有用指引，可視為類推薦課程。又如在圖 4.1 的影響與互動所在即是有待校準之處，當中施教課程和習得課程的校準最為重要，教師／訓練師常不當地假定學員／生會學到所有已施教的；事實不然，學員／生在課堂中常明顯分心或假裝專心，又即使專心也不見得學到全部施教的。因此，教師／訓練師應常反思或討論下列問題，以力求施教課程和習得課

程之間的校準：所教和所學之間的缺口是什麼？為什麼這種缺口重要？會導致這種缺口的學員／生因素是什麼？教師／訓練師能做些什麼以減免這種缺口？下一步該採取什麼措施（Glatthorn, 2000）？本章之論述著重在將課程視為學習進路之計畫，以及有意圖的顯著課程。

　　本章分節介紹職能本位課程、職能本位課程設計、A-PIE 課程設計程序，和課程計畫示例。課程依適用地域範圍分，有國定課程、地方課程、學校／訓練機構、班制／系科、學科／科目課程等層次（level）之分（詳見本章第四節），本章所述除特別說明外，均指著重在班制／系科及學科／科目層次的課程。

　　大致言之，課程著重學員／生的學習內容（what to learn），教學著重學員／生學習這些內容的方法（how to learn it），因此課程與教學（curriculum and instruction, C & I）兩者關係密切。課程與教學兩者之間有某種程度的線性關係，課程既是課程設計（或課程發展）系統的產出（output）也是教學系統的投入（input），但是在教學實務上課程與教學有如圖 4.2 所示莫比烏斯環（Möbius strip，或稱莫比烏斯迴圈等）的互為表裡關係。該環是將一片有雙面和雙邊的薄紙條扭轉 180 度並首尾相接，所形成只有一個面和一條邊之不可定向的連續曲面。課程與教學不像原先紙條上各自獨立的雙面或雙邊，兩者關係像是在莫比烏斯環上的曲面難分難捨——無止盡地連結與重複（教學與評估的關係也像莫比烏斯環上的曲面）。儘管如此，在課程設計和教學設計上仍可區分出一些各自獨特和兩者共同的要項，如表 4.2 所示。簡要言之，課程設計著重課程計畫（如我國課程綱要）中教學、學習和評估要素的發展與部署，是透過管理階層、課程發展人員、編輯人員和其他利害關係人之間的溝通集體設計的。教學設計則接續課程設計著重具體教學方法、支持資源和評鑑程序的設計，常是教師／訓練師個別或小規模的集體設計。本章論述涵蓋（但不限於）表 4.2 中 A 和 B 二欄的 A1 至 B5 要項，第五章則涵蓋表 4.2 中 B 和 C 二欄的 B1 至 C8 要項。

圖 4.2 莫比烏斯環

課程 ──────────   ────────── 教學

影像來源：修自 Microsoft Designer 生成影像。

表 4.2 課程設計和教學設計各自獨特和兩者共同的要項

A. 課程設計 　　特有要項	B. 課程設計和教學設計 　　共有要項	C. 教學設計 　　特有要項
A1. 擬定課程目標	B1. 擬定目標	C1. 擬定教案／課目計畫
A2. 做出課程規劃決定	B2. 排序目標	C2. 規劃教學單元
A3. 取得學校相關資料	B3. 決定學員／生需求與興趣	C3. 取得學生教學資源
A4. 取得社區相關資料	B4. 發展課程材料	C4. 發展學習經驗
A5. 決定課程內容	B5. 評估課程材料效能	C5. 選擇媒體
A6. 做出課程內容決定		C6. 選擇設備
		C7. 取得器材
		C8. 準備教師自製器材

資料來源：修自 Finch & Crunkilton, 1999.

第 一 節　職能本位課程

　　職業教育與訓練比普通教育更著重培育青年人進入勞動力市場，因而其成功相當取決於畢業生在就業、學用配合、工作條件，以及從學校銜接到工作之順暢度等勞動力市場結果的表現。美國國家教育與經濟中心（National Center on Education and the Economy, NCEE）的一

項委託研究（Renold, et al., 2018），著眼於職業教育與訓練班制強和弱之間的最顯著差異，在於教育系統行動者和就業系統行動者之間共享決策權的程度高低。該研究為了測量這種教育—就業連結（education-employment linkage）的強度，發展了一組 KOF 教育—就業連結指數（KOF Education-Employment Linkage Index, KOF EELI；KOF 指 KOF 瑞士經濟研究所／KOF Swiss Economic Institute），透過測量在課程設計、應用和更新階段的權力分享，辨識出最佳的職業教育與訓練班制。根據青年人在完成義務教育後成功進入勞動力市場的百分比，或普通教育在 OECD 經合組織 PISA 中的表現，擇優選取瑞典、奧地利、丹麥、香港、南韓、新加坡和臺灣等共 20 個國家，針對高級中等教育階段職業教育與訓練班制進行測量，結果發現：(1) 20 個國家的 KOF EELI 總平均分數是 3.8（7 分量尺），臺灣的得分低於總平均數，在 20 個國家中排名第 14；(2) KOF EELI 分數愈高的國家，其青年人的勞動力市場結果愈佳；(3) 職業教育與訓練強的班制之關鍵特徵有二——雇主參與制定資歷標準、決定課程更新時機、制定考試形式，以及學生的大多數學習時間在職場而非課堂；(4) 在設計—應用—更新的課程價值鏈中，教育—就業連結的關鍵特色如表 4.3 所列；(5) 在以 KOF EELI 中最重要的課程設計和應用兩階段分數分別為 X 軸和 Y 軸構成的四個象限中，臺灣的職業教育與訓練落入在兩階段分數都低於 7 分量尺中之中數（4 分）的第 III 象限（即左下角象限），表示在課程設計和課程應用兩階段都和就業端低度連結，因而該研究將這種屬性的職業教育與訓練稱為「職涯教育」（career education，即非職業準備／工作訓練取向）。以上發現和本書第一章第五節所述波士頓顧問集團的評比結果做一連結，可知臺灣高級中等教育階段的職業教育與訓練在國際排名中，約略在第 10-20 名之間。但是和排名更卓越的國家比較，臺灣職業教育與訓練的課程價值鏈明顯過於供應者取向，和需求端的連結不足。

表 4.3 職業教育與訓練課程價值鏈中教育—就業連結的關鍵特色

階段	關鍵特色
1. 課程設計階段	1.1 公司是否協助設定職業教育與訓練課程內容和標準？ 1.2 公司是否協助設定職業教育與訓練考試的運作方式？ 1.3 公司是否單獨或透過協會參與職業教育與訓練？ 1.4 公司在職業教育與訓練課程設計中的角色是否有法律規定？
2. 課程應用階段	2.1 有多少學習發生在職場？ 2.2 學生職場工作是否訂有合約？ 2.3 公司有否實施訓練課程？ 2.4 公司是否協助支付外部的職業教育與訓練教育費用？ 2.5 教師是否有產業經驗？ 2.6 訓練師可否提供考試和／或分數？
3. 課程更新階段	3.1 公司是否協助決定何時更新職業教育與訓練課程？ 3.2 公司在職業教育與訓練課程更新中的角色是否有法律規定？

註：表中問題的答案是肯定且程度愈高時，教育—就業連結度愈高。
資料來源：Renold, et al., 2018.

　　亞洲開發銀行（Asian Development Bank [ADB], 2009）曾指出與就業端的連結是職業教育與訓練成功的最重要單一因素，這種與勞動力市場和產業的連繫可透過提供雇主誘因參與指導、諮詢和評估，以及提供教育／訓練機構主管人員誘因讓產業參與教育／訓練的提供予以建立。但是，常被借重的雇主諮詢（或顧問）委員會經常失敗（尤其在機構層次的委員會），其主要原因出在企業人士沒有時間或誘因參加，和／或雇主公會代表可能已經官僚化且與企業發展脫節。因此，亞洲開發銀行建議，進行勞動力市場分析和畢業生去向調查是取得正確方向與回饋的根本。

　　分析自勞動力市場的職能是教育—就業（或教育—產業）之間的共通語言，所以職能本位教育與訓練（competency-based education and training, CBET）被廣泛作為改善教育／訓練與職場要求之間一致性的

方法或校準手段。職能本位教育與訓練根據明定的學員／生求職、在職場勝任工作乃至展現卓越績效所需職能（KSAO），透過課程、教學和評估等活動協助學員／生達成職能標準，而這種職能標準大多涵蓋在（或衍生自）國家資歷架構中。

　　職能本位教育與訓練是著重個人透過教育與訓練可以做到什麼（結果），以符應產業明確標準的教育與訓練取向，其起源可追溯到 1970 年代美國的小學和職業師資教育，當今已推廣到全球各級各類教育。職能本位教育與訓練用在我國中小學普通教育及其師資教育和高等教育時，常被稱為能力本位教育（competency-based education, CBE）。我國在 1970 年代即引進能力本位教育的理念與作法，但當時並未發展成一股教育運動。直至 1980 年代才有實質的推動，先有臺灣省推行高職能力本位教育的試驗，由機工科及農機科辦理。在師範教育方面，臺灣省政府教育廳曾指示各省立師範專科學校，自 1982 學年度分科辦理能力本位教育實驗（黃昆輝，2015；Howe, 2000）。以下舉三個推動職能／能力本位教育的案例說明：

1. 素養導向的國民基本教育課程綱要立意在能力本位

　　我國現行十二年國民基本教育課程綱要（總綱）基本理念中標舉：

　　　　核心素養主要應用於國民小學、國民中學及高級中等學校的一般領域／科目，至於技術型、綜合型、單科型高級中等學校則依其專業特性及群科特性進行發展，核心素養可整合或彈性納入。……十二年國民基本教育之核心素養，強調培養以人為本的「終身學習者」，分為三大面向：「自主行動」、「溝通互動」、「社會參與」。三大面向再細分為九大項目：「身心素質與自我精進」、「系統思考與解決問題」、「規劃執行與創新應變」、「符號運用與溝通表達」、「科技資訊與媒體素養」、「藝術涵養與美感

素養」、「道德實踐與公民意識」、「人際關係與團隊合
作」、「多元文化與國際理解」。（教育部，2014，頁 3）

其意涵是核心素養相當於本書第三章第三節所稱的核心職能／能力
或圖 3.5 中的基礎職能／能力（含圖示第 1-3 層）。在教育部的雙
語詞彙－公告詞彙－12 年國民基本教育課程綱要總綱及領綱名詞
中，核心素養用的是 "core competency/competencies"。但在課程綱
要總綱研修之前，competence/competency 被國人中譯為能力或職能
已是約定成俗；素養是指相當於讀寫算的基本必要能力，固然也是
職能／能力的一環，但較契合的對應英文是 "literacy"，例如我國也
是參與國之一的經濟合作暨發展組織（OECD）「國際學生能力評量
計畫」（Programme for International Student Assessment, PISA），評
量各參與國 15 歲學童閱讀、數學、科學等素養以滿足實際生活挑戰
的才能（ability），其素養一詞即採 "literacy" 而非 "competence" 或
"competency"。無論如何，十二年國民基本教育課程綱要在中文裡雖
然未能精確（或從眾）地使用「核心能力」一詞，但其立意是要推
動能力本位教育。

2. **醫學教育與工程教育認證訴求應具備能力或核心能力**
臺灣醫學院評鑑委員會（2020）的醫學教育品質認證準則 2020 版中，
即有準則「2.1.1.3 醫學系（院）的教師必須參與訂定其學系的教育
目標，該教育目標必須以醫學生畢業時應具備之能力加以陳述，上
述能力必須能被評量，並符合專業及大眾之期待。」又如中華工程
教育學會認證委員會（2022）的工程教育認證規範（EAC2024）「認
證規範 3：應屆畢業生核心能力」，規範學生在畢業時須具備「運用
數學、科學及工程知識」等八項核心能力。這種職能或能力的訴求
需透過對應、有效的課程、教學和評估落實。

3. 醫學教育改革動向之一在落實職能本位教育

美國醫學院學會（Association of American Medical Colleges [AAMC], 2024）指出，醫學教育正在變革以因應變遷中醫療照護系統的需求，變革之一即是發展與實施職能本位醫學教育（competency-based medical education, CBME）。這種結果本位的方法取向，用在設計、實施和評估教育班制，並全程採用職能或可觀察的才能（ability）對學習者進行評估。CBME 的目標是確保所有學習者在訓練期間都能達到以患者為中心的預期結果。我國醫學教育也朝此發展，但常將 CBME 中譯為「以勝任能力為導向的醫學教育」（如林筱茹等，2020）。

職能或能力本位教育與訓練是要協助學員／生進行職能或能力本位學習（competency-based learning），優質的職能或能力本位學習須具備下列五項要素才能確保公平和卓越：(1) 學員／生朝向表現出職能的精熟度進展；(2) 職能包含要增能學員／生的外顯、可測量、可轉移的學習目標；(3) 評估對學員／生是有意義的和正面積極的學習經驗；(4) 學員／生根據個人學習需求，獲得及時、差異化的支持；(5) 學習結果強調包括知識應用和創造，以及重要技能和性格發展在內的職能（Casey & Sturgis, 2018; MetisNet, et al., 2011）。因此，職能本位和一般傳統教育與訓練的對比如表 4.4 所示。然而，職能本位教育與訓練的實施至少須通得過下列兩項檢驗，否則只能稱之為部分甚至是偽職能本位教育與訓練：(1) 要求學習者必須有精熟職能的表現才能進階學習或完成學業；(2) 提供學習者有習得職能的多元管道與彈性方式（李隆盛，2022）。

表 4.4 職能本位和一般傳統教育與訓練的對比

比較點	職能本位教育與訓練	一般傳統教育與訓練
供需焦點	雇主需求	學校供應
學習標的	職能缺口或由其轉化的明確學習結果	由施教目標轉化的學習目標
學習重點	職業、模組／單元；職能或實務	學科、單元、課目；知識或理論
學習取向	績效表現	知識獲得
學習時間	結果固定、時間可變	時間固定、結果可變
學習主角	學習者──為自己的學習負責	教師或訓練師──規劃大部分的學習
情境脈絡	職場和工作崗位	學校和課堂
評估取向	效標參照──與職能標準比較	常模參照──與同儕成就比較
教育／訓練──就業連結	因較能客製化傾向，而連結度高	因較常標準化傾向，而連結度低

資料來源：修自 Coward, 2017; Deißinger & Hellwig, 2011.

　　如前述，職能本位教育與訓練的支持者稱許職能本位教育與訓練是有效改善教育／訓練與職場要求之間一致性的方法；但是反對者認為它過度簡化、窄化和僵化學習，例如批評職能本位教育與訓練重視學習的經濟目的，忽視文化和社會目的，以及限縮學生學術發展機會等等。然而，本書第三章所論述的職能並不限於技術性的硬能力，例如圖 3.8 的職能模型中也含終身學習在內的個人效能職能，以利在 VUCA（指易變／Volatile、不確定／Uncertain、複雜／Complex 與模糊／Ambiguous）時代持續學習。亦即，職能和職能本位教育與訓練的理念與實務也在與時俱進中，優質的職能本位教育與訓練持續在破除分歧和在各種觀點之間找到一個務實的中間立場（Kerka, 1998; Wheelahan, 2007; Wheelahan & Carter, 2001），因此職能本位是當今全球各級職業教育與訓練的主流，職能本位教育與訓練講求課程、教學和評估都須對準職能標準。

　　我國技專校院利害關係人中，有不少人認爲職能本位教育與訓練只適用於基層技術／服務人力的養成。美國研究學會（American Institutes for Research [AIR], 2021）的「2020 年全國中學之後能力本位教育（CBE）調查」（2020 National Survey of Postsecondary Competency Based Education, NSPCBE），發現在 488 個回覆的二年制和四年制大專校院中，14% 表示對 CBE 不感興趣，26% 表示有興趣但尙未開始採用 CBE，47% 回報在採用 CBE 的過程中，13%（65 所校院）回報目前至少有一個完全 CBE 班制營運中。和該研究所 2018 年的調查結果比較，實施 CBE 的班制數增多。而最常採用 CBE 的學門是護理和健康專業、企業管理、電腦和資訊。也値得注意的是，AIR 的調查以具有下列兩個關鍵特徵定義 CBE：(1) 課程圍繞職能設計；和 (2) 在允許學習時間變動的模式下，對學習的期望保持不變。

　　職能本位課程（competency-based curriculum, CBC）是著重學習者在職場順利求職、勝任工作乃至卓越表現所需增能的課程，有別於傳統課程著重學科內容。原則上，這種課程以學習者爲中心，圍繞一組關鍵職能／能力，可超越學科、跨學科或分學科設計（UNESCO-IBE, 2022a）。超越學科設計指班制課程直接切入職能單元（可添加名爲職能領域／competency field 的相關職能單元之群集），不以傳統學科名稱當課程範圍；跨學科設計指班制課程跨越兩個以上的傳統學科。

　　以澳洲爲例說明，澳洲有許多技術及繼續教育（technical and further education, TAFE）機構（在臺灣常稱爲專科技術學院）開設招收高中畢業生爲主的資訊科技文憑（進階程式設計）（Diploma of Information Technology/Advanced Programming）班制，該班制採全時制，爲期一年（共 52 週，40 週上課、12 週放假），依照澳洲資歷架構（AQF）的資訊科技文憑資歷規範，進階程式設計是該資歷規範的 14 個專精之一，旨在培育助理軟體設計員、系統管理員或程式分析員。資訊科技文憑班制學生須成功修畢 20 個職能單元：含六個核心單元加 14

個選修單元，選修單元中必須從資歷所列選修單元中至少選修 10 個單元（即至多四個單元可從已列出的其餘選修單元，或從本資歷或任一資歷經核可的訓練套件或認可班制中歸屬在 AQF 第 4、5 或 6 級資歷的單元中選修）。但對進階程式設計專精而言，資歷中將「建立進階使用者介面」等五個單元規劃成一組專精單元。因此 TAFE 機構提供的選修單元中都會含五個專精單元（Australian Government, 2021）。

訓練套件和認可班制（accredited course）是澳洲職業教育與訓練系統的基礎，當某一職業教育與訓練需求沒被涵蓋在訓練套件的資歷，或某一職業教育與訓練班制須全國性採認時須申辦認可，訓練套件也是職業教育與訓練的課程架構。已立案訓練組織（RTO）發展訓練資源和教材時需依據的訓練套件，只包含經產業確認個人在職場有效執行工作所需職能，並沒有描述學員／生應該如何接受訓練。換句話說，訓練套件中透過職能單元呈現的職能標準著重學員／生需知和能行的是什麼，RTO 的課程則著重在學員／生需學習什麼和如何學習以達標準。比喻言之，標準像營養素攝取量參考值（如健康成人每天每公斤體重該攝入 0.83 公克蛋白質），課程則像要達成上述參考值的食物來源（如肉類、奶類、蛋類和豆類等）和烹調方式（如煎、煮、炒、炸、燉、烤、燒等）之組合，需由 RTO 的教師／訓練師們費心設計。

上述資歷、職能單元、訓練套件等均可從澳洲聯邦政府就業和勞資關係部管理的 Training.gov.au 平台查索，該平台是澳洲全國職業教育與訓練登記處，是以下兩大項資訊的權威來源：(1) 國家採認訓練（Nationally Recognised Training, NRT），包括訓練套件、資歷、職能單元、認可班制、技能組合；(2) 已立案訓練組織（RTO）——根據澳洲國家和司法管轄區立法要求，可按核准範圍提供國家採認訓練的組織。例如前述的資訊科技文憑班制屬國家採認訓練（NRT），由平台中可查詢出該資歷細節以及包含該資歷的資通訊科技（Information and Communications Technology, ICT）訓練套件細節，訓練套件細節包含項

目有：概要、訓練套件發展者、資歷、技能組合、職能單元、輸入職能單元，和內容。其中職能單元細節包含項目有：概要、包含本單元的訓練套件、包含本單元的資歷、包含本單元的技能組合、在其修課地圖中具有本單元的認可班制、分類，和內容，接著是：(1) 職能單元——含修改史、應用、單元部門、元素與績效規準、基礎能力、單元地圖資訊，和連結；(2) 評估要求——含修改史、績效證據、知識證據、評估條件，和連結（Training.gov.au, 2022a）。

　　上述每個訓練套件主要包含可頒發的資歷、衍生自產業的職能和評估指引，但不包含核可的課程元件或學習結果。所有想獲得公共資助的班制無論出自公、私立職業教育與訓練機構，都必須使用訓練套件或在沒訓練套件下採用產業簽署核可的職能進行課程、教學與評估的設計（Wheelahan & Carter, 2001）。因此，國定的訓練套件（或產業核可的職能）是澳洲接受公共資助之職業教育與訓練班制的辦學依據，其課程均為職能本位課程。換句話說，澳洲職業教育與訓練採用職能本位課程的普及程度很高，而且其相關資源採數位化管理。在澳洲職業教育與訓練認可班制標準中，模組專指學習結果為理論導向、著重知識而非實用結果的單元，在認可班制中會以全部採職能單元（因已有知識本位的職能單元）或採職能單元加必要模組的方式，進行課程設計。

　　再以臺灣為例說明，勞動部勞動力發展署所推動的職能導向課程是指運用 iCAP 職能發展應用平台公布之職能基準或職能單元，或依據各目的事業主管機關公布之相關職能資源，或由辦訓單位自行分析之職能模型等職能，所發展之訓練課程。該署並推動職能導向課程品質認證，透過 ADDIE（分析／Analyze，設計／Design，發展／Develop，實施／Implement 和評鑑／Evaluate）五大品質構面審查指標，確保課程的規劃實施與訓練成效能有效連結產業所需要的職能。通過職能導向課程品質認證審查的課程，可取得勞動力發展署核發之 iCAP 標章及標章使用證書，標章有效期限為 3 年，逾期未申請課程展延則失效。該署 2022

年 7 月的檢核結果顯示通過職能導向品質認證課程共 309 筆（勞動部勞動力發展署，2022b）。舉其中臺中科大發展的「財務報表編製與應用實務課程」為例說明，其課程時數 50 小時，效期 2020 年 9 月至 2023年 9 月，是部分引用職能基準的課程。此處的職能基準指「勞動部會計事務技能檢定－乙級人工記帳的職能基準」，該課程包括四個單元：現金流量表的認識、現金流量表之編製、財務報表的共同比與趨勢分析，以及財務報表比率分析，但該四單元是課程單元，不等同澳洲國定訓練套件中的職能單元。

　　職業教育與訓練的班制課程可能直接分解為單元（unit）或模組（module），可能先分解為科目再分解為單元，也可能部分直接分解為單元／模組、部分直接分解為科目（參見表 4.4）。就直接分解為科目者而言，單元介於科目（subject/course；"course" 一詞依其前後文，有時指班制，有時指科目）和課目（lesson）之間。其常見階層結構如圖 4.3 所示，單元是科目的分解、課目則是單元的分解。各科目上課時間的跨幅常是一個學期，累計上課時間數十小時；科目的下一階層是單元，相當於次科目或小科目，對應主題（theme），各單元累計上課時間數小時（除自學單元外，理想上上課 1 小時需搭配學員／生在非上課時間的預習和複習等自學活動時間 2-3 小時）。單元的下一階層是課目，相當於次單元或小單元，對應題目（topic），各課目上課時間各需一小時左右。有些場合會用模組取代單元一詞，特指自我俱足的獨立單元或介於科目和單元之間兩個以上單元的組合。就科目層次的課程而言，教師在實施教學之前就需有整體的課程計畫，對開頭的單元和課目更需有具體的計畫。亦即，科目、單元、模組和課目都需加以規劃，使學習與施教有路線圖性質的計畫可資依循。

圖 **4.3** 課程的常見階層結構

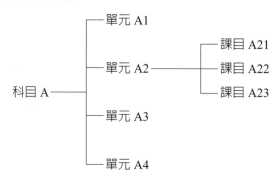

第二節　職能本位課程設計

　　課程設計（curriculum design）是針對某一班制、領域或科目等有目的、很審慎和有系統地組織學習目標、內容、方法和評估等的程序，也常稱為課程發展（curriculum development）。上述學習班制（program of study，常簡稱為班制／program；如我國技職校院的科、系、所、學程）是針對某學習團體所規劃的多年期全部學習經驗；學習領域（field of study）是針對某學門或學習領域所規劃的多年期全部學習經驗；學習科目（course of study）是針對某學科所規劃的一年期或一年以下全部學習經驗。這三個層次的課程工作都很重要（Glatthorn, et al., 2018），每個層次的課程都應對準一致。由於規劃時需文件化，所以前述三個 "... of study" 也常依序指班制、領域和科目的課程計畫，例如日本每 10 年左右修訂一次的中小學國定課程標準，其漢字是「學習指導要領」，英譯是 "Course of Study" 或 " National Curriculum Standards"。

　　課程與教學關係緊密，兩者之間或兩者的設計之間會有些重疊。概略言之，課程或課程設計較著重內容，教學或教學設計較著重方法。

而時下設計思考（design thinking）所主張以使用者爲中心，透過同理
（empathize，發揮同理心站在使用者的需求思考）、定義（define，
明確定義關鍵問題點）、發想（ideate，廣泛發想解決方案）、原型
（prototype，製作原型模擬流程）和測試（test，透過測試，確認符合
使用者的需求情形，並進行必要的修正）五個步驟解決複雜問題的想法
或過程，也適用於課程與教學設計（Peng, 2020; Stevens, 2022）。

　　課程設計依其中心思想可大分爲學科中心（subject-centered）、問
題中心（problem-centered）和學習者中心（learner-centered）三大類。
本章第一節已指出職能課程以學習者爲主角，所以職能本位課程設計取
向是學習者中心（UNESCO-UNEVOC, 1994）。一般傳統課程設計強調
由課程活動規劃及活動中要涵蓋哪些知識內容，順向驅動學員／生學習
所需的能力或職能；但是職能本位課程設計課程則強調由學員／生所需
職能逆向驅動課程，兩種取向的概念對比如圖 4.4 所示。職能本位課程
設計由確認希望學員／生透過學習習得的職能開始，再用職能定義可據
以判斷學員／生勝任職場工作與否的學習結果，這種結果通常以績效表

圖 4.4　職能本位和一般傳統課程設計的對比

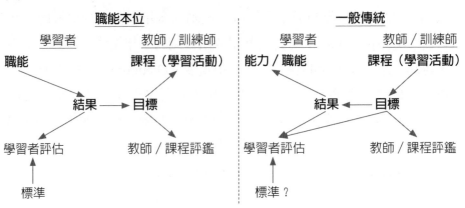

註：──▶ 影響方向
資料來源：修自 Gruppen, 2012.

現和技能（即學後能做什麼）的形式呈現，而不以知識和事實（即學後知道什麼）的形式呈現。這種結果直接引導課程目標、學習者評估及其評估標準，課程中的學習活動再根據已明定的課程目標規劃（Gruppen, 2012）。換句話說，職能本位課程設計強調以終爲始（begin with the end），由職能回推到評估、內容與方法等。

　　職能本位課程設計的例示如下，美國俄亥俄州立大學就業教育與訓練中心（Center on Education and Training for Employment, The Ohio State University/OSUcete）推廣的蝶勘—悉得課程與教學發展程序（DACUM and SCID Process; DACUM–Developing A CurrilUM; SCID–Systematic Curriculum and Instructional Development）如圖 4.5 所示，其概要如下。

　　圖 4.5 中，步驟 1-4 是蝶勘法、步驟 5-9 是悉得法，蝶勘法是一種常用在課程設計之分析階段的工作／職業分析法，悉得法則是系統化課程與教學法，無論技術、管理、專業領域都可採用，所以也適用於中學和中學之後的職業教育與訓練。依圖 4.5 中步驟序簡介如下（Hochstein & Hochstein, 2000; Norton, 2000 & n.d.）：

1. 需求分析

　　確認需最優先進行分析的工作／職業。

2. 工作／職業分析

　　工作分析和職業分析的異同，已在本書第三章第四節說明。這種分析由各該工作／職業的績優從業人員（又稱專家級工作人員／expert worker）5-12 人代表擔任內容專家，由受過訓練的主持人擔任程序專家。選取內容專家前宜先訂定客觀取樣規準再依規準選取代表，並針對各該工作／職業適用地域範圍大小，依範圍延攬專家參與，專家中可含 1-2 名各該工作／職業從業人員的直屬主管代表以注入統合面、發展性和未來觀等觀點。在爲期兩天的工作坊／研討會上，主持人先說明職責和任務（duty and task，也可延伸至職能）的規

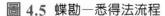

圖 4.5 蝶勘－悉得法流程

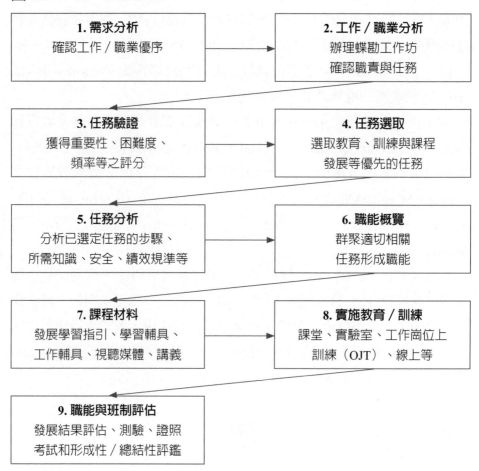

資料來源：Norton, n.d.

　　準，並透過探索和以非指導性的口氣提出有待釐清的問題來引導陳述和討論，直到達成共識，產出如圖 4.6 的蝶勘研究表（DACUM research chart），在過程中利用卡片記錄內容專家以腦力激盪方式所做的陳述黏貼在牆上，並隨陳述後的討論移動卡片的位置和／或調整卡片內容，所以紙本的蝶勘研究表即是牆上內容專家們達成共

識之職責與任務故事板（storyboard）的最終版。蝶勘法的三個邏輯
前提是：(1) 專家級工作人員比其他任何人更能準確地描述和定義他
們的工作／職業；(2) 全時在職的績優工作人員是工作崗位上的真正
專家；(3) 定義工作／職業的有效方法是由專家級工作人員準確描述
他們正在執行的任務；(4) 爲了正確執行所有任務，需要使用某些知
識、技能、工具和積極的工作人員行爲。蝶勘研究表上常會附加由
會議中產出的各該工作／職業職責與任務之下列促成物件：所需普
通知識與技能，從業人員重要工作行爲，所需工具、設備、用品與
材料，以及未來趨勢與關切。

圖 4.6 **蝶勘研究表樣貌**

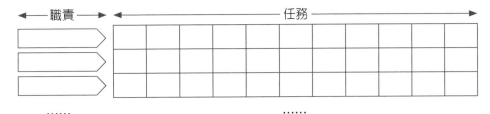

註：大多數的工作／職務含 6-12 個職責，各職責含 6-20 個任務，因此典型的蝶勘研
　　究表可能含 10 個職責、100 個任務。

資料來源：Hochstein & Hochstein, 2000; Norton, n.d.

3. 任務驗證

將研究表上的任務進一步寄請 25 名以上其他專家級工作人員（可含
其直屬主管），就各任務的重要性、使用頻率和學習困難度等評分。

4. 任務選取

由一組合格人員（如系科主管、一名教師代表、一名課程專家和一
名蝶勘小組代表）根據前一個步驟的調查結果選擇該納入教學的任
務，而重要性、學習難度低，或只由少數工作人員（如低於 25%）

執行的任務，除非有其他令人信服的理由（如學員／生從未學過的新任務），否則不會納入課程與教學。

5. 任務分析

無論是職前或在職教育與訓練班制的教師，除非新近有實務經驗，否則對已選取的任務都需要更多資訊，包括：執行任務的步驟、所需工具和設備、所需知識和技能、安全重要事項、相關工作人員行為、工作人員必須做出的決定，以及產業用以判斷績效適當程度的規準。可透過任務分析獲得這些資訊。理想上該針對所有任務進行分析。

6. 職能概覽

透過仔細檢查任務分析的結果和專業判斷建立教學用職能概覽（competency profile，在特定工作或工作類別中獲得最佳績效表現所需職能的詳細表單）。過程中需留意哪些任務需要相同或類似的知識和工作人員行為。將這些任務群聚在一起，寫出包含所有群聚任務所需職能在內的新職能陳述。

7. 課程材料

發展各類型職能本位課程材料，例如學習者中心的學習指引、學習輔助工具、手冊、講義和工作輔具或教師教案。時間、資源、教師／訓練師偏好和機構偏好等會影響課程材料類型。一般而言，學員／生喜歡可依其步調學習的學習指引。固然學習指引的發展費時費力，但是有很多好處，每個單元的學習指引包括一個績效目標和兩個或更多的促成目標，每個促成目標都發展有一個含多項精心挑選之活動的學習經驗。每個學習經驗包含一個自我檢核及示範答案和／或實務練習。完成所有學習經驗後，學習者必須展現他／她的能力。教師／訓練師需使用在學習指引的績效測驗中的績效標準，評鑑學習者的績效表現。如果學習者在績效測驗中沒展現出具備職能，教師／訓練師需引導他／她進行更多的練習或其他活動，直到

習得職能爲止。過程中，知識測驗也可並行實施。

8. 實施教育／訓練

一旦職能本位課程材料發展出來，也已經招募學員／生、備妥所需設施、聘請合格教師／訓練師等，就可開始實施教育／訓練。過程中，教師／訓練師有三個非常重要的角色：教導、協助和評估學員／生使其持續進步。教學場所可以在教室、實驗室／實習場所、線上或透過工作崗位上訓練實施，教學方法則常會用兩種或三種不同的方法混成。

9. 職能與班制評估

著重在評估班制結果和改進班制。每一學習單元結束前應用績效測驗（常放在每一單元學習指引末端）評估學習者在該單元所涵蓋任務的職能精熟情形。在教學過程中，還應蒐集單元／科目／班制運作情形的形成性評鑑資料。如果某些要素運作不佳，應盡快在課程中進行更正。在每個班制的週期結束時，應有總結性評鑑確定學習者完成率、學習者滿意度、教師／訓練師反應、每個學員／生的成本，以及其他可以顯示班制改進需求和績效責任的資料。

　　一個通用的系統含下列組成：(1) 情境脈絡（context, C）──是系統運作的環境，也是系統運作的限制範圍；(2) 投入（input, I）──由情境脈絡中進入系統的人、事、物等；(3) 過程（process, P）──作動在投入上使轉化爲產出的機制；(4) 產出（output, O）──回歸情境脈絡的系統之產品；(5) 回饋（feedback, F）──比較系統的產出與影響和預期結果，提供給系統整體和各組成的手段。職業教育與訓練和其他中小學的綜合型（comprehensive）教育比較，屬性較分殊（specific），會有對準職類／職群／職種培育（或培訓）人才的科、系、組、學程等班制（program；如技術型高中資訊科、綜合型高中園藝技術學程、勞動力發展署補助數據分析與機器學習訓練班）。因此，從人本的觀點看，職業教育與訓練班制的系統如圖 4.7 所示。欲透過教育／訓練班制

轉化有職能缺口的學員／生成為具備所需職能的畢業生／結訓學員時，
有職能缺口的學員／生由某職業教育與訓練班制系統的投入面（I）入
學／參訓，經歷過程面（P）的課程、教學、評估和輔導等增能與確認
經驗，在產出面（O）成為具有職能的畢業生／結訓學員，IPO 既影響
學員／生本身職涯發展，也影響社區、產／職業、企業組織和／或政府
機關、教育／訓練機構等發展。而評估畢業生／結訓學員習得的職能、
工作滿意度、對組織績效和產／職業發展的貢獻等，可提供回饋（F）
資訊給系統和系統組成做調整或精進，例如發現畢業生／結訓學員欠缺
某些應有的職能，則需在過程面的職能標準和／或學習經驗做調整。

圖 4.7 職業教育與訓練班制系統

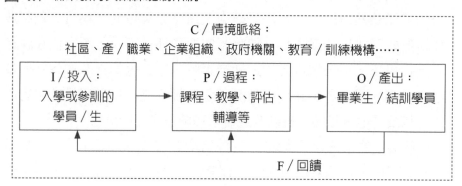

資料來源：修自 Finch & Crunkilton, 1999, p.27.

此外，由 CIPO 組成的系統通用在許多場合，例如欲透過課程發展
系統轉化非職能本位班制成職能本位班制時，非職能本位班制由投入面
輸入，透過過程面的適切職能標準制定和職能本位班制設置與課程設計
（含分析、規劃、實施和評鑑等），即能從產出面輸出職能本位班制。
借重職能本位課程設計，可同時關照產業界對人才及其職能的需求，以
及學習者的職涯發展需求，而促進人才供需及圖 4.7 中 C-I-P-O 各層面
之間的校準，減免人才供需失調問題。

第三節　A-PIE 課程設計程序

　　典型的職業教育與訓練職能本位課程設計程序，可分為 A-PIE
（分析 / Analyze，規劃 / Plan，實施 / Implement 和評鑑 / Evaluate；
A-PIE）四個階段（或步驟）。A-PIE 也意指一塊圓餅（見圖 4.8），每
次的課程設計像享用一塊餅，全程由 A 到 E 順時鐘分片吃。A-PIE 四
個階段和循環式品質管理 PDCA（Plan / 規劃─Do / 執行─Check / 查
核─Act / 行動的簡稱）一樣，是周而復始的循環，適用於全新課程的
發展，也適用於就現有課程的更新。以下是 A-PIE 分四階段九細步（A1
至 E2）的說明：

圖 **4.8**　職業教育與訓練課程設計的 A-PIE 循環模式

九個主要步驟：
A1. 組成課程團隊　　　A2. 進行需求分析
P1. 規劃評估程序　　　P2. 規劃課程內容
P3. 規劃學習經驗　　　I1. 準備課程資源
I2. 實施課程計畫　　　E1. 訂定規準並選用方法
E2. 蒐集資訊並做出判斷

分析（A-Analyze）階段──分析出學習者的課程需求與緣由

A1. 組成課程團隊

　　課程設計需團隊合作，團隊成員需有見解、能參與和善溝通。團隊宜分為工作／小組（task force）和諮詢／顧問委員會（advisory committee）內外兩層。內圈工作小組需包含課程專家、職業教育與訓練機構教師／訓練師、產業代表、行政和管理人員、課程設計專案人員等。外層諮詢委員會主要是利害關係人代表。例如美國麻州法律規定，職業與技術教育需有校級總顧問委員會之外，校內每一班制領域都需有該班制顧問委員會，顧問委員會應包含與班制相關的地區工商業、有組織的勞工、大專教育機構、家長／監護人、學生代表和已立案學徒班制（如果有的話）代表組成；但是，學校委員會的任何成員或其他的學校主管或人員不得擔任委員。委員之組成應盡一切努力確保成員包括女性、種族和語言方面的少數族群、障礙人士，以及因性別而從事之非傳統職業人員等。委員會的主持人常由班制教師或主管擔任，委員會每年至少召開兩次公開會議。委員會的責任在為改善班制領域的規劃、營運和評估向學校人員提供建議、協助和支持。建議應根據人力和工作發展需求或就業市場趨勢、科技發展、訓練替代方案和其他影響班制品質因素的充分和及時資訊。因此，協助班制的發展與檢討、課程審查，以及課程材料的檢討、評鑑和諮詢等，都是顧問委員會的工作角色（Massachusetts Department of Elementary and Secondary Education, 2022）。

A2. 進行需求分析

　　需求分析（needs analysis）也稱為需求評估（needs assessment）。教育／訓練課程的需求分析應含人員、工作和產業／組織三個層面的分析（McGehee & Thayer, 1961），而且在整個過程需有證據本位（evidence-based，或稱循證）的緣由（rationale）支持，緣由示例如綠能產業欠缺人才但對應的教育與訓練班制不足、在職員工的數位科技能力不足需要訓練增能等。就職前職業教育與訓練而言，需求分析需提升到班制層次，確認哪些職種（或職類、職群；含新興職類、職群）有足夠的就業機會，並可吸引足夠的學員／生就讀或參訓，以證明擬增設或已開辦班制的合理性。班制對應的職種展望、薪資、所需職能和適合開班層級等因素需納入分析。而以上資訊也有現成資料可做某些程度的參考，例如美國勞工統計局（U.S. Bureau of Labor Statistics）每兩年出版一次的《職業展望手冊》（Occupational Outlook Handbook, OOH; https://www.bls.gov/ooh/）中包括美國數百種主要職業的工作性質、工作條件、所需教育與訓練、收入和就業前景等資訊。但就業界員工的在職訓練而言，分析的重點可能會放在確認有待增進的職能為何，以及如何辦理訓練對員工和組織最有利。分析來源可能會涉及與主管和經理人員的諮詢、在下列物件中尋找訓練意涵：產品或服務的數量和品質資料、員工安全紀錄、新設備、新工作程序或其他因素（Norton, n.d.）。

　　上述無論是職前或在職教育與訓練課程的分析重點都在職能缺口（competency gap，見圖 4.9），缺口是現實與理想的差距，例如圖 4.9 職前教育與訓練（含工作本位學習／WBL）課程需著重學員／生學前初始職能（即現實）和學後初任職能（即理想）之間的差距，對應課程需能經濟有效地協助學員／生透過學習彌平此一職能缺口，而彌平缺口即課程的主要需求所在。

圖 4.9 職能缺口的概念

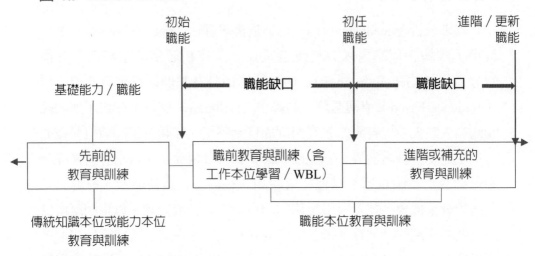

資料來源：修自 CANSO, 2016.

　　如果沒有對應的優質職能標準可作爲依據，本階段需先進行工作／職業／職能分析（occupational/job/competency analysis），再進行職能缺口／差距分析（gap analysis），以確認學員／生所需職能（理想或目標）及職能缺口（現實與理想或現況與目標的差距；概念如圖 4.10）。工作／職業／任務／職能分析的性質與程序已在本書第三章第四節介紹。個人職能缺口分析的三步驟如下：第一步是確認所需職能，可由前述工作／職業／職能分析產出職能概覽之類的文件；第二步是利用職能概覽等，盤點學員／生的現有職能；第三步是比較學員／生現有職能和所需職能的差距，只有出現現有職能低於所需職能的負差距才需要透過教育與訓練等介入手段加以彌平。

圖 4.10　缺口和需求的概念

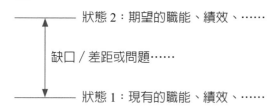

狀態 2：期望的職能、績效、⋯⋯

缺口／差距或問題⋯⋯

狀態 1：現有的職能、績效、⋯⋯

缺口＝狀態 2 －狀態 1
需求：彌平缺口／差距或解決問題⋯⋯

　　需特別提醒的是在職員工的工作績效或職涯成功之簡要公式是：工作績效或職涯成功＝能力 × 意願 × 機會。意思是能為、願為又有機會作為，工作績效或職涯成功率高。如果某員工能為、願為但沒機會作為，可能需借重工作內容調整或工作調動等對策；如果某員工能為又有機會作為但不願為，可能需借重提高酬償、激勵等對策⋯⋯。換句話說，教育與訓練不是提高工作績效或促進職涯成功的萬靈丹，解決問題需對症下藥。

　　除了上述聚焦在學習者所需職能和職能缺口的需求分析，本階段也需進行學習者屬性、學習者需求和社會需求等情境分析（situation analysis）。例如國內屢見某一職種很缺人力時，就在技職校院設置了對應科系；只分析（或沒分析）學習者所需職能和職能缺口，就規劃了課程、招收了學生，但是其大多數學生入學後和／或畢業後才發現這種職業的工作性質與條件和他們的期望有很大的落差，以致留讀率和就業率低及就業後短期離職率都高。所以業界用人單位和教育與訓練育才單位設置班制與設計課程時不可一廂情願，例如有些班制較適合提供給想轉業的中高齡族群而非年輕世代。下列是一些需加以分析、了解的學習者情境特徵與需求：性向與學習風格、接受教育／訓練態度、就業與升學（或進階訓練）機會、就讀／參訓管道與條件、畢業生／結訓學員的發展狀況（或可能）、橫向轉銜其他班制（或學制）的可能、先前學習的採認（RPL）（UNESCO-UNEVOC, 1994）。職業教育與訓練應設計

適當的班制和課程、在適當的時間、提供給適當的學員／生（offering the right place and the right thing to the right person at the right time），是協助學員／生把握及開創天時、地利與人和的事業。

貳 規劃（P-Plan）階段 —— 規劃出評估程序、課程內容和學習經驗

本章前述職能本位課程設計強調以終爲始，由職能回推到評估、內容與方法等，經濟有效地協助學員／生習得所需職能即是課程目標。這種取向既是目標導向（goal-oriented）也是反向設計（backward design，又稱逆向設計），反向設計講求「以終爲始」（begin with the end）和「向後設計、向前實施」模式，亦即先決定學習結果再規劃評估策略和決定教學方法。其中學習結果之決定需在前述分析階段完成，本階段需規劃出評估程序、課程內容及其學習經驗，形成課程計畫，如以下說明：

P1. 規劃評估程序

在職能本位教育與訓練中，學員／生在開始學習之前就應了解需學習什麼職能、如何定義職能精熟（mastery，即證明達成期望的學習結果）、如何評估職能精熟程度。評估的目的在確認學習者所需職能的習得情形，和適時提供學習者和教師／訓練師回饋。

在本節稍後評鑑（E-Evaluation）階段會就和評鑑有關的評估做概略說明，在第六章則會就職能評估做專章說明。原則上職能的習得需呈現在學習者的行爲改變，在提供適時回饋部分則需辨認學習者在學習過程中的困難、協助師生決定適切學習方法、協助教師辨認課程中模糊、缺漏之處並做調整、協助教師評鑑課程與教學效能等。因此，在規劃評

估程序時需涵蓋評估標的（指學習者習得每一職能或學習結果後的樣態；評估需涵蓋所有學習結果／職能）、評估方法（或策略）、評估期程、需否工作崗位上的協作等，通常技能或統合性職能宜著重學習者在職場相關任務上實務表現的評估，認知部分宜透過筆試和口試評估，情意部分宜透過採用經適切設計之評分表或其他適切工具的觀察法評估（UNESCO-UNEVOC, 1994）。

P2. 規劃課程內容

　　課程內容（curriculum content）指有待學習的知識（K）、技能（S）、才能（A）和其他特質（O）（即 KSAO／職能），其中知識的縱向連續體（continuum）和橫向領域（domain）分別如圖 4.11 和圖 4.12 所示。就圖 4.12 而言，職能中的技能和才能常被劃歸為實踐性知識，因為廣義的知識指經由經驗和／或教育／訓練獲得的事實、資訊和能力等，所以包含事實、概念、通則、原理、理論、行動等等。課程內容的呈現有多元方式，例如文本方式（紙本書、電子書、手冊、期刊、雜誌、工作單等）、視覺方式（如圖、表、海報等）、聽覺方式（如音樂、錄音檔、有聲書等）、視聽方式（如文本、電影、影片、演講等）、統合方式（如示範、訪談、應用等）。在協助學員／生經濟有效達致學習結果、具備所需職能的目的引領下，本步驟包括下列規劃課程內容的範圍、順序和綱要：

P21. 規劃課程內容的範圍

　　課程內容範圍（scope）指知識（K）、技能（S）、才能（A）和其他特質（O）（即 KSAO／職能）的學習廣度。在完全或相當職能本位的課程設計中，職能既被當作目的也被當作內容（competency as intent and content），設計課程時可以經審慎分析的職能元素（element of competency）如表 4.5 示例，屬性是行動、行為或結果，其句型是：動詞＋受詞＋條件（常見動詞列於本書附錄），但在明確的情境脈絡下

圖 **4.11** 以 DIKIW 金字塔表達的知識連續體

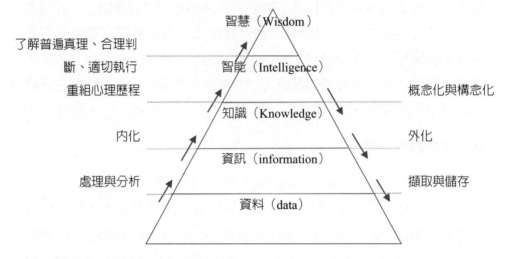

資料來源：修自 Hey, 2004; Liew, 2013.

圖 **4.12** 廣義知識的四個領域

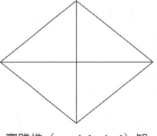

描述性（descriptive）知識——建立有關現象和事件的事實並描述其相互關係的知識，如科學知識

形式性（formal）知識——作為工具的知識，如數學和邏輯知識

規範性（prescriptive）知識——尋求以提供價值體系的知識，如藝術和人文知識

實踐性（praxiological）知識——關注如何行動以完成有價值事物的知識，如科技與工程知識

資料來源：修自 Towers et al., 1966.

可省去條件。職能可以當作課程內容，並可用職能領域和職能單元分別替代圖 4.3 中的科目和單元。例如澳洲職業教育與訓練認可班制必須採用國家核可的職能單元（其格式及說明見表 3.6），如果部分內容沒有核可的單元可選用，則需根據職能單元模板（和表 3.6 極為近似）發展出企業職能單元（enterprise unit of competency）或在特殊情況下發展出模組。這種職能單元或模組的發展均需和產業、企業、社區和／或專業團體商議並經其驗證，且根據職業教育與訓練認可班制標準（Standards for VET Accredited Courses）文件化。各職能單元需描述：明確的工作活動、職場上要求的績效表現、評估要求（明定所要求的職能證據、採行評估所要求的條件），以及可蒐集以協助評估者判斷職能的其他證據（Commonwealth of Australia, 2021）。亦即，已有合用的職能單元時該優先選用現成單元，欠缺的部分再和業界從業人員與技術專家密切協作發展。

表 4.5 職能單元的元素及其績效規準舉例

元素	績效規準
1. 進行取樣	1.1 確定所需的樣品類型和取樣設備。 1.2 檢查取樣設備是否清潔、完好。 1.3 從要求的地點和要求的時間抽取要求類型的樣品，放入要求的容器中。 1.4 將樣品標記到程序。 1.5 將樣品帶到要求的地方。
2. 完成測試	2.1 檢查程序／工作說明中要求的測試。 2.2 檢查樣品的識別和完整性。 2.3 檢查測試設備是清潔、狀態良好且在校準範圍內。 2.4 根據標準程序／說明，完成所需的測試。

註：本單元為編號 MSAPMSUP292A 的澳洲國定職能單元「取樣和測試材料與產品」（Sample and test materials and product）。
資料來源：Training.com.au., 2016.

一般傳統的學科／知識／內容本位（subject/knowledge/content-based）課程設計，會先以英文、數學、科學、社會、藝術、計算機概論、機件原理、專題實作、STEM（科學／science，科技／technology，工程／engineering，和數學／math）等學科（subject）、學科領域（subject area，或稱學習領域／learning area）或內容領域（content area）為範圍，再進一步細分為單元和課目（有時會跳過單元）。這種課程的內容通常有一個預定的標準化知識清單，著重知識內容（常不侷限於職場工作卓越表現或勝任所需的 K，亦即常會多於或少於 KSAO／職能中的 K，以及常忽略 SAO 等），所有學員／生被要求在課程結束前習得這些知識，這種課程的整體目標是向學員／生教授要在後續學習或未來生活中使用的資訊。教師主要透過講述、問答和師生討論進行教學，而各科目通常會依自家規則和內在邏輯進行教學，跨學科的連結有限（twinkl, n.d.b）。

就職業教育與訓練而言，知識（K）是職能的一環，所以在典型的職能單元（詳見本書第三章第三節）之元素及其績效規準，以及接續在後的基礎能力、條件範圍中，已嵌入重要知識，例如表 4.4 中樣品類型、取樣設備等均可視為知識內容。又因為在訓練套件中職能單元均搭配有明確的評估要求（assessment requirement），可在評估要求的績效表現證據（performance evidence）和知識證據（knowledge evidence）中強調所需重要知識（K）。規劃課程內容時可由訓練套件中抽取和衍生重要知識、技能等。

在由「完全職能本位」和「完全知識本位」左右兩個端點所構成的光譜（spectrum）上，課程設計取向除了可能會在左、右兩端點（即極左、極右）之外，也可能落在光譜中點（居中），或較傾向完全職能本位（偏左）、較傾向知識本位（偏右）。例如前述我國十二年國民基本教育課程綱要，立意是要推動能力本位教育（綱要中用語是素養導向）。但從其中技術型高級中等學校群科課程綱要看，固然各群科課程

綱要列有核心素養具體內涵、有與總綱三面九項核心素養之具體內涵說明呼應表，也有各一般／專業／實習科目的學習表現作為引導，但各一般／專業科目學習內容中主題和學習內容兩欄所列即是上述著重知識（K）的清單，各實習科目學習內容欄所列大致是任務（task）清單。亦即，當前我國技術型高中課程綱要希望在目標上協助學生習得職能或能力（綱要中用語是素養，但指明是 "competence"），且課程內容除實習科目外主要採傳統的知識本位規劃，這種取向是較傾向知識本位端點的部分職能本位課程設計（即取向偏右），或是一種學科內的職能本位課程設計。至於我國技專校院的課程設計則普遍是傳統的知識（K）本位取向。

　　無論課程設計取向是極左（職能本位端）、偏左、居中、偏右或極右（知識本位端），內容（content or subject matter，但 content 意義較為寬廣和深遠）的範圍規劃就依其取向聚焦在職能或知識。規劃職業教育與訓練課程內容時的考慮要素如下（University at Buffalo, 2022）：

1. 重要性：內容高度對準學習結果、支持學習者的成長與學習、支應學習活動等。
2. 包容性：內容盡可能對準多項學習結果，適合學習者不同學能背景、學習風格、性別、年齡等。
3. 近便性：內容取得容易且盡可能有替代品的變動彈性等。
4. 合法性：內容之分享符合智慧財產權相關法規乃至倫理等。
5. 效益性：內容可極小化師生的教與學負荷及教育資源等。

P22. 規劃課程內容的順序

　　課程內容順序（sequence）指知識（K）、技能（S）、才能（A）和其他特質（O）（即 KSAO／職能）的學習次序，需考慮難易順序、時間順序、邏輯順序。規劃原則如下（Sawi, 1996）：

1. 由整體到部分：宜循「整—零—整」模式，先化零為「整」讓學習者有一概觀，再化整為「零」學習各部分以及部分之間的關聯，最

後再化零為「整」讓學習者有一綜整。

2. 由簡單到複雜：由於複雜的概念和設備等通常由較簡單的概念或零件組成，所以該由簡單的內容開始使學習者的學習被增強、信心被提升，再進展到較複雜的內容。

3. 由一般到分殊：一般意指大家較熟悉，所以該由較一般的內容進展到較分殊特定的內容。

4. 由已知到未知：學習者學習時會由已有知能去添加或連結新的知能，所以內容該搭建在學習者的已知內容之上。

5. 考慮特別的邏輯：有些內容需統合學習，有些是學習者偏好先學，有些需做螺旋式安排（適切重複先前學過的內容俾溫故知新）……，可加以特別考慮和規劃。

P23. 規劃課程內容的綱要

本細步目的在將經由前兩細步（P21 和 P22）規劃出的內容（KSAO／職能或當中的局部）規劃成綱要（outline）形式，以利下一步驟學習經驗的規劃。此一綱要需能容納所有內容，又要方便管理（如可瀏覽度高，可做數位化儲存、更新和查詢等）。

P3. 規劃學習經驗

學習經驗是學習者透過本身活動（如反思）和與外在條件互動（如閱讀、討論）而發生學習的經驗。本步驟目的在規劃應如何透過學習活動，協助學員／生習得職能。亦即，在本步驟需規劃將在 P2 步驟完成的課程內容綱要，透過學習活動發揮載具（vehicle）功能，而學習活動涉及的人事時地物需一併納入考慮。好的學習經驗需符合下列條件：

1. 有效：學習經驗對準職能（或學習結果），兼顧KSAO的統合學習等。

2. 適切：學習經驗難易程度適切。

3. 彈性：學習經驗關照學習者的學能和興趣等差異，在學習方法、材料和時間等方面可彈性調整。

4. 眞實：學習經驗儘量採用眞實物件和情境。

5. 統合：學習經驗涵蓋所有內容，而且經驗與內容的整合良好。

　　由於職能本位教育與訓練講求預期學習結果有門檻、學習成功時間可變動，所以各班制／科目／單元／課目課程規劃中考慮學習經驗的時間安排及其彈性時，可參考表 4.6 所列的一些影響因素，課程符合表中左列條件愈多者愈能縮短教育／訓練時間。而學習方法的適切選採和混成，也是重要影響因素。結構化的學習方法（需含評估）包含：講述或個別指導、線上任務與論壇、結構化職場經驗、研習會活動、專題、作業、結構化指定閱讀、指定追蹤活動等；非結構化的學習方法包含：私下學習、準備和追蹤、自發學習、研究（TAC, 2022）。本書第五章將介紹更多的學習方法。

表 4.6　影響教育／訓練時間長短的因素

可縮短時間　←	標準學習者　→	需延長時間
學習者擁有職能（KSAO）和經驗程度		
擁有職能 目前在產業工作 持有相關資歷		沒有職能 沒在產業工作 沒有相關資歷 有加強語文識讀和算術需求
實施方式／RTO 資源		
面對面密集 全時 先前經驗採認（RPL） 低生師比 同時提供資源給每名學員／生 每天上課		線上／函授／遠距 訓練生／學徒 兼時／部分時間 高生師比 資源需共用 每週 上一次課
全資歷所需完成職能單元數		
單元數少		單元數多

資料來源：TAC, 2022.

　　以上評估程序、課程內容及其學習經驗的規劃結果需呈現在課程計畫中，課程計畫是課程實施的藍圖，除了需有一般計畫該涵蓋的人事時地物（即 5W1H—Why, Who, What, When, Where, How）之外，應特重課程四大要素（目標、內容、方法和評估）的詳細規劃。例如我國技術型高中需針對各學年度入學新生規劃課程計畫，並如期填報和接受檢視（教育部，2022）。課程計畫是一種課程文件（curriculum document），有時會以下一階段（實施階段）所述的課程文件形式呈現。而我國學校課程規劃的依據現行《十二年國民基本教育課程綱要》（簡稱 108 課綱）也是一種結構化、指引式的課程文件，這種指引描述構成特定教育班制的哲理、目標、學習經驗、教學資源和評估等。其中，目標宜有下列由抽象到具體的 AGO 三層次：大目標／Aim——課程與教學方向的寬廣敘述，相當於目的；中目標／Goal——大目標的子集；和小目標／Objective——中目標的子集合。課程與教學中未特別指明目標的大中小細層次時，目標一詞較常指小目標（objective）。小目標（可再細分）、學習結果（learning outcome）和能力／職能都可用來描述學員／生在個別科目或整個班制獲得的學習，但是目標較常用在教學科目，能力／職能則是可接受之績效表現的 KSAO 之集合，一個職能常含數個具體的學習結果。

參 實施（I-Implement）階段——備妥課程文件和課程材料等資源付諸實施

　　本階段主要在根據課程計畫備妥所需資源，落實計畫的執行。

I1. 準備課程資源

　　課程實施需要投入資源。除了彙整上兩階段（階段 A 和 P）產出的資料或資訊使成規劃妥當的課程計畫或文件之外，也要備妥教科用書

等課程材料，以及機具設備和器材，乃至建築物和基礎建設等軟硬體資源，學員／生、教師／訓練師、行政支援人員和社會夥伴等人力資源也需進入課程實施狀態，例如教師務必理解在新課程中要教「什麼」（what）和「如何」（how）教，以及將兩者整合在一起，所以課程資源也含人力資源。

就課程文件而言，有國定訓練套件當架構的澳洲班制層次課程文件（course document）包含下列項目（ASQA, 2022）：

1. 命名：含資歷名稱（AQF 資歷）和本班制額定時數（額定／督導下時數＋非督導下時數＝學習數量）。
2. 職業或教育結果：含本班制結果（職業結果或普通教育結果、社區結果）、班制說明。
3. 班制發展：含產業、教育、立法、企業或社區需求，以及認可更新的審查。
4. 班制結果：含資歷等級、基礎能力、本班制已獲採認、發照或法規要求。
5. 班制規定：一班制結構、入學要求。
6. 評估：含評估策略、評估者職能。
7. 實施：實施方式、資源。
8. 進路與銜接：提供學員／生可能進路（含在班制內及完成後銜接至其他職業教育與訓練和高等教育班制）的資訊與細節。
9. 持續監控與評鑑：指在班制整個認可期間對班制結果與內容之適切性和時宜性的持續確保，不指 RTO 所進行的訓練與評估材料的監控、評鑑和驗證。

至於科目層次之課程文件的示例，如美國加州社區學院系統依法需發展出課程大綱（Course Outline of Record, COR）送審，該課程大綱至少需含下列元素：學分數、預計所需上課時數、先備條件、類別說明、目標、內容、要求的閱讀和寫作作業、其他課外作業、教學方法、

和評鑑方法（The Academic Senate for California Community Colleges [ASCCC], 2017）。在美國加州社區學院系統中的天際線學院（Skyline College, n.d.）則做下列規範：

1. 科目識別碼：學門加科目編碼，例如 ENGL 100，永久性和實驗性科目各有不同的編碼。

2. 科目名稱：應充分而簡潔地反映科目中將教授的內容。

3. 學分數：授予的學分數。科目的總學分取決於許多因素，包括內容、科目與班制和主修課程契合情形以及可轉銜性。

4. 時數：學生所需學習時間列表（含講授、實驗室、待定和家庭作業）。

5. 評分法：(1) 僅評字母等級──採用 A、B、C 等對學生的表現進行傳統評分；如果選擇此法，無法兼採其他評分選項；(2) 僅評及格／不及格（即通過／不通過，P/NP）──要取得「學分或及格」的學生必須達到相當於 "C" 級的成績；(3) 字母等級或 P/NP──如果選擇此選項，則以傳統字母等級為原則，但學生可在截止日期前提交申請表申請以 P/NP 而非字母等級評分；(4) 不評分（無學分科目）──無學分科目不予評分。

6. 先修科目：學生在修習擬修科目之前須圓滿完成的任何科目（指得到 "C" 或更好的成績）。又有一種變異稱為並存條件，指學生必須與擬修科目同時修習的任何科目。

7. 推薦先備科目：推薦給有意修習本科目學生事先修習以達預期先備知能的科目，修不修這種科目和可不可修習本科目無關。

課程大綱和教學大綱（syllabus）不同，課程大綱制定同一科目所有授課教師必須教授的課程基本組成部分；而教學大綱則是個別教師將如何透過具體作業、日期、評分標準和該教師要求的其他行為準則來教授該科目的描述。教學大綱可以包括超出課程大綱的方法和主題（Skyline College, n.d.）。

　　課程材料（curriculum material）泛指教育與訓練機構或企業組織在其業務營運中所使用的實體或有形的所有教育材料、課程文件、媒體和工具，以及提供給學員／生教育、課程、教學和研究經驗的其他資源。課程材料的形式有紙本、電子、視聽、視覺、數位、觸摸等；課程材料的類型有課目計畫（即教案）、教學大綱、教科書、技術資料（know-how）、工作手冊、操作手冊、圖表、圖畫、科目材料、畫報、海報、學習標準或目標、課目目標、給學生的作業和專題、各科目中使用的書籍、短片、簡報和閱讀材料，以及用於評鑑學生學習的測驗、評估和其他方法和材料（Law Insider, 2023）。

　　在人力資源方面，課程實施是課程端向教學端轉銜，所以教師及其相關人員除需著重標準—課程—教學—評估之間的校準，更需重視將課程內容與教學方法兩者揉合成教學內容知識（pedagogical content knowledge, PCK），因此教育與訓練機構應積極提供教師／訓練師這方面的支持。六項重點準備工作如下（National Institute for Excellence in Teaching [NIET], 2020）：

1. 進行課程與教學領導增能使形成團隊支持教師／訓練師實施課程

　　透過研習等管道讓相關主管及其領導團隊先深入了解課程以及課程與標準（如職能標準、我國十二年國民基本教育課程綱要等）、教學和評估的校準，以便支持教師／訓練師了解和實施課程。至少需有 2-3 天由真正課程與教學專家帶領的前期研習，和一些分散在課程實施後第一年的持續輔導。在研習之後需展開縣市督導（如課程督學）、輔導團、學校主管（含校長、主任、組長等）、系科主任或領域召集人等（以下簡稱課程與教學領導團隊）和教師／訓練師之間的協作工作。課程領導團隊需有數週甚至數個月時間參與教師／訓練師們的初期課程協作（每週可舉行一次協作會議），讓課程實施站穩和邁開腳步。

2. 開創支持校本專業學習的情境使學習和協作並進

教師／訓練師們除了也需要如上述的密集研習之外，在上述課程協作中，需平行營造以工作爲導向的校本專業學習，以透過協作和學習解決課程實施問題。所以需爲教師／訓練師們開創協作與學習的時間、空間和角色。例如在協作方面，教學評量尺規（instructional rubric，表 4.7 爲一例，本書第五章會有更多說明）可作爲整合教什麼和如何教，和校準課程與標準、教學和評量的工具，以及進行專業學習時溝通和協調的焦點。在角色方面，例如校內具備跨年級、跨學科內容知識的教師／訓練師通常是適合帶領其他教師／訓練師進行持續性和協作式專業學習的人選。學習和協作並進的終極目標在極大化學員／生學習，過程目標在教師／訓練師理解該如何協助學員／生學「什麼」和「如何」學。

3. 採用教學評量尺規引導教與學的對話

發展和採用如表 4.6 的教學評量尺規作爲描述、觀察、討論和規劃有效教學的共通語言，以改善在課堂等場所的教學實務，例如支持學員／生學習所需的提問、回饋以及課目結構與步調。

4. 定錨課程中的教練與回饋

課程與教學領導和教練們（能在特定主題有效教導他人者即可擔任教練）需能針對個別任課教師／訓練師進行一對一的教練式指導、觀察教學並提供即時回饋以改善教學。在課程實施期間進行的教練，必須針對教師／訓練師本身的工作與學習提供清晰一致的回饋。因此僅巡堂查看新課程是否已被實施是不夠的。領導和教練們必須深入了解個別教師／訓練師課程，以便將他們的教學回饋與特定資源和課目連結在一起。在課程實施期間的教師／訓練師支持需依學科／單元／模組內容、強度和持續時間做差異化處理。

5. 辨認教師／訓練師專業學習進展情形

教師／訓練師專業學習的進展可分爲表 4.8 所列的五個階段，五個階

段除了可作爲檢視教師／訓練師專業學習進展情形的工具外，還可作爲導引新課程實施的總體指南。在課程開始實施之前，教師／訓練師需要時間來了解新課程在常規、結構、日程安排、評分和評估方面的變化。

表 4.7 教師／訓練師教學評量尺規示例

	層次		
	模範	**熟練**	**不夠好**
職能回饋	・口頭和書面回饋始終聚焦職能、頻率和品質均高。 ・針對學員／生指導下的練習和課後作業經常提供回饋。 ・在教學活動中走動引導學員／生思考、評估每個學員／生的進步，並提供個別回饋。 ・經常使用來自學員／生的回饋在教學的監督和調整上。 ・參與學員／生互相提供的具體和優質的回饋。	・口頭和書面回饋大多聚焦職能、頻率高且大多是高品質的。 ・針對學員／生指導下的練習和課後作業有時會提供回饋。 ・在教學活動中走動以支持、參與和監督學員／生的作業。 ・來自學員／生的回饋有時被用在教學監督和調整上。	・回饋的品質和及時性不一致。 ・針對學員／生指導下的練習和課後作業很少提供回饋。 ・在教學活動中走動，但主要在監控學員／生行為。 ・來自學員／生的回饋很少被用在教學的監督和調整上。

資料來源：修自 NIET, 2020, p.23.

表 **4.8** 教師／訓練師專業學習的進展階段

	階段				
	內容和標準 （什麼／ **What**）	基本教學 （為什麼／ **Why**）	教學法 （**How**）	新興差異化 （為了誰／ **For Whom**）	學員／生主 導的學習 （誰來做／ **By Whom**）
教師／ 訓練師 的課程 連結	建立對標準 和課程的了 解	建立對課程 背後緣由的 了解	培養課程實 施能力	培養對如何 採用課程以 符應其學員 ／生需求的 了解	了解如何將 學習由教師 ／訓練師主 導過渡到學 員／生主導
教師／ 訓練師 的教學 連結	標準與目 標、教師／ 訓練師內容 知識	課目結構與 步調、提 問、活動與 教材、學員 ／生作業	分組、提供 回饋、呈現 教學內容、 對學員／生 的了解	提問和回饋	思考、解決 問題和對學 員／生的了 解

資料來源：修自 NIET, 2020, p. 23.

6. 確保各種密切合作持續進行

學員／生、家長、校長、教育／訓練機構及其學會、教師／訓練師、企業雇主、公會、地方政府、教育部和勞動部等，是職業教育與訓練課程規劃與實施之行政管理和結果影響的主要利害關係團體及人員，在課程實施中需確保學校內部人員之間和校內、外人員之間的密切合作持續進行，才能順利開展和達成。例如教育與訓練有賴透過課程彰顯公義與卓越，亦即，擔負確保公義的責任（如兼容EDI——平等／Equity、多元／Diversity 和包容／Inclusion，落實有教無類、因材施教等）和秉持追求卓越的理想（如強調止於至善，落實適性揚才，達成學習成功等），這些兼容與衡平都有賴各種利害關係人密切合作。

I2. 進行課程計畫實施

　　本細步在利用上一步驟（I1）所彙整和籌措的資源，執行課程計畫，並蒐集必要的資訊，即時調適現行課程計畫和／或為下一課程循環進行修正和改善提供參考依據。但在課程計畫正式實施之前，最好有小規模但具代表性的試行（相當於設計思考中的測試步驟），以適時取得課程回饋和做必要調適（或修正）之後，再正式實施。課程實施需兼顧忠實與調適──忠實於課程計畫使能如期、如質達成計畫目標，但在過程中得因應需要適時調適計畫。有必要適時調適計畫時，在課程手段和目的（means and ends）當中，宜優先考慮調適課程「手段」而非優先考慮調適課程「目的」，因為該為成功找方法，勿輕易改變成功標竿。「好的開始，是成功的一半」和「行百里路者，半九十」兩句格言，可分別用來提醒課程計畫實施的初始階段和持續階段都很重要。目標的擬定和各種資源與心力的投注既需慎始也需盡力維持。

肆　評鑑階段（E-Evaluation）── 提供判斷課程價值和決定如何改善課程所需資訊

　　本階段就所規劃班制或領域、科目、學習機會、活動與資源等課程，在實施中和／或結束時、結束後，衡量和判斷實際產生的預期結果，以便判斷價值（或成敗）和就未來進展與改善做出決定。課程價值（value）可進一步分為優點（merit）和價值（worth）：優點即內在價值，是課程本身的固有價值，無須關聯課程的情境脈絡；價值即外在價值，則是指在特別情境脈絡或特定應用情況下的價值，是回報給特定機構或團體的優點（merit）。舉例言之，某人工智慧（artificial intelligence, AI）課程在 AI 專家看起來既符合學理又切合實際，頗具優點（merit）；但是，此一課程對某個學生學習動機低、教師教學能力

差的班制而言，卻沒有什麼價值（worth）。所以課程評鑑需兼顧課程內外優點與價值的評估，而且課程評鑑的重點也需擴大到學習班制、領域和科目（Glatthorn, et al., 2018）。

　　職能本位教育與訓練的班制、課程與教學相當評估導向（assessment-led）。在課程實施前進行的評鑑是安置性評鑑（placement evaluation）和診斷性評鑑（diagnostic evaluation），在課程實施中進行的評鑑是形成性評鑑（formative evaluation），在課程結束時進行的評鑑是總結性評鑑（summative evaluation），在課程結束後一段時間進行的評鑑是影響性評鑑（impact evaluation）。

　　安置性和診斷性評鑑都是學習前或初始性評估，都可用以建立學習者學習與成長的基線（baseline）和／或了解學員／生的初始能力／職能等級（見圖 4.9），但前者安置性評鑑目的在安置學員／生於適當課程、課程等級或班制（如能力分組），後者診斷性評鑑目的在了解學員／生在課程／班制中的初始職能或相對強弱以利協助其有效學習，因者也有兼顧兩種目的的診斷性安置評鑑（diagnostic placement evaluation），例如學員／生先前學習的採認（RPL）評估。至於形成性、總結性和影響性三者可以湯品的品評比喻如下：如果要判斷所煮的湯和預期結果的符合程度，從還在烹煮的湯中舀出品嚐是「形成性評鑑」，從已經上桌的湯中舀出品嚐是「總結性評鑑」，針對已喝過幾天的湯回顧其對身心靈的促進或傷害情形則是「影響性評鑑」。形成性評鑑的主要目的在及時改善，總結性和影響性評鑑的主要目的在判斷價值。就影響性評鑑而言，在課程結束後一段時間（常在六個月到一年之間），追蹤評鑑學員／生受僱情形和績效表現以及對組織績效的貢獻等，又稱為終極性評鑑（ultimate evaluation），主要目的在判斷課程之終極目標的達成程度。因此，課程評鑑的常見目的在提供下列課程利害關係人做決定所需的可靠資訊（UNESCO-UNVOC, 1987）：

1. 教師／訓練師：主要用以評估學員／生成就。

2. 學員／生：主要用以選擇課程。

3. 行政人員：主要用以維持、調整或終結課程。

4. 課程專家：主要用以辨認課程設計實務之優缺。

5. 雇主：主要用以判斷課程之適切性。

6. 家長：主要用以協助子女選擇課程。

　　所以，課程評鑑是針對特定課程，設定規準、蒐集資訊、比較資訊和規準做出價值判斷的程序。本階段的兩大步驟如下：

E1. 訂定規準並選用方法

　　課程評鑑規準（criteria）指據以評鑑課程不同要素的一組標準或基準。例如下列是課程指引（curriculum guide）的兩項評鑑規準示例（Wilson, n.d.）：

　　例 1. 哲理──有指引背後哲理或信念的清晰陳述。

　　例 2. 教學設計──哲理、目標和內容相互關聯。

　　選用或研訂的規準需能據以評鑑下列課程特性（Button, n.d.）：

1. 一致性：課程和標準、課程要素和課程目標等對準一致的程度。

2. 綜合性：課程包含目標、內容、方法和評鑑等要素，兼顧各種對象的需求等的程度。在各要素中也具備綜合性，例如目標中含知識向度和認知歷程向度，知識向度含事實知識（factual knowledge）、概念知識（conceptual knowledge）、程序知識（procedural knowledge）和後設認知知識（metacognitive knowledge），在認知歷程的向度上含記憶、了解、應用、分析、評鑑和創造等層次（Iowa State University, 2022）。

3. 相關性：課程對滿足學習者和社會之需求、興趣、願望和期望的實用和適當程度。

4. 連續性：課程協助學員／生從前一個教育／訓練階段轉銜到後一個階段的順暢程度，這種階段也可能是年段、年級、班制、科目、單

元等。

　　常用在職業教育與訓練的評鑑方法將在本書第六章討論，課程評鑑方法的選用講求適法適用，宜盡可能符合下列要點（Satani, n.d.; Teaching Kit, 2021）：

1. 成本合宜：能在不過度耗費資源下實施；並能評估機會成本（指修習此一課程者的機會損失）。
2. 含括性高：能應用在各層級課程——班制課程計畫、領域課程計畫、和科目課程計畫；並能評估各層面課程——書面的、施教的、支持的、評估的，和習得的課程；又能兼顧評鑑的總結性和形成性層面。
3. 區辨性高：能區分出課程優點（即內在價值）和價值（在某一情境脈絡下的外在價值）。
4. 回應性高：能目標導向，強調具體目標和結果；並能就利害關係人的特殊關切做出回應，並能提供他們做決定所需的資料；又能在報告中呈現回應多個受眾之特殊需求的評鑑結果。
5. 敏感性高：能對評估課程的特殊情境脈絡、意想不到的影響，以及能對評估課程的審美或質性層面，敏感並預做適當準備。
6. 客觀性高：能使用量化和質性方法蒐集和分析資料。

E2. 蒐集資訊並做出判斷

　　職能本位職業教育與訓練的課程講求證據本位（evidence-based），本細步需根據評鑑規準或進一步演化的評鑑問題（如本課程指引是否有推薦適當的教材和其他資源），透過多元方法蒐集資料／證據，整理出可以比對評鑑規準和／或回答評鑑問題的資訊（資料和資訊的關係簡示如圖 4.9），做出課程內、外在價值的判斷。就評鑑學員／生的學習而言，資料蒐集方法和來源舉例等如表 4.9 所列。方法應適法適用，也宜適切混合使用以提高綜效。

表 4.9　評鑑學員／生學習的資料蒐集方法和來源

蒐集方法		資料來源舉例	優點	缺點
直接法	證書或執照（簡稱證照）	我國：乙級室內配線技術士技能檢定合格率、護理師專技高考及格率、全民英檢中級通過率；美國：NCLEX的護理考試。	信效度由測驗發展單位監控、測驗行政與管理由外部單位處理、有利進行跨單位比較。	證照考試可能和課程或班制預期結果沒相互對準、班制和課程與教學可能不願遷就證照考試。
	全國性考試或標準化測試	我國：四技二專統一入學測驗；法國：職業能力證書（CAP）和職業訓練班制 10 年級學生定位測試（Positioning Test）。	信效度由測驗發展單位監控、測驗行政與管理由外部單位處理、有利進行跨單位比較。	考試或測試可能和課程或班制預期結果沒相互對準、班制和課程與教學可能不願遷就考試或測試、發展成本可能高。
	課程外的地方性考試	所有學生參加的地區性（如學區或縣市）考試。	對課程與預期結果較客製化以致班制和課程與教學較願意與其對準。	教育／訓練機構及班制需輪流擔負或每次承擔一部分測試信效度和評鑑的責任。
	嵌入式測試或小考	學生在期末考試的及格率；如抽選各科目代表性題目由班制內一組教師做出評分結果可作為班制層次的評估。	學員／生考好的動機高因為測試或小考是課程成績的一部分、產出學習證據是正規工作負荷的一部分。	部分教師／訓練師感覺透過測試或小考是在監督他們。
	嵌入式作業	課程教師和外部業師利用評量尺規評鑑學生在企管概論課中撰寫的個案研究；班制內一組教師一起利用評量尺規評鑑學生在口語溝通課中的口語發表影片。	學員／生做好作業的動機高因為作業是課程成績的一部分、教師／訓練師樂於使用此項評估結果因為他們是這種評估的主動參與者、作業可採線上繳交和評閱、對學員／生的資料蒐集不顯眼。	教師／訓練師發展作業評量尺規和實際評閱作業費時。

蒐集方法	資料來源舉例	優點	缺點
依對應學習結果之明顯規準的評分	教師／訓練師根據直接關聯特定學習結果的明顯規準進行評分（常結合前述嵌入式測試或小考及作業）。	學員／生做好的動機高因為作業是課程成績的一部分、教師／訓練師樂於使用此項評估結果因為他們是這種評估的主動參與者、作業可採線上繳交和評閱。	教師／訓練師發展評分標準費時。
學習歷程檔案	學生作品（如撰寫作業、個人反思，和自我評估）的蒐集、發展性學習歷程檔案主要包含學員／生學涯早、中、晚期完成的作品，以利比對出成長情形；展示性學習歷程檔案則包含可展示學員／生最高成就層次的最佳作品。	就學員／生全程成就和／或發展提供綜合和整體觀點、學員／生在蒐集和反思檔案中的作品時可看到自己的成長、學員／生在升學或就業申請時可從檔案中抽取所需作品、可採線上繳交和評閱。	因資源量大以致對師生都是耗錢和費時、學員／生可能在蒐集和反思等程序中不夠審慎、採行縱貫或發展性學習歷程檔案時需有轉銜機制。
前後測	學員／生在一學期的科目第一次和最後一次上課考相同的測驗題；在班制層次，學員／生在必修入門科目前測，在畢／結業年級的必修課目或畢業專題課後測。	提供加值或成長資訊。	比單次測試增大工作負荷、真正可在不同時間做比較的前後測設計不易、需進行適切的統計分析。
雇主或實習督導的直接評鑑	由合格專業人員評鑑或評分學員／生工作、實習或服務學習經驗上的績效表現。	學員／生常會高度重視職涯專業人士的評鑑、教師／訓練師可由此知悉社區人士的期望。	評鑑者之間缺標準化造成評鑑結果的總結困難。

蒐集方法	資料來源舉例	優點	缺點
執行任務的觀察	由教師／訓練師或外部觀察員利用觀察檢核表，就每一學員／生的課堂討論等進行評分。	可取得由紙本或其他方法難以獲得的資料。	因援用受過訓練的外部觀察員加入評鑑小組為佳以致成本高、需教師／訓練師有意願觀察同儕的課程和本身也願意接受觀察、有些人認為觀察過於主觀結果只能做建議用。
終極專題作品（頂石／畢業專題、畢業展／公演等）	學員／生製作一或數件作品以展示其在班制的終極經驗，這些作品由一對／組教師／訓練師或由一個教師／訓練師與社區成員小組評鑑。	可就學員／生成就提供複雜和多層次的觀點、學員／生藉此可有整合其學習的機會。	不易創建有效和綜合的終極專題作品、教師／訓練師需費時發展評鑑法（需多元評量尺規）。
學員／生發表或簡報	學員／生對班制外的觀眾發表專題研究，由教師／訓練師和／或外部評審進行評鑑。	提供學員／生練習當專業／技術人員並由職涯專業人員或社區人士取得回饋的機會。	教師／訓練師需費時、費力找到／辦理學員／生合適的發表或簡報機會。
學員／生所學清單	學員／生在完成學習服務專題後，被要求寫出所學清單（含從專題參與中學到的三件最重要的東西），由教師／訓練師根據專題對班制結果的貢獻程度進行評鑑。	提供學員／生自陳機會、可採線上繳交和評閱。	學員／生描寫所學的細緻程度參差、屬單向度回饋不夠多元。

蒐集方法		資料來源舉例	優點	缺點
間接法	學員／生調查	學員／生透過問卷（線上、電話或紙本）自陳其才能（如資通訊能力）、態度，和／或滿意度。	可以相當低成本調查大群組、回應的分析快速又直接，也可借重可靠的商業服務進行調查。	回收率常低、調查自我效能時學員／生知覺常異於實際才能、設計可靠和有效的問卷不易、連結調查結果和學習結果的成就需很謹慎。
	期末或期中評鑑	學員／生回報對課程品質、教師／訓練師，和課堂環境的知覺。	回應的分析快速又直接、可含所有科目共通和個別科目分殊問題。	難以跨科目總結結果、評鑑結果的可公開程度不高。
	校友調查	校友透過問卷（線上、電話或紙本）回報對班制的知覺，如學習結果的重要性及與現有職涯和個人生活的關聯程度。	可以相當低成本調查大群組、回應的分析快速又直接。	回收率常低、倘無隨時更新的通訊錄則難以聯絡到校友、設計可靠和有效的問卷不易。
	雇主調查	由潛在雇主回應哪些工作能力對班制畢／結業學員／生是重要的。如果由雇主直接評鑑由班制畢／結業的員工職能，則歸屬直接法。	可以相當低成本調查大群組、回應的分析快速又直接、提供真實世界的觀點。	回收率常低、能向其尋求資訊的雇主數量常有限。
	訪談	面對面、一對一討論或進行問與答，如由受過訓的人員訪談即將畢／結業學員／生，了解哪些課及作業最有價值及為什麼。	提供厚實、深入的資訊並可提出客製化的追問問題、可就某些使用者群組透過其故事和聲調取得有力證據。	需有受過訓練的訪談者，轉錄、分析和報告費時。

蒐集方法	資料來源舉例	優點	缺點
焦點團體訪談	面對面、一對多討論或進行問與答，如由受過訓的一名研究生訪談 4-5 名大四生，了解他們在畢業專題製作課遭遇困難與獲致成功。	提供厚實、深入的資訊並可提出客製化的追問問題、團體動力會激發更多資訊（整體大於部分的總和）、可就某些使用者群組透過其故事和聲調取得有力證據。	需有受過訓練的訪談者，轉錄、分析和報告費時。
課堂內外各種教育經驗花費時間占比或時數	由學員／生自陳或由受過訓的觀察者觀察花費在各種教育經驗（如課外活動、家庭作業、課堂主動學習活動和課堂聽講、關聯學習結果的智慧活動——如撰寫反思札記、關聯學習結果的文化活動）的時間。	有關課外活動和學員／生習慣等資訊有助班制理解評鑑結果和或做班制改善的決策參據。	回溯式自陳可能不精確。
非依對應學習結果之明顯規準評分	班制內的等第成績平均點數（grade point average, GPA）或等第，如在口語溝通課中 60% 的學員得 A+ 或 A 等第。	資料蒐集相當容易。	就學員／生達成學習結果的層次不可能或幾乎不可能獲得結論。
工作安置資料	學員／生在畢結業後一年內找到和主修／班制有關領域內工作的百分比。	可滿足某些認證機構所要求的報告內涵。	追蹤校友不易。
升學情形	學員／生在畢結業後升讀和主修／班制有關領域內班制的人數或百分比。	可滿足某些認證機構所要求的報告內涵。	追蹤校友不易。

蒐集方法	資料來源舉例	優點	缺點
實務地圖或盤點	必修課程和教學實務／經典作業地圖或矩陣。	可提供實際開課和修課全貌以利進一步分析和探究。	屬表層資訊。
成績單分析或修課型態	學員／生的實際修課順序（而非班制的預期開課順序）。	屬不顯眼方法、學員／生戶口調查類及其他資訊可連結其修課型態。	結果需做調節因其他變項（如個人情境、開課情形）並未在成績單上。
機構／班制研究資料	班制註冊率或課程修課率、班級人數、畢業率、留讀率、等第成績平均點數等資訊之分析，如各班制註冊期間候補人數、各科目第一次上課後退選人數。	連結學生學習的其他績效量數和直接評估結果時有效。	需費時費力進行研究設計和統計分析。

資料來源：修自 University of Hawaii at Manoa, 2010.

第四節　課程計畫示例

　　課程綱要和課程計畫屬圖 4.1 中的書面課程，依其適用的範圍可細分爲如表 4.10 所示的五個層次，層次之間的關係像蜘蛛網（或雷達圖），愈高層次的課程愈在蜘蛛網的外側，層次之間彼此牽連、相互影響。各國之全國（或全州）層次的常見書面課程各有不同的名稱，對下一層次（地區或學校層次）的書面課程的規範程度也各有差異。本節舉四例說明如下：

表 4.10 課程計畫的五個層級

層次	簡述	舉例
超觀	國際	歐洲語言學習教學評量共同參考架構（Common European Framework of References for Languages, CEFR）
宏觀	系統、國家	核心目標、欲達層級、考試方案
中觀	學校、機構	學校班制、教育班制
微觀	課堂、教師／訓練師	教學計畫（teaching plan）、教材、模組、科目、教科書
奈觀	學員／生、個人	個人學習計畫（personal plan for learning／individual course of learning）

資料來源：INTENSE, n.d.

壹 澳洲：國定訓練套件

經濟合作暨發展組織（OECD, 2015）評價澳洲的職業教育與訓練是系統非常發達，受到高度信賴，而澳洲自 1980 年代後期導入職能本位訓練，目前全澳的職業教育與訓練是全面採行職能本位。本書第三章第三節及本章第一節所述的訓練套件，即澳洲職業教育與訓練全國層次的課程架構（Wheelahan & Carter, 2001）。該訓練套件明定個人在職場有效執行工作所需的知識和技能，並以職能單元表示。訓練套件也詳細說明可如何將職能單元套裝成符合澳洲資歷架構（AQF）的國家承認和可攜帶資歷。

因此，職業教育與訓練機構可利用訓練套件設計教育與訓練課程，以滿足個別學習者、雇主和產業的需求；雇主也可利用訓練套件輔助設計、發展和建構人力。值得注意的是，「由國家監管」和「採

職能本位」各是澳洲職業教育與訓練系統的五個關鍵要素之一（其他三個是：由澳洲資歷架構支撐、由產業主導、以客戶為中心），澳洲職能本位職業教育與訓練的實施是根據設定在訓練套件和認可班制中之職能單元裡的職業能力標準（occupational skill standard）。所以，聚焦在結果，相對上較不重視像課程之類的投入，而較重視學習者可持續運用其知能達致職場中所要求績效標準的才能（ability）（Australian Government, n.d.a, b）。換句話說，職能既是澳洲職業教育與訓練課程的目的也是內容。

舉例言之，澳洲昆士蘭省的公立昆士蘭 TAFE 系統（TAFE Queensland，見圖 4.13）共有 50 多個地點，每年提供 15 個學習領域、180 多個班制（course）、超過 10 萬名學生的職業教育與訓練，各班制下直接以職能單元當課程計畫。例如昆士蘭省會所在的大布里斯本地區伊普斯威治（Ipswich）校區所提供的昆士蘭 TAFE 系統「護理文憑（第 1 階段，部分資歷）」班制，此一班制屬第 11 年級位階，需修 8 學季實體課程、每週 1 天加每學季 1 週密集訓練，完成者可得昆士蘭教育證書（Queensland Certificate of Education, QCE）中的 4-8 學分（取得 QCE 需 20 學分），並在完成 12 年級後換到其他校區直接進入以擔任登記護理師（enrolled nurse）為目標的護理文憑主流班制，或者升讀護理學士學位班制。8 學季實體課程含 12 個必修核心單元和一個選修單元。核心單元之一是「HLTAAP002 確認身體健康狀況」，該單元即在訓練套件中，由許多領域的證書和文憑級資歷，以及許多經認可班制所共用，並有本書第三章表 3.6 所列出的職能單元內容。

圖 4.13　昆士蘭 TAFE 系統（TAFE Queensland）

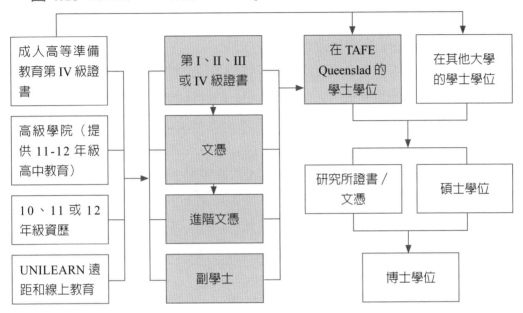

註：TAFE Queenslad 提供加網底的資歷班制。
資料來源：TAFE Queensland, 2023, p.9.

貳　美國：課程架構

　　美國國民通常被要求接受幼稚園到 12 年級（K-12）階段的公立教育，也都可接受州立大學校院的教育。州立大學校院常是透過評議委員會（board of regents）監督，私立學校通常可自由決定自己的課程和人員配置政策，並志願通過獨立認證機構的認可（accreditation）。目前 K-12 學齡兒童中近 9 成進公立學校，約 1 成進私立學校，其餘少數接受在家教育。美國聯邦政府向州立和地方學校只提供部分資金（如對中小學的資金負擔不到一成；整體教育經費來源比例大致爲聯邦：州和地方政府：學區＝ 1：6：3），而沒有聯邦制定的國定課程。州政府爲州

內學校制定政策，市或郡等地方政府則執行州政府制定的政策。亦即，美國的教育行政採地方分權制，教育權責在各州，各州再做不同程度地下放到學區，由公眾參與教育。

當前，美國中小學課程的主流是結果本位或標準本位教育，常見機制是第一步由各州制定內容標準（content standard）並連結由州管理的成就測驗；目前所有州都有內容標準，要求或建議 K-12 公立學校在教學中使用內容標準（要求者居多）。第二步再透過課程架構（curriculum framework）清楚界定期望所有學生達致的標準，並作為協助州內公私立學校設計、實施和評估核心課程的資源。第三步是由學區和／或學校課程對準標準且學生接受標準本位評估。因此，課程架構是透過學生應知和能行的清晰和可定義標準所界定的待學內容之一種有組織的計畫，或一組標準或學習結果（Twinkl, n.d.a）。

由於職技教育（CTE）的範圍大於語文、數學等學習領域和學科，所以許多州的 CTE 內容標準名稱是 CTE 標準。另一方面，CTE 是 K-12 學校教育的一環且延伸至中學以後的教育階段（指 ISCED 4，如社區學院），現行聯邦職技教育法案要求各州透過班制學習計畫（program of study, POS）促進前後班制（如初中─高中─中學之後 CTE 班制之間）的垂直對準，以及和產業、大學和職業準備的縱向或橫向對準。因此，CTE 課程架構受相互關聯的內容標準／CTE 標準和班制學習計畫影響，以下分別介紹。

一、內容標準／CTE 標準

美國中小學學區（school district）是目的特殊的政府實體，有的獨立行政、有的隸屬地方政府，全美有將近 1.4 萬個公立學區。傳統上，是由學區決定要教授學生什麼內容，但是在標準本位教育改革的浪潮下，各州都為 K-12 公立學校制定內容標準（content standard），以促進公立學校的課程發展。內容標準規範州要求（少數州是建議）地方學

校透過教學達成的教育學習和成就目標。內容標準本身不是課程，而是州認為健全課程發展的指引（Ballotpedia, 2023）。一些州要求地方學校將內容標準制定為最低學習科目計畫（course of study），使其課程對準內容標準。這些州還可能要求學校或學區採用內容標準作為課程的一部分，或者還可能要求學生參加州的評估來展現對內容標準的精熟（Ballotpedia, 2023; U.S. Department of Education, 2021）。

　　而為了提供結構化校準和共通語言來橋接教育與工作，以利學習者探索、決定和準備職涯，美國有含 16 個職群的全國職群架構（National Career Clusters Framework）作為班制開設、課程設計與教學的組織工具。職群（career cluster）是一組具有相似特徵的職業，在同一職群中的各項工作需要相似的知識或技能組合（skill set）。亦即，如果某人喜歡特定職群中的某項工作，會更有可能喜歡該職群中的相關職業。所以職群是具有相似技能組合、興趣、才能和活動之工作的分組。職群的次分組叫職涯進路（career pathway），前述 16 個職群共有 79 條升學與就業的職業進路。16 個職群含：(1) 農業、食品和自然資源；(2) 建築與營建；(3) 藝術、視聽科技與傳播；(4) 商業、管理與行政；(5) 教育與訓練；(6) 金融；(7) 政府與公共行政；(8) 健康科學；(9) 餐旅與觀光；(10) 公眾服務；(11) 資訊科技；(12) 法律、公共安全、矯正與保全；(13) 製造；(14) 行銷、銷售與服務；(15) 科學、科技、工程與數學；和(16) 運輸、配送與物流。以其中「(10) 公眾服務」（human services，或稱人的服務）為例，該職群有下列五個職涯進路：消費者服務、諮商和心理健康服務、幼兒發展與服務、家庭和社區服務、個人護理服務（Advance CTE, 2023）。

　　例如「密西根州高中職技教育標準與期望」（Michigan's High School Career and Technical Education Standards and Expectations）：敘明該內容標準與期望旨在回應高中課程重點需更嚴謹和適切；指出聯邦職技教育法案主張職技教育（CTE）班制需對準統一標準、注重學生成

果和課責措施的主張，要求 CTE 教學需對準前述 16 個職群和密西根州發展之能源職群（Michigan Department of Education, 2017）所包含已混合技術、學術和就業能力的基礎知識與技能，俾學習者／工作者在其職涯中具備職能；說明密西根州以 Advance CTE 提供的全國 CTE 基本知識和技能標準爲起點，再加上另外四種標準制定其 CTE 班制。Advance CTE 全稱是 "Advance CTE State Leaders Connecting Learning to Work"（促進 CTE 各州主管連結學習與工作），是由 50 個州、華盛頓特區及其他美國領地（如關島）負責中學、中學之後和成人 CTE 的州 CTE 主管們所組成的全國性非營利組織。

舉 17 個職群中的公眾服務職群爲例，Advance CTE 平台上提供有該職群的共通職技核心（Common Career Technical Core, CCTC）標準附績效表現要素、知識與技能陳述、學習計畫、職群框架（提供該職群概覽，含基本知識與技能、在各職涯進路的教育主題類型、職涯專門或職業示例清單），該職群共有幼兒發展與服務等五個職涯進路，每個進路都有該進路的知識與技能陳述以及學習計畫。而共通職技核心指由 42 個州、哥倫比亞特區和帛琉參與發展，界定學生在完成下述班制學習計畫的教學後應該知道和能夠做到什麼的標準。CCTC 還包括一套適用於所有班制學習計畫、內含 12 條聲明的總體職業準備實務（Career Ready Practices），聲明列出做好職涯準備所需的重要知識、技能和性格，例如聲明 1 是：扮演負責任和有貢獻的公民和員工（Advance CTE, 2023）。

二、班制學習計畫

美國現行的 2018 年聯邦加強 21 世紀的 CTE 法案（The Strengthening Career and Technical Education for the 21st Century Act，簡稱 Perkins V）將班制學習計畫描述爲中學和中學之後（或大專）階段學術和技術內容之協調、不重複的順序，亦即是導向取得中學之後憑證

之學術與職業課程的結構化順序。根據 Perkins V，各地區 CTE 教育機構該提供兩種以上的班制學習計畫，計畫中應：(1) 納入具有挑戰性的州學術標準；(2) 重視學術和技術知識與技能，包括就業能力；(3) 符合州、地區、部落社區或當地經濟的產業需求；(4) 在分殊性方面取得進展（從某一產業或職群的所有面向開始，再導向更職業專精的教學）；(5) 具有連結文憑證照的多個入口和出口點；和 (6) 最終可獲得中學之後教育憑證的採認（見圖 4.11）。亦即，班制學習計畫的發展被要求（或建議）對準 CTE 標準，這種計畫規劃出學術和技術課程的銜接順序（強調不重複），包括高中生可修習的中學層次和中學之後層次的內容，以及取得中學之後層次之學分的機會，以累積產業本位的證照和／或獲取的中學之後的學位（如副學士）。為了實施這種課程計畫，州級的 CTE 班制標準講求前後班制的垂直對準，以及和產業、大學和職業準備的縱向或橫向對準（Advance CTE, 2023）。

圖 4.11　CTE 班制學習計畫的設計架構

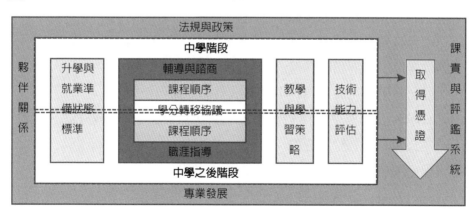

註：雙虛線大略區隔出中學及中學之後兩階段。
資料來源：U.S. Department of Education, n.d.

　　圖 4.11 架構包含下列 10 個成分：法規與政策、夥伴關係、專業發展、課責與評鑑系統、升學與就業準備狀態標準、課程順序、學分轉移協議、輔導諮商與學術能力指導、教學與學習策略、技術能力評估。這些組成分共同支持有效班制學習計畫的發展與實施。10 個成分都很重要，但它們既不是獨立的，也不是同等優先。各州和地方的班制學習計畫發展人員需依其情境脈絡辨認出最迫切的成分，同時考慮各成分的相對需求（U.S. Department of Education, n.d.）。

　　美國職業及技術教育學會（Association for Career and Technical Education, ACTE）發展了一個概述優質 CTE 班制學習計畫的架構，該架構的 12 個要素之一是對準標準的統整課程，此一要素應符合下列七項規準（CSAI, 2019；Imperatore & Hyslop, 2017）：

1. 班制學習計畫課程是根據雇主的意見發展的，旨在協助學生為進一步的教育和熱門與新興的職業做好準備。
2. 課程奠基於經產業驗證的技術標準和職能。
3. 課程對準閱讀、數學和科學等核心科目的聯邦、州和／或地方（視情況而定）相關內容與標準。
4. 課程包含幫助學生職場成功的就業能力（如解決問題、批判思考、團隊合作、溝通和職場禮儀）標準。
5. 課程允許學生在真實場景中應用統整的知識與技能。
6. 班制學習計畫標準酌情對學生、家長／監護人、合作夥伴組織和社區是公開的和易於閱覽的。
7. 課程定期由所有相關利害關係人審查並做必要修訂，以反映該領域的最新進展、證據本位班制模式，以及學生績效表現的評鑑。

　　進一步以佛羅里達州教育廳（Florida Department of Education, 2023）的 2023-2024 CTE 課程架構（curriculum frameworks）為例說明。佛州要求從初中到大專階段的 CTE 課程或班制對準 18 個職群（主要是上述 16 個職群加「能源」和「其他 CTE 班制／課程」）與課程架構中

的明細。該架構是由教育、工商產業、行業公會各界形成夥伴關係發展出來的，內含統整學術能力要求和回應工商產業需求的班制標準。就能源職群而言，共有 4 個初中課程、3 個高中課程／班制、5 個職業證書班制、3 個學位與證書班制、2 個補充課程。名為「能源技術員」（Energy Technician）的班制是 3 個高中課程／班制之一，適用年級是 9-12 年級，配置 4 學分，屬性是職業準備班制。該班制的課程架構含目的、班制結構（含能源產業基礎、替代能源概論、電氣 1 和電氣 2 共四門課程，各 1 學分）、共通職技核心──職業準備實務、各門課程學生績效標準（含課程說明及 CTE 標準與標竿），以及其他資訊（含實習場所活動、佛州英語文發展標準、特別注意事項、職技學生組織、建教合作訓練──工作崗位上訓練（OJT）、失能學生的調適、其他資源。

　　佛州取得高中標準文憑的五個選項之一是修達 24 學分（每學分實質教學時數至少 135），而經由 CTE 進路也是選項之一，經 CTE 進路需要：成功修達 18 學分，在 4 分制的學科成績平均點數（grade point average, GPA）2.0 以上，修足 4 個英文學分、4 個數學學分、3 個科學學分、3 個社會科學分，修畢完成班制所需並獲得產業認證的 2 個 CTE 學分，在工作本位學習方案修得 2 個學分（最多可用 2 個學分的選修課──包括 0.5 個財務素養學分──代替）。

參　馬來西亞：職能單元課程

　　在馬來西亞資歷架構（Malaysian Qualifications Framework, MQF）下，人力資源部據以認可各種教育／訓練班制的國家職業能力標準（National Occupational Skills Standard, NOSS）中，含有如表 4.11 的職能單元課程（curriculum of competencies unit, COCU）。

表 4.11 馬來西亞職能單元課程架構與舉例

次部門	建築
工作領域	建築
NOSS 名稱	建築繪圖
職能單元名稱	監督和行政功能
學習結果	勝任本職能單元者將能使繪圖人員具備監督能力，以確保繪圖生產順利進行、準備和管理良好到達到標準的要求。學員／生完成職能單元後，將能： · 準備工作排程 · 安排儲存系統 · 評價員工表現 · 進行工作崗位上訓練（OJT）

職能單元編碼	BC-050-3:2013-C06	等級	3	訓練時間	120	學分數	
工作活動	相關知識	相關技能	態度／安全／環境	訓練時數	教授方式	評估規準	
1. 準備工作排程 2.……	i. 工作排程類別，如： · 按日 · 按週 · 按月 · 按季 ii. 工作排程格式 iii. 程序工作流程要求，如： · 標準作業程序（SOP） · 工作指導 · 總檢核表 iv. 時間管理 v. 人力資源能力或能力表 vi. 電腦素養			20	講述與討論	i. 決定出的工作排程格式 ii. 細節化後的工作流程 iii. 設定出的工作流程時間範圍 iv. 配置出的人力要求 v. 草擬出的工作排程 vi. 已應用的電腦素養	

					40	示範與觀察	
		i. 決定工作排程格式 ii.細節化工作流程 iii. 設定工作流程時間範圍 iv. 配置人力 v. 草擬工作排程 vi. 應用電腦素養					
……							

就業能力

核心才能	社交能力
00.01 辨識和蒐集資訊 00.02 文件化資訊流程或程序 ……	1.溝通能力 2.概念能力 ……

工具、設備與材料（TEM）

項目	比例（TEM：學員／生）
1.文具 2.電腦 ……	1：1 1：5 ……

參考文獻

……

註：TEM—tools, equipment, and materials.

資料來源：SCRIBD, n.d.

肆 臺灣：課程綱要

　　我國中小學階段有國定的課程綱要（簡稱課綱），現行課綱是由國家教育研究院、教育部技術及職業教育司進行課程研發，國家教育研究院「十二年國民基本教育課程研究發展會」負責課程研議，教育部「十二年國民基本教育課程審議會」負責課程審議。現行課綱含總綱及各領域（如語文領域）、群科（如機械群）或科目（如一般科目）課綱。

　　由於高級中等學校類型分為普通型、技術型、綜合型及單科型四種類型，有關高級中等學校進修部、實用技能學程、建教合作班、重點產業專班等學制及班別則參照總綱另行訂定實施規範。因此，就技術型和綜合型高級中等學校而言，除有總綱外，有下列分綱供作依循（教育部國民及學前教育署，2023）：

1. 8 領域

(1) 語文領域——國語文、本土語文（閩南語文）、本土語文（閩東語文）、本土語文（客語文）、本土語文（原住民族語文）、臺灣手語、英語文；(2) 健康與體育領域；(3) 數學領域；(4) 科技領域；(5) 綜合活動領域；(6) 藝術領域；(7) 社會領域；和 (8) 自然科學領域。

2. 15 群

機械群、動力機械群、化工群、商業與管理群、電機與電子群、設計群、農業群、土木與建築群、藝術群、餐旅群、海事群、家政群、水產群、食品群、外語群。

3. 其他

全民國防教育、體育班體育專業領域、學校集中式特殊教育班服務群科、身心障礙相關之特殊需求領域、資賦優異相關之特殊需求領域、藝術才能資賦優異專長領域、藝術才能專長領域。

　　在課程實施規範方面，則有下列規範：進修部、體育班、建教合

作班、藝術才能班、特殊教育，以及實用技能學程——一般科目（國、英、數）、機械群、動力機械群、電機與電子群、土木與建築群、化工群、商業群、設計群、農業群、食品群、餐旅群、水產群、海事群、藝術群。

前述總綱要求學校以本身為課程決策主體，發展出包含部定課程及校訂課程在內的學校本位課程（school-based curriculum, SBC），並以學校課程計畫為學校本位課程規劃之具體成果，由學校課程發展委員會通過後，陳報各該主管機關備查，並運用書面或網站等多元管道向學生與家長說明。為有利於學生選校參考，高級中等學校應於該年度新生入學半年前完成課程計畫備查與公告說明。中央及地方應建立學校課程計畫發展與實施之輔導與資源整合平台。表 4.12 為平台上所公告技術型高中課程計畫書結構。

表 4.12 技術型高中課程計畫書結構

學校基本資料表
壹、依據
貳、學校現況
參、學校願景與學生圖像
一、學校願景
二、學生圖像
肆、課程發展組織要點
課程發展委員會組織要點
伍、課程發展與規劃
一、一般科目教學重點
二、群科教育目標及科專業能力
三、群科課程規劃
四、科課程地圖
五、議題融入

陸、群科課程表
    一、教學科目與學分（節）數表
    二、課程架構表
柒、團體活動時間實施規劃
捌、彈性學習時間實施規劃
    一、彈性學習時間實施相關規定
    二、學生自主學習實施規範
    三、彈性學習時間實施規劃表
玖、學生選課規劃與輔導
    一、校訂選修課程規劃
    二、選課輔導流程規劃
    三、選課輔導措施
拾、學校課程評鑑
    一、學校課程評鑑計畫
    二、學校課程自我評鑑結果
附件一：部定一般科目各領域跨科之統整型、探究型或實作型課程規劃
附件二：校訂科目教學大綱

註：2023 學年度技術型高中課程計畫檢視原則研商會議修正版。
資料來源：全國高級中等學校課程計畫平臺，2023。

在各群課程綱要中，部定課程及校訂課程均含一般科目、專業科目及實習科目，並明列專業及實習部定科目名稱、學習表現、學習內容，以及教學注意事項，惟學習表現均相當約略，例如餐旅群課綱中 2 專業科目和 7 實習科目的各科目學習表現介於 5-7 個且僅是單層（教育部，2018），未達職能或學習結果所需明確程度，學習內容則列得較詳細。至於部定一般科目則參照「十二年國民基本教育課程綱要技術型高級中等學校各領域課程綱要」。

就上述四種課程計畫示例而言，澳洲、美國和馬來西亞的計畫較符合職能／能力本位教育的理念，著重的是課程實施後會產出什麼明確具體結果（即畢業生能知能行什麼，職能既是課程目的也是內容），而不

是著重將那些內容放進課程裡。我國的職業教育與訓練課程相較之下，特別著重知識內容和學科劃分，而且是採小學分制（每週授課 1 小時滿 1 學期或總授課時數達 18 小時，為 1 學分）。小學分制常導致科目眾多、備多力分，甚至待學知能支離破碎。

　　至於我國科技大學、技術學院和專科學校的課程計畫，現行《專科學校法》規定專科學校五年制前三年課程，應配合後期中等教育（即高級中等教育）課程發展定之。學校課程由學校組成科及校級課程委員會研議，經教務相關之校級會議通過後實施。科及校級相關課程委員會並應定期檢討或修正之。科技大學和技術學院課程設計則屬自治權範圍，現行大學法施行細則僅規定大學得依其發展特色規劃課程，經教務相關之校級會議通過後實施，並應定期檢討或修正。學士學位修業期限為四年者，畢業應修學分數不得少於 128 學分；修業期限非四年者，應依修業期限酌予增減。上述技專校院雖有課程自主權，但也有許多指引會影響其課程設計，以下舉二例說明：

1. 專門職業及技術人員高等考試醫事人員考試規則中附帶的實習認定基準

   例如專門職業及技術人員高等考試護理師、普通考試護士考試實習認定基準中，就實習定義、實習學科、實習內涵、實習時數最低標準及實習補修規定均有所規範，實習期滿成績及格是應考資格的必要條件之一。技專校院護理班制除會對準高等考試護理師考試科目設計課程外，也會依實習認定基準設計實習課程（護士考試自 2013 年起停辦）。

2. 中華工程教育學會認證委員會工程技術教育認證規範

   依現行大學評鑑辦法及大學自我評鑑結果及國內外專業評鑑機構認可要點，大學經教育部認可之國內外專業評鑑機構評鑑通過者，於其評鑑通過有效期間內，得免接受教育部或受託評鑑辦理單位辦理之同類別評鑑。中華工程教育學會是被認可的專業評鑑機構之一，

該學會認證委員會工程技術教育認證規範（TAC2024）「認證規範 4：課程及教學」規範內容 4.1.2 規定「培養學生技術專精的工程專業與實務課程須占最低畢業學分八分之三以上，其中須包括：(1) 整合工程實務技術能力的專題或實作，和 (2) 實驗或實作至少 8 學分且總計不少於 288 小時（得採計符合教育目標之校外實習，惟至多採計 2 學分或可抵 72 小時實驗或實作）。」欲申請該認證的技專校院班制即需依該規範內容設計課程。

在進入 21 世紀之前，國際學術教育就已經逐漸從傳統的知識本位取向轉向更職能本位取向。許多歐盟大學在波隆那進程（Bologna Process）中更彰顯此一趨向，這些大學愈來愈被期望在學術環境中包含專業和企業界的興趣，因而制定了一些措施以調適其學術教學使符合產業要求，以確保其畢業生最能就業，並提升在國際教育市場的競爭力。調適重點是找出大學教育與畢業生隨後職涯所需職能的關係，並透過準確定義哪些職能需納入各自的課程。職能本位取向因而成為當今最受關注的課程發展主題之一（Nikolov et al., 2014）。

第 五 章

職業教育與訓練教學

　　《莊子‧天道篇》有一則輪扁製作車輪的寓言，大意如下：有一天齊桓公在堂上讀書，名叫輪扁的工匠在堂下做輪軸。輪扁得知桓公正在讀的書是已經死掉的古人所寫的經典後，批評桓公讀的不過是古人留下的殘渣而已，桓公生氣地要輪扁說出道理否則治罪處死。輪扁回答：我是從我工作的角度看，我要將輪子裝上軸心時，如果輪孔太鬆就裝不牢，太緊就裝不進去。只有不鬆不緊，才能製作出一個好的輪軸，這完全依靠熟練的技術，心裡怎麼想，手便怎麼做，這種技術是經驗的累積，無法用言語文字說得明白的。我無法傳授給我的兒子，我兒子也無法從我身上領會。古人的經驗和智慧也是如此，不可能完全藉著書本傳授給後人。所以您所讀的經典，不過是古人的殘渣而已啊！」

　　寓言中將書本上的知識說成是古人的殘渣，是透過較誇張的表達，強調除了寫在書上的顯性知識（指看得見或聽得到的知識，常著重 know-what），還有許多需透過親身體驗、手腦並用乃至知行合一的程序，才能心領神會的隱性知識（指需靠感受或體會的知識，常著重know-how）。顯性知識得以文字、影音或其他編碼的方式文件化，相對容易儲存、複製、分享、教學和評估；隱性知識則不易文件化，也相對不易儲存、複製、教學和評估。職業教育與訓練中，許多職能都兼含顯性和隱性知識。因此，優質的職能教學宜在實際解決問題的情境脈絡中，透過實作、實務等體驗，搭配必要的回饋、詢問、應用和反思，乃至模式的建立與解釋進行（Lucas, et al., 2012）。本書第一章第四節所論述的職業教育與訓練的理論也支持這樣的教學。

　　在英文裡，"teaching" 和 "instruction" 都指施教、教導或教學等，兩者也常被交互使用或一起使用；但概略言之，"instruction" 較側向「給予指導」或「傳授知能」等「告知」，"teaching" 除包含告知之外，更著重「解說」和「互動」。而 "teaching and learning" 則是強調包含教與學的教學。無論教學是指上述何者，目的都為了協助學員／生「學會」（learn what should know and be able to do）和「會學」（how to learn），而且至少涉及告知或傳輸、組織學員／生活動、讓學習變爲可能等三個面向（Ramsden, 2003）。而職業教育與訓練的教學也有一些特別的講求，本章分三節說明職業教學論、教學法的選擇，以及職能本位教學設計。

第一節　職業教學論

壹　青少年教學論

　　教學論（pedagogy）是關切教學理論與實務，以及分析這些實務如何影響學生學習的領域。通常會主張教師應考慮學生的背景、興趣和需求來決定教學策略，討論教師應如何使用不同的學習理論、形塑自己的教學風格、提供回饋和進行評估等（Bradbury, 2019）。學習是將個人和環境的經驗與影響結合起來，以獲取、充實或調整個人知識、技能、價值、態度、行爲和見解的過程（UNESCO-IBE, n.d.），而學習理論是一組觀察、描述、解釋和輔導學習過程，以及和此過程有關事物的概念（Learningbp, 2019; Loveless, 2023）。亦即，學習理論是提供有關學習如何發生的可行見解。因此，職業教育與訓練人員愈了解學習理論，愈能：(1) 擁有一套建構課程與教學取向的原則或指引，而提高課程與教學的清晰度和方向性；(2) 運用教學策略協助不同背景、以不同速度學習，以及面臨不同技術和學術挑戰（或障礙）的各種學員／生學習；和 (3) 促進教師和學員／生之間以及和家長、學校行政人員之間的清晰溝通（包括肢體語言等非語言溝通）（National University, n.d.）。行爲主義、認知主義和建構主義是三種最常見的學習理論（被稱爲 Big 3），也被視爲是其他學習理論的基模（schema），其概要和對教學實務的主要意涵如下：

一、行為主義（Behaviorism）

　　行為主義學習理論認為學習主要發生在可觀察的刺激（stimulus, S）與反應（response, R）之間形成聯結而導致新的行為或行為改變。制約（conditioning）是將兩種刺激配對在一起，使在一種刺激可以引發反應下，另一種刺激也可以透過習得的聯結做出同樣反應的程序。以下兩種制約都可促進學習，也都認為學習者可適應環境：

1. 古典制約（classic conditioning）

　　著重非自願／中性／制約刺激（conditioned stimulus, CS）與自發性／反射性／制約反應（conditioned response, CR）之間的聯結。例如圖 5.1 上半所示：教師的言行舉止親切（非制約刺激／unconditioned stimulus, US）會自然引發學生上課愉悅（非制約反應／unconditioned response, UR）；但是光要求學生按課表上課（CS）並不會引發學生上課愉悅（UR）。接著如圖 5.1 下半所示，上述 CS 和 US 配對後會導致 UR，CS 和 US 重複配對後，CS 和 CR（樂於上課，與 UR 相似）之間即形成聯結。

圖 5.1 CS 和 US 重複配對後 CS 和 CR 形成聯結

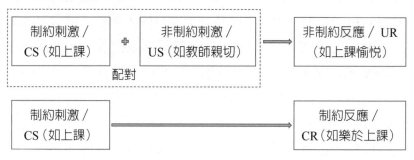

資料來源：修自 Andersson, 2012, p.12.

2. 操作制約（operant conditioning）

著重增強或消弱自願行為。如表 5.1 所示，先辨認出想要影響學員／生的某一自願／主動行為後，若要增進／維持此一行為，則採增強手段，若要消弱此一行為，則採懲罰手段。當行為得到增強或懲罰時出現刺激，反過來控制這種行為。而前述古典制約是使個體被動接受刺激並產生反應。

表 **5.1** 操作制約的可能發生事項

	增強（增進／維持行為）	懲罰（消弱行為）
正向（**添加**刺激）	**添加**令人愉悅的刺激以增進／維持行為（如以免費餐券獎賞某段時間內都沒遲到或缺席學生，以增進未來踴躍出席的可能性）	**添加**令人厭惡的刺激以消弱行為（如發扣分通知給遲到學生，以消弱未來遲到的可能性）
負向（**移除**刺激）	**移除**令人厭惡的刺激以增進／維持行為（如因某班學生週間在校學習表現優於預期水準，而免除該週週末家庭作業，以增進未來優良表現的可能性）	**移除**令人愉悅的刺激以消弱行為（如因某班學生週間在校秩序不佳，而取消該班週五下午的電影欣賞活動，以消弱未來秩序不佳的可能性）

資料來源：修自 Daffin, 2021.

行為主義學習理論對教學實務的主要意涵如下：

1. 最好的學習是透過教師／訓練師控制學習過程，積極增強學習者以獲得想要的學習成果。
2. 學習成果是可測量／可觀察的。
3. 重複和練習是達成學習的關鍵，因為它加強了教師／訓練師的刺激與學習者想要的反應之間的關係。
4. 回饋對於達成學習至關重要，因為教師／訓練師刺激學習者給出想要的反應以測量學習成果。

5. 被正增強（如獎賞、稱讚或表揚）的行為很可能會重複出現。

6. 被負增強（如忽視）的行為不大可能會重複出現（OpenLearn Create, 2020）。

二、認知主義（Cognitivism）

認知主義學習理論認為學習主要發生在學習者在腦中處理（接收、組織、儲存和提取）資訊，所以學習者被視為資訊處理者、大腦被視為資訊處理器，學習被視為內在心理過程。認知主義者認為人是透過思考學習和根據新資訊改變行為，所以主張教學上需提供有利的學習環境，以發展可刺激學生思考的互動式心理活動。當學員／生運用自己的思考能力而不是被動地被教授事實和程序時，會學得更好。因此，強調促使學員／生參與有意義的主動學習，也相信教育科技（educational technology）可減輕認知負荷而裨益學習。

而上述的資訊處理模型如圖 5.2 所示，當學員／生接收到聲音、影像等訊息的刺激時，會先簡要地儲存在感覺記憶（sensory memory, SM；只能短暫記憶至多 3-7 個單位或數字，維持 0.5-3 秒），接著遺忘或傳送到短期（或工作）記憶（short-term/working memory, STM/WM；只能短暫記憶當下所見所聞的至多 7-9 個單位或數字，維持 15-30 秒），然後遺忘或轉移到長期（或永久）記憶（long-term/permanent memory, LTM/PM）成為陳述性（或顯性）記憶和非陳述性（或隱性）記憶，隱性記憶涵蓋所有無意識記憶以及某些才能或技能，可維持幾十分鐘或幾十年。由短期記憶轉移到長期記憶時須經過維持性和精緻性複誦，前者例如死記硬背電話號碼，後者例如將電話號碼與諧音連結。而圖 5.2 中的編碼（encoding）是整合工作記憶中處理的新資訊和已知資訊，使成為可在長期記憶中儲存之形式的程序，儲存（storage）是在記憶中保存資訊以利未來取用的程序，提取（retrieval）是在需要時由記憶取用資訊的程序（Mcleod, 2023b; University of South Australia, 2023）。

圖 5.2　大腦的資訊處理模型

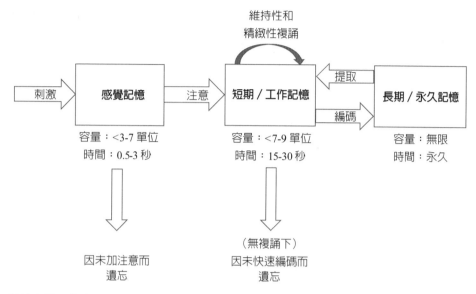

資料來源：修自 Mcleod, 2023c; University of South Australia, 2023.

　　此外，學習風格（learning style）概念是認知主義學習理論的要素之一。學習風格是個人在接收資訊方式上所表現的偏好。教師被認爲應評估其學生的學習風格，並盡可能使其教學方法契合學生的風格。以下是兩個學習風格類別的舉例：

1. 庫伯（David Kolb）主張的四種風格

　　四種風格及其特徵爲：(1) 適應者——偏好透過實作與感覺（do & feel）進行實務學習，有如物理治療師工作性質；有此風格者學習時依賴他人資訊而非執行自己的分析。(2) 聚合者——偏好透過實作和思考（do & think）進行實務與理論學習，有如工程師工作性質；有此風格者學習時會被技術性任務與問題吸引甚於被社會或人際課題所吸引。(3) 發散者——偏好透過觀看與感覺（watch & feel）進行眞實生活經驗與討論學習，有如社工師工作性質；有此風格者學習時喜歡在團體中工作、用開放胸襟傾聽和接收個人回饋。(4) 同化

者——偏好透過觀看與思考（watch and think）進行理論與事實的學習，有如哲學家工作性質。有此風格者學習時較少著重在人，而對構想和抽象概念較感興趣，較會被邏輯良好的理論吸引甚於被基於實務價值的方法所吸引（Mcleod, 2023b）。

2. 弗萊明和米爾斯（Neil Fleming & Colleen Mills）的 VARK 四種風格
四種風格及其特徵爲：(1) 視覺型（visual, V）——偏好透過圖片和視覺輔具學習；(2) 聽覺型（auditory, A）——偏好透過講述和討論學習；(3) 讀寫型（reading/writing, R）——偏好透過閱讀和寫作學習；(4) 動覺型（kinesthetic, K）——偏好透過動手實作學習（Halupa, 2015）。

但是，有關學習風格的主張仍有爭議，例如有人認爲學習者的不同之處在於能力、興趣和背景知識，而不在學習偏好；此外，學習者具可塑性，教學上固然可從其學習風格切入、順水推舟，但也應調適其學習風格，使其能透過多元方式學習。亦即，教學上需留意學習者的需求重於單純順應其風格。

認知主義學習理論對教學實務的主要意涵如下：
1. 學習是將資訊組織成概念化模型的程序。
2. 教學應有條理、有順序和以學習者可了解及覺得有意義的方式呈現。
3. 保留和回憶對於在大腦中建立基模是重要的。
4. 記憶是靠組織學習材料達成。
5. 教師必須提供能幫助學習者的大腦處理資訊的工具（如圖表）（OpenLearn Create, 2020）。

三、建構主義（Constructivism）

建構主義學習理論認爲，學習主要發生在學習者透過已有知能和先前經驗建立自己的了解過程。亦即，強調學習不是靠學習者被動地接收資訊，而是靠主動地反思經驗、創造心理表徵，並將新知識融入其基模

中，以促進更深層的學習和了解（Mcleod, 2023a）。例如某孩童由自家的虎斑貓發展了貓的基模，她知道貓有鬍鬚、皮毛、尾巴、四隻腳等，首次見到老虎時可能會說是貓，因爲老虎蠻符合她對貓特徵的基模，一旦被告知這種不同於貓的動物叫虎之後，她會調整原有貓的基模並開創虎的新基模。

　　實作學習的倡導者杜威（John Dewey）即是建構主義的代表性人物之一，他指出學員／生不是待填充的容器，只有當學員／生能將新知識和自己的生活與經歷連結起來時，學習才會發生。所以應讓學員／生參與學習品質與數量的決定，但是也不能完全以學生爲中心，因爲事實和眞理也是決定教學質與量的要素。而本書第四章論述的逆向課程設計，也和建構主義緊密關聯（Halupa, 2015）。

　　建構主義學習理論對教學實務的主要意涵如下：

1. 學習者帶著先前的了解和經驗來到學習場所，爲了促進學習，教師／訓練師必須關注並建立在這些先備知識的基礎上。

2. 教師／訓練師必須考慮學習者已經知道的內容，以便新知識可以和原有基模相關聯（如運用原有基模處理面對問題、吸納新知識的「同化」——如由幾種草本植物學到草本植物特徵後，看到其他特徵相符植物也會將之歸納爲草本植物；主動修改原有基模以符合環境要求、吸納新知識的「調適」——如學會以坐姿燒焊之後，換到需要站著燒焊的環境，會主動改用立姿完成任務）。

3. 教師／訓練師必須在學習者的現有知識中尋找錯誤概念，並提供學習活動，使學習者能了解其當前概念的侷限性。

4. 教師／訓練師必須準備讓學習者能夠積極參與的學習任務，將學習者自己的發現當作學習的關鍵要素（OpenLearn Create, 2020）。

　　聯合國教科文組織（UNESCO-IBE, n.d.）認爲最具影響力的學習理論除了上述三種之外，還有社會學習、社會建構主義、體驗學習、多元智慧、情境學習理論和實務社群五種。無論如何，各種學習理論之間有

重疊之處，在教學上也可適切混合運用。學習理論也在持續演化中，例如連結主義（connectivism）學習理論被認為是脫胎自建構主義學習理論，但更強調科技和網絡的影響。這種理論主張面對 Z 世代和未來世代的學員／生，該善用科技當學習工具（如讓學員／生一起撰寫部落格／blog，或發布播客／podcast），以及搜尋和篩選可靠資訊以進行學習（National University, n.d.）。

貳　成人教學論

傳統上學校教育的主要對象是青少年，相對於成年人，青少年較熱切、專注、依靠教師傳授知能，而前述教學論（pedagogy）是著重教導兒童和青少年的方法與實務，所以也被稱為青少年教學論。職業教育與訓練的對象包括青少年和成人，成人學習可能會遭遇下列部分或全部的挑戰（WGU, 2020）：

1. 缺乏時間：成人常有全職工作，有時還有子女或其他依賴他們的家屬，以致難以找到時間繼續學習。
2. 自我懷疑：成人學習者常會覺得自己年紀太大，無法繼續接受教育，以致錯失良機。
3. 可塑性減弱：隨著年齡的增長，大腦的神經可塑性逐漸減弱，對接受新概念、開闢新途徑，和了解新事物都需較費心力克服。
4. 經濟障礙：年輕的學習者在接受教育／訓練時可能會有來自家長等方面的財務支援，成人學習者則通常沒有這種支援，以致財務狀況可能會成為追求學習的阻礙。
5. 前後矛盾：成人學習者可能學到一些與之前自己認為知道或學到的東西不一樣，而產生矛盾心理，而有待必要的轉念和轉變。
6. 欠缺支持：成人學習者可能會發現他們沒有足夠的情緒或社群支持，

來解決在課堂和學習上遭遇的困難。

　　因而出現主要對象是成人的成人教學論（andragogy）。成人教學論和青少年教學論的對照如表 5.2 所列，並有下列簡要原則供設計與實施成人學習課程、教學與評估參考（Adult Learning Australia, 2023）：

1. 成人想知道學習的價值

　　成年人想知道為什麼他們需要學習這些東西，他們可能會問：「為什麼我需要知道這個？」或「為什麼這個很重要？」亦即，成人學習者希望他們的新學習經驗能：滿足他們的需求、關聯他們的工作或生活、幫助他們實現目標。

2. 成人有其自我概念

　　自我概念（self-concept）指涉個人如何看待自己。成人希望受到尊重並被視為有能力的學習者。所以，應該為他們提供選擇並鼓勵他們設定自己的學習目標。亦即，成人學習者：是自我激勵和自我導向、獨立的、喜歡找到自己的方式、可以自己做決定、想要管理自己的學習。

3. 成人有豐富學習經驗

　　成人學習者有豐富性和多樣性的生活經驗，所以本身就是寶貴的資源，應該讓他們有機會將現有的知識和經驗應用在新的學習經驗上。亦即，成人學習者：擁有不同的經驗和知識、可能對事物有根深蒂固的想法、可應用他們的生活經驗到新的學習，並應運用他們解決問題、反思和推理的能力。

4. 成人容易進入準備學習狀態

　　當成年人認清他們想知道或精熟的東西，或者當他們體驗到與他們生活情境相關的東西時，他們就準備要學習，以便有效應對現實生活中的情境。亦即，成人學習者：專注於目標、想及時學習、尋求有意義的學習經驗、需要明確的學習目標。

5. 成人有其學習取向

　　成人學習者希望參與以生活為中心或以問題為中心的學習經驗。他們想學習可以幫助他們執行任務或處理當今生活中遇到的問題。亦即，成人學習者：講求實用——他們的學習應該應用於他們的生活、工作等；想要參與規劃他們的學習；專注於對他們最有用的層面。

6. 成人敏銳於外在動機

　　成人會對外在激勵因子做出反應，例如更好的工作或加薪。然而，最好的激勵因子是內在的，例如提高工作滿意度、增強自尊心、改善生活品質、促進個人成長與發展。不符合上述成人學習原則的學習經驗可能會消弱成人的學習動機。

　　在表 5.2 中，成人教學論的重點在自我導向學習（self-directed learning，亦稱自主學習）——學習者在任務或問題導向活動中發展自己的學習能力。脫胎自成人教學論的自我學習論（heutagogy）重點則在自我決定學習（self-determined learning，亦稱自決學習）——適用於自主性和自決性高的學習者，教師扮演協助者角色，學員／生透過選擇他們想要學習的內容、設定學習目標並選擇最適合他們的學習方法，負起創建自己之學習路徑的責任。透過這種學習法，學員／生發展出成為自決和終身學習者的能力以肆應當今職場的複雜性。這種學習法也在支撐數位時代的學習，例如重用社群媒體等新興科技和遠距教育／訓練等管道進行學習（Blaschke, 2012）。

表 5.2　青少年教學論、成人教學論和自主學習法的對照

	青少年教學論（Pedagogy，教導孩童的方法論）	成人教學論（Andragogy，教導成人的方法論）	自我學習論（Heutagogy，引導學習者自己學習的方法論）
相對特性	低 ———————— 學習者成熟度和自主性 ————————▶ 高 高 ◀———— 教師主控性和課程結構化程度 ———————— 低		
適用對象	需要由教師／訓練師決定學什麼、如何學和何時學、依賴性高的學習者。	努力在學習中追求自主性和自我導向、獨立性高的成年人。	能自我管理的學習者，學習者之間相互依賴，具有從新穎的經驗中學習的潛力，能夠管理自己的學習。
教師角色	學什麼、如何學和何時學的決定者，被假設懂得最多。	協作、尊重與開放氛圍的促成者或促進者。	發展下列學習者能力的協助者：知道如何學習、創造力、具有高度的自我效能、在新穎和熟悉的情境中應用能力、能與他人合作良好。
學習重點	學科本位，關注根據學科內容邏輯規範的課程和規劃的順序	任務或問題導向。	學習者可以透過積極主動行為超越解決問題的範圍。亦即學習者運用自己和別人的經驗及內在程序（如反思、環境掃描、經驗、與他人互動、積極主動以及解決問題）的行為。
學習資源	學習者的資源很少，需靠教師／訓練師設計傳輸技術將知能儲存在學習者腦中。	學習者利用自己和別人的經驗。	教師／訓練師提供一些資源，但學習者透過協商決定學習路徑。
學習理由	為了升讀到下一階段。	為了求知需求想要了解或更有效的表現。	學習不一定是規劃好或線性的，也不一定是基於需要，而是基於對新情境中學習潛力的辨識。

	青少年教學論 （Pedagogy，教導孩童的方法論）	成人教學論 （Andragogy，教導成人的方法論）	自我學習論 （Heutagogy，引導學習者自己學習的方法論）
學習動機	源自外在，通常是家長、教師／訓練師和競爭感。	源自內在，成功的表現所帶來的自尊、自信和肯認的增加。	源自：自我效能、知道如何學習、創造力、在新穎的情境中運用這些特質的能力以及與他人合作的能力。

資料來源：Coach, 2023; PowerSchool, n.d.; University of Illinois Springfield, 2022.

參 職業教學論的核心概念

在職業教育與訓練中，涵蓋專／職業和學術等領域教學、教室和實習／驗教學等，但就其中職業領域教學（特別指前述在實際解決問題的情境脈絡中，需透過實作、實務等體驗以統合才能的教學）和一般學科教學可概略對比如表 5.3。其特色符應職業教育與訓練務實和時宜的本質（見本書第二章）。

表 5.3 職業領域教學和一般學科教學的概略對比

比較點	職業領域教學	一般學科教學
主要學習理論	建構主義	認知主義
知識領域	來自工作生活，以致知識領域常模糊	學科常根據架構良好的學門
跨域幅度	教與學必須跨越廣泛的知識領域	受大學知識學門引導，喜採分立學科
學習重點	行動導向，所學著重致用	著重理論和知識品質

比較點	職業領域教學	一般學科教學
問題類型	除了探索「什麼」（what）之外，較常借重理論和實務能力解決「如何做」（how）的問題（problem）	除了探索「什麼」（what）之外，較常借重學術能力詢答「為什麼」（why）的問題（question）
教導方式	常含隱性（如觀察）和非正式學習	常用口語和文字溝通
法規嵌入	需統合法規，因職業常被各種法規框架	較無嵌入法規之需求
利害關係人的權重	來自勞動市場利害關係人的特定需求和工作情境脈絡，都有相當大的權重	留有較大的空間解釋來自利害關係人的需求

資料來源：修自 Cedefop, 2015, p. 23.

　　職業教學論（vocational pedagogy；"pedagogy" 在此是表 5.2 中三種教學論的通稱）指職業教育與訓練教師／訓練師在教學時調整方法以滿足學習者需求和切合所處情境脈絡，所做許多決定的總和（Cedefop, 2015），或是為協助人員準備特定工作生活之教與學的科學、藝術與技藝（Lucas, 2014）。所以職業教學論既是職業教育與訓練的教學取向，也是職業教育與訓練的學習理論與實務，因而也被稱為職業教育學。職業教學論著重在如何組織學習條件，以發展出能展現在學習與工作情境的職能。

　　職業教學論和普通教學論有許多連通但也有其著重。當今職業教學論雖然不如青少年教學論成熟，但至少有下列三個相互關聯的核心概念：學習者中心（learner-centered）、結果本位（outcome-based）和真實學習經驗（authentic learning experience）。進一步說明三大概念如下：

一、學習者中心

職業教育與訓練的學習者中心教學取向，主張讓學習者參與各種學習情境、在教師指導和支持下有學習內容和學習方法的自主性、有統合知能爲專／職業生活做準備的結果本位活動，以支持其專／職業和技術發展（UNESCO, 2023）。在傳統的教師中心（teacher-centered）取向中，教師／訓練師是學習過程或活動的主角，教師／訓練師傳授知識、學員／生被動吸收。在學習者中心（learner-centered，亦稱學生中心／student-centered）取向中則是學員／生和教師／訓練師共同承擔決定學什麼、如何學，和爲何學的責任，在學習過程中師生對等參與（Wilson, 2023）。

和教師中心對比，學習者中心取向的教育／訓練：教師／訓練師和學員／生之間的關係更具協作性；課程更具主題性、體驗性和包容多元觀點；教學允許廣泛的學習偏好，更基於學習者的優勢、興趣和經驗，且具參與性；分組不是根據才能知覺，而是爲了促進合作、共同責任和歸屬感；以及在評鑑中考慮多元智慧、用途、眞實評估，和促進自我反思。學習者中心的教學方法宜涵蓋：以彈性的方式管理時間以配合學習者需要、包含與學習者個人相關的學習活動、賦予學習者在學習過程中遞增的責任、提供問題和任務激發學習者超越死記硬背的思考、幫助學習者透過運用批判思考能力精煉其了解、支持學習者在每項任務發展和使用有效的學習策略、將同儕學習和同儕教學納入教學方法（TEAL, 2010）。

例如主動學習（active learning）是一種學習者中心的教學取向，這種取向的學習責任由學生承擔，通常與同學協作。在主動學習中，教師是促進者而非單向的資訊提供者。降低直接講述的占比，增多課堂討論、問題解決、合作學習，和寫作練習、角色扮演、案例研究、小組專題、思考—配對—分享、同儕教學、辯論、即時（just-in-time, JIT）教

學，以及課堂討論後的簡短示範（Starting Point, 2023）。

二、結果本位

結果本位教育／訓練是指該教育或訓練的所有部分和層面都聚焦在明確的結果，例如課程與教學明定有待增能的特定目標，並要求修課學員／生在課程與教學結束時須達成目標。而職能本位教育與訓練也常被定義如下（Romiszowski, 1981）：

職能本位教育與訓練 = 精熟學習 + 個別化模組教學

圖 5.3 呈現精熟本位學習（mastery-based learning, MBL）、職能本位學習（competency-based learning, CBL）和結果本位學習（outcome-based learning, OBL）三者的關係：MBL 是 CBL 的必要條件，CBL 是 OBL 的必要條件，職業教育與訓練常訴求的職能也是一種結果。結果本位的課程與教學需講求下列四個問題的提問與回答：(1) 我們要學員／生學什麼？(2) 我們為什麼要學員／生學那些？(3) 我們要如何幫學員／生學那些？和 (4) 我們要如何知道學員／生已學到那些（Karim & Yin, 2013）？

致力於發展職業教學論的盧卡斯（Lucas, 2012, 2014, 2019, n.d.）主張，職業教育與訓練的目標在使學員／生能在職場做好超越口說筆寫的事，主張職業教育與訓練應支持下列六項結果的產出：(1) 例行專長（需能熟練執行日常工作）；(2) 機敏能力（會停下來思考並處理非例行事務）；(3) 功能素養（溝通，以及讀寫算和資通科技／ICT 等基本能力）；(4) 技匠精神（有職業敏感度、把工作做好的抱負、以工作做得好為榮的態度）；(5) 務實的態度（有商業或創業感、財務或社會感）；和 (6) 拓展的能力（如就業能力和終身學習能力）。這些產出結果都是工作職能（working competency）的範圍。

圖 **5.3** 精熟、職能和結果本位學習的關係

	精熟本位學習（MBL）
MBL	・學習者熟練一個單元或領域才可進展到下一個單元或領域的學習取向。 ・條列出達致熟練程度的規準。 ・教師／訓練師提供學習者支持並允許學習至熟練所需時間。
CBL	**職能本位學習（CBL）** ・具備 MBL 所有特性。 ・強調學習者自我調速。
OBL	**結果本位學習（OBL）** ・具備 MBL 和 CBL 所有特性。 ・強調學習者需了解需達致熟練程度的原因。

資料來源：修自 Wilson, 2023.

三、真實學習經驗

真實學習（authentic learning）泛指著重將學員／生所學內容與真實世界的課題、問題和應用連結之各種教育和教學技術。其基本想法是，如果學員／生正在學習的內容對映真實生活的情境脈絡，他們就更有可能對他們所學的內容感興趣，更有動機學習新的概念和能力，並為後續學習成功做出更好的準備。就職業教育與訓練而言，真實學習需連結或對映的主要是職場的實際作業和績效表現。真實學習經驗的例子之一是學生完成一個社會創業（social entrepreneurship）單元，在該單元中開創一家企業，為當地的非營利組織募款。學生利用 Google 表單進行市場調查，詢問產品、價位、利潤的潛在非營利組織接收者；分析調查結果，決定並測試產品；利用 Google 表單製定出登錄支出和收入的費用表；擬定包括公司名稱、成本分析、促銷計畫在內的商業計畫；製作宣傳單；建立銷售和其他紀錄表；配送產品；並管理資金（User

Generated Education, n.d.）。

　　眞實學習經驗的設計除了需關聯眞實世界之外、也需著重學習者主動參與和反思、教師之間和學習者之間協作，以及眞實評鑑（Pappas, 2023）。因此，學員／生的眞實學習經驗須符合下列三項規準：(1) 能建構知識——組織、解釋、評鑑或綜合先前的知識於解決新的問題，即溫故知新且通過致用的考驗；(2) 能有序探究——運用先前知識基礎、力求深化了解而非膚淺覺察、透過詳盡溝通發展和陳述構想和發現；(3) 能延伸價值——產出意義可由校內延伸至校外的言說、產品和績效表現（Newmann, et al., 2007）。

　　例如體驗學習（experiential learning，又稱經驗學習或實作學習／ hands-on learning）取向被認爲符合眞實學習的規準（Knobloch, 2003）。這是一種參與式學習過程，學員／生可以從「做中學／邊做邊學」（learning by doing）並反思其經驗。體驗式學習活動包括但不限於實作的實驗室實驗、實習（practicum）、實地實習（internship）、建教合作、服務學習、現場練習、出國遊學、大學生研究和工作室表演。庫伯（David Kolb）的體驗學習理論認爲學習應體驗如圖 5.4 所示的循環過程：起自學習者親自參與眞實情境，多用感覺、開放心態和對改變的適應力以取得實際經驗，接著採多元觀點反思過往經驗和概念性了解（即對想法的整合性和功能性把握）並做客觀審愼判斷，產出反思後的新想法或調整原先的概念，最後測試新想法及在後續新經驗中砥礪新能力。

圖 5.4 Kolb 的體驗學習循環

資料來源：修自 Boston University Center for Teaching & Learning, n.d.

第 二 節 教學法的選擇

前述的教學論（pedagogy 等）是教學方法（teaching method，簡稱教學法或教法；是教師／訓練師做的事）、學習活動（是教師／訓練師要求學員／生做的事）和學習評估（測量學生學習的作業、專題／作品，和任務等）的組合（University of Minnesota, 2023）。本節說明教學法的選擇。

壹 教學技術、方法、策略和取向的異同

教學技術（technique）、方法（method）、策略（strategy），和取向（approach）的意義有重疊之處也常被交互使用（如講述常被歸為技術、方法或策略）。就相異之處而言，下列愈往下者範圍愈寬廣

（Cris, 2023; Yousafzai, 2023）：

1. 教學技術：教師／訓練師為完成某一教學任務的具體行動或介入，例如提出開放性問題激發學員／生思考，使用視覺輔具解說概念，或提供頻繁的回饋。

2. 教學方法：教師／訓練師傳遞內容和促進學習的一組特定技術和策略，且常包含在課堂上使用的逐步過程和活動，例如講述法、小組討論法、個案法。

3. 教學策略：教師／訓練師使用某一（或某些）方法達成教學目標的行動計畫，涉及為滿足學生的學習需求而客製化的方法和方法的組合，包括學生參與、班級經營、持續改善、回饋、評估、差異化，以及對學生能力和需求的調適等，例如主動學習（active learning）策略、合作學習（cooperative learning）策略、專題本位學習（project-based learning, PBL）策略等。

4. 教學取向：教師／訓練師根據教材內容、學生需求和課程目標的不同，決定如何進行教學的整體理念或觀點。這些理念或觀點建立教學和學習環境的基調，並反映教師／訓練師對教與學的信念和價值觀，且影響其整體教學風格以及與學員／生的互動方式。例如學生中心教學取向（關注個人學習需求）或教師中心教學取向（採用較結構化、講述為主的方法）、行為主義教學取向（強調增強和懲罰在形塑學員／生行為上的角色）、建構主義教學取向（強調學生中心學習）等。

　　教師／訓練師為了學員／生的有效學習，在教學上「想方設法」中的「方」大致指策略和取向，「法」大致指技術和方法。目前已有數以百計的教學法，例如圖 5.6 所示是 12 種教學法在教師中心─學生中心光譜上的分布，愈左邊的教法愈教師中心取向。各教法簡述如下（University of Central Florida, n.d.）：

圖 **5.5** 12 種教學法在教師中心－學生中心光譜上的分布

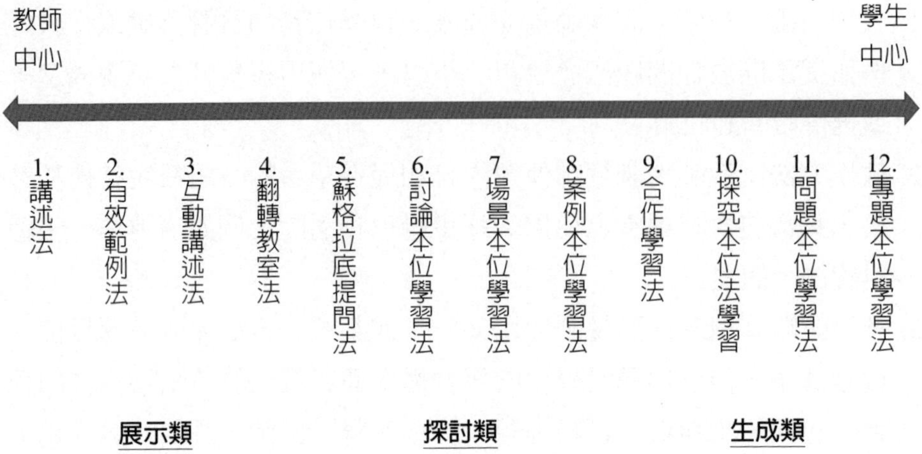

教師
中心

學生
中心

1.講述法	2.有效範例法	3.互動講述法	4.翻轉教室法	5.蘇格拉底提問法	6.討論本位學習法	7.場景本位學習法	8.案例本位學習法	9.合作學習法	10.探究本位法學習	11.問題本位學習法	12.專題本位學習法

展示類　　　　　　　　　　**探討類**　　　　　　　　　　**生成類**

資料來源：修自 University of Central Florida, n.d.

1. 講述（lecture）法

即展示與說明（show and tell），教師／訓練師透過講述，展示與說明教材內容的方法。講述可協助學員／生組織廣泛的閱讀內容，但切勿單純重複閱讀內容使學員／生停留在被動角色和枯燥情境，宜盡可能展示人與教材內容的互動模式、指出重要或爭議課題、列舉問題的對策、提供指導下練習機會（如指定在課堂內進行、會有建設性回饋的小組作業），或指定旨在精熟學習的獨立練習。講述法易於與其他教法組合運用又可轉化為線上教學，例如在示範階段採用視訊，在指導下練習階段採用小組討論。

2. 有效範例（worked/worked-out example）法

簡稱範例法，教師／訓練師扮演專家角色為新手學員／生由簡而繁逐步展現如何解決問題或執行任務，以利學員／生隨後應用到類似問題或任務的方法。在解決問題方面，範例法常包括問題表述、解決步驟和最終解法。範例法是一種可減輕學習者認知負荷的教法，可協助新手學習者更容易進行複雜問題之解決的活動。

3. 互動講述（interactive lecture）法

　　教師／訓練師圍繞著問與答進行講述的方法，學員／生可以單獨或小組形式使用彩色抽認卡（flashcard，又名閃卡）或投票技術（如答題器或 BYOD／自攜電子設備應用程式）回答這些問題。使用投票技術的優勢在具可擴展性、易於就學生表現提供集體回饋，以及和線上成績冊整合以上傳出席情形或小考分數。其他互動技巧包括簡短的寫作練習、快速配對或小組討論、個人或協作解決問題，或透過繪畫理解。

4. 翻轉教室（flipped classroom）法

　　學員／生先在線上學習內容（透過閱讀、視訊講述或播客），然後再到教室／課堂進行教師／訓練師指導下練習的方法。此法需明確溝通學習目標、程序、角色和評估規準，也需要有圍繞鷹架學習（scaffolding learning）至精熟的詳細課程設計。在實務上，許多教師／訓練師選擇使用 PowerPoint 檔轉存成 .mwv 或 .mp4 檔上傳到 YouTube 建立線上視訊講述。

5. 蘇格拉底提問（Socratic questioning）法

　　又稱蘇格拉底詰問法，係教師／訓練師透過精心設計的問題和結構化的提問促進學員／生批判思考（critical thinking）的方法。古希臘哲學家蘇格拉底（Socrates）認為深思熟慮的提問可促使學員／生有邏輯地審視問題。他的技巧是聲稱自己對這個主題一無所知，以提高學生的知識。蘇格拉底式的問題類別：待釐清問題、探究假設的問題、探究證據和推理的問題、關於觀點和視角的問題、探究意涵和後果的問題，以及關於問題的疑問。是一種有結構的質疑方式，可用於探索許多方面的思想，包括探索複雜的想法、了解事物的真相、解決疑問和問題、揭示假設、分析概念、區分我們所知道的和我們不知道的東西、跟蹤思想的邏輯涵義或控制討論。

6. 討論本位學習（discussion-based learning）法

教師／訓練師安排學員／生與其他觀點的同儕透過即時互動的討論，以找出資訊、應用所學並發展批判思考能力的方法。教師／訓練師的主要角色在讓學生參與討論，以練習推理能力而不是簡單地交換意見。在實務上，可發展一個評估討論的評量尺規，並指派某些學生作爲評鑑者並在討論結束時提供回饋。由學生輪流扮演評鑑者角色，也有利於後設認知能力的發展。

7. 場景本位學習（scenario-based learning）法

又名沉浸式／身歷其境學習（immersive learning）法或模擬本位學習（simulation-based learning）法，指安排學員／生在複製工作條件的真實模擬環境中練習以發展能力的方法。例如客觀結構式臨床測驗（Objective Structured Clinical Examinations, OSCE）常被用在醫事人員的職能評估、教育、訓練。這種評估通常採分站式臨床案例（如住院病人因胸痛呼救）模擬器進行。而在 OSCE 評估的準備課程中教導學員／生逐站練習，即採場景本位學習法。

8. 案例本位學習（case-based learning）法

又稱個案本位學習法，指安排學員／生參與類似（或就是）真實世界中實例之特定場景的方法。參與者在累積知識和透過小組合作檢視案例時，彼此之間需密集互動。案例範圍可能簡單到幾分鐘之內可解決，也可能複雜到多個學習活動才能解決（如科技大學護理系某門課和某地區醫院的小型協作研究）。

9. 合作學習（cooperative/collaborative learning）法

教師／訓練師指定學員／生到能確保人人參與、通力合作的小組進行學習活動或完成學習任務的方法。這種小組常依學員／生能力做異質性分組，組員常會被分別指派角色，使其先專注於特定任務，然後在後續活動中循環扮演這些角色。常見的小組課堂活動包括思考─配對─分享、魚缸辯論、案例研究、解決問題、拼圖。

10. 探究本位學習（inquiry-based learning）法

教師／訓練師透過問題驅動方式提高學員／生自我導向發展批判思考和解決問題能力的方法。過程中教師／訓練師隨著學員／生知能的增進，減少給予指導和指示，而由學員／生承擔更大的作業責任。這種模式下的有效教學需準確評估先備知識和動機，以確定為補充新手增加的認知需求所需的鷹架介入。教師／訓練師可以透過工作場景、程序工作單、學員／生反思機會，以及針對個人或小組的諮詢來提供這種鷹架。通常允許學員／生進行練習和失敗，隨後再提供機會以根據同儕和／或教師／訓練師的回饋來修正和改善績效表現。

11. 問題本位學習（problem-based learning, PBL）法

類似案例研究法，不同之處在於這種 PBL 的目的通常在讓問題、過程和結果更加模糊，而不是讓學生感到舒適。PBL 要求學員／生體驗極端的不確定性並與之奮鬥。教師／訓練師的角色是故意創造一個非結構化的問題和交付成果的最後期限，分派小組（有或沒有明確的角色），可或不提供一些知能準備，並拒絕提供清晰、舒適的評估指導。

12. 專題本位學習（project-based learning, PBL）法

類似問題本位學習法，但在專題本位學習法通常由學員／生提出問題或疑問，進行研發及交付創意產品為成果，因而可以提高學員／生的參與度和長期學習，但也可能導致學員／生在創意製作上投入更多時間和資源，而犧牲學術內容。當將指派專案給包含新手在內的小組時，教師／訓練師應該強調對作業做出公平貢獻的必要性。評估應該解決努力程度的差異，並允許學員／生進行同儕評估。

教學法可以採用不同的依據加以分類，例如圖 5.5 是採教師中心—學生中心單軸（即依教師／學生中心程度）分類；圖 5.6 則是採科技使用程度和教師／學生中心程度雙軸就八種教學法做分類，在第 I 象

圖 **5.6** 八種教學法的科技使用程度和教師─學生中心程度

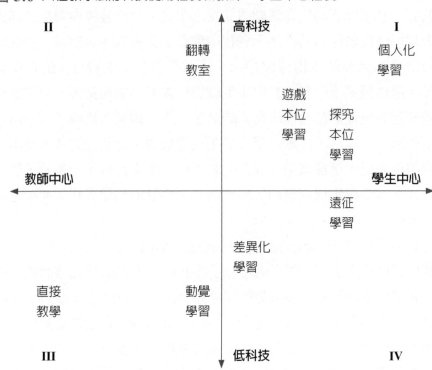

資料來源：修自 TEACH.COM, 2020.

限的三種教學法是高科技學生中心類，在第 II 象限的一種教學法是高
科技教師中心類，在第 III 象限的兩種教學法是低科技教師中心類，在
第 IV 象限的兩種教學法是低科技學生中心類。八種教學法中，探究本
位和翻轉教室兩種已在前述簡介，以下簡介其他六種（TEACH.COM,
2020）：

1. 個人化學習（personalized learning）：教師／訓練師讓學員／生按照
   針對他們的興趣和能力設計的個人化學習計畫，進行自我指導和課
   程選擇的方法。
2. 遊戲本位學習（game-based learning）：透過遊戲讓學員／生更主動
   學習，成爲問題解決者，學會成年時所需軟能力的方法。

3. 直接教學（direct instruction）：又名直接指導，是透過講述和教師／訓練師主導的演示進行顯性教學的傳統教學法之總稱，學員／生透過傾聽、觀察、閱讀、作業等被動學習。

4. 動覺學習（kinesthetic learning）：有時被稱為「觸覺學習」或「實作學習」，是要求學員／生透過做、製作或創作進行學習的方法。實作經驗、繪畫、角色扮演、建造，以及戲劇和運動都是動覺活動的例子。

5. 差異化學習（differentiated instruction）：根據學員／生個別需求進行客製化教學的方法。

6. 遠征學習（expeditionary learning）：又稱探索體驗學習，是專題本位學習的一種形式，學員／生走出教室、走進社區，進行探索並深入研究影響其學校、組織或社區之主題的方法。

　　表 5.4 所列則是 18 種教與學方法，這些方法在國際職業教育與訓練已被廣泛了解和使用，也大多包含從做中學、體驗學習、反思、回饋和討論（Lucas, 2014）。

表 **5.4** 可用在職業教育與訓練的 18 種教與學方法

透過……學習	概要
1. 觀察（watching）	透過觀察他人學習如何執行（或不要如何執行）活動。有時會結合錄影和討論，或示範與模仿等。
2. 模仿（imitating）	透過貼近地觀察他人活動，再模仿以執行所觀察的活動。由於危險、限制性或不適切的程序也可能被模仿，因此常需由教師／訓練師加以修正。
3. 練習／試誤（practicing/ trial and error）	透過下列階段的進展練習至熟能生巧：增加練習次數至感覺行動順暢化、隨著肌肉記憶發生而可一氣呵成整個行動、找出困難點並加以克服、嘗試新的工作方式以融入樂趣和創意、在真實情境下測試和改善技能。

透過……學習	概要
4. 回饋（feedback）	透過教師／訓練師、同儕乃至自己等給予的回饋，調適行為以改善績效表現，常統合本表所列其他方法。回饋既是學習者記錄進度的主要機制，也是形成性評估的核心要素。
5. 對話（conversation）	透過刻意或非刻意營造，在實體和／或虛擬空間中的對話機會學習，例如實習生從和職場中的員工、業師、主管等正式或非正式對話中反思和成長。
6. 教導與協助（teaching and helping）	透過教師／訓練師給予和／或同學相互之間的教導與協助學習。
7. 解決真實世界問題（real-world problem-solving）	透過探究本位（inquiry-based）的真實世界問題（如節能、減塑、堆砌石牆）的解決經驗中學習。
8. 探究（inquiry）	透過個別或小組，針對特定問題進行探究產出知識的程序學習。
9. 批判思考（critical thinking）	針對複雜問題，透過抱持多元觀點和開放態度、釐清情境脈絡、做出理性判斷的過程學習。為了做好批判思考，學習者宜學會後設認知（思考如何思考和學習）策略。其關鍵在問自己一些自我反思的問題，如目前所處的位置（思考已經知道的內容）、如何學習（什麼有效、什麼無效）以及想要達到的目標（衡量是否精熟了教材）。
10. 傾聽、錄製和記憶（listening, transcribing and remembering）	透過近似傳統的教師傳授、學習者記筆記和重複所學，但藉助大聲朗讀、押韻、韻律、順口溜、錄下重要題材、學習者相互提問等學習。
11. 繪圖與素描（drafting and sketching）	針對複雜情境，透過繪圖和素描的空間視覺表徵學習。
12. 反思（reflecting）	透過反思（回頭檢討過往的經驗或想法，並加以批判性地分析）和其他學習方法的統整深化學習。
13. 不經意的見聞（on the fly）	透過非事先安排、動態發生的事件或活動進行非正式學習。需整合其他方法。

透過……學習	概要
14. 教練（being coached）	透過有如運動員接受運動教練般貼近指導進行學習，在教練法中人際互動和動態環境至為重要。
15. 競賽（competing）	透過建構性的競賽提升才能、培養雄心和促進學習。
16. 虛擬環境（virtual environments）	透過數位學習環境學習，如透過電腦或行動裝置進行線上學習。
17. 模擬與角色扮演（simulation and role play）	透過虛擬或實體模擬和／或角色扮演學習。
18. 遊戲（games）	透過虛擬或實體遊戲學習，常和模擬與角色扮演法整合。

資料來源：修自 Lucas, 2014, 2019.

貳　教學方法講求適法適用

在眾多教學法中，並沒有所謂普遍較有效或較無效的教學方法，只有較適合或較不適合某一（或某些）學科領域（或學習領域）、學習目標、學生需求和學習環境（或情境）的教學法，而且尋求較適合的教學法是永無止盡的。西方人說：「在手裡拿著釘錘的人眼中，任何問題看起來都像釘子」（To a man with a hammer, every problem looks like a nail）。所以教師／訓練師需理解各種教法及其進展，才能權衡各種因素以選出適切教法（含適切混合使發揮綜效）。而且，有效的教師不會一成不變地使用同一種／些教法，會持續反思教學實務、觀察學員／生是否在有效學習，然後相應地調整教法。原則上，教師／訓練師選擇教學法時，需明瞭職業教育與訓練的育才目標、了解任教職業／學科領域的性質、知悉預期學習結果的範圍、知道可做最佳混合使用的學習方法，以及關注任一情境脈絡因素（學員／生本質、教師／訓練師本身專

長和學習環境）（Lucas, 2014）。Lucas（2014）建議在選擇教學法時思考下列 10 個問題，找出定位：

1. 教師的角色在「促進」和「說教」兩極端之間的定位為何？
2. 活動的性質在「真實」和「人為」兩極端之間的定位為何？
3. 獲知的手段在「實務」和「理論」兩極端之間的定位為何？
4. 知識的態度在「質疑」和「照收」兩極端之間的定位為何？
5. 時間的安排在「彈性」和「固定」兩極端之間的定位為何？
6. 空間的安排在「實習場所」和「教室」兩極端之間的定位為何？
7. 任務的取向在「小組」和「個人」兩極端之間的定位為何？
8. 過程的能見度在「明顯」和「隱蔽」兩極端之間的定位為何？
9. 和教師／訓練師的接近程度在「面對面」和「虛擬」兩極端之間的定位為何？
10. 學習者的角色在「自我管理」和「被指導」兩極端之間的定位為何？

　　依本章第一節所述職業教學論的三個核心概念，職業教育與訓練各學習領域在上列 10 個問題中的定位，會較傾向左端。所選用的教法需：能有效促進學習又包容學員／生差異，能激發學員／生的學習熱情、好奇心、批判性和自主性，能促成師生之間彼此互動和一起學習，能幫助優異的學員／生走得更遠又不讓困頓的學員／生遠遠落後，能促使學員／生之間彼此互動和相互學習，能涵蓋有待教與學的所有內涵又有時間進行額外因應個別差異、處理突發事件等課題的活動（Minnesota State University, n.d.）。

　　進一步就育才目標和職業／學科領域的本質而言，美國勞工部出版的《職業分類典》（Dictionary of Occupational Titles, DOT；即職稱詞典）著眼於每項工作都需要工作人員關聯資料（data, D）、人員（people, P）與物品（thing, T）到某種程度以發揮功能。DPT 的定義如下：

1. 資料（data, D）：和資料、人員與物品有關的資訊、知識和概念，得自觀察、調查、解釋、視覺化和心理創造。資料是無形的，包括數字、文字、符號、想法、概念和口語表達。

2. 人員（people, P）：人類以及被當作人類對待的動物。

3. 物品（thing, T）：即物件，有別於人類的無生命物體、物質或材料；以及機器、工具、設備、工作輔具和產品。物品是有形的，具有形狀、形式和其他物理性質。

　　DOT 中各職稱有九位數編碼，下列是四例：

1. **職業訓練教師或職校教師**（vocational training instructor/vocational teacher）

　　DOT 職稱編碼是 097.221-010，中間三位數字 221 是工作人員功能（worker function）DPT 編碼，分別對應表 5.5 中 D-2（分析）、P-2（教導）和 T-1（精準工作），表示職校教師在工作上關聯資料、人員與物品的複雜度都很高。

2. **中學教師**（secondary school teacher/high school teacher）

　　DOT 職稱編碼是 091.227-010，DPT 編碼 227 前兩位數和職校教師相同，T 的編碼 7 表示關聯物品的複雜度較職校教師低很多。

3. **生產線銲接人員**（production line welder）

　　DOT 職稱編碼是 819.684-010，中間 684 對應的是表 5.5 中 D-6（比較）、P-8（聽從指示—取得協助）和 T-4（操控），表示生產線銲接人員在工作上關聯資料和人員的複雜度不高，關聯物品的複雜度中度。

4. **祕書或祕書速記員**（secretary/secretarial stenographer）

　　DOT 職稱編碼是 201.362-030，DPT 編碼 362 表示在工作上關聯資料的複雜度居中、關聯人員的複雜度不高、關聯物品的複雜度高。

表 5.5　美國職業分類典中工作人員功能編碼對照表

	資料（data, D）	人員（people, P）	物品（thing, T）
職業編碼	第 4 位數	第 5 位數	第 6 位數
編碼（數字愈大愈簡單）	0 綜合 1 協調 2 分析 3 編譯 4 計算 5 複製 6 比較	0 指導 1 協商 2 教導 3 監督 4 愉悅 5 說服 6 說話—傳達信號 7 服務 8 聽從指示—取得協助	0 設定 1 精準工作 2 操作—控制 3 驅動—操作 4 操控 5 照料 6 進—卸料件 7 處理

註：1. 資料來源：United States Department of Labor, & Office of Administrative Law Judges Law Library, n.d.

2. DOT（最新版為 1991 年修訂的第 4 版）已經被美國勞工部建置的職業資訊網絡（Occupational Information Network, O*NET）所取代，但在新的社會安全職業資訊系統（Occupational Information System, OIS）完成之前，失能方面的裁決仍經常引用 DOT 當權威來源，所以 DOT 還在美國勞動部行政法官局（Office of Administrative Law Judges, OALJ）網站（https://www.dol.gov/agencies/oalj/topics/libraries/LIBDOT）上。

　　圖 5.7 是前述四種職稱對 DPT 的倚重程度的圖示。職業教育與訓練教師／訓練師明瞭其學員／生就業／從業職稱對 DPT 的倚重程度和編碼（即複雜等級，如生產線銲接人員的 T 之編碼 4，需涵蓋物品的操控、照料、進—卸料件、處理四個等級），以利在較宏觀層面選擇教學取向和策略時做決定。原則上是教學上需對應職場中對 DPT 各自的倚重程度和涵蓋等級。例如前述祕書或祕書速記員的主功能需達操作—控制物品（T-2）、編譯資料（D-3）和與人員說話—傳達信號（P-6），所以其培育／培訓課程與教學不能止於講述、示範、觀察等。

圖 5.7　四例職稱對 DPT 的倚重程度

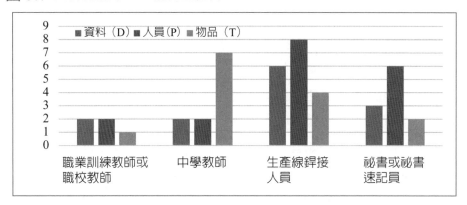

註：各職稱的 DPT 長條愈短表示愈貼近（或倚重）對應的 D、P 或 T

　　就學員／生預期學習結果而言，即是職能。職能含知識、技能、才能和其他特質（即 KSAO），才能（A）是 KSO 的統合應用，教法需針對 K 或 S、A、O 特性適法適用。例如在馬來西亞的職能單元課程（COCU）中即建議有各種工作活動的教授方式（見表 4.11 示例）。但須加以注意的是教育與訓練的職能本位取向是圍繞著學習成果（即職能／KSAO），而非如傳統的內容本位取向是圍繞在明定的教授內容。所以，職能本位取向相對重視學習成果和減少對教學方法的強調，以利教師／訓練師能夠靈活調整教學使更能適合學習者（ADB, 2022）。例如澳洲的國定訓練套件（training package）是立案教育／訓練機構（即RTO）實施結構化、可被認可之教育／訓練的主要依據，訓練套件明示需要達到的職能，但沒有規範個人應如何被訓練。因為方法是 RTO 的責任，RTO 須透過教師／訓練師發展教學策略和評估方法，以滿足學習者的需求、能力和情況（Training.com.au., 2023）。

參 百聞不如一見、一見不如體驗

在學習中，外在資訊的獲得需借重感官，因而觸覺、視覺、聽覺、嗅覺與味覺等在學習上的運用，有如《荀子·儒效》所說：「不聞不若聞之，聞之不若見之，見之不若知之，知之不若行之，學至於行之而止矣。」意思是：沒聽到的不如聽到的，聽到的不如見到的，見到的不如了解的，了解的不如實行的，學習到了實行就達到極致了。歐美人士常加以簡化地說："What I hear, I forget. What I see, I remember. What I do, I understand."（我聽過的會忘記，我看過的會記住了，我做過的會了解。）簡要言之，就是：百聞不如一見、一見不如體驗。

戴爾（Edgar Dale）的經驗圓錐（cone of experience，又名學習金字塔）將常用的教學材料、媒體乃至環境，依具體程度（即涉及感官數量）分成 11 個層級如圖 5.8 所示：愈往底層愈具體、涉及感官的數量

圖 5.8 戴爾（Edgar Dale）的經驗圓錐

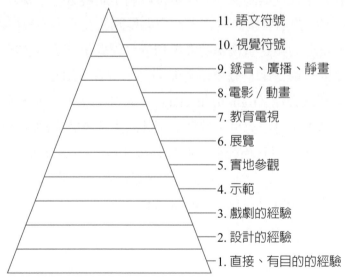

11. 語文符號
10. 視覺符號
9. 錄音、廣播、靜畫
8. 電影／動畫
7. 教育電視
6. 展覽
5. 實地參觀
4. 示範
3. 戲劇的經驗
2. 設計的經驗
1. 直接、有目的的經驗

資料來源：修自 Growth Engineering Technologies, 2023.

愈多；愈往上層愈抽象、涉及感官的數量愈少。教育／訓練人員可加以善用和混用，在兼顧安全和時間、資源等要素下，盡可能讓學習者使用多種感官學習。簡要說明各層級如下（Growth Engineering Technologies, 2023）：

1. **直接、有目的的經驗**

   圓錐上最底層，也是最具體的基石。是透過賦予學習者責任完成特定成果的實作活動（眞實的完整版）體驗。過程中學習者是學習經驗的主動推動者，在體驗中經由看到、操作、品嚐、感覺、觸摸和聞到等多種感官習得知能。

2. **設計的經驗**

   又稱爲人爲的經驗，是透過代表性模型（模仿的現實或眞實的編輯版）進行盡可能接近眞實的體驗。設計的體驗可讓學習體驗變得更容易取得、更容易操縱或操作。例如當代的虛擬實境（virtual reality, VR）和擴增實境（augmented reality, AR）。

3. **戲劇的經驗**

   例如銷售談判的角色扮演練習，透過爲學習目的而重建的情境體驗，學習者的角色是積極參與者。過程中，學習者也可相互觀摩。

4. **示範**

   又稱演示，是對事實、想法或程序的視覺化解說，可搭配照片、圖畫、影片和其他類型的媒體，以促進清晰有效的學習。示範與展覽和實地參訪一樣，可能包含參與元素，也常在示範後安排學習者的實作活動。

5. **實地參觀**

   又稱實地考察，可親身經歷眞實世界環境中的景象和聲音而連結眞實世界，但學習者重在旁觀，偶爾有參與機會（如擠牛奶、種棵樹）。

6. **展覽**

   指物件、想法、發現或發明的有意義展示，大多數展品僅供視覺體

驗，但某些展品會搭配學習者直接、有目的的體驗，以增多感官元素。

7. 教育電視

隨著電視和電影的進展，已可和第 8 級合併歸為一類，兩者都是可透過螢幕錄製來處理真實生活過程或事件的相似的媒體，也包括影片、動畫和電視節目，它們透過影片等暗示價值和資訊。這些媒體可以有效地呈現物件或想法的運動和連續性。

8. 電影／動畫

見上述第 7 級。

9. 錄音、廣播、靜畫

除了戴爾 1940 年代提出的錄音、廣播和靜畫，還可包括現代的照片、播客（podcast）或音訊檔案。這些聽覺和視覺媒體只做單向傳播。

10. 視覺符號

例如作為概念表徵的圖表、地圖、圖形和圖解。這些視覺符號有助於使任何現實更容易理解，但仍高度抽象。

11. 語文符號

例如口語、文字，因為與其所代表的物件或想法沒有物理上的相似性（如對沒見過虎或其圖片、影片的學習者而言，用各種語言唸或寫「虎」，都難以領會真虎），所以和真實生活相距最遠，是高度抽象的。

　　戴爾指出，有效的學習環境應該提供令人難忘和豐富充實的經驗，讓學習者可以運用多種感官學習。這種經驗的特性如下（Growth Engineering Technologies, 2023）：

1. 學習者使用眼睛、耳朵、鼻子、嘴巴和雙手，探索和沉浸經驗。
2. 學習者有發現新經驗的機會。
3. 教育／訓練活動能感動學習者，並可激勵其終身繼續學習。
4. 學習者有反思過往經驗以創造新經驗的機會。
5. 學習者獲得個人成就感。

6. 學習者可以開創自己的動態經驗。

　　所以職業教育與訓練的教學設計應優先考慮經驗圓錐最底下的層級，以極大化學習者的體驗，在有安全疑慮和／或資源限制下才往上一層考慮，而且該善用層級之間的混成（如先看影片再進行實地參觀）以極大化學習綜效。

第三節 職能本位教學設計

　　如本書第四章第一節所述，傳統內容本位的教育與訓練取向之學習完成與否主要取決於學習時間，被批評過於著重理論，無法滿足實務需求。職能本位的教育與訓練之學習完成與否則主要取決於學習精熟，是一種系統化和靈活性的教育與訓練取向。它的重點在：在教學前以可衡量的描述定義學員／生要學習什麼，在教學後評估他們在指定任務的表現能耐，並與學員／生共同承擔預期的行為或任務、績效表現條件與可接受標準。亦即職能本位教育與訓練（CBET）的重點如下：目的在促進學習者達到預設才能，在學習過程中每個個別學習者的行為都受到關注，其評鑑強調標準參照（結果為「精熟或不精熟」、「及格或不及格」、「通過或不通過」等）。CBET 受歡迎的主要原因是可如預期地減少教育與訓練端和勞動市場端之間的落差（Nikolov, et al., 2014），因此，CBET 取向和職業教育與訓練自然契合。

　　如圖 5.9，在職能本位教育與訓練班制課程裡，在教學之前職能是目標，在教學當中職能／行為指標（competency/behavioral indicator）是學習活動的參照，在評估當中行為是學習進展的指標，在教學之後職能是學習結果（Nikolov, et al., 2014）。職能是執行特定工作角色所需的關鍵才能，職能／行為指標則是可用以評估職能的行為或特徵（trait），通常可透過職能／行為指標確定職能的精熟程度，職能／行

爲指標通常是職能的第二或第三層（即子職能或孫職能；如表 5.6 示例）。

圖 5.9　教學科目、學習單元與職能的關聯表

註：虛線框表示有些課程會跳過框內的課程分解。
資料來源：修自 Nikolov, et al., 2014.

表 5.6　機械工程助理職能與行為指標示例

類別	職能	行為指標（例）
數學——準確執行算術或更高階的數學計算	使用代數（用數值代入公式中的字母）、幾何（角度、距離、面積），和／或描述性統計（均數／中數／眾數、標準差、全距）	・快速和精確地執行算術運算 ・為預定的目的適當選擇和應用公式 ・正確辨識針對特定目的的適當分析並選擇用於運算的適當電腦程式 ・準確解釋並呈現數學／統計運算結果
……	……	……

資料來源：Los Angeles City Personnel Website, n.d.

　　已確認的職能和職能指標需和教學科目、單元／模組、課目做關聯（科目、單元／模組和課目之關係已如第四章第一節所述）。表 5.7 是可作為輔助工具的關聯表（或雙向細目表）示例，借重關聯表可檢核科目、單元和課目中有無遺漏待教與學的職能與職能指標，以及關聯和配置情形的適切程度。

表 5.7　教學科目、學習單元與職能的關聯表

科目、單元與課目	職能與職能指標				
	A. ……			B. ……	
	A1. ……	A2. ……	A3. ……	B1. ……	……
科目 1 ……	◎		◎	◎	○
單元 1.1 ……	○		◎		○
課目 1.1.1 ……	◎		○	○	○
……					
科目 2 ……	◎	○	○	◎	○
……					

註：（空白）——低度關聯、○——中度關聯、◎——高度關聯。

教學設計和課程設計的關係如本書第四章前言中所述，教學主要是課程實施的活動，需精心設計以做好品管。教學設計又稱爲教學系統設計（instructional systems design）或教學系統發展（instructional systems development, ISD），是創造學習經驗以支持學習者有效學習的實務，也是任何教學經驗的品管程序，其依據的信念是讓學習者清楚了解教育／訓練後必須會做什麼，以及他們的表現將如何被評鑑，如此的教育／訓練最爲有效（ATD, n.d.）。教學設計的產出含教學經驗、訓練影片或工作輔具（job aid）等。

教學設計在整合型教學系統中的定位如圖 5.10 所示，教師／訓練師的角色是教學設計者、學習促進者和教學規劃者，需設計出在課堂或其他學習場所使用學習資源的情境脈絡，以及透過互動活動刺激學習。在和課程、時間、工作負荷和評估等相關限制的情境脈絡中，教師／訓練師要像教學場所的樂團編曲一般，能編排多層次的活動、組織和管理這些活動、選擇／製作有助於特定場合的科技工具（Cedefop, 2015）。

圖 5.10　教學設計在整合型教學系統中的定位

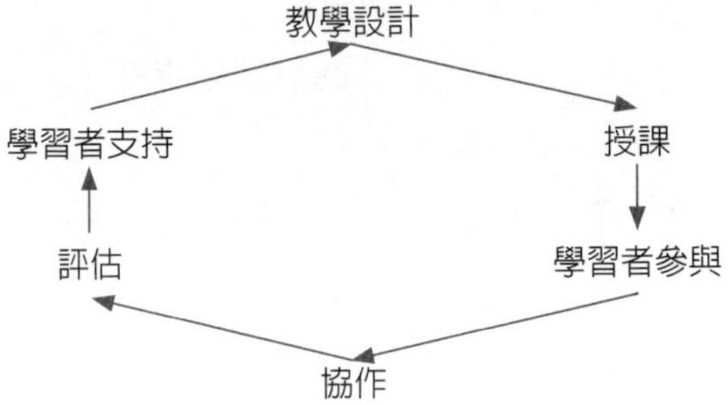

修自 Cedefop, 2015, p. 13.

以下介紹常見且適用在職能本位教育與訓練的兩種教學設計模式：ADDIE 和 SAM。

 **ADDIE**

ADDIE（唸如「阿待」）指含分析（A̲nalyze）、設計（D̲esign）、發展（D̲evelop）、實施（I̲mplement），和評鑑（E̲valuate）五個類線性步驟（或階段）的模式。如圖 5.11 所示，五個步驟的關係是串流。像生產線一般，每個步驟的產出即是下一步驟的投入，環環相扣。各步驟簡述如下（Purdue Libraries, n.d.）。在職能本位教育與訓練教學設計中，待學習的職能和待展現的職能／行為指標在前兩個步驟即需釐清。

1. 分析（A）

   本步驟定義有待透過教學加以解決的問題，找出問題的根源並辨認可能的對策。可能包括特定的研究技術，例如需求分析、工作分析和任務分析。本步驟的產出通常包括中項教學目標（goal）和有待教學的任務清單。

2. 設計（D）

   本步驟使用前一階段的產出規劃教學策略。需勾勒如何達到分析階段決定的教學目標並擴展教學基礎。本步驟要素可能包括編寫施教對象說明、進行學習分析、編寫小項目標（objective）和測驗試題、選擇教授系統，以及對教學進行排序。

3. 發展（D）

   本步驟使用前兩階段的產出產製教案（lesson plan，即課目計畫）和課目材料。需發展教學程序、教學中使用的媒體，以及任何支援文件。可能包括軟體（如電腦輔助教學）和硬體（如模擬設備）。

4. 實施（I）

   本步驟使用前三階段的產出實施課堂、實習場所或數位教學，著重在有效率和有效能的教授。需促進學員／生對教材的了解，並支持學員／生精熟職能或達成目標，並確保學員／生可將職能從教學環境遷移到工作上。

5. 評鑑（E）

只在評估教學及其設計的效率與效能，評鑑實際貫穿整個教學設計過程——步驟內、步驟間與實施後。含形成性和總結性評鑑，形成性評鑑在步驟進行期間和步驟切換之間進行，目的在教學設計成果（如教學計畫、教學軟體）的最終版本實施之前改善教學。總結性評鑑通常在最終版本實施後進行，目的在評估教學的整體效能，其評鑑資訊通常用在對教學做出價值判斷。由於評鑑有貫穿整個教學設計過程的特性，所以 ADDIE 模式是介於環狀和線性結構之間但較偏線性結構的類線性模式。

圖 5.11 ADDIE 教學設計模式

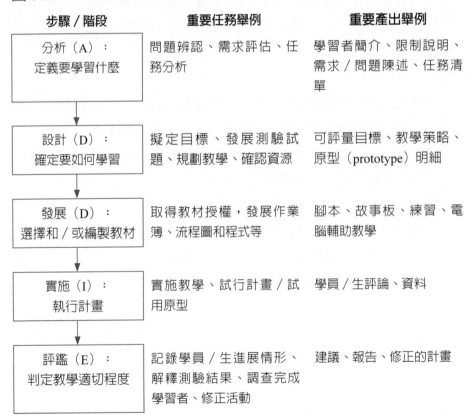

步驟 / 階段	重要任務舉例	重要產出舉例
分析（A）： 定義要學習什麼	問題辨認、需求評估、任務分析	學習者簡介、限制說明、需求 / 問題陳述、任務清單
設計（D）： 確定要如何學習	擬定目標、發展測驗試題、規劃教學、確認資源	可評量目標、教學策略、原型（prototype）明細
發展（D）： 選擇和 / 或編製教材	取得教材授權，發展作業簿、流程圖和程式等	腳本、故事板、練習、電腦輔助教學
實施（I）： 執行計畫	實施教學、試行計畫 / 試用原型	學員 / 生評論、資料
評鑑（E）： 判定教學適切程度	記錄學員 / 生進展情形、解釋測驗結果、調查完成學習者、修正活動	建議、報告、修正的計畫

資料來源：修自 Purdue Libraries, n.d.

貳 SAM（連續漸進模式）

　　SAM 是 "successive approximation model"（連續漸進模式）的縮寫，這種模式透過利害關係人協作儘早開創原型，再針對問題加以改善。圖 5.12a SAM1 是基本款，透過大眾熟悉的三個教學設計步驟——評鑑、設計和發展——的重複步驟或迭代週期不斷改進以趨近最佳產品。採此模式，因為參與者的想法和假定都可儘早進行討論、製作原型和進行測試，而更快地完成可用的產品，所以適合小型專案或團隊。對較大型的專案或團隊則採用圖 5.12b 所示擴充款 SAM2，SAM2 是 SAM1 的擴充，共由分布在三個專案階段（準備、迭代設計和迭代發展）的資訊蒐集等八個教學設計步驟組成。SAM2 模式除了加了增量週期之外，還增添由下列兩個步驟組成的準備階段，以利快速準備設計和發展工作：先進行「資訊蒐集」，再進行被稱為「精明啟動」（savvy start）的腦力激盪和原型製作會議（Rimmer, n.d.）。

圖 5.12 SAM 的基本款和擴充款

a. 基本款——SAM1

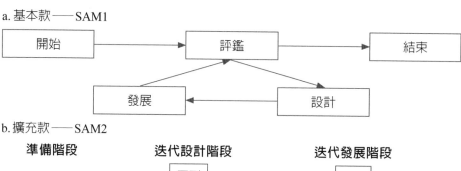

b. 擴充款——SAM2

資料來源：修自 Rimmer, n.d.

　　ADDIE 和 SAM 兩種模式都適用於職業教育與訓練的職能本位教學設計。ADDIE 模式的主要優點在於程序為大眾熟知，又步驟清晰，循序完成可設計出使學習者獲得有效工作表現的知能，但主要缺點在原型、測試和回饋都來得晚，又須循序漸進，教學設計人員較難因應變化（如新科技出現、過程中經費用罄等）做調整，較適合用在發展傳統的教學計畫、科技等產品，或過程中需有明顯檢核點的專案。SAM 的進行步驟是迭代結構，原型、測試和回饋都來得早，所以亦被稱為敏捷模式，較適合用在發展非傳統的教學計畫、科技等產品或較小型、調適力較強的團隊。但 SAM 也可以和 ADDIE 混成使用，例如在 ADDIE 的某一（或某些）步驟中採用 SAM 的迭代週期。

　　而 UNESCO（2015）的《關於職業及技術教育與訓練／TVET 的建議書》中針對 TVET（即 VET）學習過程的下列七項建議，可作為本章前述的綜合提醒：

1. 會員國應根據其具體情況、治理結構和憲法條款，無論是在公、私立 TVET 機構、職場、家庭或其他環境中，鼓勵各種學習機會。無論是自主學習、同儕學習或透過其他形式的社會學習等非正式學習，都應受到鼓勵，並在適當情況下透過採認和驗證機制使其顯明可見。

2. 除了與職業領域有關的知識、技能和才能外，學習過程應建立在基礎能力的基礎上，並進一步加深對科學、技術、社會、文化、環境、經濟和社會其他方面的了解。TVET 應該是整體的，並培養橫向跨域和創業能力、健康和工作安全能力、文化發展、負責任的公民權和永續發展，以及勞工權利知識。

3. 應推動各種形式的工作本位學習，包括在職訓練、產業附屬（按：以透過觀察探索為主，通常無酬）、學徒制和實習。應提高工作本位的學習品質，並在合適時輔以機構本位或其他形式的學習。

4. 公共政策應透過社會對話和公私夥伴關係推動和促進包含工作和機構本位學習的優質學徒制，以幫助青年發展知識、技能和才能並獲得工作經驗。

5. 應促進非正式經濟中的 TVET，包括透過讓鄉村和城市地區的利害關係人參與在小型、微型和家庭企業中提供的優質傳統學徒培訓。

6. TVET 應充分發揮資訊與通訊科技（ICT）的潛力。應利用網際網路、行動科技和社交媒體促進遠距和線上教學，包括透過混成模式以及開放教育資源的開發與使用。

7. 應建立可產生和運用學習者成就資訊的有效和適當評估系統。包括形成性評估在內的教學過程評估，應在所有利害關係人的參與下進行，特別是教師和訓練師、相關職業領域的代表、主管和學習者。學習者的整體績效表現應採用多樣化的評估方法進行評估，包括酌情進行自我評估和同儕評估。

第六章

職業教育與訓練評估

　　《韓非子‧內儲說上》有個濫竽充數的寓言，大意是齊宣王喜歡聽人吹竽（形狀像笙的吹奏樂器），而且喜歡很多人一起吹，於是讓三百人一起合奏。南郭處士雖然不會吹竽，但他請求加入，也拿到和其他幾百人一樣的待遇，裝模作樣地跟大家一起吹竽。齊宣王死後，他的兒子齊湣王繼位。但是湣王喜歡聽個別的獨奏，南郭處士混不下去，只好連夜逃跑。寓言中的南郭處士沒有真才實學，只能在團奏裡打混，其職能沒辦法通過獨奏的考驗。現代職場的員工較像爵士樂團團員，既需合奏也需獨奏。

　　職業教育與訓練班制講求標準、課程、教學和評估四個層面（分見本書第三至六章）須相互校準（如圖 6.1），評估又是其他三層面中的要素。本章主要論述職能的評估（assessment），也兼論職業教育與訓練班制的評鑑（evaluation）。在教育與訓練的情境脈絡下，評估和評鑑、評量（measurement，又稱測量）都是品質保證（quality assurance，簡稱品保）程序，三詞也常被交互使用。但嚴謹言之，三者有一些差異，評估是透過資訊蒐集作為證據，以判斷和結果有關之人員或事物特性的程序。評鑑是透過資訊蒐集作為證據，以了解預定目標的達成程度並做出質性價值判斷的系統化程序。評量則是蒐集資訊之後，用數量方式呈現學員／生的特定品質程度。簡要言之，評估著重調查與分析以確定個人績效表現，評鑑著重質化以確定目標達成程度，評量著重量化以數值呈現評估結果（Key Differences, 2017）。在範圍上，評鑑含評估、評估含評量。此外，評量常採用測驗（test）和考試（examination）作為測量學員／生知識、技能、才能和／或其他特性（即 KSAO）的工具。考試是較綜合性形式的測驗，例如段考、期中考、期末考，而測驗的範圍會較聚焦在特定層面，例如測量學習成就的段考、期中考、期末考、小考（quiz）、體能測驗、智力測驗等。

圖 **6.1** 標準、課程、教學和評估四個層面須相互校準

而 OECD（2023）指出各級教育評鑑和品質保證（quality assurance, QA，又稱品質確保，簡稱品保）的發展趨勢如下：在中小學階段，對教育品質和公平（quality and equity）的要求不斷提高，公共課責和透明度的壓力越來越大，更朝向分權和學校自主以及增強知識管理能力，導致大眾對教育評鑑與評估的興趣日益濃厚。許多國家在教育領域採取了廣泛的措施來評估學生、教師、學校領導人、學校和教育系統。這些工具對於要更了解學生學習得如何、向家長和整個社會提供資訊。以及改善學校、學校領導和教學實務至關重要。在高等教育階段，包括擴大入學機會、對成本效益的擔憂、公共管理的整體變化、高教機構的自主權增強，以及高教提供機構的多元化等趨勢，引發利害關係人對高教品質的興趣日益濃厚，因而提高某種形式之品質保證的需求。此外，高等教育日益國際化和國際學生流動性顯著增長，對現有的國家品質保證和認可（accreditation）架構與機構，以及對外國高教資歷的承認形成挑戰，在此情境脈絡下，也促使品質保證的需求變得更加迫切。因此，被設計來監控、維持和提高高教機構教學與學習品質的品質保證涵蓋一系列活動，包括外部認可、評估和稽核（audit）程序，以及內部自我審核和監控程序。

綜上，評估、評鑑和品保三者在技職教育與訓練中有多種解釋也有許多重疊，前兩者有相當多的共同概念基礎和相互關聯的歷史，而品質保證則是晚近才發展出來。本章分三節論述職能本位評估、職業教育與

訓練的班制評鑑，和系統與機構的品質保證。

第一節 ▶ **職能本位評估**

　　任何教育與訓練模式都需評估學員／生的學習，提得出關聯其未來成功前景的可信任資料，才算是可行模式。本書第四章曾就課程評鑑觀點以表 4.9 表列評鑑學員／生學習的資料蒐集方法和來源，該表所列方法著重在課程效能的評鑑。本節則聚焦在職業教育與訓練班制學員／生的職能本位評估（competency-based assessment, CBA）的論述。職能本位評估是蒐集和判斷證據以決定個人是否達到職能標準的程序，這種評估以一組職能具體地陳述一般和具體的學習結果，教師／訓練師等評估人員、學員／生和有興趣的第三方，都可以據以對學員／生的成就達到或未達到這些結果做出合理客觀的判斷，並根據學員／生在這些結果的展現（而非根據學習時間或過程）給予學員／生學習進展的憑證。換句話說，和傳統評估對照，典型的職能本位評估有下列特色：(1) 規準本位——評估結果根據職能標準中所明定的規準（criteria）做判斷；(2) 證據本位——評估結果根據展現職能的證據做判斷；(3) 二元判斷——評估結果以「勝任」或「尚未勝任」通報（而非給分數或等第），「勝任」指學員／生能執行任務至職場期望的標準，「尚未勝任」則指尚未能執行任務至職場期望的標準；(4) 參與式程序——學員／生需有意願、能主動參與評估程序（如和評估員討論和協商評估的地點、時機或類型）；(5) 選擇式路徑——學員／生可選擇展現其職能的路徑（One Target Work Skills, n.d.）。

　　進行職能本位評估的典型步驟如下（Suvin, 2021b）：

1. 確認職能：確認期望學員／生在班制／課程／單元應精熟的明確職能，亦即在特定職業／專業領域成功所需的知識、技能、才能和其

他特質（KSAO）。

2. 制定評估規準：發展根據職能，衡量學員／生績效表現的評估規準。本步驟可能涉及建立評量尺規（rubrics）、檢核表等可明確定義對學生之期望的評分工具。

3. 蒐集證據：蒐集學員／生績效表現和已確認職能符應情形的證據。本步驟可能涉及使用各種評估方法，例如測驗、專題、報告或歷程檔案。

4. 評鑑表現：根據評估規準評鑑學員／生的績效表現。本步驟可能涉及給予分數、等第或反映學員／生職能等級的其他評分。

5. 提供回饋：向學員／生提供有關其績效表現的回饋，包括他們表現出職能的領域和需要進一步發展的領域。這些回饋用於引導未來的學習和發展，並幫助學員／生隨著時間的推移改善其績效表現。

　　以下進一步闡述職能本位評估該有明確規準、有其遵循原則，以及應組合有效方法。

壹　職能本位評估該有明確規準

　　全球醫護領域的教育與訓練廣泛採行職能本位，我國也有高比例的護理師等醫事人員是在技職教育體系培育，而在職醫事人員也相當重視透過訓練等管道的學習，先舉例從過往理論知識本位評估轉化為臨床表現本位評估的醫事人員教育與訓練說明。1990 年代，米勒（George Miller）認為傳統上對醫科學生的評估過於依賴測試他們的知識，而對他們在真實會診表現的評估不足，因而提出如圖 6.2 所示被稱為「米勒金字塔」（Miller's pyramid）的架構。該金字塔原型是圖 6.2 正面分四層的三角形。米勒金字塔將臨床職能的發展分為下列四個層次化的過程（Carley, 2015; Witheridge, 2019）：

1. 知道（knows）：金字塔的最底層是「知識」，可透過紙筆考試和傳統的是非題、選擇題（multiple choice question, MCQ）等進行評估。

2. 知道如何（knows how）：金字塔的第二層是「應用」知識的能力，可透過案例發表、臨床問題解決演練、小論文、擴展配對問題（extended matching question, EMQ）等評估。

3. 展示（shows）：金字塔的第三層是「臨床技能」，可透過標準化的病患演練、模擬和臨床考試（如客觀結構式臨床測驗／OSCE）進行評估。

4. 實作（does）：金字塔的頂端是「臨床表現」，可透過在眞實臨床環境中直接觀察、職場本位評估（workplace-based assessment，如圖 6.3 所示歷程檔案）等進行評估。

　　以上金字塔兩個較低層次的程序含括職能的認知組成部分，可用課堂本位的評估；而金字塔兩個較高層次的程序則含括臨床職能的行爲組成部分，可用模擬和眞實臨床環境中的評估。整體而言，米勒金字塔支持職能本位評估，並表明醫師的職能須達第四層次——在實務中展現績效（Carley, 2015）。

圖 6.2 米勒的臨床職能評估金字塔

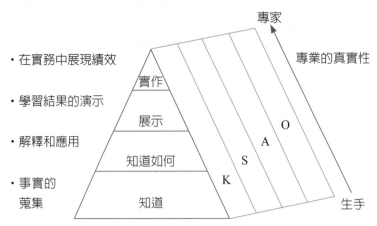

資料來源：修自 Carley, 2015.

圖 **6.3** 醫師職場本位評估示例 —— 歷程檔案

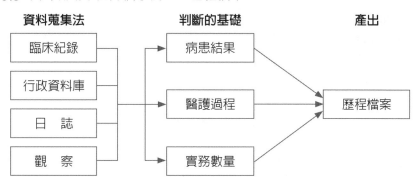

資料來源：修自 Norcini, 2003.

　　本書第三章圖 3.3 已圖解職能和績效表現的關係，簡而言之兩者的差異主要在：職能是個人履行職責的才能（ability），績效表現則是完成既定任務的展現。換句話說，個人在職場上須透過職能的行為表現、展現完成任務的個人績效和對組織績效做出貢獻。和圖 3.3 對照，行為表現相當於才能、個人績效相當於績效表現。職能有分解的 K、S 和 O，以及由 KSO 整合而成的 A，所以有知（knowing）行（doing）分開與知行合一的形式，而績效表現則是知行合一的展現，無論如何，評估職能需透過績效表現的評鑑。例如澳洲訓練套件中的職能單元，即明確規範對應職能要素的績效表現規準和評估要求。例如其「運動、健身和休閒訓練套件（6.0 版）」中的職能單元之一是「檢測池水品質（第 1 版）」，該單元的職能要素與績效表現規準如表 6.1 所示，評估要求則如表 6.2 所示。

表 **6.1** 澳洲「檢測池水品質」職能單元的職能要素與績效表現規準

職能要素 （描述必要結果）	績效表現規準（描述達成職能要素所需的績效表現）
1.進行池水測試 　和目視檢查。	1.1. 根據組織監測計畫完成定期池水檢測。 1.2. 使用適合水質測試目的的測試設備和資源，並根據製造商說明和組織工作健康與安全（WHS）實務蒐集水樣本。 1.3. 定期對水池和池水進行目視檢查，以識別水質問題和汙染事件。 1.4. 根據組織的事件回應程序及時清除並通報汙染。
2.記錄並報告測 　試資料和檢查 　結果。	2.1. 根據組織程序記錄準確的池水測試資料和目視檢查結果。 2.2. 識別並及時向適當人員報告池水測試和目視檢查異常情況，以採取矯正行動。 2.3. 根據組織程序更新池水監測日誌。

資料來源：Training.com.au., n.d.

表 **6.2** 澳洲「檢測池水品質」職能單元的評估要求

績效證據
具備在工作角色的情境脈絡下，完成本單元職能要素和績效表現規準所條列任務之才能的證據，以及： ・正確解釋池水監測計畫並按照製造商的說明完成以下作業： 　■ 在不同時間對使用下列消毒劑之一進行三次池水測試： 　　◆ 游離氯、化合氯和總氯（氯用於設施） 　　◆ 游離氯、化合氯和總氯加氰尿酸測試（氰尿酸與氯用在設施上當穩定劑） 　　◆ 游離溴和總溴（溴用於設施） 　■ 在不同時間對以下各項進行三次池水測試： 　　◆ 酸鹼度（pH） 　　◆ 總鹼度 　　◆ 鈣硬度 　　◆ 總溶解固體 　　◆ 溫度 ・對上述每次池水測試，完成準確的紀錄。 ・根據實際事件或模擬，目視檢查池水兩次，以： 　■ 識別兩種不同類型的水汙染。 　■ 透過手工清除汙染做出回應，並通報事件以採取進一步矯正行動。

知識證據

具備完成本單元職能要素和績效表現規準所條列任務的所需知識：

- 下列組織程序：
  - 測試並記錄池水資料
  - 通報和應對水質異常和汙染事件
- 組織：
  - 池水監測和矯正行動的角色職責、邊界和通報線
  - 測試池水品質的工作健康與安全（WHS）實務
- 維持池水品質的相關州、領地或地方政府公共衛生法規概述：
  - 公共水上設施池水檢測的整體健康相關目的
  - 泳池運營商必須完成的測試類型以及紀錄保存要求
  - 備有水質指引和諮詢文件以及水經營者如何使用這些文件
- 不同類型的泳池、水的類型和位置以及相關類型的化學池水測試：
  - 游離氯、化合氯和總氯
  - 氰尿酸
  - 游離溴和總溴
  - 酸鹼度
  - 總鹼度
  - 鈣硬度
  - 總溶解固體
- 上面列出的每項化學池水測試：
  - 它們的目的
  - 典型的周期性時間表
  - 用於蒐集樣本的設備、資源和技術
- 就泳池水完成的微生物測試：
  - 已完成的常見微生物測試類型：
    - 異養菌落計數（HCC）
    - 大腸桿菌（E. coli）
    - 銅綠假單胞菌
  - 典型的周期性時間表
  - 用於蒐集微生物樣本的設備、資源和技術
  - 相關州、領地或地方政府對微生物樣本只能由指定機構採集的管轄要求
- 泳池水溫：
  - 法規允許的最高溫度

■ 用於測試泳池水溫的設備和技術

■ 與其他池水參數的關係

· 泳池水質操作監測的意義以及自動監測與人工監測的區別。

· 驗證監測的意義、如何特別適用於微生物檢測以及外部實驗室的角色。

· 對泳池和池水完成的目視檢查：

■ 典型的周期性時間表

■ 通常檢查泳池的某些部分

■ 可以目視觀察的水質異常類型（包括濁度）以及如何使用濁度計

· 泳池水汙染事件的常見類型、健康風險以及手動清除汙染物所需的典型立即應對：

■ 糞便事件──軟便（腹瀉）

■ 糞便事件──成型糞便

■ 嘔吐

■ 涉及動物糞便、沙子、土壤、樹葉和草的環境事件

· 形式和包含內容：

■ 組織泳池水監測時間表

■ 池水測試設備和資源的製造商說明

■ 池水測試和目視檢查紀錄、事件通報以及如何完成

評估條件

能力必須展現在設有可供公眾使用的室內或室外營運游泳池之水設施中展現。設施可以包括由商業、非營利、社區和政府組織營運的設施。

評估必須確保使用下列項目：

· 池水測試設備和資源以及製造商說明。

· 泳池水質監測計畫。

· 泳池水質測試模板和目視檢查紀錄以及事故報告。

· 有下列組織程序：

■ 測試並記錄池水資料

■ 通報和應對水質異常與汙染事件

評估員必須符合立案訓練組織（RTOs）標準對評估員的要求。

註：RTOs 標準規定自 2019 年 6 月 30 日起，兼具訓練師和評估員的要求是必須持有：

· TAE40116 培訓和評估四級證書或其接續者；或

· TAE40110 訓練師和評估四級證書加以下單元：

■ TAELLN411（或其接續者）或 TAELLN401A，和

■ TAEASS502（或其接續產品）或 TAEASS502A 或 TAEASS502B；或

· 成人教育文憑或更高級的資歷。

資料來源：Training.com.au., n.d.

貳　職能本位評估有該遵循的原則

　　澳洲已立案訓練組織（RTOs）是經過澳洲能力品質局（Australian Skills Quality Authority, ASQA；澳洲職業教育與訓練監管機構）許可實施全國承認之職業教育與訓練班制，RTO 標準規範 RTO 實施的評估系統，須確保評估（包括先前學習的採認／RPL）符合相關訓練套件或 VET 認可班制的評估要求，並依照下列四項評估原則進行（ASQA, 2019）：

1. 公平原則：
   (1) 在評估過程中考慮個別學習者的需求。
   (2) 在適當的情況下，RTO 會根據個別學習者的需求進行合理調整。
   (3) RTO 向學習者告知評估過程，並提供學習者質疑評估結果及必要時重新評估的機會。

2. 彈性原則：評估透過下列各項，展現對個別學習者的彈性：
   (1) 反映學習者的需求。
   (2) 評估學習者所擁有的職能，無論這些職能是經如何或在何處獲得的。
   (3) 借重一系列評估方法，並使用於適合的情境脈絡、職能單元和相關評估要求以及個人。

3. 有效原則：
   (1) RTO 的任何評估決定都是合理的，都是根據個別學習者的績效表現證據。
   (2) 符合下列有效性要求：
      ・針對職能單元和相關評估要求的評估涵蓋了對勝任績效至關重要的廣泛技能和知識。
      ・知識和技能的評估與其實際應用相結合。

- 評估是根據學習者可以在其他類似情境下展示這些技能和知識的證據。
- 職能判斷是根據學習者對準職能單元和相關評估要求的績效表現證據。

4. 可靠原則：為評估提供的證據有一致的解釋，且無論評估者是誰，評估結果都相當近似。

　　職能本位評估講求證據本位（evidence-based，又稱循證）。RTO標準也規範下列四項證據原則（ASQA, 2019）：

1. 有效原則：評估者確定學習者具有職能模組或單元，以及相關評估要求中所描述的技能、知識和屬性。

2. 充分原則：評估者確定評估證據的品質、數量和相關性能夠對學習者的職能做出判斷。

3. 真實原則：評估者確定已提供的評估證據是學習者自己的作品。

4. 時宜原則：評估者確定評估證據是展現目前的職能。即要求評估證據來自現在或最近的過往。

　　在職能本位評估實務上，可進一步將職能本位評估原則轉化為檢核表或工作輔具等，以引導評估程序之進行。表 6.3 為適用在職業教育與訓練班制學員／生的職能本位評估檢核表，該檢核表統整了上述評估與證據原則。

表 6.3　職能本位評估檢核表

評估時須符合的核心原則	是否符合？		備註
	是	否	
1.有多個時間點、評估者和方法			
1.1 就學員／生進展所做的決定，係根據在多個時間點、評估者及使用各種工具和資料蒐集方法的評估所得。			

評估時須符合的核心原則	是否符合？		備註
	是	否	
2. 有主動的學員／生參與			
2.1 學員／生必須是主動的參與者且學習過程必須是動態的。			
2.2 學員／生必須投注他／她／他們自己的學習。			
3. 有契合職能的方法			
3.1 評估時使用有效並針對預期職能的方法。			
3.2 評估和資料蒐集方法與欲評估之職能的品質相契合。			
4. 有直接觀察			
4.1 首要強調的應該是在實務環境的直接觀察。			
4.2 評估包括多個在不同實務情境中直接觀察的機會。			
5. 有經常性的形成性評估			
5.1 著重個別化、及時性和有意義回饋的提供。			
5.2 評估資料提供學員／生可行動性的回饋來引導他們的學習。			
5.3 形成性（低風險）評估提供學員／生可行動性的回饋，引導他們朝職能的達成和被賦予無監督下實作進展。			
5.4 預期結果／行為都有明確的定義。			
5.5 發展過程著重達成職能。			
5.6 職能期望有等級之分，例如不勝任、接近勝任、勝任。			
5.7 職能的展現是透過其次職能（指子職能或孫職能）的展現。			
5.8 次職能和職能本身在日益複雜的情境脈絡中可單獨或一起評估。			
6. 有集合性的總結性評估			
6.1 就整個課程中，進行總結性評估以就職能的達成做出集體正式的決定。			
6.2 學習進展包括培養學員／生在日益複雜的情境和不同的情境脈絡／環境下可靠地展現職能的信任。			

評估時須符合的核心原則	是否符合？		備註
	是	否	
7. 有做決定程序			
7.1 建置和使用穩健、經過驗證的系統，就學員／生職能進展和達成程度做出決定。			
8. 有資料管理和視覺化處理			
8.1 就每一學員／生的績效表現建置縱貫性紀錄，包括累積的表現證據以及資料、情境、情境脈絡、評估者和績效表現等縱貫性資料。			
9. 有公平的確保和偏見的避免			
9.1 設計確保公平的和避免偏見的評估。			
9.2 了解無意識偏見（如外貌魅力偏見）的風險。			
9.3 記錄所採取的步驟以避免無意識的偏見。			
9.4 考慮固有偏見（如喜歡有和自己相似特質的受評者）並確保和無意識偏見都一起被避免。			
9.5 使用附有例示的標準化量規以確保學員／生和評估者都了解對達成職能的期望。			
9.6 評鑑不同學員／生（即膚色、原住民，和失能學員／生）的職能達成程度，以減少非預期後果。			

資料來源：修自 American Association of Colleges of Nursing [AACN], 2023.

參　職能本位評估應組合方法發揮綜效

　　職能本位教育或訓練班制既強調有明確的職能當標的，又允許學員／生有彈性的學習步調，所以其學員／生的評估需掌握下列重點以提高外部效度：(1) 班制應明確界定其職能，並將學員／生評估項目與材料和這些職能做明確連結；(2) 為了有效解釋測驗成績，評估應與未來結

果等外部量數做實證性的連結；(3) 上述實證性連結也應該用在標準制定程序，以便教育或訓練提供單位發展出可區分學員／生是職能精熟者或未精熟者的截斷分數；(4) 除了嚴格的測驗發展和標準制定，班制應持續蒐集和監測畢業學員／生的生活成果，以便提供支持和改善學制的證據（McClarty & Gaertner, 2015）。

　　而職能本位評估的證據基礎愈狹窄或淺薄，其評估結果可用於推論到執行任務之績效表現的廣度和深度就愈小。例如任何職／專業的職能如果只靠紙筆測驗評估都太狹隘，因為間接評量難以衡鑑真實事物。所以，下列職能本位評估方法常被組合採用（Gonczi et al., 1990）：

1. **工作活動的直接觀察**

工作活動是工作崗位上的任務或工作活動。本法指評估者直接觀察學員／生進行工作活動的職能評估方法。

2. **技能／工作樣本測驗**

技能／工作樣本（skill/work sample）是抽樣或高度模仿自工作崗位上之任務或工作活動的樣本。本法指評估者要求學員／生執行技能／工作樣本的職能評估方法。例如中文輸入技能評估可能選取一份文件當樣本進行實作測驗，評估學員／生中文輸入速度與精確度；又如行政助理工作的學員／生可能被要求使用文書處理軟體進行會議實錄、準確歸檔一堆文書工作。

3. **專題／作業**

專題（project）是學員／生為解決問題（problem）而經由對策（solution）設計、發展和建構，有明確起點和終點的系列性任務，其產出含產品或服務；作業（assignment）則是教師／訓練師交付給學員／生的特定任務或指定工作。本法指評估者檢視學員／生如期如質完成專題／作業的程度和整體設計、發展和建構活動的評估方法。

4. **先前學習證據**

先前學習（prior learning）是接受本班制、課程或模組之前學員／生

已知和能做、先前學習已習得的職能。本法指評估者檢核直接證據（觀察學員／生展現職能的眞實工作或其錄影）、間接證據（如學員／生已完成作品或其影片／照片、工作歷程檔案、撰寫的作業或測驗結果），和／或補充證據（非貼近工作但支持學員／生已有職能的證據，如工作說明、雇主或客戶證言、工作日誌或札記、相關教育與訓練證明）的職能評估方法。

5. 場記或日誌等紀錄

此處場記或日誌（logbook）等紀錄是根據職能本位課程與教學設計的學員／生進展經過及驗證紀錄，通常記錄及驗證必備知識、技能、和才能的獲取，以促進學員／生自我反思，教師／訓練師提供回饋。本法指利用場記或日誌等紀錄進行形成性和持續性的職能評估方法。

6. 成就紀錄／歷程檔案等紀錄

成就紀錄（record of achievement）是記錄學員／生考試結果之外之能力與成就的一種文件，常被納入升學或就業審查；歷程檔案（portfolio）則是學員／生展現其進展和成長的作品集。本法指利用成就紀錄／歷程檔案等紀錄的職能評估方法。

　　進一步言之，職能本位評估方法很多，按不同依據會有多種分類。例如依評估者身分分，有自我評估、同儕評估、教師／訓練師評估、教師／訓練師以外專家評估等類別；依評估者人數分，有獨立評估、集體評估等類別；依評估進行情境分，有工作崗位上評估、工作崗位外評估等類別。以下是評估者由單面向到多面向的常用評估方法（Trisca, 2023）：

1. 自我評估

學員／生本身透過反思方式，認識自己的職能進展與達成程度和發展機會的評估法，本法讓學員／生在評估中擁有發言權，也可在自我評估時蒐集其職能等級的證據。有時也會發現看似無關工作角色

的能力、嗜好或興趣卻是非預期的職能增值。例如某學員／生在課餘當足球隊長而培養了領導力，某學員／生週末兼差當攝影師而頗富創造力。

2. 同儕評估

學員／生彼此相互評估，以提高評估的多元觀點，但需留意學員／生和其同儕可能已經或尚未具備待評估職能。這種評估常可就受評者的某些職能（如團隊合作）提出無與倫比的見解和建設性的改善意見。

3. 教師／訓練師評估

幾乎在所有職能評估過程中，均須由教師／訓練師評估他們的學員／生，因此教師／訓練師須具備評估領域的職能，且定期和具備該領域職能的人員互動以維持與時俱進。

4. 教師／訓練師以外的專家評估

由該職能領域教師／訓練師以外的專家（如合格評估者或其他經驗豐富人士）評估該職能領域的學員／生。

5. 180 度或 360 度多面向評估

以上除方法 1 自我評估的本質是單一評估者之外，方法 2 至 4 如為減免單一評估者的有限觀點或偏見，都可採用多名評估者以提供多元觀點。但如欲進一步兼顧評估者人數及身分別，則可採 180 度或 360 度多面向投入（multiple-input）評估。180 度評估常含上述方法 1 和 3（自我評估和教師／訓練師評估；在職場則常含自我評估和直屬主管評估），360 度評估常含上述方法 1 至 4（自我評估、同儕評估、教師／訓練師評估，以及教師／訓練師以外的專家評估；在職場則常含自我評估、同儕評估、直屬主管評估、部屬評估，以及直屬主管以外的專家或加上內外部顧客評估，如圖 6.4）。在 180 度或 360 度多面向評估中除自我評估外，評估者人數都可採單人或多人。

圖 6.4 360 度多面向評估示意

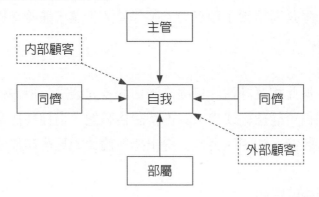

6. 行為面試法

由評估者面對面要求學員／生提供過去如何處理某些情況（如需迅速思考並設計出創新的解決方案以解決問題的經驗）之具體實例的評估法。然後，評估者分析學員／生的反應，以評估他們過去的行為與所需職能的符應程度，也檢查受評者所陳述各種能力之間的一致性以及是否在回答中展示了這些能力。

7. 模擬演練法

要求學員／生在近似工作崗位上的情境和活動中，進行演練（exercise）以展示所需職能的評估法。例如客觀結構式臨床測驗（OSCE）和評估中心法（assessment center method，國內習稱為評鑑中心法）。

8. 能力測驗法

要求學員／生參加評估工作角色所需全部或部分職能的測驗，例如技能檢定、認知能力測驗、性向測驗、性格測驗等。

第二節　班制評鑑

　　教育與訓練班制指科、系、所、組，或學程等，班制評鑑（program evaluation）是為監控和改善班制品質和效能，而系統化地蒐集、分析和運用有關班制設計、實施與結果之資訊的活動。其主要目的在改善班制、極大化學習遷移至改變行為和影響績效，以及展現班制對組織／產業的價值（Kirkpatrick & Kirkpatrick, 2015）。本節討論的班制評鑑，除了適用整個科、系、所、組，或學程等班制，經適度調整亦可適用於縮小範圍的一門課程或課程的一段落。

　　由於教育／訓練班制的利害關係人多元，且彼此之間以及班制和教育／訓練的環境之間有多層面的互動關係，班制要素的小變動可能導致結果的大變動，反之亦然，所以本質上著重改變的班制和旨在了解改變情形的班制評鑑都相當繁複，選用適切的班制評鑑模式可以簡馭繁地檢視和判定班制的改變情形。以下是常見的四種班制評鑑模式，各有其著重之處，可依需求選用或適切混用（Frye & Hemmer, 2012）。

壹　實驗設計模式（Experimental Design Model）

　　實驗設計模式要求實驗組的受測者接受實驗處理（如新的課程設計或教學策略）並與對照組（接受傳統處理）進行比較。典型的實驗設計依隨機化程度可大分為真實實驗（true-experimental）設計和準實驗（quasi-experimental）兩種。真實實驗採用最嚴謹的實驗情境控制，將受測者區分為兩組或兩組以上，接受實驗處理者被稱為實驗組，未接受實驗處理者，被稱為控制組或對照組。先是採隨機抽樣由研究對象母群中隨機抽選出受測者，再採隨機分派將受測者以隨機方式區分為實驗組和控制組。但基於現實考量，在缺乏隨機分派之要件下，僅具備實驗組

和控制組以及前測後時間點的測量，即為準實驗設計。非實驗設計和實驗設計的主要區別如表 6.4 所示。

表 6.4 非實驗設計和實驗設計的主要區別

	非實驗設計	實驗設計	
		準實驗設計	真實實驗設計
隨機分派	否	否	是
控制組	無	通常有	有

註：單組後測設計或單組前後測設計等前實驗研究設計（pre-experimental design）被歸在非實驗設計。
資料來源：修自 Craig & Hannum, 2007.

　　舉例說明有前、後測及控制組，但受測者非隨機指派至各組之準實驗設計在班制評鑑上的應用如下：某門長度一學期的混合理論與實習、數位與實體的農機課程，理論部分採每週夜間遠距線上授課三小時，實習部分則多年來是採傳統分散式——每兩週週六到學校進行實習一天，整學期累計共九天，但學員／生反應農忙期間難以到校實習；新的設計是想改採密集式——在農閒期間分三週在週間實施，每週三天，累計也是整學期九天。評鑑時為了解密集實習對學員／生農機知能的影響，指派學能背景相當的兩班學員／生中甲班學生接受新創密集實習（即實驗組）、乙班學員／生接受傳統分散實習（即控制組），兩組在師資、教材、機具等方面都相同。課程開始和結束時兩組都須接受相同的待學農機知識測驗，實習中各單元都由教師對學員／生待學知能的行為表現進行觀察和評分，並使用職能觀察檢核單進行實作測驗。最後比較兩組學員／生的學習結果，以決定新的設計相對優越及有待改善之處。

貳　邏輯模式（Logic Model）

　　邏輯模式是著重班制的投入（即投資什麼資源）、活動（做什麼事）、產出（在什麼條件下什麼人和多少人參與）、結果（得到什麼短、中、長程結果）等要素之間關係，以及要素與班制情境脈絡之間關係的模式。此一模式可在規劃、實施和評鑑班制時用以協助定義班制的預期目標與影響、預期結果的發展順序、哪些活動可產出哪種結果，以及在何處聚焦結果和過程評鑑，因而有助於促進班制成功。邏輯模式常用在已明確了解班制的程序方法和期望結果時。圖 6.5 是班制的四個基本要素，但也有人主張將結果（outcome，指立即的結果，如學員／生剛學會的職能）和影響（impact，亦稱衝擊，指對組織／產業／社會條件的累積變化，如職能在職場的應用與後果）分開，或主張將活動和產出合併為產出；而規劃在班制中的處理／干預／介入、策略、創新或變革都可視為活動。

圖 6.5　邏輯模式關注的四個基本要素與指標舉例

指標舉例：

使用的資源種類與數量	舉辦的工作坊場次、實地參訪次數、實作天數	參與各項活動的會員人數和百分比	近程：學到內容的人數和百分比 中程：在工作上應用所學的人數和百分比 長程：食安或食安條件改善的等級

資料來源：修自 University of Wisconsin-Madison, 2024.

　　班制評鑑採邏輯模式時需針對各要素規劃評鑑指標。例如某烘焙產業公會爲提升會員食品安全職能，辦理一個食安訓練班制，其評鑑指標例示如圖 6.5。不像實驗設計模式，採用邏輯模式不會產生班制活動與結果之因果關係的證據，也無法用以檢定對觀察結果之可能原因的假設。

參　CIPP（Context/Input/Process/Product）模式

　　CIPP 模式是著重情境脈絡／背景（context, C）、投入（Input, I）、過程（Process, P）、產出（Product, P）四個核心部分（見圖 6.6），引導班制、專案計畫、人員、產品、機構和系統評鑑的綜合架構。就班制評鑑而言，使用上是分別就四個部分詢問：C—需要做什麼？I—應如何做？P—正在做嗎？P—做成功了嗎？其中產出評鑑或「P—做成功了嗎？」再分爲四項評鑑，其名稱和詢問事項如下：

1. 影響評鑑：正確的受益者都得到收益？
2. 效能評鑑：受益者的需求得到滿足？
3. 可持續性評鑑：受益者的收益可持續？
4. 可運輸性評鑑：產生收益的過程是否被證明可轉移和可調適在其他環境中有效使用？（Stufflebeam, 2007）

圖 6.6　CIPP 模式的四個核心部分

　　位於美國北卡羅萊納州夏洛特的西門子能源公司（Siemens Energy, Inc., Charlotte, North Carolina）和中皮埃蒙特社區學院（Central Piedmont Community College, CPCC）合辦的學徒制曾採 CIPP 模式評鑑

如下（To, 2017）：該班制修業 4 年，含接受 6,400 小時工廠內工作崗位上訓練（OJT）和 1,600 小時在 CPCC 的課堂教學。爲確定該學徒制班制的效能，採 CIPP 模式提出下列四個問題：

1. 背景：班制目標與西門子和學徒們的需求契合程度爲何？
2. 投入：幫助學徒們修畢班制的班制特性是哪些？
3. 過程：學徒們正被成功地訓練？
4. 產出：符合班制策略計畫的結果是哪些？

　　爲客觀回覆以上四個問題，在學的學徒填答諾埃爾－萊維茨成人學習者量表（Noel-Levitz Adult Learner Inventory）、接受問卷調查和參與規劃的訪談，管理團隊也接受問卷調查並參與訪談。此外從該班制策略計畫、當前和預計的銷售需求、申請人和學徒資訊、訓練器材、畢業、留任和就業資訊等文件進行資料查證。最後，根據班制評鑑結果，判斷該學徒制計畫是有效的且實現其目標；並建議提供學徒們更多支持，確保學徒們充分理解課程要求和副學士學位的期望，並發展出具有使命和願景的策略計畫（To, 2017）。

肆　柯氏模式（Kirkpatrick Model）

　　柯克派屈克（Donald Kirkpatrick）的柯氏模式（Kirkpatrick Model）以及和其兒子發展的新版柯氏模式（New World Kirkpatrick Model；見圖 6.7）是當今訓練界最廣爲採用的訓練評鑑模式之一。該模式分爲反應、學習、行爲和結果四個層次（level，依序爲 L1 到 L4），各層次的定義、評估項目與資訊來源如表 6.5 所列，其中行爲和結果分別相當於個人績效和組織／產業績效。

圖 6.7 新版柯氏模式

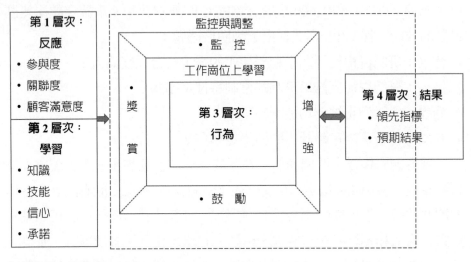

資料來源：修自 Kirkpatrick & Kirkpatrick, 2015.

表 6.5 新版柯氏模式的四個層次、評估項目與資訊來源

層次	定義	評估項目	資訊來源（舉例）
L1. 反應（Reaction）	學員／生發現本班制教育／訓練有裨益、有吸引力和對他們的工作有關聯的程度。	• 參與度——學員／生積極參與和貢獻學習經驗的程度。 • 關聯度——學員／生有機會在工作崗位上使用或應用其在教育／訓練中所學的程度。 • 顧客滿意度——學員／生對教育／訓練的滿意度。	• 學員／生的簡要回饋問卷。 • 學員／生的非正式評論或簡短訪談。 • 學員／生參與的焦點團體會議。
L2. 學習（Learning）	學員／生因為參與本班制教育／訓練而獲得預期知識、技	• 知識——我知道它。 • 技能——我現在就可以做到。 • 態度——我相信在工作崗位上值得這樣做。	• 前測和後測分數。 • 已完成的應用所學專題。 • 工作崗位上的工作表現。 • 主管的報告。 • 取得的證照。

層次	定義	評估項目	資訊來源（舉例）
	能、態度、信心和承諾的程度。	• 信心 ── 我認為我可以在工作崗位上做到。 • 承諾 ── 我打算在工作崗位上做到。	
L3. 行為 （Behavior）	學員／生到（或回到）工作崗位後應用其在本班制教育／訓練期間所學的學以致用程度。	• 學習遷移 ── 學員／生到（或回）工作崗位後應用其在教育／訓練中所學的程度。 • 所需驅動因子 ── 增強、鼓勵和酬償在工作崗位上重要行為績效的程序與系統。	• 學員／生的自我評估問卷。 • 向學員／生的同事或主管訪談、調查，或取得非正式回饋。 • 焦點團體。 • 工作崗位上的直接觀察。 • 實際的工作績效表現。 • 顧客調查、評論或抱怨。
L4. 結果 （Results）	整個組織由於本班制教育／訓練及其搭配的支持與課責而產生的標的結果之程度。	• 預期結果 ── 組織宗旨和使命的結合，在營利組織指向市場交付產品或服務並獲利，在非營利組織指在分配的資源範圍內完成任務。 • 領先指標 ── 顯示關鍵行為正朝對預期結果產生正向影響的方向發展的短期觀察和測量，常見指標如顧客滿意度、員工參與度、銷售數量、成本抑制、品質、市占率。	• 財務報告。 • 市場、銷售或其他關鍵績效指標（key performance indicator, KPI）。 • 品質／安全報告或檢驗。 • 訪談主管。 • 員工留任和員工評核回顧。 • 取得的證照。

資料來源：修自李隆盛、李慧茹，2014；Allan, 2024; Kirkpatrick & Kirkpatrick, 2015; Verma, 2024.

以下舉例說明柯氏模式的應用（Peck, 2023）：某一大型技術支援的客服中心（call center）為推出新的螢幕共享軟體，供客服人員與客戶一起使用，而提供線上訓練教導在職專員們如何使用新軟體。一名訓練師／講師在為時一小時的網路研討會中，教導客服人員何時使用螢幕共享、如何啟動螢幕共享活動，以及如何解說法律免責聲明之後，進行顧客與專員角色扮演的分組練習及下列評鑑：

1. L1 評鑑

   受訓者在訓練結束前接受線上調查，被要求採 1 到 5 等級對訓練與其工作的關聯度、在訓練中的參與度，以及對學到內容的滿意度進行評分。還有問兩個問題：受訓者是否會向同事推薦此一訓練，以及是否有信心在和實際的客戶通訊中使用螢幕共享。以上蒐集受訓者對訓練活動初步反應的資料，可用於就如何最好地提供訓練做出決策，但如要就如何改善訓練做重要決策時，這些資料的價值性則甚低。例如如果發現客服人員反應螢幕分享訓練與其工作關聯度低，可能需提出其他問題來確定為什麼會發生這種情況。亦即，在訓練活動中及時解決這類問題可為受訓者提供更好的體驗。

2. L2 評鑑

   在分組練習階段，訓練師可直接觀察各組是否正確遵循螢幕分享程序。較正式的評估可含由受訓者主管逐一要求受訓者正確示範螢幕分享程序，然後主管以客戶身分進行角色扮演，以衡量客服人員是否具備必要的技能。訓練師還可以提供正式的、包含 10 個選擇題評估，以衡量與新螢幕共享程序有關的知識。甚至可要求客服人員在此小考中得分達到 80% 才能獲得螢幕共享認證，而被允許和客戶共享螢幕。

3. L3 評鑑

   客服人員在接受螢幕共享訓練並通過最終測驗後，被要求開始與客戶共享螢幕。由於軟體開發商可將螢幕共享軟體和績效管理軟體

整合在一起，以追蹤每次通訊是否啟動螢幕共享活動，所以每次客服通訊完成後，都會有紀錄供主管查看。在工作崗位上的行為變化——客服人員在客服通訊中啟動螢幕分享活動的百分比——可作為簡單的量化指標。如果百分比很高，訓練設計者可以據以判斷訓練計畫成功；如果百分比低，則可以進行追蹤對話以確認困難並根據需要修訂訓練計畫。

4. L4 評鑑

因為螢幕共享訓練的目的是希望提供更好的客戶體驗，所以訓練評估人員關注的主要量化指標是客戶滿意度評級。如果發現客服人員成功通過螢幕分享訓練提高了客戶滿意度評級，就可做出此一訓練已促進組織成功的結論。

雖然實際上 L1 到 L4 的逐層的使用率會遞減，大約只有八成的教育／訓練活動會進行 L1 評鑑，但理想上宜根據教育／訓練類型和目標提升評鑑層次，例如所有班制都該做 L1 評鑑，硬／技術能力班制需做到 L2 評鑑，策略性班制需做到 L3 評鑑，花費新臺幣 150 萬元以上的班制需做到 L4 評鑑（Allan, 2024）。

此外，由於教育／訓練班制的成本效益愈來愈受到重視，上述 L1 到 L4 被主張該延伸到投資報酬率（return on investment, ROI）和期望報酬率（return on expectations, ROE）評鑑。ROI 和 ROE 是計算業務決策回報的不同方法，ROI 衡量投資支出的財務回報率，ROE 衡量投資支出的目標實現率，面向較廣泛。在評鑑教育／訓練班制時宜一併考慮班制的 ROI 和 ROE。

ROI 計算是班制的淨收益（最終價值減去投資的初始成本）除以投資成本，再乘以 100。例如某程式設計公司為引進新的數位學習系統，預估未來兩年生產力將提高 20%，額外產生 600 萬元的利潤；而建置學習管理系統（learning management system, LMS，即數位學習平台）的成本是 80 萬元，每人時訓練費用是 2,000 元（內含教材、受訓

期間的支薪和沒從事生產的機會成本等），全公司 50 名程式設計員兩年內各需接受 40 小時訓練，所以訓練總成本是 480 萬元（80 萬元＋50人 ×40 時 ×2000 元／人時）。因為 ROI %＝（訓練收益－訓練成本）／訓練成本，所以該訓練的 ROI 25%＝（600 萬元－480 萬元）／480 萬元。除了以上 ROI 預估值，在實際發生後該有 ROI 決算值（McPheat, 2024）。

ROE 的計算可基於組織／產業透過教育／訓練的目標在尋求員工（或準員工）績效變化或改善，而針對目標採用分層方法加以評鑑。例如某公司要在生產線中引入一台新機器而辦理操作人員訓練，訓練的首要目標是提高產品良率（通過品質檢驗的良品數／產品總數 ×100）5%。訓練的設計、實施和評估就應聚焦在此一目標的實現。訓練後在生產線上也應加強機器的正確使用，使極大化訓練的效益，而在計算 ROI 時也需將良率提高的效益計入（Clarity Consultants, 2024）。

第三節　品質保證

品質保證（QA）一般指關注服務提供或產品生產過程的每個環節，使服務或產品達到所需品質要求的維護活動。品質保證在職業教育與訓練（VET）中，指被實施以確保教育與訓練（班制內容、課程、學習結果評估與驗證等）滿足利害關係人所期望之品質要求所涉及的規劃、實施、評鑑、報告和品質改善的各項活動（European Quality Assurance in Vocational Education and Training [EQAVET], 2023）。

進一步以圖 6.8 說明品質保證，VET 系統和提供機構都需要借重 PDCA 循環改善品質、提升績效，使圖中的迴圈持續轉動並向上爬升，品質保證在當中的角色有如頂住迴圈維持高度和向前邁進的楔子，旨在確保並確認學生達到系統和提供機構本身或其他系統或機構設定標準的

條件。品保程序通常包括由系統或機構制定和管理的內部品保程序，以及由系統或機構以外權責實體協調和執行的外部品保程序。圖 6.8 中的楔子角色如果改爲推手角色則可改稱爲品質提升（quality enhancement, QE），QA 和 QE 對比，QA 較著重在確保達成學習目標或標準的條件各就其位，QE 則較著重確保學習機會的品質可穩定、可靠和明顯改善的管理。

圖 6.8 品質保證示意

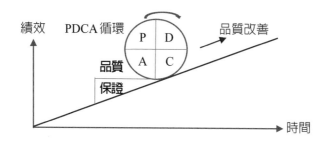

註：P/Plan（計畫）──辨認機會和規劃變革。

    D/Do（執行）──測試變革、執行小型研究。

    C/Check（查核）──檢討測試、分析結果和辨認所學。

    A/Act（行動）──根據在研究步驟所學採取行動：若變革無效則以不同的計畫重啟循環；若變革成功則將從測試中所學融入更廣泛的變革中，利用所學規劃新的改善，再次啟動循環。

資料來源：修自 American Society for Quality (ASQ), 2024; CULTURWB, n.d.

    舉例說明上述 PDCA 循環在學校的應用，美國紐約州公立珠江學區（Pearl River School District）是美國國家品質獎（Malcolm Baldrige National Quality Award, MBNQA）教育領域前三個獲獎者之一，該學區現有三所小學、一所初中和一所高中。該學區採用 PDCA 循環作爲定義從董事會到課堂大部分工作流程的模式，以 PDCA 模式爲基本結構的工作項目含：整體策略規劃、需求分析、課程設計與實施、員工目標設定與評鑑、學生服務和支援服務的提供、課堂教學。圖 6.9 所示是該

學區設計課程和實施課堂教學的「A⁺課堂成功法」（改善是內建在工作流程中而非單獨的活動），說明如下（ASQ, 2024）：

圖 6.9 美國紐約州珠江學區的 A⁺ 課堂成功法

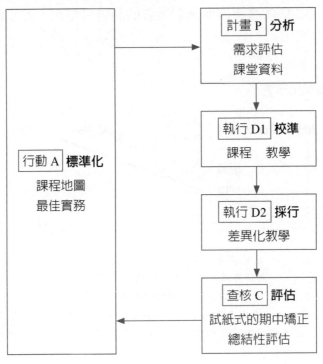

資料來源：修自 ASQ, 2024.

1. 計畫（P）

如圖 6.9 所示，A⁺ 法從該學區稱之為「分析」的「計畫」步驟開始。在此步驟是透過檢查學區電子資料「倉庫」中的一系列可用資料來分析學生需求。審查的資料包括從成績到標準化測驗表現的所有內容。資料可以針對個別學生進行分析，也依需要分年級、性別或其他組別進行分析。由於 PDCA 沒有指定如何分析資料，因此珠江學區透過相關分析、因果分析、成本效能分析、選項探索和比較分

析，以及外部資源和建議等程序，分析和需求有關資料，並經證實後用於學區的績效評核程序。

2. 執行（D）

A⁺ 法有下列 D1 和 D2 兩個「執行」步驟：(1) 校準（D1）——詢問國家和州標準有何要求以及如何評估它們。教學人員也透過了解前一年級和後一年級以及其他領域已教和將教內容，規劃課程，以確保學生在整個學習過程中有明確教學連續性。教師制定其個人目標，以針對在分析步驟顯示的任何差距改善他們的教學。(2) 採行（D2）——依照課程與教學目標提供教學。在設定的參數內，教師根據每名學生的學習速度和風格改變教學方式。

3. 查核（C）

持續進行正式和非正式評估，從每日教師評估到針對年度標準化測驗的每六週進度報告。教師還可以取用電子資料庫中的比較資料來辨識趨勢。高需求學生由特殊兒童研究小組進行監控。在整個學年中，如果評估顯示學生沒有按預期學習，則會進行期中矯正（如重新教學、改變教學方法和更直接的教師督導）。評估資料作為 PDCA 循環中下一步驟的輸入。

4. 行動（A）

學區在本步驟進行「標準化」，當目標達成時，課程設計和教學方法即被認為是標準化的。教師們在正式和非正式場合分享最佳實務。本循環的結果係作為下一個 A⁺ 循環「分析」步驟的輸入。

　　圖 6.8 中品質保證（QA）和品質改善（quality improvement, QI）的差別在於 QA 衡量遵守某些必要標準的程度，較側重在人員；而 QI 是持續改善程序，較專注在程序和系統。QA 傾向是防禦性的，著重提供者。QI 本質上是預應性和預防性，著重需求者（Office of Justice Programs, n.d.）。

　　當今，VET 的品質不再被視為只是 VET 機構／班制的內部問題，

而是內部和外部各種利害關係人都會和都該關注的問題。QA 系統的存在建立了課責感，並釐清了 VET 提供機構、行政主管機關、投資者、畢業生雇主、學生和其他社會夥伴的角色和責任，以確保各項班制學習計畫及其相關支持基礎設施都是最高標準的。亦即，VET 品質保證的目標在支持 VET 的過程和程序以確保優質的 VET。而「優質 VET」有下列五個關鍵特色（ETF, 2015）：

1. 回應勞動市場、社會和個人的需求。
2. 導向國家甚至國際承認的資歷或憑證。
3. 提供體面工作和永續就業的機會。
4. 具有吸引力、包容性和近便性，亦即所有公民都有機會接受 VET。
5. 培養能進一步學習的能力。

　　歐盟自 2009 年起是以歐洲職業教育與訓練品質保證參考架構（European Quality Assurance Reference Framework for Vocational Education and Training，簡稱 EQAVET）引導會員國發展和改善其 VET 系統的品質。EQAVET 是奠基於品質保證與改善週期（含規劃、實施、評鑑／評估和檢討／修訂四階段，見圖 6.10），以及包含一系列適用於 VET 系統與提供機構層級的品質管理描述和指標。EQAVET 並未規

圖 6.10 EQAVET 的品質保證與改善週期

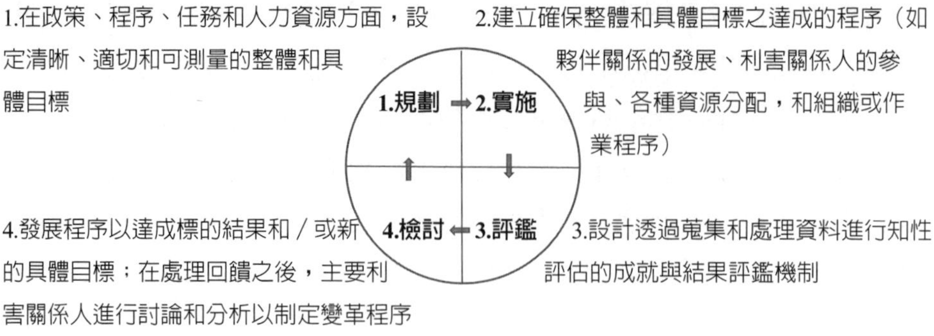

1.在政策、程序、任務和人力資源方面，設定清晰、適切和可測量的整體和具體目標

2.建立確保整體和具體目標之達成的程序（如夥伴關係的發展、利害關係人的參與、各種資源分配，和組織或作業程序）

1.規劃 → 2.實施
4.檢討 ← 3.評鑑

4.發展程序以達成標的結果和／或新的具體目標；在處理回饋之後，主要利害關係人進行討論和分析以制定變革程序

3.設計透過蒐集和處理資料進行知性評估的成就與結果評鑑機制

資料來源：EQAVET, n.d.

範特定的品質保證系統或方法，而是提供了一個共同原則、指示性描述和指標的框架，有助於評估和改善 VET 系統與提供的品質。因此，EQAVET 可被視爲一個工具箱，不同的使用者可以從中選擇他們認爲與其品質保證系統的要求最相關的描述和指標（EQAVET, 2023）。

　　EQAVET 架構包含表 6.6 所示的 10 個可用以評估 VET 品質的參考指標，適用於全國或國家／區域的 VET 系統和公、私立 VET 提供機構的職前與繼續 VET、各種學習環境（如學校本位學習、工作本位學習，含學徒制方案），以及所有學習類型（數位、面對面或混合）（EQAVET, 2023），表中指標類別 CIPOO 相當於本章第二節所述的 CIPP，但第二個 P/Product 細分爲產出 O/Output 和結果 O/Outcome。

表 **6.6** EQAVET 架構的 10 個指標

	指標	類別 [1]	政策目的
品質保證的整體指標	**1. VET 提供機構品質保證系統的適切性** (1) 採用法律規定或自行倡議之內部品質保證系統的 VET 提供機構占比。 (2) 經認可的 VET 提供機構占比。	C I P O O	・在 VET 提供機構層級推動品質改善文化。 ・提高訓練品質的透明度。 ・改善訓練提供的互信。
	2. 教師和訓練師的訓練投資 (1) 教師及訓練師參加進修訓練的占比。 (2) 投資金額。	C I P O O	・促進教師和訓練師在 VET 品質發展過程中的主體意識。 ・改善 VET 對變化中勞動力市場需求的回應力。 ・提升個人學習能力的建立。 ・改善學習者的成就。

指標	類別 [1]	政策目的
3. VET 班制的參與率 各 VET 班制參與者人數，按班制類別 [2] 和個人規準 [3] 計。	C I P O O	・取得 VET 系統和 VET 提供機構層級 VET 吸引力的基本資訊。 ・為增進 VET 之就讀／受訓（包括弱勢群體）的針對性支持。
4. VET 的完成率 成功完成／中途放棄 VET 班制的人數，按班制類別和個人規準計。	C I P O O	・取得教育成就和訓練過程品質的基本資訊。 ・計算比對參與率的中輟率。 ・支持成功完成作為 VET 品質的主要目標之一。 ・支持調適性訓練的提供（包括弱勢群體）。
5. VET 畢業生（或結業學員）的安置率 (1) VET 學習者在完成班制後之指定時間點的去處，依班制類別和個人規準計。 (2) 在完成班制後之指定時間點已就業之學習者的占比，按班制類別和個人規準計。 (3) 包含已中輟學習者的去處資訊。	C I P O O	・支持就業能力。 ・改善 VET 對變化中勞動力市場需求的回應力。 ・支持調適性訓練的提供（包括弱勢群體）。
6. 所學能力在職場的利用 (1) 個人在完成訓練後所獲得的職業資訊，按班制類別和個人規準計。 (2) 個人和雇主對所獲得的能力／職能的滿意度。	C I P O O 混	・支持就業能力。 ・改善 VET 對變化中勞動力市場需求的回應力。 ・支持調適性訓練的提供（包括弱勢群體）。

支持 VET 政策之品質目標的指標

指標	類別 [1]	政策目的
背景資訊 **7.根據個人標準的失業率** [4] 按個人規準計。	C̲ I P O O	VET 系統層級之決策的背景資訊。
8.弱勢群體的普及率 (1) 被歸類為弱勢群體的 VET 參與者百分比（在規定的區域或服務區內），依年齡和性別計。 (2) 弱勢群體的成功率，按年齡和性別計。	C̲ I P O O	・VET 系統層級之決策的背景資訊。 ・支持弱勢群體的 VET 就讀／受訓機會。 ・支持弱勢群體調適性訓練的提供。
9.辨認勞動力市場中訓練需求的機制 (1) 為在不同層級辨認變化中的需求而建立機制的資訊。 (2) 前述效能的證據。	C I̲ P O O 質	・改善 VET 對變化中勞動力市場需求的回應力。 ・支持就業能力。
10.用於促進更多 VET 就讀／受訓機會之方案和提供輔導給 VET 學習者（或潛在學習者） (1) 不同層級現有方案的資訊。 (2) 前述效能的證據。	C I̲ P O O 質	・促進 VET 之就讀／受訓機會（含弱勢群體）。 ・支持調適性訓練的提供。

註：1. 指標類別欄：C/Context—背景、I/Input—投入、P/Process—過程、O/Output—產出、O/Outcome—結果，指標類別加框線表歸屬該類別，加網底的「混」表適用質性和量化混合資料，加網底的「質」表適用質性資料。

　　2. 職前職業訓練：需要經過 6 週的訓練才算參與者；終身學習：接受正規 VET 的人口百分比。

　　3. 除了性別和年齡的基本資訊外，還可以應用其他社會標準，例如提早離校者、最高學歷、移民、失能者、失業時間長短。

　　4. 失業者根據 ILO 和 OECD 的定義，指 15-74 歲無工作但積極求職並準備好開始工作的個人。

資料來源：EQAVET, 2023; ETF, 2015.

而 EQAVET 架構在 VET 系統和提供機構兩層級，以及品質保證週期四階段的指示性指標則如表 6.7 所示。就 VET 教育人員而言，表中兩層級的指標都該加以重視，但教育行政機關人員需特重系統層級指標，而學校教育人員需特重提供機構層級指標。

聯合國教科文組織（UNESCO）針對亞太地區（特別是東協國家）技職教育與訓練（technical and vocational education and training, TVET）的需求，發展出類似 EQAVET 的《亞太地區 TVET 資歷品質保證指引》（Guidelines for the Quality Assurance of TVET Qualifications in the Asia-Pacific Region），但著重在資歷（qualification；詳見本書第三章）品保，其立論為資歷是正式品保機制的一部分，其品保需提供明確的評估參考點、提供利害關係人資訊、實施適當的評估員遴選要求和訓練、明確定義評估方法和程序的品質、實施含申訴程序、和進行資歷程序的文件記錄、評鑑和監控。以下是該指引所主張支撐 TVET 資歷品保的 13 項原則（UNESCO, 2017）：

1. 有明確的願景描繪 TVET 資歷的品保如何跨越 TVET 資歷系統各領域運作。
2. 參與 TVET 資歷品保的組織在有明確和透明的治理安排下運作。
3. TVET 資歷的品保實務得到適當的財務資助。
4. TVET 資歷的品保實務根據清晰透明的品質標準。
5. TVET 資歷的品保實務涉及資歷的構思與形成、評估、驗證和認證程序。
6. 主要利害關係人群體參與品質保證實務的關鍵環節（如 TVET 資歷的構思與形成、評估、驗證和認證）。
7. TVET 資歷的品保實務中有明確的經濟、社會和環境向度，以便：極大化就學／受訓機會、社會包容、路徑、銜接、弱勢族群的參與，和參與者的留讀／訓率與完成率，並優先考慮關鍵產業部門。
8. 極小化評估障礙，包括非正規和非正式學習的評估。

表 6.7　EQAVET 架構的指示性指標

層級	階段			
	1. 規劃	2. 實施	3. 評鑑	4. 檢討
VET 系統	1.1 VET 有中長程整體或具體目標（goals/objectives），並與永續發展目標（SDGs）連結，考慮到環境的永續性。 1.2 社會夥伴和所有其他相關利害關係人參與制定不同層次的 VET 整體與具體目標。 1.3 建立有目標的並透過明確指標（成功規準）監控。 1.4 建立有國家／區域機制和程序以辨認以及社會勞動市場和社會需求。 1.5 制定有依國家／區域資料保護要求下，確保品質／結果的資訊政策。最佳揭露的資訊政策。	2.1 實施計畫的制訂有不同層級的社會夥伴、VET 提供機構以及其他相關的利害關係人。 2.2 實施計畫包括所需資源，使用者能力以及所需支持的指引。 2.3 制訂有在不同層級實施的指引和標準，這些指引和標準包括資歷設計、評估和審核的品質保證機制。 2.4 實施計畫包括對教師和訓練師訓練（包括數位能力和環境永續性）的明確支持。 2.5 VET 提供機構在實施過程中的責任有被明白描述和透明呈現。	3.1 制訂有涵蓋內部和外部評鑑的評鑑方法。 3.2 利害關係人參與監測和評鑑的程序已商定且明確描述。 3.3 國家／區域標準及改善和確保品質的程序是相關的且對應部門的需求。 3.4 系統視需要辦理自我評鑑和接受內部和外部查核。 3.5 實施有早期預警制度。 3.6 採用績效指標。 3.7 有適切、定期且連貫的資料蒐集，以測量成功和辨認需要改善的領域。制訂有適當的資料蒐集方法，如問卷。	4.1 定義有進行檢討的程序、機制和工具並加以使用，以改善所有層級的提供品質。 4.2 定期檢討過程制訂有變革的行動計畫；系統隨之調整。 4.3 評鑑結果的資訊公開可用。

層級	階段			
	1. 規劃	**2. 實施**	**3. 評鑑**	**4. 檢討**
	1.6 定義有個人職能採認、驗證和認證的標準和指引。 1.7 使用學習成果描述 VET 資歷。 1.8 建立有資歷設計、評估和審核的品質保證機制。 1.9 VET 班制的設計允許彈性的學習路徑和快速回應變化中的勞動市場需求。	2.6 制訂有國家和／或地區品質保證架構並包括有品質指引與標準，以促進持續改善和自我調節。		
VET提供機構	1.1 VET 提供機構設定的 VET 標的反映性的反映歐洲、國家和地區 VET 政策整體／具體目標。 1.2 設定和監控明確的整體／具體目標，且各種班制計畫設計契合這些目標。 1.3 持續諮詢社會夥伴和	2.1 著眼於達成實施計畫中設定的標的，內部資源有適當調整／配置。 2.2 有適切且包含的夥伴關係（包括教師和訓練師之間），明確支持實施計畫的行動。 2.3 員工職能發展策略計畫詳列教師和訓練師	3.1 在國家和區域法規／架構或 VET 提供機構倡議下，定期進行自我評估／評鑑，並涵蓋 VET 機構的數位準備和環境的永續性。 3.2 評鑑和查核涵蓋教育與訓練過程和結果（包括學習者成果（包括員工績效和滿意度與員工績效和滿	4.1 學習者的回饋是蒐集自他們個人的學習經驗以反學習和教學環境。教師、訓練師和所有其他相關利害關係人的統合回饋是用來作為進一步行動的資訊。 4.2 檢討結果的資訊是實泛和公開可用的。

層級	階段			
	1. 規劃	2. 實施	3. 評鑑	4. 檢討
	所有其他相關利害關係人，以辨認認明確的地方／個人需求。	的訓練需求。	意度的評估。	4.3 用以支持發展高品質提供以及改善學習者機會的回饋和檢討程序是組織中策略學習程序的一部分。
	1.4 品質管理與發展責任明確分配。	2.4 員工接受定期訓練並與適切外部利害關係人合作以支持能力建立和品質改善，並提高績效。	3.3 評鑑和查核包括資料蒐集與使用，以及納入內部和外部利害關係人的充分和有效機制。	4.4 評鑑程序的結果／成果與相關利害關係人員討論並就定位適當的行動計畫就定位。
	1.5 在品質發展方面有早期參與與規劃人員。	2.5 VET 提供機構的班制讓學習者達到預期的學習結果並積極參與學習過程。	3.4 實施早期預警制度。	
	1.6 提供機構與適切利害關係人規劃合作協議。	2.6 VET 提供機構透過使用讓學習者能達到預期學習結果的學習者中心法，對個人學習需求做出回應。		
	1.7 適切利害關係人參與地方需求的分析過程。	2.7 VET 提供機構透過使用數位科技和線上學習工具的支持，促進學校和職場裡教學與學習的創新。		
	1.8 VET 提供者有明確且透明的品質保證系統就定位。	2.8 VET 提供機構使用有效、準確和可靠方法評估成果學習個人的學習結果		
	1.9 設計有確保遵守資料保護規章的措施。			

資料來源：EQAVET, 2023.

9. TVET 資歷的品保實務工作人員專業化。

10.TVET 資歷的品保實務持續改善；做決定基於資料和研究。

11.參與 TVET 資歷品保的組織承諾內部評鑑和週期性外部評鑑，以及向社會公開外部評鑑發現。

12.TVET 資歷的品保實務維持符合目的且可永續。

13.TVET 資歷的品保實務透過國家和地區連結與合作提升。

我國現行《高級中等教育法》（2021 年修正）規定：

> 高級中等學校應定期對教學、輔導、校務行政及學生參與等事項，進行自我評鑑；其規定，由各校定之。

> 各該主管機關為促進高級中等學校均優質化發展，應定期辦理學校評鑑，並公告其結果，作為協助學校調整及發展之參考；其評鑑辦法，由各該主管機關定之。

因此，依現行《高級中等學校評鑑辦法》（2018 年修正），含技術型、綜合型高中在內的高級中等學校評鑑之類別及其內容如下：

1. 校務評鑑：指基於課程教學、學務輔導、環境設備及校務發展之需求所進行之評鑑。

2. 專業群科評鑑：指基於所設專業群科之群科發展、課程教學及績效表現之需求所進行之評鑑。

3. 專案評鑑：指基於學校發展、轉型、退場或特定目的及需求所進行之評鑑。

4. 追蹤評鑑：指校務評鑑結果列為丙等以下學校，或專業群科整體評鑑結果列為丙等以下群科之評鑑。

項目 1 和 2 以每五年辦理一次為原則，項目 3 和 4 得視需要辦理之。受評鑑學校對評鑑所列缺失事項，應研提具體改進措施，並納入重大校務改進事項；其改進結果，應列為下一週期評鑑之重要項目。

　　但為落實行政減量，教育部所管高級中等學校評鑑自 2018 年起持續簡化，並自 2020 年停止辦理（國教署，2020）。而臺北市則自 2020 年起轉型實施「臺北市中小學教育品質保證實施計畫」。高中職階段教育採行同一版品質保證實施計畫，該計畫含內部及外部品質保證，內部品保由學校每學年辦理和提出自我評鑑及改善資料、填報學校報告卡，自我評鑑項目包括「校務經營與發展」、「課程與教學」、「教師專業素質」、「學生學習與輔導」及「校園環境」等五項，報告卡填報項目則包括「學校基本資料」及前述五項評鑑項目。外部品保為每四學年辦理一次「學校經營成效」評定及「家長問卷調查」，前者四學年累計需達 100 分，後者「對學校辦學的滿意度」部分之平均數需達 3.5 以上（採五等量表）。各校第三學年之「學校自我評鑑與改善」與「學校報告卡」以及第四學年之「學校經營成效」與「家長問卷調查」結果資料，需填報臺北市中小學教育品質保證審議委員會審議，以判斷並建議各校在落實「校務經營與發展」等五大項目之認可結果與期限。認可結果分為「通過」及「待改善」兩項，公告於教育局網站。「通過」之有效期為四學年並由教育局頒發品質保證認可證書，而「待改善」學校經自我改善或教育局諮詢輔導後，並由「臺北市中小學教育品質審議委員會」審議通過後，有效期為該週期剩餘年數（臺北市政府教育局，2020，2023）。

　　上述認可是一種外部品質保證程序，由外部機構（即認證機構）對教育機構或班制的服務和運作進行評鑑，以確定是否符合適用的標準。認可既是一種狀態——向公眾通報機構或班制符合認證機構制定的品質標準，也是一種過程——反映機構或班制在獲得認證機構的認可時，致力於自我評鑑（或稱自我研議/self-study）和外部評核，不僅尋求滿足標準，而且不斷尋求方法提高所提供教育與訓練的品質。認可對 VET 機構與班制的一般助益如下：(1) 幫助提高標準並促進卓越；(2) 提供持續自我評估和持續改善的手段；(3) 提高聲譽並建立公共課責；(4) 支持

財務資助的取得和國際合作的建立；(5) 幫助學員／生決定就讀／受訓時可接受的機構和班制；(6) 協助機構和班制決定轉入學分的可接受性；以及 (7) 幫助雇主決定班制學習計畫的有效性以及畢業生／結訓學員是否合格。品質保證程序常包括：(1) 設定標準／規準；(2) 進行自我評鑑；(3) 進行外部評鑑／驗證；和 (4) 公開認可結果。

我國技專校院自 1975 年起辦理專科學校評鑑，1989 年起辦理技術學院評鑑，自 2005 年起辦理科技大學評鑑。現行《大學法》（2019 年修正）規定：

> 大學應定期對教學、研究、服務、輔導、校務行政及學生參與等事項，進行自我評鑑；其評鑑規定，由各大學定之。
>
> 教育部為促進各大學之發展，應組成評鑑委員會或委託學術團體或專業評鑑機構，定期辦理大學評鑑，並公告其結果，作為學校調整發展之參考；其評鑑應符合多元、專業原則，相關評鑑辦法由教育部定之。

而現行《專科學校法》（2019 年修正）則規定：

> 專科學校應定期對教學、服務、輔導、校務行政、學生實習、產學合作及學生參與等事項，進行自我評鑑；其評鑑規定，由各校定之。
>
> 教育部為促進各專科學校之發展，得組成評鑑會或委託大學、學術團體或專業評鑑機構，定期辦理專科學校評鑑，並公告其結果，作為學校校務發展之參考；其評鑑應符合多元、專業原則，相關評鑑類別、內容、基準、方式、程序、評鑑結果之運用及其他相關事項之辦法，由教育部定之。

　　但自 2017 學年度起，教育部不再辦理技專校院之專業類系所科評鑑（即班制評鑑），改由各校自行規劃執行（可自辦或委請經認可之外部專業評鑑機構評鑑；專業評鑑機構如中華工程教育學會、社團法人台灣評鑑協會、社團法人中華民國管理科學學會，以及美國公衛教育委員會），教育部僅透過委託辦理各校之校務類評鑑。校務評鑑包括例行評鑑、追蹤評鑑、再評鑑三種，評鑑實施方式為受評文書書面審查及實地評鑑。其中評鑑週期為每五學年一次的例行評鑑之評鑑作業時程分為下列五個階段：評鑑規劃階段、受評學校自我評鑑階段、實地評鑑前置作業階段、實地評鑑實施階段，和受評學校自我改善階段（追蹤評鑑、再評鑑採前四個階段）。2024-2028 學年度技專校院校務評鑑項目共有下列五項：校務治理與發展策略、教師教學品質之確保與支援、學生學習品質之確保與成效提升，和自我改善與精進。每一評鑑項目分別給予「通過」或「有條件通過」或「未通過」之認可結果。通過項目由受評學校於評鑑結果公告後一年內，就被建議改善事項提出「自我改善計畫與執行成果」；有條件通過項目由受評學校於評鑑結果公告後一年內，提出「自我改善計畫與執行成果」，並於當年度接受追蹤評鑑，針對「有條件通過」項目之改善建議處理情形進行檢核；未通過項目由受評學校於評鑑結果公告後一年內，提出「自我改善計畫與執行成果」，並於當年度接受再評鑑，針對「未通過」項目重新進行評鑑（社團法人台灣評鑑協會〔台評會〕，2014）。由上述可知，目前技專校院評鑑係採認可制，而認可評鑑為其品質保證之一環。

　　在職業訓練方面，勞動部勞動力發展署（n.d.）為提升國內各單位辦訓品質，規劃設計人才發展品質管理系統（Talent Quality-management System, TTQS），作為檢視各單位訓練體系、訓練計畫執行品質及訓練績效之評核與管理工具。

第七章

職業教育與訓練師資

　　巴哈（Richard Bach）的寓言小說《天地一沙鷗》（*Jonathan Livingston Seagull*）描寫一隻叫強納森（Jonathan）的海鷗熱愛飛翔，不甘心終身只是在沙灘上、漁船邊討食，於是立下飛行目標、勤練飛翔技藝，但受到其他沙鷗的驅逐。可是牠不願放棄，到另外一個有師徒制的世界去學習，終得名師指導，練成一身絕技，可以在海闊天空中遨翔。牠秉承師訓，不藏私地回到原來的族群去教導其他沙鷗，幫助牠們發現自己天賦的卓越，超越後天的限制，牠的理想、抱負和堅持終於帶給牠的族群極大的變化。後來強納森離開家鄉，牠的徒弟以同樣的心態，延續牠的志業。

　　這本小說的意涵是有理想、有抱負、能堅持、能傳承的人，可以成己立人、引領變革、促成永續。職業教育與訓練師資也需要這樣的特質。

　　職業教育與訓練（VET）是注重實用能力和實作經驗之形式獨特的教育，教師和行政人員是這種教育的骨幹，不同背景的學習者從學校／訓練機構轉銜到工作需靠教師和行政人員大力支持。其中 VET 教師常被稱為擁有「雙重專業」（dual profession）或是「斜槓達人」（slash master）──兼具教育和職業知能與經驗，既可擔當職業教師又可擔任業界從業人員（OECD, 2011），其中以擔任業界從業人員為主，以擔當職業教師為輔者可通稱為「業師」。各國職業教育與訓練按其提供的情境脈絡，師資有許多類別，例如依工作場所可分為職場本位和學校本位教師（分別指在職場或學校任教的教師）；依任教領域可分一般普通科目和職業技術科目教師；按教育層級可分為義務教育階段和義務教育以後階段教師；按機構所有權可分為公立機構和私立機構教師；按教學向度可分為理論和實務教師；依主要角色可分為教師（teacher）、訓練師（trainer）、師徒式指導教師（mentor）、家教式指導教師（tutor），和講師（instructor）；依聘約類型可分為編制人員、臨時人員、全職人員、兼職人員等（Cedefop, 2024）。亦即，就廣義而言，表 7.1 所列四

種均為職業教育與訓練師資。但在職業教育與訓練採科層制的我國，職
業教育和職業訓練的主管機關分別是教育部和勞動部，所以職業教師和
職業訓練師的界線相當明顯。本章著重在全職職業技術科目教師／訓練
師的討論。

表 7.1　各國常見的四種職業教育與訓練師資

VET 學校或中心教師（teacher）			公司內訓練師（trainer）
普通科目教師	職業理論科目教師	學校實習場所或模擬學習環境（如跨公司間的訓練中心）的實習科目教師。	又稱為學徒制的家教式指導教師（tutor）、師徒式指導教師（mentor），或實務訓練講師（instructor），在學徒制進行中或在公司內作為學校本位學習一部分的各種安置下，陪伴學生。

資料來源：Cedefop, 2016.

　　而歷來教師／訓練師被認為應具備學科專門（或技術專門）、教
育專業和一般通識三大領域的能力且能統合應用。亦即職業教育與訓練
教師／訓練師必須具備各自領域必要職能以及產業實務經驗，能有效教
導技術、社會情緒能力（管理自己的情緒、建立和他人的健康關係、展
現同理心……），和就業能力（溝通、解決問題、團隊合作和批判思
考……），以利學員／生可在勞動力市場順利就業和長足發展；能提供
輔導和師傅式指導（mentorship），幫助學員／生培養強烈的工作倫理
和對自己選擇之職業進路的積極態度，並支持學員／生過渡到勞動力市
場或進階班制；也能貢獻於提高職業教育與訓練系統的整體聲譽和可信
度（Tanaka, et al., 2023）。本章分三節討論職業教育與訓練教師和訓練
師的工作、職能與初任要求，以及師資培育及其挑戰與對策。

第一節 ▶ 教師所需職能與初任要求

　　臺灣在 1951 至 1965 年 15 年間接受美國提供軍事和經濟援助（簡稱美援），其中，經濟援助計畫內含的三大類之一是技術合作，技術合作類下含美援教育計畫，該計畫中的重要項目，包括工業職業教育計畫、農業職業教育計畫、僑生教育計畫、家政教育計畫、師資培育等。舉工業職業教育計畫為例，在美援支持下，1953 年國立臺灣師範大學前身成立工業教育學系（簡稱工教系）培育中學工藝（現生活科技）科目師資和工業職業（簡稱工職）學校師資。1953 年臺美人士合組工業教育視察團，考察全臺 17 所工業職業學校及專科以上學校之課程、設備及訓練方法等之後，工業職校決定採用美國工業教育所實行的單位行業訓練制（unit trade training system），使學生從機工、汽車修護工、電工等單位行業科別的工場實習中習得專業技能，畢業即能投入生產線操作，填補勞動力空缺。而實施單位行業訓練制之前，先針對各生產機構所需的技工人數與行業種類（如油漆工、車床工、銑床工、鑽床工等）進行大規模的工業調查（含徵詢各工廠雇主對技術工人培訓的意見），作為改進工業教育課程內容的參考。調查結果也促成 1955 年八所示範工業職校和前述機工、汽車修護工、電工等單位行業科別的設立，以及儘量增加實習時數，使學生從實習中習得技能，畢業後能夠馬上就業（歐素瑛，2022）。臺灣師大工教系成立初期除培育工藝師資外，係以工場師資科班制招收有業界工作經驗者培育為工業職業學校之工場實習與相關科目師資，之後改以學位班招收高工畢業生培育為高工各科教師，初期係採獨立招生，要求報考者須有兩年以上業界工作經驗、術科成績及格再採計學科成績。但隨後先取消工作經驗要求、再取消術科考試至今。

　　以上包含師資培育在內的工業職業教育發展模式，也影響工業以外

的其他類別。之後由於臺美兩國之間往來頻仍，美國職業教育與訓練的理念與做法持續輸入和產生影響，但是在師資培育方面，美國對教師技術專門能力的養成仍相當借重業界工作經驗（即工作本位訓練或草根模式），我國則相對借重學校本位訓練或學院模式，就此而言，美國做法較符合本書第一章第四節所介紹的社會效率論。因此，本節先介紹當今美國職業教育與訓練師資要求，再討論我國師資要求。

 壹 高中階段

一、美國師資要求

　　美國高中階段（secondary-school level）和高中之後但非高等教育階段（post-secondary-school level）職技教育教師（career and technical education/CTE teacher）在其職域須具備專家等級（expert-level）的能力，其工作概要、任務（task）、所需職能、學歷現況與初任學歷要求如表 7.2 和 7.3 所列。在高中／中學之後但非高等教育（即 ISCED 4）階段主要包括下列兩種學程（National Center for Education Statistics [NCES], n.d.）：

1. 證書：指成功完成低於學士之中學後課程者取得的證書，其要求是少於 4 學年的全日制大學程度學習。證書依修習長度可分為：(1) 少於 1 年的修習；(2) 至少 1 年但少於 2 年的修習；或 (3) 至少 2 年但少於 4 年的修習。這些證書可能涵蓋與副學士學位相同的課程，但沒有修普通課程的要求。
2. 副學士學位：指成功完成低於學士學位班制，和通常需要至少 2 學年但少於 4 學年的全日制大學程度班制而取得的學位。

表 7.2 美國高中和之後階段職技教育教師的工作概要與任務

	高中階段職技教師	高中之後階段職技教師
工作概要	教導高中階段學生的職業（occupational/vocational/career）或技術科目，如汽車修護、健康照護、美容和廚藝。	在公、私立學校提供營建、機械／維修、製造、運輸或美容等低於學士學位之職業訓練的班制，教導高中畢業或離開高中的學生職業課程。
任務	1.使用講述、討論和示範等各種教學方法，透過個別和團體並用方式教導學生。 2.建立並執行維持學生秩序的行為規則和程序。 3.觀察和評估學生的表現、行為、社會發展和身體健康。 4.遵循課程指引（按：相當於臺灣的課程綱要）或州和學校的要求，準備學習科目計畫的目標和大綱。 5.規劃和開展平衡教學、示範和工作時間的活動，提供學生觀察、提問和調查的機會。 6.為所有課目、單元和專題設定明確的目標，並將這些目標傳達給學生。 7.依照法律、學區政策和行政法規的要求，保存正確、完整的學生紀錄。 8.教導和監督學生使用和保養設備和器材，以防止受傷和損壞。 9.準備課堂活動的器材和教室。 10.指定課堂作業和家庭作業並評分。 11.與家長或監護人、其他教師、輔導員和行政人員會商，以解決學生的行為和學業問題。 12.透過系統化的講述、討論、視聽演示和實驗／習場所、商店與實地考察／田野調查計畫，教導學生特定職業或職業領域所需的知識和技能。	1.觀察和評鑑學生的作業，以確定進度、提供回饋，並提出改進建議。 2.使用圖形、圖表、錄影帶和投影片等視覺輔具進行講述和討論，以提升學生的知識和職能。 3.監督和監控學生使用機具和設備。 4.進行口頭、書面或表現測驗，以衡量進度並評鑑訓練效能。 5.提供個別化教學和指導或補救教學。 6.準備報告並維護紀錄，例如學生成績、出席名冊和訓練活動細節。 7.發展課程並規劃課程內容和教學方法。 8.確定學生或工作人員的訓練需求。

	高中階段職技教師	高中之後階段職技教師
	13. 使用電腦、視聽輔具以及其他設備和器材以補充演示。	9. 監督個別或小組專題、實地安置、實習／驗場所工作或其他訓練。
	14. 準備、管理和評分測驗與作業，以評鑑學生的進步情形。	10. 整合學術和職業課程，使學生獲得多種能力。
	15. 執行管理學生的所有行政政策與規則。	11. 選擇並組裝用於訓練課程或專題的書籍、材料、用品和設備。
	16. 鼓勵學生探索學習機會並堅持完成具有挑戰性的任務，為未來的年級做好準備。	12. 舉辦工作崗位上訓練班或訓練時段，教授並示範指定科目的原理、技術、程序或方法。
	17. 規劃和督導學生在企業、產業工場／商店和學校實驗／習場所的工作經驗計畫。	13. 取得、維護和修理實習／驗場所設備和機具。
	18. 與其他專業人士會面，討論個別學生的需求和進步情形。	
	19. 指導並諮詢學生的行為調整、學術問題或特殊學術興趣。	14. 制定教學計畫和訓練進程大綱並設定課程目標。
	20. 為失能學生提供輔助裝置、支援性技術以及使用盥洗室等設施的協助。	15. 提供學生課程選擇、職涯決定以及其他學術和職業問題的建議。
	21. 規劃和督導課堂專題、實地考察、安排來賓演講或其他體驗活動，並指導學生從這些活動中學習。	
	22. 安排學生工作，或推薦就業安置服務。	16. 參加研討會、專題討論會和訓練課程，跟上該領域的發展，並將相關資訊納入訓練班制。
	23. 為需要額外協助的學生準備並實施補救方案。	
	24. 贊助如社團、學生組織和學術競賽等課外活動。	
	25. 與其他教職員會商，以按照核准的課程，規劃和安排促進學習的課目。	
	26. 參加專業會議、教育研討會和教師研習會，以維持和提高專業能力。	
	27. 與家長和監護人會面，討論其子弟的進步並確定其子弟的優先事項及其資源需求。	
	28. 與其他教師和行政人員協作，以發展、評鑑和修訂學校課程計畫。	17. 發展教具，例如教
	29. 選擇、訂購、儲存、發放和盤點教室設備、器材和用品。	

	高中階段職技教師	高中之後階段職技教師
	30. 隨時了解教育和學科專門的趨勢。 31. 根據行政單位的要求，準備有關學生和活動的報告。 32. 根據需要參加教職員會議並擔任委員會委員。 33. 履行行政職責，例如學校圖書館協助、樓館和自助餐廳以及學生上、下校車的監督。	學軟體、多媒體視覺教具或學習器材。 18. 擔任與預算、課程修訂以及課程和文憑要求有關的教師和學校委員會委員。 19. 安排指定領域的專家演講。 20. 審查入學申請並與申請人聯繫以取得更多資訊。

資料來源：O*NET OnLine, 2024a, b; careeronestop, 2024a, b.

表 7.3　美國高中和之後階段職技教育教師所需職能、學歷現況與初任要求

	高中階段職技教師	高中之後階段職技教師
職能之 1.知識（K）	1.1 顧客和個人服務：提供顧客和個人服務之原理和程序方面的知識。包括顧客需求評估、滿足服務品質標準以及顧客滿意度評鑑。 1.2 教育與訓練：課程和訓練設計、個人和團體教學和教授以及訓練效果評量之原理和方法方面的知識。 1.3 英語文：英語文結構和內容，包括字意和拼字、作文規則和文法方面的知識。 1.4 電腦和電子產品：電路板、處理器、晶片、電子設備以及電腦硬體和軟體（包括應用程式和程式設計）方面的知識。	1.1 教育和訓練：課程和訓練設計、個人和團體教學和教授以及訓練效果評量之原理和方法方面的知識。 1.2 英語文：英語文結構和內容，包括字意和拼字、作文規則和文法方面的知識。 1.3 機械：機器和工具的知識，包括它們的設計、使用、修理和維護。 1.4 顧客和個人服務：提供顧客和個人服務之原理和程序方面的知識。包括顧客需求評估、滿足服務品質標準以及顧客滿意度評鑑。 1.5 數學：算術、代數、幾何、微

高中階段職技教師	高中之後階段職技教師
1.5 行政：行政和處室程序和系統，例如文書處理、管理檔案和紀錄、速記和轉錄、設計表格和職場術語方面的知識。	積分、統計學及其應用方面的知識。
1.6 行政和管理：有關策略規劃、資源分配、人力資源建模、領導技術、生產方法以及人員和資源協調之企業與管理原理方面的知識。	1.6 行政：行政和處室程序和系統，例如文書處理、管理檔案和紀錄、速記和轉錄、設計表格和職場術語方面的知識。
1.7 心理學：人的行為和績效，人在才能、性格和興趣的個別差異，學習和動機，心理學研究方法，以及行為和情意障礙的評估與治療方面的知識。	1.7 工程與科技：工程科學與技術的實際應用知識。包括將原理、技術、程序和設備應用於各種物品和服務的設計和生產。
1.8 傳播與媒體：媒體製作、溝通和傳播技術與方法方面的知識。包括透過書面、口頭和視覺媒體提供資訊和娛樂的備選方式。	1.8 電腦和電子產品：電路板、處理器、晶片、電子設備以及電腦硬體和軟體（包括應用程式和程式設計）方面的知識。
1.9 人事和人力資源：人員招募、選拔、訓練、薪資和福利、勞動關係和協商以及人事資訊系統的原理和程序方面的知識。	1.9 行政和管理：有關策略規劃、資源分配、人力資源建模、領導技術、生產方法以及人員和資源協調之企業與管理原理方面的知識。
1.10 公共安全和防護：有關促進人員、資料、財產和機構保護之有效地方、州或國家安全作業，以保護設備、政策、程序和策略方面的知識。	1.10 公共安全和防護：有關促進人員、資料、財產和機構保護之有效地方、州或國家安全作業，以保護設備、政策、程序和策略方面的知識。
1.11 數學：算術、代數、幾何、微積分、統計學及其應用方面的知識。	1.11 設計：有關精密技術計畫、藍圖、圖面和模型的生產之設計技術、機具和原理的知識。
	1.12 化學：關於物質的化學成分、結構和性質以及它們所經歷的化學過程和轉化的知識。包括化學品的使用及其交互作用、

	高中階段職技教師	高中之後階段職技教師
	1.12 法律和政府：法律、法規、法院程序、先例、政府法規、行政命令、機構規則和民主政治程序方面的知識。	危險信號、生產技術和廢棄物處理方法。 1.13 人事和人力資源：人員招募、選拔、訓練、薪資和福利、勞動關係和協商以及人事資訊系統的原理和程序方面的知識。 1.14 物理學：物理原理、定律、它們之間的相互關係，以及了解流體、材料和大氣動力學與機械、電氣、原子和亞原子結構和過程之應用方面的知識和預測。
職能之2.技能（S）	2.1 教學：教導別人如何做事。 2.2 積極傾聽：充分專注於別人所說的話，花時間了解其所表達的觀點，適度地提問，並且不在不適當的時候打斷別人的話。 2.3 閱讀理解：了解和工作相關文件中的文句和段落。 2.4 口語表達：與他人交談以有效地傳達資訊。 2.5 批判思考：使用邏輯和推理來識別備選對策、結論或問題解決方法的優點和缺點。 2.6 學習策略：在學或教新事物時選擇和使用適合情境的訓練／教學方法和程序。 2.7 監控：監控／評估自己、其他個人或組織的績效表現，以進行改善或採取矯正行動。 2.8 寫作：根據受眾的需求，以書面進行有效溝通。	2.1 積極傾聽：充分專注於別人所說的話，花時間了解其所表達的觀點，適度地提問，並且不在不適當的時候打斷別人的話。 2.2 教學：教導別人如何做事。 2.3 學習策略：在學或教新事物時選擇和使用適合情境的訓練／教學方法和程序。 2.4 主動學習：了解新資訊對當前和未來解決問題和做決定的意涵。 2.5 閱讀理解：了解和工作相關文件中的文句和段落。 2.6 口語表達：與他人交談以有效地傳達資訊。 2.7 批判思考：使用邏輯和推理來識別備選對策、結論或問題解決方法的優點和缺點。 2.8 監控：監控／評估自己、其他個人或組織的績效表現，以進

	高中階段職技教師	高中之後階段職技教師
	2.9 複雜問題解決：識別複雜問題並審查相關資訊以發展和評估選項並實施解決對策。 2.10 協調：調整和他人的行動有關的行動。 2.11 服務導向：積極尋找幫助人們的方法。 2.12 社會洞察力：覺察他人的反應並了解他們為什麼會做出這樣的反應。 2.13 主動學習：了解新資訊對當前和未來解決問題和做決定的意涵。 2.14 判斷和做決定：考慮從潛在行動中選擇最適當行動的相對成本和效益。 2.15 時間管理：管理自己和他人的時間。 2.16 說服：說服他人改變想法或行為。 2.17 系統評鑑：辨認系統績效的量數或指標，以及改善或矯正和系統目標有關績效所需的行動。 2.18 協商：將其他人聚集在一起並努力彌合分歧。	行改善或採取矯正行動。 2.9 寫作：根據受眾的需求，以書面進行有效溝通。 2.10 複雜問題解決：識別複雜問題並審查相關資訊以發展和評估選項並實施解決對策。 2.11 判斷和做決定：考慮從潛在行動中選擇最適當行動的相對成本和效益。 2.12 社會洞察力：覺察他人的反應並了解他們為什麼會做出這樣的反應。 2.13 協調：調整和他人的行動有關的行動。 2.14 協商：將其他人聚集在一起並努力彌合分歧。 2.15 說服：說服他人改變想法或行為。 2.16 服務導向：積極尋找幫助人們的方法。 2.17 時間管理：管理自己和他人的時間。
職能之 3. 才能（A）	3.1 口語理解力：聆聽和了解單詞和句子表達之資訊和想法的才能。 3.2 口語表達力：用口語表達資訊和想法使他人了解的才能。 3.3 口語清晰力：清晰地說話使他人了解的才能。	3.1 口語理解力：聆聽和了解單詞和句子表達之資訊和想法的才能。 3.2 口語表達力：用口語表達資訊和想法使他人了解的才能。 3.3 書面理解力：閱讀和了解書面資訊和想法的才能。

高中階段職技教師	高中之後階段職技教師
3.4 問題敏感力：判斷事情出錯或可能出錯的才能。它不涉及解決問題，只是認識到問題的存在。	3.4 書面表達力：用書面表達訊息和想法使人了解的才能。
3.5 書面理解力：閱讀和了解書面資訊和想法的才能。	3.5 問題敏感力：判斷事情出錯或可能出錯的才能。它不涉及解決問題，只是認識到問題的存在。
3.6 書面表達力：用書面表達訊息和想法使人了解的才能。	3.6 口語清晰度：清晰地說話使他人了解的才能。
3.7 近距離視力：近距離（在觀察者幾英尺以內）查看細節的才能。	3.7 演繹推理力：將一般規則應用於特定問題以產生有意義的答案的才能。
3.8 語音辨識：辨識和了解他人語音的才能。	3.8 語音辨識：辨識和了解他人語音的才能。
3.9 類別靈活力：產生或使用不同套規則以不同方式組合或分組事物的才能。	3.9 歸納推理力：將零碎資訊組合起來形成一般規則或結論的才能（包括發現看似不相關之事件間的關係）。
3.10 演繹推理力：將一般規則應用於特定問題以產生有意義的答案的才能。	3.10 資訊排序力：根據特定規則或一套規則（例如數字、字母、單字、圖片、數學運算的模式）以特定順序或模式排列事物或行動的才能。
3.11 歸納推理力：將零碎資訊組合起來形成一般規則或結論的才能（包括發現看似不相關之事件間的關係）。	3.11 近距離視力：近距離（觀察者幾英尺以內）查看細節的才能。
3.12 資訊排序力：根據特定規則或一套規則（例如數字、字母、單字、圖片、數學運算的模式）以特定順序或模式排列事物或行動的才能。	3.12 原創力：針對特定主題或情況提出不尋常或聰明想法的才能，或發展創意方法解決問題的才能。
3.13 想法的流暢力：針對某個主題提出多種想法的才能（想法的數量很重要，而不是它們的品質、正確性或創造力）。	3.13 選擇性注意力：在一段時間內專注於一項任務而不分心的才能。

	高中階段職技教師	高中之後階段職技教師
	3.14 原創力：針對特定主題或情況提出不尋常或聰明想法的才能，或發展創意方法解決問題的才能。 3.15 選擇性注意力：在一段時間內專注於一項任務而不分心的才能。 3.16 遠距離視力：看到遠處細節的才能。 3.17 閉合的靈活力：辨識或偵測隱藏在其他分散注意力之材料中的已知模式（圖形、物件、單字或聲音）的才能。 3.18 數學推理：選擇正確的數學方法或公式解決問題的才能。 3.19 記憶力：記住單字、數字、圖像流程等資訊的才能。 3.20 閉合速度：快速理解、整併和組合資訊成有意義模式的才能。 3.21 切換力：在兩個或多個活動或資訊來源（例如口語、聲音、觸控或其它來源）之間來回切換的才能。	
學歷現況	5% 具博士學位、52% 具碩士學位、40% 具學士學位、2% 具副學士學位、2% 大學肄業。	47% 具博士學位、31% 具碩士學位、15% 具學士學位、2% 具副學士學位、2% 大學肄業、2% 具高中文憑或相當、1% 低於高中文憑。
初任學歷要求	通常需有學士學位、五年以下工作經驗、不要求工作崗位上訓練資歷。O*NET 調查結果：74% 需學士學位、15% 需高中以上證書、11% 需碩士學位。	通常需有學士學位、五年以下工作經驗、不要求工作崗位上訓練資歷。O*NET 調查：42% 需副學士學位、20% 需學士學位、16% 需高中以上證書。

註：兩階段教師在其職域均須具備專家等級（expert-level）的能力。

資料來源：O*NET OnLine, 2024a, b; careeronestop, 2024a, b.

　　由表 7.2 和 7.3 可見美國高中和高中之後兩階段職技教育教師工作概要、任務、所需職能、學歷現況與初任學歷要求有很多雷同之處，但是在任務、所需職能方面，高中階段教師向度相對需較大的廣度，高中之後階段教師則較著重在深度；在學歷要求方面，對高中階段教師的學歷要求較高，但在學歷現況方面，高中之後階段教師的實有學歷較高；在初任學歷方面，兩階段的要求相似。

　　美國的公立高中基本上都是透過修課協助學生在高三和高四做好學術準備和職業準備的綜合高中，但有的高中較重學術準備、有的較重職業準備；而許多州會借重提供青少年及成年人職業課程的地區職業中心（area career center）以支援當地各綜合高中，使其部分學生利用部分時間到中心修習職業準備課程；在像紐約市等一些較大的都會學區則會有提供完整學術與職業課程的全日制 CTE 高中，這種高中即採職業準備重於學術準備。以下就高中階段 CTE 教師進一步說明，要成為 CTE 教師通常需要至少擁有要教授職域（如農業、工程或電腦與資訊科技）的學士學位和工作經驗。任教公立學校通常需取得州頒發的教學證書或執照（簡稱證照）。所有州都要求公立學校的準職技教師完成一段時間的實地教學實習方案（student-teaching program），實習中需與師徒式的指導教師（mentor teacher）一起工作，取得在課堂上教授學生的經驗。許多職技教師需在他們要教授的職域有工作經驗，例如汽車修護、廚藝和護理領域會要求在從事教職前先要在職場工作數年。一般要求如下（Keily & Perez Jr., 2020；U.S. Bureau of Labor Statistics, 2023）：

1. 教育：包括高中文憑或同等學歷、高中之後但非高等教育學位和完成高中之後但非高等教育課程。
2. 工作經驗：包括在職業領域的特定時數或年數的工作或學徒經驗。
3. 證照：業界認可的執照。
4. 評估：包括完成 CTE 學科內容、內容領域專精或其他相關知識的測驗。
5. 教師或 CTE 訓練：包括完成專業發展、指導教師的師徒式指導

（mentorship）經驗或其他教學訓練。

　　美國的教育權在各州，各州對中學階段初任 CTE 教師的認證與發照（certification and licensure）要求（如對教育程度、修課和工作經驗最低時／年數）會因州而異。但以下是全美 50 州對 CTE 教師要求的一些共通性（Peisach, 2023）：

1. 48 個州要求 CTE 教師擁有其申請任教職域的工作經驗。

2. 26 個州要求 CTE 教師持有產業界認可的職業執照或證書。

3. 41 個州要求 CTE 教師接受某種訓練。這些訓練可包括：教學或 CTE 專業發展、持有標準 K-12 教學執照或證書，或者參加針對所有教師普遍要求的訓練或針對其班制領域的特定訓練。

　　進一步以我國台塑公司設有德州廠、台積公司設有設計中心的德克薩斯州（State of Texas，簡稱德州）為例，要成為德州認證的中小學課堂教師（classroom teacher）有下列五個要求（TEA, 2024a）：

1. 取得學士學位：須由下列認可的大學校院取得學士學位。

   (1) 由德州高等教育協調委員會（Texas Higher Education Coordinating Board, THECB）承認的認可機構所認可的大學取得學位。

   (2) 美國聯邦教育部認可的大學校院資料庫。

   (3) 健康科技和行業與工業教育認證免除學士學位要求。

2. 完成教育人員培育班制；須完成經核准的教育人員培育班制（Educator Preparation Program, EPP）。如果沒有學位須完成大學課程；如果擁有學位，則可聯繫替代認證方案或學士學位後方案。

3. 通過檢定／認證考試：須通過適當的教師認證考試。可以聯繫 EPP 取得報考資格。

4. 提交州申請：須在滿足上述所有要求後申請認證。在 EPP 驗證符合資格之前，不得申請。

5. 完成指紋採集：首次申請者須採集指紋作為國家犯罪背景調查的一部分。

　　例如想成為德州 7-12 年級科的科學教師，申請人應擁有科學領域的學士學位、修讀 1-2 年的 EPP（內含作業、訓練、修課，和實地教學實習）、通過兩種檢定考試，並透過德州教育局（Texas Education Agency, TEA）網站申請標準教育人員證書。申請人將在通過背景調查後收到證書。取得標準證書後，就可以應徵教職。德州的標準教學證書效期只有 5 年。5 年內須完成 150 小時的繼續教育，才能更換新證。其中，兩種檢定考試如下：

1. **教育學與專業職責**（Pedagogy and Professional Responsibilities/ PPR）（EC-12 160）

   評估應試者是否具備德州公立學校初任教育人員所需知能，含 5 小時 100 題的電腦管理挑選反應題（selected-response questions；常含是非、選擇、配合題），也含測試用的不計分題，測驗領域含下列四大項：(1) 設計促進學生學習的教學與評估（約占 34%）；(2) 創建正面積極、富有成效的課堂環境（約占 13%）；(3) 實施有效、反應靈敏的教學與評估（約占 33%）；和 (4) 履行專業角色與職責（約占 20%），各大項均明定初任教師應具備職能。

2. **科學**（Science 7-12）（236）

   評估應試者是否具備在德州公立學校教 7-12 年級學生物理、化學和相關科學主題的基礎知能。考試內容涵蓋從物理、化學和生物多樣性到適當的學生評估和教學技術（TeacherBuilder.com, 2023）。

　　TEA 發給的九種 CTE 教學證書及其要求如表 7.4 所列。初任證書申請人須先符合上述課堂教師的要求，再檢據證明其具備擔任 CTE 教師的能力。由表 7.4 可見：

1. CTE 教師行業與工業教育（trade and industrial/T&I education；相當於我國的工業職業教育）、健康科技教育（health science technology education），和行銷教育（marketing education）三種證書要求申請人需有工作經驗，其餘六種都只要求通過檢定 / 認證考試展現技能。

2. 行業與工業教育和健康科技教育兩種教師證書要求申請人需持有職
   業證照。
3. 有工作經驗要求時，最少是兩年且強調是有支薪的工作。
4. 行業與工業教育的工作經驗要求有三個選項，對工作經驗多者的學
   歷要求低，反之亦然。

表 7.4 德州九種 CTE 教學證書及其要求

CTE 教學 證書及編號	需通過檢定考 試編碼與名稱	是否需 學位？	是否需有薪資的工作 經驗？	是否需要職業 證照？
農業、食品 與自然資源 6-12 年級 TAC 233.13	272 農業、食品 與自然資源 和 160 PPR	是	否 可透過考試添加到有效 的課堂教學證書。	否
商業與財務 6-12 年級 TAC 233.13	276 商業與財務 和 160 PPR	是	否 可透過考試添加到有效 的課堂教學證書。	否
家庭和消費 者科學統合 的 6-12 年級 TAC 233.13	200 FCS—家庭 和消費者科學 統合的 和 160 PPR	是	否 所有家庭和消費者科學 領域都可透過考試添加 到有效的課堂教學證書。	否
人類發展和 家人學習 8-12 年級 TAC 233.13	202 FCS—人類 發展和家人學 習 和 160 PPR			
餐旅、營養 與食品科學 8-12 年級 TAC 233.13	201 FCS—餐 旅、營養與食 品科學 和 160 PPR			

CTE 教學證書及編號	需通過檢定考試編碼與名稱	是否需學位？	是否需有薪資的工作經驗？	是否需要職業證照？
健康科學 6-12 年級 TAC 233.14	273 健康科學 和 160 PPR	是	是 • 在獲得職業執照的職業領域內有兩年全職有薪資經驗，並由教育人員培育班制（educator preparation program, EPP）驗證。 • 可透過考試和經過驗證的經驗及有效的職業執照添加到有效的課堂教學證書。 • 合格的軍事經驗可用來取代民間執照和賺取薪資的經驗（由EPP 審查資格）。	• 由認可機構取得副學士學位或更高學位。 • 持有州或國家承認之認可機構所頒發的健康專業從業人員的有效執照、證書或註冊證。 • 合格的軍事經驗可用來取代民間執照和賺取薪資的經驗（由 EPP 審查資格）。
行銷 6-12 年級 TAC 233.14	275 行銷 和 160 PPR	是	是 • 有兩年全職有薪資經驗，其中至少一年在行銷職業。 • 可透過考試添加到有效的課堂教學證書和驗證的經驗。 • 合格的軍事經驗可用來取代民間執照和賺取薪資的經驗（由 EPP 審查資格）。	否
科技教育 6-12 年級 TAC 233.13	171 科技教育 和 160 PPR	是	否 可透過考試添加到有效的課堂教學證書中。	否

CTE 教學證書及編號	需通過檢定考試編碼與名稱	是否需學位？	是否需有薪資的工作經驗？	是否需要職業證照？
行業與工業教育（T&I）6-12 年級 TAC 233.14	270 PPR for T&I	否 TAC 233.14 (f)(1) 要求根據技能和經驗尋求CTE認證的申請人必須修畢經核准的 EPP	是 ・三個選項： 選項一 1. 取自被認可機構的學士學位。 2. 近十年內在待教學的課程之核准職業中有兩年全職有薪資的工作經驗。 選項二 1. 取自被認可機構的副學士學位。 2. 近十年內在待教學的課程之核准職業中有兩年全職有薪資的工作經驗。 選項三 1. 高中文憑或同等學歷。 2. 近十年內在待教學的課程之核准職業中有五年全職有薪資的工作經驗。 ・合格的軍事經驗可用來取代民間執照和賺取薪資的經驗（由 EPP 審查資格）。 ・可透過考試和經過驗證的經驗及有效的執業執照一起添加到有效的課堂教學證書中。	・持有州或國家承認之認可機構所頒發的待教學課程之任何核准職業的有效執照、證書或註冊證或通過適當的國家職能測驗協會（National Occupational Competency Testing Institute, NOCTI）評估。 ・合格的軍事經驗可用來取代民間執照和賺取薪資的經驗（由 EPP 審查資格）。

註：1. FCS——Family and Consumer Sciences（家庭和消費者科學）。

　　2. PPR——Professional Pedagogy and Responsibilities（專業教育學與職責）考試，旨在測驗個人理論和教育學知識，共有 90 題，達 240 分為通過。

　　3. 和 PPR 並列的檢定考試是學科內容考試。

資料來源：TEA, 2024b.

二、我國師資要求

依我國現行《師資培育法》（2019 年修正）及其相關法規（見教育部，2020, 2022b），成爲高級中等學校專業群科教師的要求與流程如下（楊舒婷，2023）：

1. 修畢師資職前教育課程，取得師資職前教育證明書

   須通過師資培育之大學的師資生甄選後成爲師資培育生（簡稱師培生，指原是師資培育相關科系且取得修習師資培育課程資格的學生）或教育學程生（簡稱教程生，指不具師培生資格，但通過甄選，除本身主修科系課程外，另加修擬任教科目課程及教育學程課程的學生），依規定修畢「師資職前教育課程」。課程內容包括普通課程（爲培育教師人文博雅及教育志業精神之共同課程，如國文、英文、通識等）、教育專業課程（爲培育教師依師資類科所需教育知能之教育學分課程，含教育基礎課程、教育方法課程、教材教法與教學實習課程及選修課程，至少 26 學分）及專門課程（爲培育教師任教學科、領域、群科專長之專門知能課程，依各群科而定，含必備科目——如多媒體設計科要求的「基本設計」和選備科目——如多媒體設計科列出的「造形原理」，共 26-40 學分因科別而異）。完成至少一年的師資職前教育課程且成績及格者，可申請發給「修畢師資職前教育證明書」。有此證明書才能進行後續含教師資格考試和教育實習兩者在內的教師資格檢定（簡稱教檢）。

2. 通過教師資格考試

   中等學校類科的教師資格考試科目爲下列四科：(1) 共同科目——「國語文能力測驗」一科；和 (2) 教育專業科目——包括「教育理念與實務」、「學習者發展與適性輔導」、「課程教學與評量」三科。題型爲選擇題、非選擇題及綜合題（得包括選擇、是非、配合與問答題）。

3. 完成半年的教育實習

實習學生應在同一教育實習機構連續實習半年（每年八月起至翌年一月，或二月起至七月）。實習類別共有下列四類：

(1) 教學實習——以循序漸進為原則；開學後第一週至第三週以見習為主，第四週起進行上臺教學或實施教保活動課程；上臺教學節數或實施教保活動課程之時數應為專任教師基本教學節數六分之一以上二分之一以下。(2) 導師（級務）實習——以班級經營、輔導學生及親師溝通為主，且以寒、暑假以外學期期間，每週三個半日為原則。(3) 行政實習——以認識、協助學校行政事務及全校性活動為主，並以於寒、暑假期間實施為原則；於學期期間實施者，每週以四小時為原則。(4) 研習活動——以參加校內、外教學、班級經營、學生輔導、教育政策及精進專業知能之研習活動為主；參加時數，總計應至少 10 小時。完成半年教育實習學生可檢具學士以上學位學歷文件、通過教師資格考試成績單、修習教育實習成績及格文件或同意（抵）免教育實習證明，以及修畢師資職前教育證明書或證明等文件、資料申請核給教師證書。

4. 通過教師甄試（簡稱教甄）成為合格教師

若有學校單獨開缺或有參加縣市舉辦聯合教甄，教師證書持有者可報名參加（考試方式常含筆試、口試、試教、實作等當中的兩種以上）。通過教甄者即成為合格正職教師。

至於沒通過教甄、沒通過教檢，甚至沒修過教程但想投入教學的人，可以考慮成為「代課」教師或「代理」教師。代課教師是以「課」為單位領時薪的鐘點制教師，不用全程待在學校，但聘期通常比較短且不固定，常是在正職教師臨時或短期缺課（如婚喪病假等）時段代課。而代理教師則是介在代課教師與正職教師中間的職務。雖然代理教師也是用來替補正職教師較長期的的空缺（如留職停薪、缺額未補實等），但不同的是，代理教師在空堂時段也要在學校備課、待命和協助

學校事務，領取的薪酬是月薪，不像代課教師是領取鐘點費（楊舒婷，2023）。

我國《技術及職業教育法》規定技職校院專業科目或技術科目之教師，應具備一年以上與任教領域相關之業界實務工作經驗，其認定標準，由中央主管機關定之。由教育部訂定的現行《高級中等學校專業科目或技術科目教師業界實務工作經驗認定標準》（2021 年修正）中，規定了各專業群科業界實務工作經驗相關行業類別，也規定業界實務工作經驗得以連續或累計方式採計；而各師資培育之大學學生，修習師資職前教育課程期間，全時且連續一個月以上之專門課程至業界實習所修學分，得採計為業界實務工作經驗。然而，和美國的要求對比，我國未能要求只採計全職有薪的工作經驗，也未能要求最少兩年。一般而言，有實質工作但無薪，雇主會被質疑是違法剝削，因此有薪工作經驗較能讓人相信當事人有工作崗位上的實務經驗；而員工被聘用後大約需兩年時間才能充分發揮生產力，兩年以上經驗較能據以預測未來成功（Healy, 2023; Mayall, 2017）。

貳 高中之後但非高等教育階段

一、美國師資要求

美國高中之後但非高等教育階段教師工作概要、任務、所需職能、學歷現況與初任學歷要求如表 7.2 和 7.3 所列。其中，美國社區學院一直是少數族群和其他經濟與文化不利族群接受高中之後教育機會的重要提供者，社區學院一方面提供職業教育以培養學生勞動市場日益需求的職能，另一方面提供補救教育，補強學生接受後續職業教育和學術教育所需的基本素養。

本書第一章第五節曾述及美國加州社區學院（CCC）系統，該系統中屬性是公立學校的社區學院共有 116 個學院、超過兩百萬名學生，每

年轉銜約八萬名學生到 UC 和 CSU 系統（UC 和 USC 畢業生中各有近 30% 和逾 50% 是由 CCC 轉銜過去；依規定，CSU 和 UC 大三和大四 要保留三分之一名額給 CCC 畢業生轉銜就讀），和提供數十萬人獲得 良好薪資工作所需的職能本位職業教育（California Community Colleges Chancellor's Office, 2024）（按：CCC 有此轉銜普通大學功能，既提 供學生繼續進修機會也是受歡迎的原因之一，而 CCC 也發揮補強學生 基礎學術能力的功能）。因此，有些學區（如 2023-2024 學年共有 132 所中小學近五萬名學生的加州舊金山聯合學區／San Francisco Unified School District/SFUSD）在政策與實務上會讓公立高中（即綜合高中） 相對更重視英、數、理等回歸基礎學科（Go Back to Basics），以致在 大學預備和職業準備兩大功能上，職業準備方面側重讓學生體驗職涯發 展（career development），到社區學院和大學校院再完備工作訓練（job training）。

　　CCC 對初任全職教師的最低要求主要有下列三項：(1) 擁有學門或 領域相關的碩士學位；(2) 擁有特定的學士或副學士學位及專業經驗； (3) 擁有任何學位及專業經驗。大多數學門或領域指定需符合三項中的 特定一項（主要是普通學門或領域指定項目 1，專業學門或領域指定 3），少部分學門或領域則指定兩項或三項，但只要符合其中任一項即 可（California Community Colleges Chancellor's Office, 2022）。例如想 教古典文學課程者，需有古典文學碩士學位，或者需有古典文學學士學 位，並具有歷史學、英國文學、比較文學或古典考古學碩士學位（或其 同等學歷）。想教室內設計課程者，則不需有碩士學位，但必須：擁有 任何學門的學士或以上學位和在室內設計領域的兩年專業經驗，或者擁 有任何副學士學位和在該領域的六年專業經驗。亦即對專業課程教師常 要求從產業到學界。

　　CCC 全職教師每學期授課 3-5 門課程，每週 35 小時，每年工作 40 週（或 10 個月），如在寒、暑假授課可獲得額外收入。CCC 教師須專

注於教與學，終身職（tenure）的要求強調教學品質、學院服務和專業發展，而非學術著作發表，教師被要求的發表常是在每七年帶薪休假一年（sabbatical）期間從事專題研究的結果（College of the Canyons, 2024）。此外，CCC 將全職教師歸類為已獲終身職／邁向終身職（tenured/tenure track），將兼任教師歸類為臨時職，在 2019 年秋季開始的學期，CCC 所有教師中 70% 是臨時職，30% 是終身職／邁向終身職（California Community Colleges Chancellor's Office, 2024），亦即相當倚重兼任教師。

二、我國師資要求

我國專科學校、技術學院和科技大學（後兩者可歸入高等教育階段）教師都分為教授、副教授、助理教授、講師四級；專任教師之初任要求主要規範在現行《教育人員任用條例》（2014 年修正）下列五條（技術學院屬獨立學院）：

第 14 條

大學、獨立學院及專科學校教師分為教授、副教授、助理教授、講師。

大學、獨立學院及專科學校教師應具有專門著作在國內外知名學術或專業刊物發表，或已為接受且出具證明將定期發表，或經出版公開發行，並經教育部審查其著作合格者，始得升等；必要時，教育部得授權學校辦理審查。

大學、獨立學院及專科學校體育、藝術、應用科技等以技能為主之教師聘任或升等，得以作品、成就證明或技術報告代替專門著作送審。

大學、獨立學院及專科學校教師之聘任、升等均應辦理資格審查；其審查辦法由教育部定之。

第 16 條

講師應具有左列資格之一：

一、在研究院、所研究，得有碩士學位或其同等學歷證書，
　　成績優良者。

二、大學或獨立學院畢業，曾任助教擔任協助教學或研究工
　　作四年以上，成績優良，並有專門著作者。

三、大學或獨立學院畢業，曾從事與所習學科有關之研究工
　　作、專門職業或職務六年以上，成績優良，並有專門著
　　作者。

第 16-1 條

助理教授應具有左列資格之一：

一、具有博士學位或其同等學歷證書，成績優良，並有專門
　　著作者。

二、具有碩士學位或其同等學歷證書，曾從事與所習學科有
　　關之研究工作、專門職業或職務四年以上，成績優良，
　　並有專門著作者。

三、大學或獨立學院醫學系、中醫學系、牙醫學系畢業，擔
　　任臨床工作九年以上，其中至少曾任醫學中心主治醫師
　　四年，成績優良，並有專門著作者。

四、曾任講師三年以上，成績優良，並有專門著作者。

第 17 條

副教授應具有左列資格之一：

一、具有博士學位或其同等學歷證書，曾從事與所習學科有
　　關之研究工作、專門職業或職務四年以上，並有專門著
　　作者。

二、曾任助理教授三年以上，成績優良，並有專門著作者。

第 18 條

教授應具有左列資格之一：

一、具有博士學位或其同等學歷證書，曾從事與所習學科有
關之研究工作、專門職業或職務八年以上，有創作或發
明，在學術上有重要貢獻或重要專門著作者。

二、曾任副教授三年以上，成績優良，並有重要專門著作者。

現行《技術及職業教育法》（2019 年修正）規定「技職校院專業
科目或技術科目之教師，應具備一年以上與任教領域相關之業界實務工
作經驗。」技職校院含專科學校、技術學院及科技大學（三者合稱技專
校院），所以應具備一年以上業界實務工作經驗是技專校院教師初任要
求與一般大學校院教師初任要求的主要差異。

除了上述法規上的要求，有下列特質的人適合擔任職業教育與訓練
教職（The Editorial Team, 2019）：

1. 有經驗：在各自領域擁有工作經驗，能為尋求技術職涯的學員／生
   提供相關的、務實的教學。

2. 有條理：既要掌握變遷中的技術前沿（front），還能維持有條理的課
   堂、擔當有效的規劃者，並處理一系列行政任務，包括評量成績、
   提交報告、參加會議和訂購器材。

3. 有彈性：知道並非所有學員／生都以相同的方式學習。能靈活為學
   員／生提供透過各種方式探索課程內容的機會。

4. 有耐心：接受課堂上學員／生才能各不相同的事實。能提供學員／
   生以不同的步調學習，耐心對待需要額外時間或幫助的學員／生，
   使他們學習成功。

5. 有活力：有充沛精力，既能教授學員／生職業和技術能力，還要掌

握不斷變化和新興的技術與產業趨勢，並將新知能帶入課堂。

6. 夠正向：能營造對所有學員／生安全、尊重和正向的學習環境，讓他們在樂觀的氛圍中學習成功。

第 二 節　訓練師所需職能與初任要求

　　狹義的訓練師指表 7.1 所列訓練師或在我國依法規取得訓練師資格者，廣義的訓練師則泛指各種擔任職業訓練教學工作者，含企業內訓練師（國內亦稱爲講師、培訓師）。就廣義的訓練師而言，訓練師的角色在建立一個刺激學習與成長的環境，亦即創建一個有效增進學習者職能的環境。要發揮這種角色功能，需透過多種具體任務，例如設計有效的訓練班制、辦理有吸引力的訓練活動、評估學習者的進展、維護適當的文件，以及持續尋求專業發展。

　　O*NET OnLine（2024c）指出訓練與發展專家（training and development specialist）和訓練師兩種職稱相通，其工作概要是：設計或進行和工作有關的訓練與發展方案，以改善個人能力或組織績效，可以分析組織訓練需求或評鑑訓練效能。任務有下列 20 項：

1. 利用各種教學技術或形式呈現資訊，例如角色扮演、模擬、團隊演練、小組討論、影片或講述。

2. 取得、組織或發展訓練程序手冊、指引或課程材料，例如講義或視覺教材。

3. 評鑑訓練提供方式（例如面授或虛擬），以優化訓練效能、訓練成本或環境影響。

4. 提供具體的訓練班制，幫助員工維持或改善工作能力。

5. 透過調查、員工訪談、焦點團體或與經理、講師或客戶代表的諮詢以評估訓練需求。

6. 監控、評鑑或記錄訓練活動或班制效能。

7. 為員工或客戶設計、規劃、組織或指導新進導引和訓練班制。

8. 如果沒有看到預期的改善，則發展替代訓練方法。

9. 評鑑講師準備的訓練教材，例如大綱、文本或講義。

10. 監控訓練成本並準備預算報告以證明支出的合理性。

11. 制定發展較低階職位員工執行潛力的方案。

12. 透過閱讀目前的期刊、書籍或雜誌文章以跟上專長領域的發展。

13. 參加會議或討論會以獲取可用於訓練班制的資訊或向管理階層通報訓練班制現況。

14. 協調訓練班制參與者的招募和安置。

15. 選擇並指派講師進行訓練。

16. 與客戶就所需的訓練成果、費用或開支協商合約。

17. 監督、評鑑或推薦講師參加能力發展課程。

18. 根據教室、設備或講師的可用性安排課程。

19. 如果有必要，將學員推薦給雇主關係代表、提供就業安置協助的地點或適當的社會服務機構。

20. 發展或實施與效率、回收或其他環境影響課題相關的訓練方案。

　　訓練與發展專家／訓練師除了該是其任教領域的技術／學科專家之外，所需軟性職能如下（O*NET OnLine, 2024c）（O*NET OnLine 中另有負責規劃、指揮或協調組織中訓練與發展活動和人員的訓練與發展經理／training and development manager，經理不必然需具備技術／學科職能）：

1. 知識

1.1 教育與訓練：課程與訓練設計、個人和團體教學與指導，以及訓練效果評量之原理和方法的知識。

1.2 客戶與人員服務：提供客戶與人員服務之原理和程序的知識。包括客戶需求評估、滿足服務品質標準以及客戶滿意度評鑑。

1.3 英語文：英語文之結構和內容的知識。包括單字的意思和拼法、寫作規則和文法。

1.4 人事與人力資源：了解人員招募、選拔、訓練、薪酬和福利、勞動關係和協商，以及人事資訊系統之原理和程序的知識。

1.5 行政與管理：有關策略規劃、資源分配、人力資源建模、領導技術、生產方法，以及人員和資源協調之企業與管理原理的知識。

1.6 心理學：關於人類行為與表現；才能、性格和興趣的個別差異；學習與動機；心理學研究方法；以及行為和情緒障礙之評估與治療的知識。

1.7 傳播與媒體：媒體製作、傳播和傳播科技與方法的知識。包括透過書面、口頭和視覺媒體提供資訊和娛樂的備選方式。

2. 技能

2.1 指導：教導別人如何事。

2.2 口說：與他人交談以有效地傳達資訊。

2.3 學習策略：在學習或教導新事物時選擇和使用適合情況的訓練／教學方法與程序。

2.4 積極傾聽：充分注意別人所說的話，花時間理解所表達的觀點，適當地提出問題，並且不在不適當的時候打斷別人說話。

2.5 社會洞察力：覺察他人的反應並了解他們為何會做出這樣的反應。

2.6 主動學習：了解新資訊對當前和未來解決問題和做決定的意涵。

2.7 批判思考：使用邏輯和推理來辨識備選對策、結論或解決問題方法的優點和缺點。

2.8 判斷和做決定：考慮潛在行動的相對成本和效益以選出最適當的行動。

2.9 監控：監控／評估自己、其他個人或組織的績效表現，以進行改善或採取更正行動。

2.10 閱讀理解：了解工作相關文件中的書面句子和段落。

2.11 寫作：根據受眾的需要進行有效的書面溝通。

2.12 協調：根據他人的行動調整行動。

2.13 服務導向：積極尋找幫助人們的方法。

2.14 時間管理：管理自己的時間和別人的時間。

2.15 系統評鑑：確認系統績效的量數或指標，以及有關系統目標之績效改善或更正所需的行動。

2.16 複雜問題解決：辨認複雜問題並審查相關資訊以發展和評鑑選項及實施對策。

2.17 人力資源管理：激勵、發展和指導人們的工作，確認最適合這項工作的人。

2.18 協商：將其他人聚集在一起並努力調和分歧。

2.19 營運分析：分析需求和產品要求以創建設計。

2.20 說服：說服他人改變想法或行為。

2.21 系統分析：確定系統應如何運作以及條件、作業和環境的變化將如何影響結果。

3. 才能

3.1 口頭表達：用口語溝通資訊和想法以便他人了解的才能。

3.2 口語理解：聆聽和了解透過口語單字和句子表達之資訊和想法的才能。

3.3 口語清晰度：清楚地說話以致別人能了解的才能。

3.4 口語辨識：辨識和了解他人說話的才能。

3.5 書面理解：閱讀和了解書面呈現資訊和想法的才能。

3.6 書面表達：以書面表達資訊和想法以致他人了解的才能。

3.7 演繹推理：將一般規則應用於具體問題以產生有意義解答的才能。

3.8 想法的流暢性：針對某個主題提出多種想法的才能（想法的數量很重要，而不是它們的品質、正確性或創造力）。

3.9 近距離視力：近距離（在觀察者幾英尺以內）看到細節的才能。

3.10 問題敏感度：判斷事物何時出錯或可能出錯的才能。它不涉及解決問題，只要辨認問題的存在。

3.11 歸納推理：將零碎資訊組合起來形成一般規則或結論的才能（包括發現看似不相關事件之間的關係）。

3.12 原創性：針對特定主題或情況提出不尋常或聰明之想法的才能，或發展解決問題之創意方法的才能。

3.13 歸類彈性：產生或使用不同規則及以不同方式組合或分組事物的才能。

3.14 資訊排序：依照特定規則或一組規則（如數字、字母、單字、圖片、數學運算的模式）以特定順序或模式排列事物或行動的才能。

3.15 遠距離視力：看見遠處細節的才能。

3.16 記憶：記住單字、數字、圖片和程序等資訊的才能。

3.17 選擇性專注：在一段時間內專注於一項任務而不分心的才能。

　　在美國，初任訓練與發展專家／訓練師須有學士學位和工作經驗，也要有很強的溝通能力（U.S. Bureau of Labor Statistics, 2024），而在學歷上O*NET（2024c）的調查結果顯示業界雇主的實際要求如下：78% 需學士學位、9% 需高中證書或相當學歷、9% 需副學士學位。

　　我國職業訓練的主管機關是勞動部，現行《職業訓練師甄審遴聘辦法》（2024 年修正）規定職業訓練師之分級及應具資格如下：

第 3 條
職業訓練師分為正訓練師、副訓練師、助理訓練師三級。

第 4 條
助理訓練師應具有下列資格之一：
一、高級中等學校畢業，受職業訓練師資訓練滿一年，曾從事與應聘職類相關之專業技術工作滿二年，並取得與應

聘職類相關之乙級技術士證或技能競賽國手資格。

二、高級中等學校畢業，曾從事與應聘職類相關之專業技術工作滿四年，並取得與應聘職類相關之乙級技術士證或技能競賽國手資格。

三、專科學校畢業，曾受職業訓練師資訓練滿一年，並取得與應聘職類相關之乙級技術士證或技能競賽國手資格。

四、專科學校畢業，曾從事與應聘職類相關之專業技術工作滿二年，並取得與應聘職類相關之乙級技術士證或技能競賽國手資格。

五、具有與應聘職類相關類科之專科學校畢業，並曾從事與應聘職類相關之專業技術工作滿四年。

六、大學或獨立學院畢業，並取得與應聘職類相關之乙級技術士證或技能競賽國手資格。

七、大學或獨立學院與應聘職類相關之學系畢業，並曾從事與應聘職類相關之專業技術工作滿二年。

八、具有與應聘職類相關系所之碩士學位。

九、持有與應聘職類相關之甲級技術士證或於技能競賽獲前三名。

十、持有與應聘職類相關之職業學校以上合格教師登記證書。

十一、曾從事與應聘職類相關之專業技術工作滿八年。

第 5 條

副訓練師應具有下列資格之一：

一、專科學校畢業，曾從事與應聘職類相關之專業技術工作滿十一年，並取得與應聘職類相關之乙級技術士證或技能競賽國手資格。

二、大學或獨立學院畢業，曾從事與應聘職類相關之專業技

術工作滿七年，並取得與應聘職類相關之乙級技術士證或技能競賽國手資格。

三、具有碩士學位，曾從事與應聘職類相關之專業技術工作滿二年，並取得與應聘職類相關之乙級技術士證或技能競賽國手資格。

四、具有碩士學位，並曾從事與應聘職類相關之專業技術工作滿四年。

五、具有與應聘職類相關系所之博士學位。

六、曾從事與應聘職類相關之專業技術工作滿七年，並取得與應聘職類相關之甲級技術士證或於技能競賽獲前三名。

七、持有講師合格證書，並有應聘職類之教學經驗滿二年。

八、持有與應聘職類相關之職業學校以上合格教師登記證書，並有應聘職類之教學經驗滿七年。

九、曾從事與應聘職類相關之專業技術工作滿十五年。

十、任助理訓練師滿三年，服務成績優良，並具有與應聘職類相關系所之碩士以上學位。

十一、任助理訓練師滿五年，服務成績優良，並有與應聘職類相關且經審查合格之著作或創作發明。

十二、任助理訓練師滿六年，服務成績優良，並取得與應聘職類相關之甲級技術士證或於技能競賽獲前三名。

第 6 條

正訓練師應具有下列資格之一：

一、具有碩士學位，曾從事與應聘職類相關專業技術工作滿五年，並取得與應聘職類相關之甲級技術士證或於技能競賽獲前三名。

二、具有博士學位，取得與應聘職類相關之甲級技術士證或

於技能競賽獲前三名。

三、具有博士學位,曾從事與應聘職類相關之專業技術工作滿三年,並取得與應聘職類相關之乙級技術士證或技能競賽國手資格。

四、持有助理教授合格證書,並有應聘職類之教學經驗滿五年。

五、持有副教授以上合格證書,並有應聘職類之教學專長。

六、曾從事與應聘職類相關之專業技術工作滿十二年,並取得與應聘職類相關之甲級技術士證或於技能競賽獲前三名。

七、曾從事與應聘職類相關之專業技術工作滿十五年,並取得與應聘職類相關之乙級技術士證或技能競賽國手資格。

八、曾從事與應聘職類相關之專業技術工作滿二十年。

九、任副訓練師滿三年,服務成績優良,具有與應聘職類相關系所之碩士學位。

十、任副訓練師滿五年,服務成績優良,並有與應聘職類相關且經審查合格之著作或創作發明。

十一、任副訓練師滿六年,服務成績優良,取得與應聘職類相關之甲級技術士證或於技能競賽獲前三名。

第四條、前條及前項所稱技能競賽,指國際技能競賽或國際展能節職業技能競賽。

前條及第一項所稱著作或創作發明,指符合下列規定之一:

一、以訓練實務為主,具有創新、改進或延伸應用之具體成果所發表之專書、研究報告、教材或教案等創作。

二、依專科以上學校教師資格審定辦法審定合格之專門著作、作品、成就證明及技術報告。

三、依專利法取得專利權之發明、新型或設計創作。

　　經甄選聘任之職業訓練師，由各該職業訓練機構發給聘書，先行試聘一年；試聘期滿成績合格者，正式聘任。各職業訓練機構應於職業訓練師試聘生效之日起六個月內，送中央主管機關辦理資格審查，經審查合格者，發給職業訓練師證書。

　　此外，企業訓練師（corporate trainer）在企業組織或其他專業環境內促進員工的成長和發展，需能開班授課發展學員能力，也能設計發展員工能力的完整訓練計畫，在性格上需有教導他人的熱情，也能理解每個人有不同的學習方式。企業訓練師通常需要持有相關領域學士以上學位，並結合工作經驗，有些公司可能要求持有某種企業訓練師證書。而訓練師訓練（Train the Trainer, TTT）的提供由來已久，TTT 是一種訓練潛在訓練師或內容專家（SME）有效訓練組織內其他人員的框架或模式。在 TTT 班制中，常是一組員工接受緊湊的訓練，著重在特定的訓練內容（如銷售業績、會議效率）和如何向其他人教導這些訓練內容。因此，TTT 可能針對被責成教導他人其專長內容的訓練領域新手，也可能針對經驗豐富的訓練師實施，對前者而言是職前訓練，對後者而言是在職訓練。這種 TTT 常很多元（如依辦理主體可分企業自辦或委辦、協會開辦等），也常和認證連結。

　　而如本章第一節末所述，具備有經驗、有條理、有彈性、有耐心、有活力，和夠正向等特質的人適合擔任職業訓練師。

第三節　師資培育及其遭遇挑戰與努力方向

　　在我國現行《師資培育法》中，「師資培育」指專業教師之培養，包括師資職前教育、教育實習及教師在職進修。以下就職前教育、教育實習及在職進修分述其概況和有關的挑戰與努力方向如下：

師資培育概況

一、職前教育與教育實習

又稱職前專業發展（initial professional development, IPD）。本章第一節曾介紹美國德州 CTE 教學證書及其要求，以及我國對高級中等學校專業群科教師的要求與流程，流程中已介紹職前教育與教育實習概要。接續前述，介紹德州農工大學康莫斯校區（Texas A&M University-Commerce）的行業與工業師資職前教育班制，此一班制招收已在被認可機構取得學士學位，且過去十年內在任教領域獲認可職業有兩年全職、有薪工作經驗者，經兩年內完成下列職前教育與教育實習，取得教師證書，可任教 6-12 年級木工、汽車技術、美容和泥作之類的職域：

1. 完成 18 學分的學士後必修課：六個科目含多元學習者的管理和課程發展（需優先修）、閱讀與學習 K-12、對應用於特殊學習者介入的回應、閱讀基礎、教育運算簡介、循證學習（實習期間修）。
2. 完成 30 小時必修的任教領域和年級的見習經驗（field experience）。
3. 在進行有薪酬實習或無薪酬臨床教學前，完成變通認證六門課中的四門（GPA 至少 3.0）。
4. 通過 TExES 內容考試（合併行業與工業考試和教育學與專業職責考試）。
5. 進行一年有薪酬實習（internship）當記名教師（teacher of record）或一學期無薪酬臨床教學（第一學期需修「循證學習」）（Texas A&M University-Commerce, 2024）。

二、在職進修

又稱爲繼續專業發展（continuing professional development, CPD），亦即持續的終身學習。CPD 除有賴教師自發性發展，也常在

相關法規中做最低要求的規範。我國適用於各級學校專任教師的現行《教師進修研究等專業發展辦法》（2020 年修正）中，規範專業發展是指：

教師從事有助於提升其教學、輔導、研究或教育行政專業知能、促進學生有效學習等與其職務有關之下列活動：

一、進修：教師至國內、外機關或政府立案之機構、學校進修學位、學程或學分。

二、研究：教師至國內、外機關或政府立案之機構、學校從事與職務有關之專題研究或實習。

三、其他專業發展活動：辦理或參與研習、工作坊、教師專業學習社群、競賽、展演、參訪交流，或與課程、教學、學生事務與輔導、學校行政與教育研究相關，能增進教師專業、專門及跨領域（科）知能發展之活動。

但該辦法並未具體規定進修內容及時數。目前全國高級中等以下學校所有教師的法定研習如下：(1)《環境教育法》（2017 年修正）規定每年接受環境教育研習 4 小時以上；(2)《學生輔導法》（2014 年公布）規定每年接受輔導知能研習至少 3 小時；(3)《資通安全責任等級分級辦法》（2021 年修正）規定每年接受資通安全通識教育 3 小時以上。《技術及職業教育法》（2019 年修正）則規定「技職校院專業科目或技術科目教師、專業及技術人員或專業及技術教師，每任教滿六年應至與技職校院合作機構或與任教領域有關之產業，進行與專業或技術有關之研習或研究，技專校院教師之研習或研究期間，應至少半年；相關研習或研究之辦法，由中央主管機關定之。」

美國德州持有中小學教育人員（含教師和行政人員）標準證書者每五年須換證一次（按：我國教師證書並無定期換證要求），教師換證的

必要條件之一為完成 150 小時的繼續專業教育（continuing professional education, CPE）。CPE 被要求應和待更新的證書相關，並關注發證所需的標準，包括內容領域的知識與技能以及專業倫理和行為標準。所有教育工作人員都必須接受有關教育失能學生（必含失讀症學生）的 CPE 訓練。可接受的 CPE 活動類型如下（Texas Legislature, 2022）：

1. 參加機構、工作坊、討論會、研討會、互動式遠距學習、視訊會議、線上活動，以及由經核准的提供或贊助機構舉辦的在職或員工發展活動。在其他州、美國領地以及美國以外國家經認可的公、私立學校完成的員工發展活動也可被接受。

2. 完成當時經認可或由德州高等教育協調委員會認可之認證組織核准的高等教育機構之大學部課程、研究所課程或訓練班制，1 學期學分等於 15 個 CPE 小時。

3. 參與和待更新的證書相關之內容領域知識與技能的獨立研究，但不得超過所要求 CPE 時數的 20%，包括：

   (1) 自學相關專業資料：例如書籍、期刊、雜誌、影片和錄音帶、電腦軟體、互動式遠距學習、視訊會議或線上活動；

   (2) 發展課程；或

   (3) 撰寫出版品。

4. 向其他教育人員發展、教導或展示 CPE 活動，但不得超過所要求 CPE 時數的 10%。

5. 向另一位教育人員提供如師傅式的專業輔導，但不得超過所要求 CPE 時數的 30%。

就本章前述臺灣職業教育及其師資教育曾在美援下進行改革後做扼要對比，美援期間對職校師資的技術專門職能要求主要來自工作經驗，較符合當時和當下美式的草根模式（grass-roots model，貼近需求面），但演變下來，臺灣高中階段職業師資培育變成講求溫室模式或學院模式（指技術專門職能主要在大學校院養成），對高中之後階段專科學校的

師資要求和美國社區學院對比也是一樣。亦即，臺灣的職業教育師資培育相對傾向供應者導向、模式傾向普通科目師資培育，在職進修類型的多元性也較低。

貳　遭遇挑戰與努力方向

　　UNESCO（2015）的《關於職業及技術教育與訓練／TVET的建議書》針對TVET（即VET）人員有下列四項建議：

1. 應制定政策和架構，確保擁有合格和優質的TVET人員，包括教師、講師、訓練師、家教式指導教師（tutor）、管理人員、行政人員、推廣人員、輔導人員和其他人員。

2. 《關於教師地位的建議書》（1966年）的條款適用，特別是關於教師專業培育、教師繼續教育、就業和職涯、教師的權利和責任、有效教與學的條件、教師薪資和社會保障等條款；《關於高等教育教學人員地位的建議書》（1997年）也適用。

3. 鑑於工作本位學習以及含社區本位、遠距和線上等其他環境中的TVET愈來愈被考慮，會員國需更有系統地考慮關於人員地位、招募與專業發展之政策和架構的制定與加強，以支持和承認訓練師、家教式指導教師和其他促進人員的新興角色和學習需求。TVET人員應享有體面的工作條件和充足的報酬以及職涯和專業發展機會。

4. 教育機構和職場的TVET人員應具備所需能力，使TVET能積極反應其所服務的社區和社會的經濟、社會、文化和環境情境脈絡，並為TVET的轉型和擴展做出貢獻。特別是，TVET人員需有職前培育，以及繼續訓練和專業發展，包括在企業工作的經驗，以及支持他們反思自己的實務並調適變革。TVET人員的職前和繼續專業發展應包括輔導和性別平等的訓練。

　　簡要言之，VET 應該有量夠質優的教師和訓練師，但如本書第一章第五節所述，包含臺灣在內重視 VET 的國家，在面對此一理想下常見遭遇下列挑戰和應有努力方向（OECD, 2011a; OECD, 2022）：

1. 教師數量短缺，有賴透過財務支持、多元進用等方式提高吸引力

　　在師資高齡化、師資要求多元和變化等走向中，許多國家已遭遇 VET 師資嚴重短缺。英格蘭一半的繼續教育學院校長、美國一半的州，以及丹麥、葡萄牙和土耳其三分之一的 VET 校長都提報師資短缺。據估計，VET 教師供需比率（供應量／需求量 ×100%）為德國 80%、韓國 70%、瑞典 44%。這種短缺可能只發生在某些地區或職域。

　　努力方向宜一方面提高 VET 教師／訓練師薪資、工作條件和社會地位，實施有效的師徒式指導（mentoring）和／或結構化入職培訓方案（induction program）等，增進其幸福感和工作滿意度，以吸引有才能的人從事和留在教職。另一方面宜開闢靈活的資歷、培育和招募途徑，進用產業專業人士緩解師資短缺問題。

2. 新興科技正在改變職場工作也在影響 VET 的內容與方法，有待教師／訓練師與時俱進更新職能

　　數位化、自動化等正在加快職場工作和 VET 班制與課程類別的消長和工作性質的變化，而線上學習、視訊會議、虛擬／擴增實境、機器人、模擬器和人工智慧（artificial intelligence, AI）等也為 VET 帶來靈活性、成本效益、安全性和其他優勢。又臺灣和歐盟國家等國都推動數位和綠色雙軸轉型（twin transformation）……。無法及時更新職能的教師／訓練師產生職能缺口。

　　努力方向宜由職前教育與在職進修、正規／非正規／非正式學習管道多管齊下，協助職前和在職教師的學習能力（skilling）、提升能力（up-skilling）和重新培養能力（re-skilling）（如促使職業教師與訓練師花些時間到產業中更新職能），以增進其新的專門技術職

能，以及數位、永續和終身學習等橫向跨域（transversal）職能。

3. **工作本位學習正在擴張，需要教師與訓練師之間更密切的協作**

擴張中的學徒制（按：臺灣的學徒制尚未成熟或迄未建制）、建教合作（CO-OP）班制、職場實習、工作跟學等工作本位學習，例如美國 Perkins V 衡量中學階段 CTE 班制品質有三個備選指標，最多州──至少有 25 州及哥倫比亞特區──選擇其中的「高中專注 CTE 畢業生中參加工作本位學習者的百分比」當指標（Education Commission of the States, 2023），導致學員／生學習途徑更加靈活，也使教師／訓練師工作範圍擴大。

努力方向宜加強 VET 教師和訓練師之間的密切協作，並與師徒式指導教師（mentor）和職涯諮商人員一起支持和輔導學習者，甚至需要有混合的專業──可在 VET 機構和公司工作的同一教師／訓練師。

4. **VET 更學習結果取向，教師和訓練師培育需要落實結果本位或職能本位**

結果取向學習是 VET 乃至其他教育的主流思潮，結果取向學習講求以終為始，會顛覆部分教師／訓練師的傳統思維和做法。

努力方向既需 VET 教師和訓練師更積極參與發展和實施結果取向教育與訓練改革（特別是在課程設計以及教學與評估方法的選用方面），也要在師資培育方面落實結果本位或職能本位。

5. **高齡化和人員國際流動加快，加速學習者的多樣化，教師／訓練師需了解學習者特質也需適法適用**

人口高齡化勞動市場需要更高比例中高齡人力，加上移民和國際流動等使 VET 的學習者更加異質化，教師／訓練師因而加重負擔。

努力方向在教師／訓練師需更了解多樣化的學習者特質、熟悉現代教學法和成人學習方法以及跨文化溝通。

第八章

職業教育與訓練行政

　　唐代柳宗元的《梓人傳》描述有位木匠向一戶人家租屋居住，願用替屋主人服役來代替房租。他所職掌的是度量長短、規劃方圓和校正曲直的工作，卻沒有磨礪和砍削的器具，並說他的能耐是善於計算、測量木材、觀看房屋的形制和高深、圓方、短長的適合度，由他指揮眾工匠才能蓋成一棟房子。所以被官府供養，得到的俸祿是別人的三倍；替私宅工作則領取全部報酬的一大半。但是看他的住屋，床缺了腿卻不修理，還說要請別的工匠來做。柳宗元恥笑他是沒有才能卻貪圖俸祿，喜愛錢財的人。

　　後來，京城的行政首長要整修官衙的房屋，柳宗元看到那裡堆積了大量木材，招集了許多工匠。有的拿著刀斧，有的拿著刀鋸，都圍成一圈站著，面朝向那位租屋木匠。木匠左手拿著長尺，右手拿著木杖，站在中間。他衡量房屋的承擔情況，察看木料的性能加以選用，揮動木杖指揮工匠砍、削、鋸。工匠全都看著他的臉色，等待他的發話，沒有一個敢自作主張的。那些不能勝任的人，被他憤怒地斥退了，也不敢有一點怨恨。他在牆上繪出一尺見方的官衙圖樣，卻細緻詳盡地畫出建築構造，按照圖上細微尺寸建造出來的高樓大廈，卻沒有一點誤差。官衙建成後，在上頭寫著某年某月某日某某人修建，竟然是他的姓名，被他差使的工匠都沒在上面列名。柳宗元看過之後感到非常驚訝，也才知道那位木匠的精湛和偉大。那位木匠即梓人，相當於當今能設計和督造營建工程的建築師。

　　職業教育與訓練行政是為實現職業教育與訓練目標，而籌措和整合所需人力與物質資源進行規劃、組織、協調和控管程序，以確保其教育與訓練機構有效率和有效能地運作。其核心目的在提供優質教育，同時優化資源創造有利於學習與成長的環境，因此涵蓋政策制定、資源管理、課程發展、教職員管理、學生支持服務和社區關係等層面（Kashyap, n.d.; Varlikar, 2024）。有權責發揮這些功能的職業教育與訓練行政主管，需要具備相當於梓人的才能，做出相當於梓人的功績。

如本書第七章第一節表 7.1 和 7.2 中所列，職業教師／訓練師也需參與行政，履行行政職責，又同章第三節中也述及職業教師／訓練師有待加強職業教育與訓練的領導力；此外，上述行政人員中除職員外，少部分（如校長）是專任職，大部分（如教務主任）是由教師聘兼，因此教師除了需和學校行政人員做良好互動，也有很多機會成為學校行政人員；至於在企業組織，人力資源管理（human resource management, HRM）人員通常擔負訓練行政工作……。而提供領導，發揮影響力是行政人員的重點工作，許多 VET 文獻將 VET 校長等行政主管通稱為 VET 領導（VET leaders）（如 ACTE, 2021; Volmari et al., 2009）。

　　VET 教育人員在其職涯中既是領導人也是被領導人。柯林斯（Jim Collins）主張在各種職涯中從優秀到卓越（good to great）的五級領導人如圖 8.1 所示，組織／產業和社會需要各級領導人做出貢獻，包含職業教育與訓練人員在內的每個人都被鼓勵成為各級領導人，和在五個層級向上提升。

　　整體而言，職業教育與訓練行政功能至少如下（Badawi, 2024）：

1. 政策制定與執行：制定管理教育與訓練機構日常運作的政策並確保遵守相關法規。
2. 法規遵行：遵守並實施引導教育與訓練運作（包括招生政策和安全規定）的法律框架。
3. 班制開發：監督滿足不同學員／生需求和機構目標的教育與訓練班制之設計與實施。
4. 課程監督：監督課程發展與調整，以確保其符合教育標準與學員／生需求。
5. 設施管理：確保機構的物質基礎設施得到充分維護並有利於學習。
6. 財務管理：監督預算、支出和審計程序，以確保機構內的財務穩定性和課責制。
7. 社區關係：維持和加強與當地社區的關係，以支持教育與訓練目標

和社會融合。

圖 8.1　柯林斯主張的五級領導人

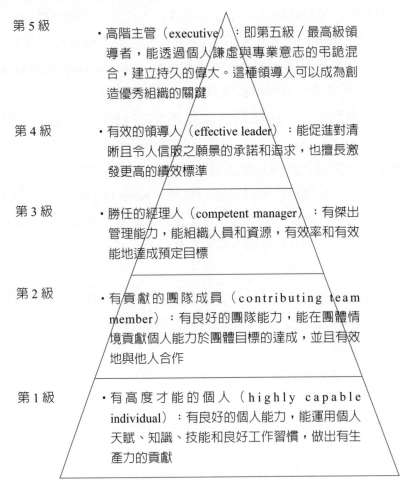

第 5 級　・高階主管（executive）：即第五級／最高級領
導者，能透過個人謙虛與專業意志的弔詭混
合，建立持久的偉大。這種領導人可以成為創
造優秀組織的關鍵

第 4 級　・有效的領導人（effective leader）：能促進對清
晰且令人信服之願景的承諾和追求，也擅長激
發更高的績效標準

第 3 級　・勝任的經理人（competent manager）：有傑出
管理能力，能組織人員和資源，有效率和有效
能地達成預定目標

第 2 級　・有貢獻的團隊成員（contributing team
member）：有良好的團隊能力，能在團體情
境貢獻個人能力於團體目標的達成，並且有效
地與他人合作

第 1 級　・有高度才能的個人（highly capable
individual）：有良好的個人能力，能運用個人
天賦、知識、技能和良好工作習慣，做出有生
產力的貢獻

資料來源：Oslo Business Forum, 2024.

　　本章分三節討論職業教育與訓練行政程序與主管，以及在職業教育
與訓練主管機關和提供機構兩層級的行政。

第 一 節 行政程序與主管

　　治理（governance）、領導（leadership）、管理（management）和行政（administration）在組織和機構運作中是相互關聯甚至是部分重疊的概念和實務，四者的差異如表 8.1 所示。其中，治理指包括組織受到控制和運作的系統，以及組織及其人員承擔責任的機制。倫理、風險管理、遵法守規和行政都是治理的要素（Governance Institute of Australia, 2024）。治理的主體可能是政府機關、學校、公司、醫院等等。就前述四者的相對位置而言，治理較傾向於決定「什麼」（what）——組織正在做和該成為什麼？而領導、管理和行政較傾向於決定「如何」（how）——組織如何達成目標和願望（eyepopslikeamosquito, 2021）？例如德國聯邦政府擁有的德國國際合作機構（German Agency for International Cooperation [GIZ], 2022）曾指出在許多國家，教育系統幾乎沒有效率或效能。財政資源缺乏、教育規劃和行政能力薄弱進一步加劇了這種情況，以致在許多領域產生了負面結果：缺乏訓練有素的教師和教師薪資低、基礎設施完全或部分缺乏、教材以及課程不存在或過時，而且，教育層級之間的轉銜往往沒協調好。GIZ 主張教育體系的績效不僅是基於良好的教學，這也取決於教育規劃與管理，和複雜且相互關聯之工作領域的協調程度，這些工作領域如教育行政與管理、人事管理、教育籌資和課目規劃等都是。當今被普遍訴求的包容與公平的優質教育體系需要良好的教育治理，訓練體系也需要良好的治理。因此，教育與訓練行政的論述，除了述及領導與管理，也常涉及治理。

表 8.1 治理、領導、管理和行政的差異

比較	治理	領導	管理	行政
重點與範圍	著重於定義組織的整體方向、價值和政策，涉及最高層級的決策以及制定策略目的或目標。	專注於激勵和引導個人或團隊實現共同願景或共同目標，領導可以出現在組織內的各個層級。	涉及日常任務、流程和資源的協調和執行，以實現特定目標並滿足組織的營運目標。	關注政策、程序和日常營運任務的實施，旨在確保組織日常運作順利。
決策權	擁有最終決策權，通常由理／董事會或相似的治理主體代表。	影響和引導決策，但可能沒有最終決定權。	實施領導階層和治理部門所做的決策，並且可以在其授權範圍內做出營運決策。	執行管理階層的決策並確保日常任務被有效執行。
著眼期程	強調長期策略規劃和永續性。	平衡長期願景與短期行動和適應。	注重短期目標和營運效率。	專注於即時的日常任務和流程。
課責	對利害關係人負責，並常受到法規監督。	負責設定方向並激勵他人，但也可能是對具體結果負責。	負責實現具體的營運目標或目的。	負責有效執行任務並遵守既定程序。
影響或執行	影響組織的方向與政策。	影響並激勵人員朝共同願景努力。	執行計畫、分配資源並監督日常活動。	實施程序、管理資源並確保日常任務被完成。
責任範圍	對組織的整體健康和成功負責。	負責引導團隊、部門或功能。	負責組織內的特定領域或流程。	負責執行特定部門或功能內的任務。

資料來源：修自 Anand, 2023.

壹 行政程序

行政程序常含規劃、組織、協調和控管等，亦即可達成目標的行政通常不會是單一程序或行動。例行的行政程序作業，例如某技專校院為了編製下一學年度的行事曆，由承辦單位教務處依據相關法規（如2014年修正的現行《各級學校學生學年學期假期辦法》、行政院人事行政總處逐年公告的政府行政機關辦公日曆表），規劃出新學年度行事曆模板，用以調查並彙整各行政單位預定的重要工作時程後，協調及草擬出行事曆草案初稿分送各行政單位確認並做必要協調後完成草案，提送草案至教務會議審議並做必要協調與修正後通過，提送行政會議審議通過，簽請校長核定報教育部備查後公告。專案的行政程序運作，例如某技術型高中為了申辦「產學攜手合作僑生專班」成功，校長領導相關人員在研讀相關法規、吸取友校經驗後審慎「規劃」出計畫，在校內相關處室人員、教師、學生以及合作廠家、合作學校代表協作下「組織」申請及執行這項計畫所需單位／團隊與人員，激勵和「協調」相關單位、人員，和資源申請及執行這項計畫、辦理／參與相關活動，並針對計畫與活動的績效表現等進行「控管」，就達成計畫目的／目標方面的績效表現和進展情形，適時向利害關係人提供回饋以展現績效並利於進行及時或未來改善。教育與訓練行政是為達成特定目的或目標之前述程序的總和，甚至可將溝通、指導、評鑑等也視為程序。這些程序和早期「行政三聯制」中所指的計畫、執行、考核三個步驟，和源自品質循環的行政模式之一PDCA（P—規劃、D—執行、C—查核、A—行動），除了有些重疊的論述外，也都同樣講求行政程序需朝向目標、前後對準、環環相扣。

職業教育與訓練行政的本質除了是由多個程序構成之外，是非營利任務；是關心人力資源甚於物質資源的社會企業；是一門藝術甚於一門

科學，因爲人際關係盛行卻無法用任何一套公式維繫；是在許多方面與一般行政相似但有更多不同之處（如既需面對教育世界也需面對工作世界和兩者的交會）、整體是複雜的事務（Kashyap, n.d.; Kaur, n.d.）。以下分述教育與訓練行政的基本程序（University of Minnesota, 2015）：

一、規劃（Planning）

> 欠缺計畫的目標，只能叫作願望（A goal without a plan is just a wish）——Antoine de Saint-Exupéry

規劃是爲了產出計畫，再透過計畫實施彌平組織現況與目標的差距。計畫中預先決定要做什麼、如何做、何時做、何人做等資源配置，以及已設定目標並按邏輯排序的程序。亦即，計畫主要包含目標、達成這些目標的行動方案、所需資源和實施步驟。

目標主要是要達成什麼及何時達成的敘述（如某科技大學設定三年內轉化 30% 的課程爲線上課程、某技術型高中設定 2024 年入學學生畢業前技術士技能檢定合格率達 90%），目標設定時該符合下列 SMART 原則（Oregon State University, 2024）：

1. Specific（具體的）：目標需具體到能回答下列六個 W（即人事時地物因）：(1)Who（何人）——誰參與其中？(2)What（何事）——要完成什麼？(3)When（何時）——期限和期程爲何？(4)Where（何地）——位置在哪裡？(5)Which（何物）——要求與限制爲何？以及 (6)Why（何因）——達成目標的理由、目的或利益爲何？

2. Measurable（可衡量的）：目標需可衡量，因此需有具體準則以衡量其達成程度和進展情形，也需能回答下列之類的問題：(1) 欲達到的品質爲何？(2) 欲達到的數量爲何？以及 (3) 如何知道何時達到目標？

3. Achievable（能達到的）：目標需可行，亦即能在可用的資源下達成。

4. Realistic（務實的）：目標宜有高度但需能落實，兼具挑戰性和可行

性，也重視各目標之間的相互扣連。務實的目標重視各層級（如組織－部門／團隊－個人）、各期程（如短、中、長程），或各層級（大、中、小、細）目標之間的關聯與對準。目標之間在消極面不能相互衝突，在積極面要能發揮一加一大於二的綜合效益（synergy）。

5. Timely（有時限的）：目標需有達成乃至進展的時間表，因為沒有時限的目標通常是不急迫也是不重要的。

下列是三種常見的規劃：

1. 策略規劃（strategic planning）：又稱戰略規劃，通常是三年或更長、涉及整個組織的長程規劃（如技職校院校務發展計畫即屬之），常包括：組織在固守使命、邁向願景與目標下內部強項與弱點以及外部機會與威脅的分析，決定可極大化強項與機會和極小化弱點與威脅以有效由現況達成願景與目標的策略，然後確定如何定位組織以在其環境中有效競爭。組織的最高主管需領導策略規劃。

2. 戰術規劃（tactical planning）：通常是一到三年的中程規劃，旨在制定相對具體和明細計畫以落實策略性計畫的落實。組織的中階主管需是戰術規劃的主力。

3. 營運規劃（operational planning）：通常是一年以內整個組織或次級單位目標與手段的短程規劃，旨在制定出支援策略和戰術計畫的具體行動步驟。

規劃者必須持續評估其計畫是否成功，並在必要時採取修正行動。

二、組織（Organizing）

每花一分鐘組織事物，就是賺了一小時（For every minute spent in organizing, an hour is earned）──Benjamin Franklin

組織（又稱組建）涉及建立組織結構和配置人力資源以確保目標的實現，組織結構是協調工作的架構。組建也涉及組織內個人工作的設

計──就個人工作的職責和責任以及履行職責的方式做出決定。關於組織結構和組織內工作性質的決策分別被稱為組織設計和工作設計決策。

在整個組織層級的組建涉及如何最適切地將工作劃分或群聚到各部門，以有效地協調工作。部門劃分可依功能、產品、地理區位或矩陣等進行組建，但許多較大型組織會混合使用。就教育／訓練組織而言，需將促進學員／生的學習與成長放到核心位置，依行政支援教學、輔導等功能做出組織設計和工作設計決策，但在技職校院的校本企業（school-based enterprise）、校辦企業（school-run enterprise）或衍生企業（spin-off enterprise）則可依產品或服務等做出組織設計和工作設計決策。傳統上，工作設計是依據分工和專業化的原則，但當今為了因應變革加劇等，愈來愈傾向依增能賦權（empowerment）、工作豐富化和團隊合作等原則設計工作。在組織變革、計畫新增等情況下，增能（如增進團隊合作能力以產生綜效）宜優先於增人、增單位的考量。而且在部門之外，也需借重靈活的團隊建立，促進團隊合作。

三、協調（Coordinating）

> 音樂是……人和時間之間的協調（Music is...the coordination between man and time）──Igor Stravinsky

協調的目的在朝向目標，就組織或團體內的各種努力和作為，創建有序、和諧和有效的系統、環境和／或流程。有效的協調可簡化各種流程，確保資源、時間和努力之間做最佳利用，而有助於避免重複，減少浪費並提高效率與效能。下列是常見的兩種協調類型：

1. 內部協調：組織內部人員和部門之間的協調。可再細分為下列兩種：
   (1) 縱向協調──組織內不同層級之間的協調，以確保各層級與組織的政策和方案諧和，例如技術型高中實習處與各科之間的協調；(2) 橫向協調──組織內同一層級部門之間的協調，例如某技術型高中

國際貿易科與資料處理科之間的協調。

2. 外部協調：組織內部人員和外部人員之間的協調。例如某技術型高中實習處和校外實習提供廠家之間的協調，某科技大學生活輔導組和學生校外租屋房東之間的協調。

優質協調的特徵如下：(1) 協調是持續進行的程序、是有關團體努力的有序安排，其目的是確保行動一致以實現共同目標；(2) 協調不應透過命令完成，不應來自上級施壓，它應該透過合作和意願實現以確保有更好的結果；(3) 協調活動必須回應時間、政策、方案和目標，使它們始終保持調性一致；(4) 協調方法要平衡，儘量兼採縱向和橫向兩種類型；(5) 協調應以人員接觸、合作、互信、良好人際關係為基礎，最重要的是信守連續性原則；(6) 協調應以鼓舞相關人員士氣為目標（Vijayanagara Sri Krishnadevaraya University, n.d.）。

四、控管（Controlling）

我們無法改變風向，但我們可以控制風帆（We cannot change the wind, but we can control the sails）——修自 Thomas S. Monson

控管（又稱控制）旨在確保績效表現不偏離標準。控管常包括下列三個步驟：(1) 建立績效標準；(2) 比較實際績效與標準；以及 (3) 必要時採取修正行動。績效標準常以收入、成本、利潤、產品數量、服務人次、品質等級、利害關係人滿意度等形式表達。各級行政人員都有一定程度承擔控管績效的職責，以確保人員與工作相關的活動符合組織／部門／團隊目標並有助於目標的實現。而有效的控制需要有包含績效標準或目標的計畫，也需明訂偏離標準的責任所在。

儘管對任何一層級的教育與訓練行政人員而言，日常行政工作可能是支離破碎和異常忙碌的，但是由前述規劃－組織－協調－控管程序

構成的 P-O-C-C（Planning-Organizing-Coordinating-Controlling）（見表 8.2）被廣泛認爲是描述行政工作的適切架構，即使行政人員面臨的環境以及履行職責所使用的工具正發生巨大的變化，但行政人員仍需履行這些基本程序。

表 8.2　教育與訓練行政程序的 P-O-C-C 架構

規劃 （Planning/P）	組織 （Organizing/O）	協調 （Coordinating/C）	控管 （Controlling/C）
・使命與願景 ・大項與細部目標 ・策略與行動	・組織設計 ・工作設計 ・團體或團隊	・系統或流程 ・溝通與激勵	・績效與標準 ・策略性人力資源

資料來源：修自 University of Minnesota, 2015.

此外，我國制定有《行政程序法》（現行版爲 2021 年修正），該法所稱行政程序係指行政機關作成行政處分、締結行政契約、訂定法規命令與行政規則、確定行政計畫、實施行政指導及處理陳情等行爲之程序。教育與訓練行政機關及公立技職校院和職訓中心之行政行爲，除法律另有規定外，適用該法之規定。

貳　行政主管

VET 的機構主管（institutional leader）指被任命或聘僱在公認領導職位，負責監督 VET 班制和機構的人員，以及負責 VET 班制提供機構所設定目標的人員。前者是 VET 各級主管機關主管（如我國教育部技職司司長、國教署高中組組長），後者是 VET 提供機構主管（如我國技職校院校長、職業訓練中心主任）。這些主管需管理複雜且知識密集的組織、設定組織的核心價值和策略願景，並支持員工實現組織和個人

目標。在許多國家，VET 主管還要聘僱含教師、行政人員在內的教育人員，決定他們的薪酬和遷調，提供員工支持和鼓勵，決定機構核心活動的適當性，確保學員／生持續就讀／參訓、留讀／留訓和學習成功，並代表其機構與教育委員會、相關部會和機構、社會夥伴和家長接觸。VET 主管也經營其機構在社區（或社群）中擁有的地位並與其他教育機構、大學校院、業界雇主和地方當局聯繫。他們需明瞭有關 VET 提供的新指引和法規。這些主管也需負責其機構各層面績效（包括財務健全狀況），並負責實現機構目標和有效率地管理資源。以上職責可說是多樣、複雜（OECD, 2021）。

　　舉例言之，美國州之下設有 K-12 年級的學區（school district；2022 年全美有 12,546 學區），學區主管（superintendent，總監）和學區內學校主管（principal，校長）的關係如圖 8.2 所示。總監負責在學區層級執行州教育政策、直接或間接督導學區內的員工和行政人員、出席學區教育理事會會議、準備預算供理事會審查，並促進政策在學校層級的實施等。大的學區會有助理或副總監。學區辦公室通常按學校層級（如高中、初中、小學）、所在地區、專案（如交通）需求或混合置主任（director）或其他職稱人員，督導其分工範圍的學校和專案。每所學校都有校長，其職責是管理學校的日常事務。校長向各自對應的主任彙報，並與學校的教師和學生密切合作，以達成學校教育目標，並確保學校遵守規範下的課程。校長監督學校的學術等績效表現，並在必要時實施提高績效的方案。校長也負責學生紀律、活動安排、預算提案和社區關係。助理校長經常協助處理委派的職責（Institute of Progressive Education and Learning, n.d.）。如本書第七章第一節所述，美國公立高中基本上都是綜合型高中，各學區裡綜合高中內部的行政處室和人員相當精簡，例如一所學生總人數約為 1,200 名的典型公立綜合高中常是由校長搭配三、四名全職助理校長，在全校兩、三名全職祕書和三、四名全職諮商顧問（counselor）協助下，擔負起相當於我國教務、學務、總

圖 8.2 美國學區主管和學區內學校主管的關係

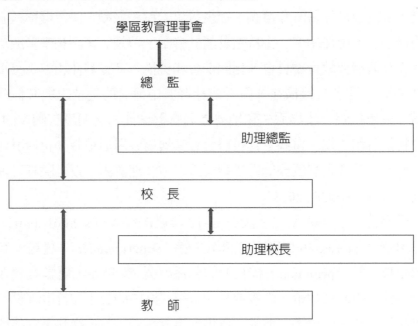

資料來源：修自 Institute of Progressive Education and Learning, n.d.

務和輔導等行政工作，不再分設教務等處、組，置其他行政人員。所以行政主管的工作相當繁重。

在我國，學生人數規模大致相同的技術型高中，則依法（主要為2021 年修正的《高級中等教育法》及 2018 年修正的《高級中等學校組織設置及員額編制標準》）可設教務處、學務處、實習處、總務處、輔導室、圖書館、進修部、人事室、主計室等共 10 個左右的一級行政單位，但除人事室、主計室主任分由人事及主計行政系統派任外，各處室主任除總務處主任得由教師兼任或職員專任外，其餘均由校長就專任教師聘兼之。

確實，VET 主管所承擔的職責會因為所在國家、行政結構、機構類型和機構規模的不同而有所差異。他們主管的 VET 機構可能含單一或多個職域、可能只提供青少年或成年人學習或兩者混合，也可能是公

立或私立，無論如何他們都必須了解 VET 部門和勞動市場及其不斷變化的需求，同時在機構持續尋求改善教與學之下，他們都必須具備組織和教育領導的能力。各國為了確保 VET 主管能夠有效地履行其多樣、複雜的職責，會規範所有主管應具備的適當能力。進行規範的第一步是為遴選和訓練人士釐清這些主管的角色和任務，而主管們為了培養適切能力並保持與時俱進，接受職前訓練和專業發展的機會至為重要，這種機會需夠靈活並符合對主管角色的預期要求。確保 VET 主管角色具有吸引力也很重要。許多 VET 主管和艱鉅的工作負荷及因主管角色所帶來的多重職責搏鬥，建置中階管理人員和領導團隊可以協助主管履行職責。此外，VET 主管也應該能夠獲得支援措施（如師徒式指導、入職訓練和同儕學習機會），尤其是在他們職涯初期階段更加需要（OECD, 2021）。

　　由於 VET 和其他類別教育的區別在於需和工作世界緊密聯繫，以及需及時了解勞動市場的變化，因而 VET 機構主管與普通教育機構的主管對比，VET 主管額外的角色如下：(1) 確保與勞動市場緊密聯繫，亦即主管對當地經濟與企業有深刻的了解；(2) 與廣泛的利害關係人合作，特別是社會夥伴和業界雇主；(3) 管理複雜的業務營運，包括創新、調適學習內容和動態改變員工組成，以跟上科技發展步調和變化中的勞動市場需求；(4) 承擔社會包容的特殊責任，因為 VET 常有大量經濟與文化不利學生在學習和社會適應方面遭遇困難，輟學生比例高以及學生和訓練班制相當多元（Cedefop, 2011; OECD, 2022）。

　　因此，教育與訓練行政主管所需職能反映了上述的特殊性。舉例言之，表 8.3 所列是 VET 提供機構行政主管（如校長）的活動與所需知能。又，美國社區學院協會（American Association of Community Colleges [AACC], n.d.）也發展出社區學院主管（指校長和總監）所需職能，其第四版職能中共分為九個職能領域，各領域含 4 至 21 項職能以及新進和資深者（即新手和老手）對應各該職能應有的行為表現。

表 8.3 VET 提供機構行政主管的活動與所需知能

活動		所需知能
1. 行政		
1.1 一般行政	1.1.1 監督日常工作 1.1.2 準備和主持會議 1.1.3 草擬年度報告和計畫 1.1.4 遵守和實施法規的改變 1.1.5 領導學習環境和設施的發展	・知道組織模式、理論和發展 ・了解教育政策與未來趨勢 ・制定組織營運和決策政策 ・認識組織情境脈絡下的關鍵政策 ・知道如何主持會議（含有效的會議技巧） ・知道如何領導團隊（含團隊建立、團隊動力、團隊設計、團隊權威和責任） ・具備人際互動能力 ・明瞭訓練需求 ・了解學習環境、理論與發展
1.2 財務與行銷	1.2.1 監督預算 1.2.2 草擬合約 1.2.3 負責建物和場所（策略決策、投資、規劃） 1.2.4 行銷訓練 1.2.5 促銷新的訓練班制	・知道預算主要原則且能以經濟觀點思考 ・知道行銷理論與實務 ・能發現新的行銷機會 ・明瞭合約政策和投資策略 ・能與政府、地區和地方決策者合作
1.3 人力資源管理（HRM）	1.3.1 招募員工 1.3.2 評估和評價員工績效表現 1.3.3 知曉員工專有技術 1.3.4 管理與指導團隊 1.3.5 委派工作和責任	・知道人力資源管理理論、政策和實務 ・知道招募規準和方法 ・知道相關法規 ・明瞭本身有關員工的責任和協議 ・知道管理與領導哲學 ・了解學習型組織和團隊合作的價值

	活動	所需知能
1.4 領導組織	1.4.1 草擬策略 1.4.2 建立團隊與機構文化 1.4.3 委付任務與權力 1.4.4 追求共同目標以及致力達成	・知道策略管理與領導 ・了解價值觀、願景和行動計畫的意義 ・了解並認可員工和團隊領導的角色 ・了解組織氛圍和協作文化的角色
2. 訓練		
2.1 策略性工作	2.1.1 監督為規劃訓練所需的訓練需求分析 2.1.2 評鑑訓練策略 2.1.3 關照勞動市場需求	・知道教育政策和未來學校 ・制定訓練與班制政策 ・知道策略實施與評鑑 ・採納地區勞動市場對訓練的需求
2.2 教育領導	2.2.1 負責及發展新課程 2.2.2 支援訓練師／教師 2.2.3 增能員工促進其個人成長	・知道課程理論和實施 ・了解支持訓練師和教師的意義 ・明瞭教育勞動力的配置 ・了解教育環境的意義
2.3 學生需求	2.3.1 負責學生服務 2.3.2 負責學生心理和社交需求 2.3.3 負責學生評估	・了解支持學生的意義 ・了解輔導與諮商的重要性 ・知道教育的社會利益 ・明瞭學生評估原理
3. 發展與品保		
3.1 員工發展	3.1.1 負責教師和員工的職能維護 3.1.2 決定員工的繼續訓練 3.1.3 周知員工訓練提供的趨勢和勞動市場的新挑戰 3.1.4 增能員工	・知道訓練趨勢與新挑戰 ・熟悉學習型組織和未來的專有知識 ・能制定員工專業發展政策 ・熟悉 VET 中的資歷與職能 ・知道如何增能員工
3.2 自我發展	3.2.1 發展自我：關照自己的福祉 3.2.2 管理自己的專業和個人發展	・明瞭關照本身福祉的重要性 ・知道在工作上福祉的理論 ・明瞭自己的職涯成長 ・知道教育領導的協會

	活動	所需知能
3.3 品質保證	3.3.1 負責創建品質保證策略 3.3.2 積極參與開發和採用品質保證系統 3.3.3 負責將品保和品保思維嵌入日常工作 3.3.4 負起改善營運品質的全責，包括員工評鑑和後續跟催	・明瞭品質保證意識形態和好處 ・知道教育中的品質管理系統和模型 ・了解品質保證方法及其實施 ・明瞭審核程序與品質稽查對改善的重要性 ・能激勵員工落實優質工作
4. 拓展人脈		
4.1 支持團隊與協作	4.1.1 負責透過網絡促進機構發展 4.1.2 管理和促進團隊建立與協作	・明瞭協作的好處與發展 ・能創建和支持在團隊和組織內的協作方法 ・知道分散型和移動型工作
4.2 拓展外部	4.2.1 負責與勞動市場和利害關係人合作以預期和規劃未來訓練 4.2.2 對外代表組織並管理公關 4.2.3 促進國際合作和網絡	・明瞭與勞動市場及其他夥伴合作的價值 ・知道公關工作與方法 ・明瞭國際合作和網絡的價值 ・知道學習之協作方法的未來趨勢
4.3 建立人際網絡	4.3.1 負責將國際視野整合進訓練 4.3.2 鼓勵員工參與人際網絡及對外合作	・明瞭人際網絡的發展 ・熟悉虛擬環境中的數位學習和現代網路 ・熟悉虛擬組織與領導

資料來源：修自 Volmari et al., 2009.

　　九個領域如下，其中領導力領域包含最多項職能：

1. 機構和文化覺察：接受社區學院的使命、願景和價值觀，尊重和重視機構的過去和現在並著眼於未來，且積極致力於消除機構設計中的結構性偏見，以便所有學生，無論個人情況如何，都擁有實現其教育目標所需的資源。

2. 治理、地方、州和聯邦政策：了解機構的運作方式，以及地方、州，和聯邦政策以及它們如何影響學生的成功。

3. 學生的成功：站在學生入學和成功的第一線，努力滿足學生的獨特需求，做到無論學生已經面臨或繼續面臨哪些不利條件，他們都可以實現自己的教育目標。

4. 領導力：了解員工的成功取決於個人領導能力的發揮和團隊合作。

5. 機構轉型：了解在機構內實施對機構所服務的社區產生重大影響之深刻變革的重要性。

6. 財政規劃和資源發展：了解學院的資金來源、資金在學院內部如何分配以支持優先事項，以及尋求外部資源以滿足學院新興需求的重要性。

7. 倡議：了解並接受公共和政府關係的倡議，以及在利害關係人動員方面的倡導者角色，以支持社區學院的核心價值。

8. 夥伴關係與協作：透過投入時間，建立互惠互利、符合道德的關係以培養夥伴關係，經由協作支持學生的成功。

9. 溝通：展現有效的溝通能力。

　　無論職業教育與訓練主管機關或提供機構，都需能在利用現有能力和探索新的機會之間取得平衡；因此其主管必須不斷回顧過去的服務和流程，同時展望未來，為定義未來的創新做好準備。亦即需兼顧演進與變革、傳承與創新，經營出成功的組織、發揮組織領導力。

第二節　主管機關的行政

　　各國職業教育與訓練（VET）的中央主管機關至少有下列六種類型：(1) 由教育部（ministry of education, MOE）或同等機構領導，例如俄羅斯和土耳其；(2) 由勞工部（ministry of labour, MOL）或同等機

構領導，例如馬拉威和突尼西亞；(3) 由專門的 VET 部會領導，例如印度和布吉納法索；(4) 由專注 VET 的政府機構或非部會公共機構領導，例如牙買加和菲律賓；(5) 由協調委員會或高於相關部會的類似機構監督，例如法國和孟加拉；(6) 沒有永久性集中協調機制的分散式跨部會，例如韓國和加拿大。VET 的推動高度需要中央部會之間良好的行政協調，這種協調包含：國家層級不同部會和政府機構之間的互動；國家、國家以下和地方結構與機構之間的互動；以及與社會夥伴（如雇主、工會和公民社會組織等）的互動（UNESCO & ILO, 2018）。

為了回答「部會之間協調機制的採行是否有助於 TVET 與能力發展政策目標的實現？」這個問題，聯合國教科文組織和國際勞工組織（UNESCO & ILO, 2018）聚焦在國家層級和國家以下各級政府部會和機構之間的互動，除了辨認導致部會之間協調機制之使用或效能導致的改變，也評估部會之間協調機制在加強各國有效 VET 和能力發展系統之基本要求的程度，就後者（評估面）而言，係採用 10 個有效 VET 系統的基本構成要素，檢視前述六個類型 12 個國家政府部會如何跨相關政策領域協調好 VET 與能力發展。10 個如積木塊功能的構成要素是：(1) 跨政策領域的領導力和目的的明確度；(2) 勞動市場相關性和需求驅動的供給；(3) 運作良好的夥伴關係和能充分代表合作夥伴組成者利益促進入學與公平的網絡；(4) 高績效、優質訓練機構；(5) 標準化品質保證機制和資歷的可攜帶性；(6) 穩定和持續的財務支持；(7) 運作良好的機構、激勵措施和課責機制；(8) 大眾的尊重、強大的畢業和就業率；(9) 準確資料和含勞動市場資訊（labour market information, LMI）在內資訊的可用性；和 (10) 政策學習和持續改善的文化。結果發現：

1. 無論治理系統為何，成功 VET 的某些要素比其他要素更難以導入和維持。

2. 一個國家的 VET 系統所採用的治理結構類型並不是該系統運作良好與否的決斷因素。其他特點的組合更為重要。

3. VET 治理結構可以根據其在沒有補償措施下之日常處理，以及應對系統受到突然衝擊的情況來做評鑑。

4. 雇主的參與程度是重要的措施，但除非有證據顯示就業結果有所改善，否則光參與還不夠。

5. 地方層級訓練提供的效率和效能應可追溯到與運作良好的國家系統之協調。應採取政府一體的方式進行能力發展。

6. 查核治理體系的刺激不太可能來自系統內部，而更有可能是為了回應外部社會－經濟衝擊，或要求能力發展取得更好成果的政治聲明而出現。

　　舉世稱譽、高度成功組合職場工作崗位上訓練（OJT）和學校課堂理論教學的德國二元制職業教育與訓練（詳見本書第二章第一節），其核心是強健的治理系統，此一系統涉及聯邦政府和各邦、雇主、商會、雇主協會、工會、學習場所、資金提供者和職業教育與訓練立法者之間的合作和有效協作。這種治理結構有助於確保系統能夠滿足所有利害關係人的需求，並提供優質的教育與訓練。因此，根據德國的成功經驗，VET 有效治理系統的關鍵要素為下列四項（Radfar, 2023）：

1. 明確的目的和目標

　　VET 治理系統應有和學生、雇主及整個社會的需求校準一致的明確目的與目標。在德國二元制 VET 系統中，這些目的和目標往往是由政府制定並與雇主和員工代表協商過。

2. 強力的協作和夥伴關係

　　VET 和所有利害關係人之間的合作和夥伴關係對 VET 治理系統的成功至關重要。在德國二元制 VET 系統中，政府、雇主和員工代表之間的合作有助於確保系統能夠回應各方的需求，滿足學生和更廣泛社區的需求。

3. 充足的資金

　　確保 VET 班制擁有充足的資金對於其成功至關重要。在德國二元制

VET 系統中，經費主要由政府和雇主共同提供。

4. 品質保證

有效的 VET 治理系統應具備適當的機制，以確保所提供的教育與訓練符合高品質標準。在德國二元制 VET 系統中，這種機制是透過外部品質保證機構和內部品質管理系統的結合實現的。

以上有效 VET 系統的 10 個構成要素、VET 治理系統的六項研究發現，以及 VET 有效治理系統的關鍵要素，都可供各國 VET 主管機關行政作為重要參考。在我國，常有人抱怨業界雇主參與 VET 的意願低，以致無法做到如上述的德國的 VET 治理。然而，有客觀分析資料指出德國參與廠家（大部分是中小企業）參與 VET 的原因主要有下列五項：(1) 生產動機──想從學徒的生產貢獻中獲利；(2) 投資動機──想留住結訓學員和確保未來員工的能力；(3) 篩選動機──想藉由訓練觀察學徒選擇最好的留任；(4) 社會責任──想提供年輕人投入勞動市場的機會；以及 (5) 聲望動機──想在客戶、潛在員工和供應商心中營造較好的形象。所以：(1) 從廠家觀點進行理性的成本效益分析才能說服廠家積極和永續參與──想要廠家積極和永續投資參與有待產學（或產訓）連結辦理的 VET 班制，需要政府機關和研究單位提出理性的成本效益分析資料，讓廠家心悅誠服地參與其中。當然，更應該鼓勵或協助廠家或其公協會進行分析。(2) 宜從成本效益分析的相關資訊做出對應的 VET 政策與實務調整──例如益本比高（即淨成本相對較低）的班制宜多由業界廠家投資參與，公共投資宜側重必要性和／或新興度高但益本比尚低的班制；政府對各種 VET 班制的獎／補助該依職種或職類的益本比不同而做出差異化；又，德國二元制 VET 是邊就業邊就學培育出優質人才，我國除了鼓勵進修─工作─進修交替前進之外，針對較年輕族群的青年教育與就業儲蓄帳戶方案之「先就業後升學」政策宜改弦易張為「邊就業邊就學」，以同時吸引學生投入班制和廠家投資辦理（李隆盛，2019）。

　　VET 主管機關的行政可大分爲中央與地方兩個層級討論。我國和美國一樣，VET 的中央主管機關都屬前述類型 1——由教育部或同等機構領導。但是，美國幅員廣大又是聯邦國家，教育權主要在各州（state），聯邦教育部（Department of Education, DOE）的職權相當有限（主要在透過經費補助推動聯邦教育政策、進行教育研究和統計報導），主管 CTE 行政機關主要爲州教育廳和地方學區教育局。就我國而言，主管職業教育與訓練行政機關在中央爲教育部（職業教育方面）和勞動部（職業訓練方面），在直轄市爲直轄市政府，在縣（市）爲縣（市）政府。兩國的治理結構都創建了一個權力（authority）和課責（accountability）兩者連動和衡平的架構——行政機關以法規、政策和行動等方式發出指令、行使權力，但也擔負這些指令須被適當執行達到預期目的的責任（Railey, 2017）。

　　美國在聯邦層級的教育部中設有職業、技術與成人教育司（Office of Career, Technical, and Adult Education, OCTAE），負責爲廣泛的教育領域（如中學以後教育、職業與技術教育、成人教育和識字、鄉村教育和大學援助等）制定政策和提供補助，也針對高中和社區學院進行統計研究。美國州教育政策領導主要是州長、州教育理事會（state board of education）和州教育廳長（chief state school officer）三者，三者之間的關聯與互動會因州而異，例如在德克薩斯州，州委員會成員由選舉產生，州長任命教育廳長兼州教育理事會執行祕書；在密西根州則是由州民投票選出州長及州教育理事會，再由州教育理事會指派教育廳長……（Railey, 2017）。

　　以土地面積將近臺灣七倍、人口數不到臺灣一半的密西根州爲例。密西根州的中學階段 CTE 班制分散在 27 個 Perkins 地區和 53 個職業教育規劃區（Career Education Planning District, CEPD）。這種區域結構爲整個州的學生提供了修讀州核准之 CTE 班制的機會。班制係由地區職業中心、中學學區、公立學校學苑（academy）和地方教育機

構提供。介於中學和高等教育之間的 CTE 班制由 28 所社區學院、三所授予副學士學位的中學之後機構和一所部落學院提供，其班制實施由密西根州勞工和經濟機會、勞動力發展廳（Department of Labor and Economic Opportunity, Workforce Development, LEO-WD）與州教育廳職業及技術教育處（Michigan Department of Education-Office of Career and Technical Education, MDE-OCTE）密切協作。

密西根州教育廳（MDE）為約 20 萬名學區工作人員提供領導、資源、支持和指導，為公立和非公立學校約 150 萬名學生以及為約 4 萬名特殊教育過渡服務的學生提供服務。此外，MDE 還為密西根啟聰學校和密西根圖書館提供行政支援和監督。MDE 在地方控制的州裡負責州教育領導，並致力於實施州和聯邦教育法律、分配州和聯邦資源、發照給教育人員、制定州總結性評估和課責制度、制定州學術標準，以及協調學校保健和營養方案（Michigan Department of Education, 2023）。

就全美而言，州 CTE 主管可能置在各州 K-12、高等教育、勞動或獨立 CTE 機構（Education Commission of the States, 2023）。常見是在 MDE 中設職業及技術教育處（Office of Career and Technical Education, MDE-OCTE）與地區 CTE 行政人員密切合作，提供支援和技術援助，以實施和改進目前正在營運的 CTE 班制，並支持新 CTE 班制的開發。MDE-OCTE 內部有下列三個單位：(1) 職業準備單位（Career Readiness Unit, CRU）——負責領導聯邦 Perkins 法案撥款的領導，包括專業發展和技術援助活動。單位人員審查、批准、監控和提供支援給 CTE 班制、EMC（Early Middle College，早期中等學院）班制，以及工作本位學習。(2) 撥款、評估、監控和評鑑單位（Grants, Assessments, Monitoring and Evaluating Unit）——資料蒐集和提報、資料評鑑、研究活動、補助公式、技術技能評估以及州和聯邦撥款方案監控。(3) 早期中等學院單位（Early Middle College/EMC Unit）——領導早期中等學院（EMCs），包括核准新的 EMC 申請，並提供技術援助給現有的

EMCs，以確保班制的辦理成功。MDE-OCTE 處長負責三個單位人員和方案的行政、監督和管理。就上述 EMC 方案而言，EMC 則是五年制的早期中等學院，EMC 可讓學生獲得高中文憑和以下五項當中的一項：(1)60 個可轉移到大學的學分；(2) 副學士學位；(3) 專業認證；(4) 密西根早期中等學院協會（Michigan Early Middle College Association, MEMCA）技術證書；或 (5) 參加立案學徒制的權利（Michigan Department of Education, 2023）。

MDE-OCTE 處長所需的教育和經驗資歷為擁有任何主修的學士學位以及兩年專業經理人或班制／員工專家經驗，或同等經驗；變通的教育與經驗資歷是由當事人提供所需知識、技能和才能的相當教育和經驗之組合接受根據個人情況的評鑑。州政府就 MDE-OCTE 處長制定有職位說明（position description）和工作明細（job specification）（Michigan Department of Education, 2023）。

而美國 50 個州中至少有 38 個州加上哥倫比亞特區在其 K-12 教育系統中置有州 CTE 處長（職稱以 state CTE director 為主）（Education Commission of the States, 2023）。而 52 個州及領地 CTE 處長或相當於 CTE 處長之行政主管回應其行政工作範圍含下列 18 項，排序愈前面的有愈多的處長回應：(1) 中等教育階段的 CTE；(2) 中等教育階段教育人員的專業發展；(3) 職群；(4) 初中階段的 CTE；(5) 中學之後階段的 CTE；(6)STEM；(7) 中學職涯輔導；(8) 青少年學徒制；(9) 矯正／少年司法；(10) 中學之後階段 CTE 教師的專業發展；(11) 成人 CTE；(12) 社區學院；(13)WIOA- 第 II 編（Workforce Innovation and Opportunity Act-Title II）；(14)GED（General Educational Development／普通教育發展證書，驗證個人是否擁有美國或加拿大高中級別學術能力的測試及核發證書）行政；(15) 技術學院；(16)WIOA- 第 I 編；(17) 立案的學徒制；(18) 轄內的技術學校（Advance CTE, n.d.）。中等教育階段的 CTE 及其師資專業發展排序為第一和第二，是州級 CTE 主管的重要行

政項目。例如 50 個州和哥倫比亞特區中至少有 38 個州在法令中制定有對中學 CTE 班制設立或核准的政策要求（Education Commission of the States, 2020）。

　　如上述，密西根州有 53 個職業教育規劃區（CEPD），MDE-OCTE（n.d.）的 CTE 行政人員手冊（2023-2024 年版）指出，根據撥款支持提供全州學生全面性 CTE 機會的州級和聯邦法規要求，中學和中學之後教育人員必須一起規劃以發展其所在地區所需的 CTE 班制與服務，規劃也必須和企業界、產業界和勞工界合作進行，以反映不斷變化的人員訓練需求。教育機構之間協調與合作以共享學生和資源至關重要，CTE 主管必須發展和維持優質的中學教學系統並改善或啟動與 CTE 學生、經濟發展措施，和中學之後教育的過渡關係。大部分規劃是由資料驅動的，這些資料由當地的 CEPD 透過綜合地方需求評估（Comprehensive Local Needs Assessment, CLNA）蒐集和分析。因此，該手冊中分別規範 CEPD 行政人員和地方 CTE 主任 / 行政人員角色如下，各項之下有較明確的細項，兩種人員如果有相同項目名稱時其細項不盡相同：

1. CEPD 行政人員角色：含領導與協調，憑證取得，資料管理，綜合地方需求評估（CLNA），專業學習，班制發展、規劃與評鑑，以及班制品質共七項。

2. 地方 CTE 主任 / 行政人員角色：含協作與協調，憑證取得，資料管理，專業學習，班制發展、規劃與評鑑，班制管理，班制品質共七項。

　　該手冊亦指出依法 2010 年 1 月 4 日之後，在密西根州受僱擔任學區總監、校長、助理校長以及擔任主要職責在掌理教學班制的職位者，必須持有學校行政人員證書，但這種證書屬一般標準類，非 CTE 行政人員特定。全美 50 個州中有 14 個州要求 CTE 行政人員持有 CTE 特定證書，另有一個州提供特定證書但不強制要求持有；19 個州在發證後會提供正式訓練，9 個州會安排師徒式指導（ACTE, 2021）。

　　在我國，有關現行中央教育行政機關的職權，建立在不違背憲法第 108 條的基準上，並以《教育基本法》第 9 條對中央政府之教育權限以列舉方式如下：(1) 教育制度之規劃設計；(2) 對地方教育事務之適法監督；(3) 執行全國性教育事務，並協調或協助各地方教育之發展；(4) 中央教育經費之分配與補助；(5) 設立並監督國立學校及其他教育機構；(6) 教育統計、評鑑與政策研究；(7) 促進教育事務之國際交流；(8) 依憲法規定對教育事業、教育工作者、少數民族及弱勢群體之教育事項，提供獎勵、扶助或促其發展；(9) 前項列舉以外之教育事項，除法律另有規定外，其權限歸屬地方。

　　我國中央政府教育部技職司現行業務項目如表 8.4 所列，教育部國教署高中組現行業務項目如表 8.5 所列，至於直轄市主辦中學階段職業教育業務的行政單位名稱並不一致，例如在臺北市政府為技職教育科、在高雄市政府為高中職教育科。其行政人員為含依法令從事於公共事務的公務員，但並未就職業教育專長做特定要求。在勞動部則設有訓練發展組，任務在配合國家重點發展產業及市場人力需求，辦理失業者職前訓練、青年職業訓練及在職者職業訓練。主要業務包括職業訓練制度之研擬與推動、職業訓練資源之運用及督導、職業訓練機構之設立及管理等。而依據本書前述各章節的論述，我國職業教育與訓練從本質、制度、標準、課程、教學、評估、師資，乃至行政本身，還有很多現實和理想（或法規）之間的品質和／或數量缺口，例如《技術及職業教育法》要求透過職業試探教育、職業準備教育和職業繼續教育的實施，達到協助國人循序學習有關工作（learning about work）、為工作而學習（learning for work）、透過工作學習（learning through work）、在工作中學習（learning at work）的理想（edmentum, 2023）尚待落實（或優化）等等，均需主管機關兼顧演進與變革、傳承與創新，加速釐清和彌平缺口。

表 8.4　我國教育部技職司現行業務項目

科別	業務項目
綜合企劃科	・技專校院招生 ・技專校院總量管制 ・產學攜手合作計畫 ・技職教育諮詢會、政策綱領 ・人力培育專案（含開放式大學多元專長培力課程、產業碩士專班、五專 P-TECH、國手技能精進案、技優領航計畫、護理、長照、藝術人才培育、原住民技職教育） ・技職之光、技職教育貢獻獎、資深技藝師傅表揚及總統教育獎 ・補助學生出國參加競賽及補助學校辦理競賽、發明展接見、TDK 盃競賽 ・專科學校畢業程度自學進修學力鑑定考試 ・十二年國教、課綱、職業試探及宣導、技職教育課程分組政策 ・技職教育相關法規、職能專業課程方案、職訓機構辦理職業繼續教育
學校經營科	・大專校院轉型及退場方案政策規劃與相關事宜 ・技專校院教師及職員相關權利義務及陳情事宜 ・私立技專校院獎補助事宜 ・技專校院校務經營及管理 ・技專校院董事會經營及管理 ・技專校院合併相關事宜 ・技專校院改名、改制及更名作業 ・教育部優化技職校院實作環境計畫 ・校園安全及總務相關事宜
產學合作發展科	・產學合作 ・技職體系課程 ・高等教育深耕計畫（含主冊計畫、大學社會責任實踐計畫（USR）、特色領域研究中心） ・學生校外實習
教學品質及發展科	・技專校院評鑑 ・技專校院弱勢學生助學措施 ・提升技專校院國際化

資料來源：教育部技術及職業教育司網頁。

表 8.5　我國教育部國教署高中組現行業務項目

• 高級中等學校適性學習社區教育資源均質化實施方案	• 在校生丙級專案技能檢定
• 技術型高級中等學校課程推動工作圈	• 高中職實用技能學程
• 高級中等學校學習區完全免試入學	• 高級職業學校建教合作教育
• 辦理「全國高級中等學校圖書館輔導團工作計畫」	• 全國高級中等學校各類科學生技藝競賽
• 教育部國民及學前教育署補助辦理高級中等學校第二外語教育要點	• 全國高級中等學校職業類科教師赴公民營機構研習
• 教育部國民及學前教育署補助高級中等學校充實教學及實習設備要點	• 自學進修高級中等教育學力鑑定考試
• 特色招生入學	• 辦理「高級中等學校評鑑」
• 辦理高級中等學校學生學習扶助方案	• 辦理「高中優質化輔助方案」
• 免試入學	• 獎勵補助私立高級中等學校經費實施要點
• 辦理國際數理學科奧林匹亞競賽	• 辦理「國立暨公私立高級中等學校分區科學展覽會」
• 辦理中小學科學教育專案	• 辦理「普通型高級中等學校數理及資訊學科能力競賽」
• 全國高級中等學校校長會議	• 辦理「外交小尖兵 — 英語種籽隊選拔活動」
• 辦理「教育部補助高級中等學校學生學費實施要點」補助	• 辦理「全國高級中等學校學生暑期英語研習營」
• 職業學校群科課程工作圈	• 辦理「全國高級中等學校英文作文、英語演講比賽」
• 綜合高中實施方案	
• 高級中等學校遴聘業界專家協同教學	
• 推動班級讀書會	
• 高級中等學校推動臺灣母語日活動	
• 高職優質化輔助方案	

資料來源：教育部國民及學前教育署網站。

第三節 提供機構的行政

　　如前述，職業教育與訓練行政發生在例如中央、省／市、縣／市職業教育與訓練主管機關，和職業教育與訓練主管提供機構等各種層級，但是在教育與訓練提供機構層級的行政最貼近學員／生的學習與成長。

　　職業教育與訓練機構是教育世界和工作世界的交會處。澳洲、丹麥、德國、荷蘭和瑞典五個 OECD 國家的 VET 提供機構有下列共同點（OECD, 2022b），這些共同點除了描繪 VET 提供機構的圖像之外，也可供本章第二節所述主管機關的行政參考：

1. 所有國家都有公、私立 VET 提供機構，後者通常接受公共資金以提供經認可的班制。通常，公、私立提供機構都可針對相同受眾提供相同班制。然而，私立提供機構更有可能只針對某些領域或部門提供並吸引更多的成人學習者。

2. 在大多數國家，不同教育層級的 VET 班制會由不同的類型的機構提供。對於中學以後階段的班制尤其如此，這些班制通常不是由提供較低階段 VET 班制的機構提供。

3. 各國都有專注於一個或一組有限領域（如農業、健康）的 VET 提供機構類型。然而，此類專門提供機構常與提供廣泛領域之班制的機構並存，並且在大多數情況下更廣泛的提供機構並不會因為專門提供機構的存在，而被排除那些領域班制的提供。

4. 有些國家有專門的成人 VET 提供機構類型。在某些情況下，只有這種機構可提供 VET 給成人學習者；而在其他情況下，專門的成人 VET 提供機構與同時顧及年輕學生和成人需求的提供機構，共同承擔提供 VET 給成人學習者的責任。

5. 在將 VET 組建成學校本位軌道和學徒制軌道的國家，分開的軌道有時是在不同機構提供。

　　VET 提供機構的行政可大分爲機構和班制兩個層級討論，前者是校務行政、後者是學門行政。先舉位於美國俄亥俄州傑克森鎮（Jackson Township）的傑克森高中爲例，該校是一所公立綜合型高中，招收 9-12 年級的學生。2023 年全校學生約有 1,900 名，該年畢業生中 88.7% 升讀高等教育（其中 83.4% 升讀四年制學位、5.3% 升讀兩年制學位或行業學校）、1.2% 從軍、9.8% 進入職場。雖然有八成多的畢業生會升讀四年制大學，傑克森高中仍提供了下列 7 個 CTE 班制（按：在美國高中班制主要是課程的組合，其學生歸屬各班制的程度不如我國技術型高中專業群科或綜合型高中專門學程高）：汽車技術、思科（Cisco）網路、臨床健康照護服務、營建技術、廚藝／飯店管理、工程與建築、園藝。並與其他三所高中一起參與斯塔克郡職業協定（Stark County Career Compact），爲學生提供多種班制選擇。CTE 課程從 11 年級開始提供，各班制 11 和 12 年級各提供三學分課程（按：美國高中採大的學分制，1 學分需 120 小時課堂課或 160 節每節 45 分鐘的課堂課；該州及該校對四年高中畢業學分最低要求是 20 學分），各班制只配置一名全職教師。學生所學能力是經雇主確認對未來職涯有價值的，再透過由學院和高中協調過的課程培養這些能力，這種連結被稱爲 CTE 進路（pathway），可讓學生儘早取得學院學分、獎學金或進階名譽。進路可減輕學生從高中到學院的過渡，也消除差距和重複。該校全校行政團隊爲一名校長、一名運動事務主任和三名助理校長共五名，三名助理校長需按學生姓氏第一個字母做分工督導學生，CTE 班制行政由各該班制教師協助處理（Jackson High School, 2024）。

　　品質普遍受到各級各類教育所重視。例如聯合國 2015 年通過的 17 項「2030 永續發展目標」（Sustainable Development Goals, SDGs）中，第四項目標（SDG 4）即訴求優質教育（quality education）——確保全民有機會接受有教無類、公平對待的優質教育並促進終身學習。該目標有 10 項標的（target；在 SDGs 中編碼爲 4.1 至 4.7 及 4.a 至 4.c），各

標的有一或兩個指標（indicator）。例如標的 4.4 是：在 2030 年之前，實質增多擁有就業、尊嚴工作和創業所需相關能力（包括技術及職業能力）之青少年和成年人的數量。其唯一指標 4.4.1 是：按能力類別劃分的擁有資訊與通訊科技（ICT）能力的青少年和成年人比例（United Nations, n.d.）。

為了回答「什麼是高品質 CTE？」問題，美國職業技術教育學會（Association for Career & Technical Education, ACTE）發展出 2018 年優質 CTE 學習班制架構（Imperatore & Hyslop, 2018）。此一全面性和研究本位的架構含 12 個要素和 92 個規準（各要素含 6 至 9 個規準），12 個要素如下：

1. 對準標準和統合的課程：本要素涉及班制課程的發展、實施和修訂，包括班制中教授的相關知識和技能及其所依據的標準。

2. 順序和銜接：本要素涉及班制定義的關鍵成分以及支持班制、職涯進路和加速學習的銜接、協調和協作。

3. 學生評估：本要素涉及班制中使用的評估之類型和品質，包括應評估的知識和技能類型，以及被中學之後憑證承認的各種評估。

4. 有準備和有效能的班制人員：本要素涉及班制人員的資格和專業發展，包括中學CTE教師、中學之後CTE教師、行政人員和其他人員。

5. 引人入勝的教學：本要素涉及以學生為中心支持學生習得相關知識和技能之學習環境中的教學策略。

6. 入學和公平：本要素涉及以及支持不同學生群體（包括按性別、種族和族裔以及特殊人口狀況──例如失能、經濟弱勢家庭和英語學習者）的入學與公平的班制推廣、學生招募與策略。

7. 設施、設備、技術和材料：本要素涉及班制的實體／物質組成要件（包括支持學習的實習／驗場所、教室、電腦、產業特定設備以及機具和器材）的對準性、適當性和安全性。

8. 企業和社區合作夥伴關係：本要素涉及企業和社區合作夥伴的招募、

夥伴關係結構，以及合作夥伴應參與以支持班制並確保班制與勞動力需求對準的各式各樣活動。

9. 學生職涯發展：本要素涉及協助學生獲得職涯知識和參與教育、職涯規劃與決定的策略（包括協助學生職涯學習的職涯諮商、職涯評估、課程，有關教育機會和勞動力趨勢的資訊，以及求職訊息和安置服務）。

10. 職業與技術學生組織（Career and Technical Student Organization, CTSO）：本要素涉及 CTSO，CTSO 是就讀 CTE 班制個人的組織，參與 CTSO 活動是教學班制不可或缺的一部分，班制需包含為學生技能和領導力發展傳達和提供 CTSO 機會。

11. 工作本位學習：本要素涉及工作本位學習連續體的提供，包括與產業或社區專業人士持續、有意義的互動，以促進深入、直接地參與特定職域所需的任務。這種經驗可以在職場、社區、教育機構和／或虛擬場所（視情況而定）提供，且包括例如職場參觀、工作跟學、校本企業、實習和學徒制等一系列活動。

12. 資料和班制改善：本要素涉及為持續評鑑和班制改善的資料蒐集、報告與使用，以及對相關資料的適當存取。

　　以上優質 CTE 班制架構或相近指引，即有賴 VET 提供機構透過優質的校務和班制行政加以落實。其中，VET 提供機構的科、系、所、班等班制，很像軍隊編制中任務在完成特定戰鬥之軍事或勤務的連，是 VET 提供機構的戰術單位。本章第一節曾述及全美 50 個州和哥倫比亞特區中，至少有 38 個州在法令中制定有對中學 CTE 班制設立或核准的政策要求。美國代表各州及領地中學、中學之後和成人 CTE 處長和其他主管的全國性非營利組織 Advance CTE（n.d.b），主張各教育階段與確保發展和實施優質 CTE 班制相關的任何政策（無論是法律、命令或方案形式）都應包括和／或著重六項核心要素。各州的 CTE 班制審核政策可能包括其他要素，而且可用適合州背景的方式衡量和實施這些要

素，但下列六項核心要素是確保優質 CTE 班制所必要：

1. 嚴格的課程標準和漸進、循序的課程

   所有 CTE 班制都必須全面且對準嚴格的標準，並且必須協助學習者為高能力和有需求領域的機會做好準備。因此：(1) 所有 CTE 學習班制的發展應使用嚴格的州核准及對準產業的標準，並組織成經過深思熟慮的課程順序；(2) 所有 CTE 班制和／或課程標準應與州核准的學術標準完全對準一致；(3) 每個 CTE 班制中應提供多門課程，且必須從教授廣泛的基礎知識和技能的入門課程開始，然後進展到更職業專門的課程；以及 (4) 所有 CTE 學習班制最終都應獲得有價值的憑證，最好是經過州核准和產業驗證的憑證。

2. 中學和中學之後階段的校準以及早期中學之後課程的提供

   所有 CTE 課程都必須跨中學和中學之後（指介於中學和高等教育之間階段）教育階段做垂直校準，以確保學習者無縫轉銜，並讓學習者獲得有價值的憑證（包括中學之後證書與學位）。因此：(1) 州、地區和地方各級的中學和中學之後階段代表應定期協作審核 CTE 學習班制；(2) 所有 CTE 班制都應包含中學和中學之後部分，無論班制是在兩年制、四年制或更長的教育機構，兩階段之間應實現無縫轉銜；(3) 應透過學分轉移和全州銜接協議促進轉銜，中學階段學習者在修習 CTE 班制進程中應有機會獲得雙重註冊（dual enrollment；指在高中階段修習高中和大學都承認學分，進大學後可抵免）或修讀早期學院（early college；指讓學生在高中免費同時獲得高中文憑和副學士學位或其他學院證書的學校。和雙重註冊的主要差異之一在辦理早期學院的高中通常還為學生提供額外的支援服務，並刻意招收在高等教育中占比相對較低的學生族群）的機會。

3. 產業參與

   州和地方各級的產業合作夥伴必須在確認、發展和審核 CTE 學習班制扮演積極角色。因此：(1) 產業合作夥伴應參與驗證標準和憑證、

提供資訊給課程發展，並協助爲學習者提供工作本位學習體驗；以及 (2) 必須制定可持續及連續性的流程吸引產業合作夥伴，以確保中學和中學之後階段的 CTE 學習班制和相關學習者經驗的妥適性和嚴謹性。

4. 勞動市場需求

CTE 班制必須讓學習者爲高能力和有需求的領域職業做好準備。因此：(1) 所有 CTE 班制都應能透過展現州和／或地方相關領域員工對高能力和有需求職業有連續性及可持續需求的勞動市場資訊，證明其存在的合理性；以及 (2) 勞工和經濟資料應包括特定職業領域當前和預估職位空缺數量的準確資訊，以及薪資和可能影響該職業領域之任何科技或政策進展的資料。

5. 高品質的教學

任何 CTE 班制在獲得州核准之前都必須配備經過適當認證的教師。確保教師擁有必要的學術內容專長、教育知識和產業專長也必須是當務之急。因此，所有 CTE 班制都必須配備在教學知識和產業知識兩方面都經過適當認證的教師。

6. 體驗式學習

高品質的 CTE 課程必須提供學習者在課堂內、外進行眞實、體驗式學習的機會。因此：(1) 州、學區、高等教育機構和雇主應共同協作，爲所有學習者提供相關的工作本位學習機會，包括爲那些可能無法獲得在想要之職域中親身體驗的學習者提供虛擬或模擬的機會；以及 (2) 所有學習者也應有機會獲得可透過參加職業技術學生組織（CTSO）提供的體驗式學習。

　　Advance CTE（2023, n.d.b）主張著重以上六項核心要素審核 CTE 班制之外，需就核准設立的班制進行評鑑，以監控各該班制並提供支持，幫助班制縮小差距或解除不符合要求的 CTE 班制。這個評鑑程序將確保 CTE 班制實現其目標，公平地服務學習者，並使用最新資訊和

勞動市場資料來保持班制的妥適性。評鑑程序要求和時間表必須明確，並且必須透明且一致地進行行政管理。

　　以上 CTE 班制核心要素和評鑑程序不僅該用在州對班制的審核與監控，更是 CTE 提供機構和班制發展、實施和品保的行政重點。除了 Advance CTE 有政策標竿工具（policy benchmark tool）提供各州參考之外，許多州政府也提供工具包（toolkit）協助 CTE 提供機構在班制發展和實施方面的行政作業，例如密西根州 MDE-OCTE 的新 CTE 班制申請工具包 2023-2024 版即為其中之一。此一工具包為教育主管們了解申請州核准的新 CTE 班制程序提供指引，協助 CTE 提供機構和班制確認新 CTE 班制的要求並了解 CTE 班制的具體職責，也提供各種範例、模板、其他資訊資源以及支援服務的聯絡資訊。而密西根州每個職業教育規劃區（CEPD）行政人員都需要查核其規劃區內 CTE 班制的 20%，亦即每個 CTE 班制至少每五年會被查核一次。而密西根州教育廳每年都會選擇 CTE 班制在 TRAC（technical review, assistance, and compliance／技術查核、協助和合規）週期內根據一套具體規準進行查核，各年度州所選擇的班制可能與 CEPD 查核的 20% 相同，也可能不同（MDE-OCTE, 2017, n.d.b）。

　　我國 VET 班制發展與實施的行政作業有現行《高級中等學校群科學程設立變更停辦辦法》（2014 年修正）、《高級中等學校評鑑辦法》（2018 年修正）、《技專校院增設調整院所系科學位學程及招生名額總量發展審查作業要點》（2014 年修正）、《專科以上學校總量發展規模與資源條件標準》（2023 年修正）、《教育部辦理專科學校評鑑實施辦法》（2020 年修正）、《大學評鑑辦法》（2016 年修正）和《專科以上學校維護學生受教權益應行注意事項》（2023 年修正）等法規依據，但是和上述美國的做法比較，在標準導向、產業參與和實施後的查核等方面相對較弱。

　　除了上述和班制發展與實施關係密切的法規，我國 VET 提供機構如技術型高中和綜合型高中、專科學校、科技校院和職訓中心等的行政首須對應遵行《高級中等教育法》（現行版本爲 2021 年修正）、《專科學校法》（現行版本爲 2019 年修正）、《大學法》（現行版本爲 2019 年修正）、《技術及職業教育法》（現行版本爲 2019 年修正）、《職業訓練法》（現行版本爲 2015 年修正）、《行政程序法》（現行版本爲 2021 年修正）等相關法規的規定。

　　但是，「法律是最低的道德，道德是最高的法律」，行政在遵法合規下，追求卓越。舉例言之，各自爲政的筒倉效應（silo effect；筒倉是儲藏穀物等物料的直筒式倉儲，並排但彼此孤立運作不相連通）常見諸我國職業教育與訓練提供機構之間及其內部的科系之間、處室之間，乃至其主管機關的司處、部會之間。這種效應會因缺乏溝通、協作和共同目標，而導致效率低下、重複工作、耗費資源以及和職業教育與訓練機構與體系的整體使命脫節。須減免筒倉效應、提高行政效率，才能邁向卓越，極大化學員／生的學習與成長。

參考文獻

中文部分

Howe, R. W.（2000）。**能力本位學程**。教育大辭書。https://terms.naer.edu.tw/detail/1308742/

iCAP 職能發展應用平台（2022）。https://icap.wda.gov.tw/ap/index.php

iCAP 職能發展應用平台（2022a）。**職能相關概念**。https://icap.wda.gov.tw/Knowledge/knowledge_introduction.aspx

iCAP 職能發展應用平台（2022b）。**職能基準查詢**。https://icap.wda.gov.tw/Resources/resources_Datum.aspx

iCAP 職能發展應用平台（2022c）。**職能單元資源查詢**。https://icap.wda.gov.tw/Resources/resources_Unit.aspx

Peng, C.（2020）。**以「使用者」爲中心的設計思考 5 步驟**。VOCUS。https://vocus.cc/@outofdesign/5e4fc7ccfd897800013b19ae

中華工程教育學會認證委員會（2022）。**工程教育認證規範**（EAC2024）。https://www.ieet.org.tw/Pages/ArtMDoc.aspx?dirno=e549758f-add8-4547-a1d2-a7e9e172c566

全國法規資料庫（2019，12 月 31 日）。**技術及職業教育法**。https://law.moj.gov.tw/LawClass/LawAll.aspx?pcode=H0040028

全國高級中等學校課程計畫平臺（2023）。https://course.tchcvs.tc.edu.tw/index.asp

行政院主計總處（2010，5 月）。**中華民國職業標準分類**（第 6 次修訂）。https://www.stat.gov.tw/standardoccupationalclassification.aspx?n=3145&sms=0&rid=6

行政院主計總處（2021，1 月）。**行業統計分類**（第 11 次修正）。https://ws.dgbas.gov.tw/001/Upload/463/relfile/11195/90015/f40e1851-7d45-4cd4-b44d-d9c915aea95d.pdf

行政院勞工委員會職業訓練局（2013）。**職能基準發展指引**。https://w3fs.tainan.gov.tw/Download.ashx?u=LzAwMS9VcGxvYWQvMS9yZWxmaWxlLzk3NTcvMTg4OTcyLzRmYTc4ZmJkLTBkN2MtNDMyMi05YzcxLTBlNDYyNmYyYjQ4ZC5wZGY%3D&n=6IG36IO95Z%2B65rqW55m85bGV5oyH5byVLnBkZg%3D%3D

技訊網（2022）。**四技二專**。https://techexpo.moe.edu.tw/search/profile_edutype. php?ec=4

李隆盛（2018，9月）。怎樣的高教總體計畫才有助人才培育。**經濟部人才快訊 電子報**。https://www.italent.org.tw/ePaperD/10/ePaper20180300001

李隆盛（2019）。德國廠家投資二元制職業教育與訓練的成本效益分析及其對我 國的意涵。**台灣教育，715**，87-92。

李隆盛（2021）。美國聯邦政府職能建模的經驗與意涵。**國家菁英季刊， 14**(14)，85-100。https://wwwc.moex.gov.tw/main/Quarterly/wHandQuarterly_ File.ashx?quarterly_id=449

李隆盛（2022）。職能本位學習需通得過兩項檢驗。載於李隆盛，**人才發展的課 題**（頁194-196）。五南。

李隆盛、李慧茹（2014）。訓練課程的目標設定。**T&D飛訊，199**，1-16。 https://ws.csptc.gov.tw/Download.ashx?u=LzAwMS9VcGxvYWQvNy9yZWx maWxlLzEyMjIwLzIzMjYxLzFlZWIyMmFjLTA5YzctNGM4MC1hMmExLT NjMjM3YTk3NjdiNS5wZGY%3D&n=NDljZmQxNzEzNjU5ZWMxNzJhMm NlMDkyN2QzYWE3MjAucGRm&icon=.pdf

李隆盛、李懿芳、張維容（2020）。我國技職教育課題與政策之重要性評估。**台 灣教育研究期刊，1**(2)，13-28。

李隆盛、陳麗文（2020）。臺灣資歷架構需要什麼樣的層級描述？**臺灣教育評論 月刊，9**(6)，38-42。http://www.ater.org.tw/journal/article/9-6/topic/05.pdf

社團法人台灣評鑑協會（台評會）（2014）。**113學年度科技校院評鑑實施計 畫**。https://ins-eval.twaea.org.tw/storage/DLFile/113%E5%AD%B8%E5%B9 %B4%E5%BA%A6%E7%A7%91%E6%8A%80%E6%A0%A1%E9%99%A2% E8%A9%95%E9%91%91%E5%AF%A6%E6%96%BD%E8%A8%88%E7%95 %AB(1130111%E6%A0%B8%E5%AE%9A%E7%89%88).pdf

林筱茹、吳忠翰、陳炯瑜（2020）。以勝任能力為導向之醫學教育與里程碑評 量。**內科學誌，31**(2)，116-122。http://www.tsim.org.tw/journal/jour31-2/06. PDF

桃園市職訓教育協進會（2016）。**何謂職業訓練**。https://www.taoyuancollege. com.tw/web/news_mobil.php?id=21

國家發展委員會（n.d.）。**高等教育與職業訓練**。https://www.ndc.gov.tw/ Content_List.aspx?n=90927663C91DA695

國教署（2020）。**教育部停辦109年高級中等學校評鑑 轉型精進接軌108課綱**。

https://www.edu.tw/News_Content.aspx?n=9E7AC85F1954DDA8&s=72CD4B
91EDA57B2A

教育部（2014）。**十二年國民基本教育課程綱要總綱**。https://www.naer.edu.tw/
upload/1/16/doc/288/%E5%8D%81%E4%BA%8C%E5%B9%B4%E5%9C%8B
%E6%95%99%E8%AA%B2%E7%A8%8B%E7%B6%B1%E8%A6%81%E7%
B8%BD%E7%B6%B1.pdf

教育部（2016）。**中華民國教育程度標準分類（第 5 次修正）**。https://stats.moe.
gov.tw/files/bcode/105bcode_book.pdf

教育部（2018）。**十二年國民基本教育技術型高級中等學校群科課程綱要（餐旅
群）**。https://www.k12ea.gov.tw/files/class_schema/%E8%AA%B2%E7%B6%
B1/27-%E9%A4%90%E6%97%85%E7%BE%A4/%E5%8D%81%E4%BA%
8C%E5%B9%B4%E5%9C%8B%E6%B0%91%E5%9F%BA%E6%9C%AC
%E6%95%99%E8%82%B2%E6%8A%80%E8%A1%93%E5%9E%8B%E9%
AB%98%E7%B4%9A%E4%B8%AD%E7%AD%89%E5%AD%B8%E6%A0%
A1%E7%BE%A4%E7%A7%91%E8%AA%B2%E7%A8%8B%E7%B6%B1
E8%A6%81%E2%80%94%E9%A4%90%E6%97%85%E7%BE%A4.pdf

教育部（2019a）。**技術及職業教育政策綱領（修正版）**。https://ws.moe.edu.
tw/001/Upload/3/relfile/6315/52872/8e95fa4b-84a9-4656-938b-1a8de94cf5e2.
pdf

教育部（2019b）。**技術及職業教育發展報告（104 學年度及 105 學年度）**。
https://tvet.ie.ntnu.edu.tw/sites/default/files/2019-03/108%E5%B9%B4%E6%8
A%80%E8%A1%93%E5%8F%8A%E8%81%B7%E6%A5%AD%E6%95%99
%E8%82%B2%E7%99%BC%E5%B1%95%E5%A0%B1%E5%91%8A%E6%9
B%B8%28%E7%99%BC%E5%B8%83%E7%89%88%29.pdf

教育部（2019c，12 月 11 日）。**師資培育法**。https://law.moj.gov.tw/LawClass/
LawAll.aspx?PCode=H0050001

教育部（2020）。**師資藝教司相關法令與規章**。https://tecs.nknu.edu.tw/
UploadFile/News/2020923104540/(%E5%B8%AB%E8%B3%87%E8%97%9D
%E6%95%99%E5%8F%B8)%E7%9B%B8%E9%97%9C%E6%B3%95%E4%
BB%A4%E8%88%87%E8%A6%8F%E7%AB%A010908%E7%89%88109.09.
28%E5%8D%B0(1).pdf

教育部（2021）。**中華民國教師專業素養指引──師資職前教育階段暨師資職前
教育課程基準**。https://edu.law.moe.gov.tw/Download.ashx?FileID=144064

教育部（2022a）。**112 學年度技術型高級中等學校課程計畫檢視原則**。全國高級中等學校課程計畫平臺。https://course.tchcvs.tc.edu.tw/File/2_112%E5%AD%B8%E5%B9%B4%E5%BA%A6%E6%8A%80%E9%AB%98%E8%AA%B2%E7%A8%8B%E8%A8%88%E7%95%AB%E6%AA%A2%E8%A6%96%E5%8E%9F%E5%89%871205%E5%85%B1%E8%AD%98%E6%9C%83%E8%AD%B0%E4%BF%AE%E6%AD%A3%E9%80%9A%E9%81%8E.pdf

教育部（2022b，9 月 30 日）。**師資培育之大學及教育實習機構辦理教育實習辦法**。https://law.moj.gov.tw/LawClass/LawAll.aspx?pcode=H0050018

教育部國民及學前教育署（2023）。**新課綱推動相關法令規定**。https://www.k12ea.gov.tw/Tw/Common/SinglePage?filter=11C2C6C1-D64E-475E-916B-D20C83896343

教育部國民及學前教育署學生生涯輔導網（n.d.）。**認識高中生**。http://35.236.185.223/features/content-elements.html

勞動部勞動力發展署（2013）。**職能基準發展指引**。https://icap.wda.gov.tw/Knowledge/knowledge_downLoad.aspx

勞動部勞動力發展署（2016）。**職能基準活用指引**。https://ws.wda.gov.tw/Download.ashx?u=LzAwMS9VcGxvYWQvMjk5L3JlbGZpbGUvNzc2Ny8xNjMvMjc5MjUxOGItMTAxYy00ZWNlLTlkOTgtN2RlNGY4YzQzZDkyLnBkZg%3d%3d&n=Qi006IG36IO95Z%2b65rqW5rS755So5-oyH5byVLnBkZg%3d%3d

勞動部勞動力發展署（2022a）。**職能基準品質認證**。https://www.wda.gov.tw/cp.aspx?n=A949917ED9E224DD\

勞動部勞動力發展署（2022b）。**職能導向課程品質（iCAP）認證課程**。https://www.wda.gov.tw/cp.aspx?n=C62A6E4BD490D38E

勞動部勞動力發展署（n.d.）。**人才發展品質管理系統**。https://ttqs.wda.gov.tw/ttqs/index.php

黃昆輝（2017，11 月 18 日）。**董事長技職研討會致詞稿**。http://www.hkh-edu.com/images/1118/001.pdf

黃昆輝主編（2023）。台灣教育民意調查。財團法人黃昆輝教授基金會。

黃昆輝口述、魏柔宜撰文（2015）。**誠的力量：黃昆輝八十憶往**。遠流。

經濟部工業局（n.d.）。**產業人才職能基準**。https://www.italent.org.tw/Content/01L/23

楊舒婷（2023，2 月 3 日）。**如何成為正職教師？沒通過教檢、教甄也可以教書**

嗎？https://www.legis-pedia.com/article/labor-work/1070

楊源仁（n.d.）。**職能分析與職能模式的建構**。TTQS 人才發展品質管理系統。https://ttqs.wda.gov.tw/Column_Files/5f065f3a010441bdbfb57550adaab146/%E8%81%B7%E8%83%BD%E5%88%86%E6%9E%90%E8%88%87%E8%81%B7%E8%83%BD%E6%A8%A1%E5%BC%8F%E7%9A%84%E5%BB%BA%E6%A7%8B%20-%20%E6%A5%8A%E6%BA%90%E4%BB%81%E8%A9%95%E6%A0%B8%E5%A7%94%E5%93%A1.pdf

臺北市政府教育局（2020，9 月 25 日）。**領先全國，臺北市從傳統評鑑轉型為品質保證，實施臺北市中小學教育品質保證實施計畫，保持文教力第一。**https://www.doe.gov.taipei/News_Content.aspx?n=B3DDF0458F0FFC11&sms=72544237BBE4C5F6&s=70C88EA0A1355F07

臺北市政府教育局（2023，9 月 25 日）。**臺北市中小學教育品質保證實施計畫（高中職版）**。https://qafe.tp.edu.tw/QaulitySubsidy/NEWT01/Details?whereNEWS_ID=b2c2fab345a04ae6bdd01cfece725073

臺灣醫學院評鑑委員會（2020）。**醫學院評鑑委員會醫學教育品質認證準則2020 版**。https://www.heeact.edu.tw/38105/38112/38113/40731/

歐素瑛（2022）。美援教育計畫與社會調查。**臺灣學通訊，129**。https://www.ntl.edu.tw/public/Attachment/21118143222100.pdf

賴春金、李隆盛（2011）。職能分析的方法與選擇。**T&D 飛訊，114**，頁 1-22。https://ws.csptc.gov.tw/Download.ashx?u=LzAwMS9VcGxvYWQvNy9yZWxmaWxlLzEyMjIwLzIyNjcwLzVjZTE5Y2Q3LWNlNDUtNGVlNS1hOTRiLTA4ZjdkMDJlMzQ5ZS5wZGY%3d&n=NGIwYzM2OWRhNGI2ZGEwODc3OGNlNTdlYTU0ZTY1YWIucGRm&icon=.pdf

外文部分

70:20:10 Institute. (n.d.). *What is the 70:20:10 model?* https://702010institute.com/702010-model/

Adult Learning Australia. (2023). *Adult learning principles*. https://ala.asn.au/adult-learning/the-principles-of-adult-learning/

Advance CTE. (2017). *CTE program of study approval*. https://careertech.org/wp-content/uploads/2023/01/Program_Approval_Benchmark_Tool_2017_FINAL.pdf.

Advance CTE. (2023, May 10). *Career clusters*. https://careertech.org/the-framework

Advance CTE. (n.d.). *Getting to know the state CTE director role*. https://careertech.org/wp-content/uploads/2023/01/Getting_to_Know_State_CTE_Director_Role_2018.pdf

Aishu, I. (n.d.). *Difference between training and development*. https://www.economicsdiscussion.net/difference-between/difference-between-training-and-development/31630

Allan, L. (2024). *Evaluating training effectiveness*. https://www.leslieallan.com/training-development/evaluating-training-effectiveness/

Alliger, G. M., Beard, R., Bennett, Jr., W., Colegrove, C. M., & Garrity, M. (2007). *Understanding mission essential competencies as a work analysis method*. https://www.researchgate.net/publication/235025945_Understanding_Mission_Essential_Competencies_as_a_Work_Analysis_Method

American Association of Colleges of Nursing (AACN). (2023). *Guiding principles for competency-based education and assessment*. https://www.aacnnursing.org/Portals/0/PDFs/Essentials/Guiding-Principles-for-CBE-Assessment.pdf

American Association of Community Colleges (AACC). (n.d.). *Competencies for community college leaders guide for chief executive officers*. https://www.lonestar.edu/multimedia/CEO_4th_V2.pdf

American Institutes for Research (AIR). (2021). *Findings from the 2020 National Survey of Postsecondary Competency-Based Education*. https://www.air.org/sites/default/files/2021-07/State-of-the-Field-Findings-from-2020-Postsecondary-CBE-Survey-July-2021.pdf

American Nurses Association (ANA). (n.d.). *The nursing process*. https://www.nursingworld.org/practice-policy/workforce/what-is-nursing/the-nursing-process/

American Society for Quality (ASQ). (2024). *Learn about quality*. https://asq.org/quality-resources/pdca-cycle

Anand. (2023, September 30). *What are some differences between governance, leadership, management and administration?* https://www.notesworld.in/2023/09/what-are-some-differences-between.html

Anderson, L. W., & Krathwohl, D. R. (Eds.) (2001). *A taxonomy for learning, teaching, and assessing: A revision of Bloom's taxonomy of educational objectives.* Addison Wesley Longman, Inc.

Andersson, L. (2012). *Sick of smells – Empirical findings and a theoretical framework for chemical intolerance.* https://www.researchgate.net/publication/259193077_Sick_of_Smells_--_Empirical_Findings_and_a_Theoretical_Framework_for_Chemical_Intolerance

ASEAN Secretariat. (2020). *ASEAN Qualifications Reference Framework.* https://asean.org/our-communities/economic-community/services/aqrf/

Asian Development Bank (ADB). (2009). *Good practice in technical and vocational education and training.* https://www.adb.org/sites/default/files/publication/28624/good-practice-education-training.pdf

Asian Development Bank (ADB). (2020). *Viet Nam technical and vocational education and training sector assessment.* https://www.adb.org/sites/default/files/institutional-document/551001/viet-nam-tvet-sector-assessment.pdf

Asian Development Bank (ADB). (2022). *Crossing the river by touching the stones: Alternative approaches in technical and vocational education and training in the People's Republic of China and the Republic of Korea.* https://www.adb.org/sites/default/files/publication/767571/alternative-approaches-tvet-prc-republic-korea.pdf

Association for Career and Technical Education (ACTE). (2021, December 6). *Landscape of CTE leaders.* https://www.acteonline.org/wp-content/uploads/2021/12/CTE_Leaders-White-Paper.pdf

Association for Talent Development (ATD). (n.d.). *What Is Instructional Design?* https://www.td.org/talent-development-glossary-terms/what-is-instructional-design

Association of American Medical Colleges (AAMC). (2024). *Competency-based medical education (CBME).* https://www.aamc.org/about-us/mission-areas/medical-education/cbme

Association of Southeast Asian Nations (ASEAN). (2015). *ASEAN Qualifications Reference Framework.* https://asean.org/wp-content/uploads/2017/03/ED-02-ASEAN-Qualifications-Reference-Framework-January-2016.pdf

Australian Government. (2021a). *ICT50220 Diploma of Information Technology.* https://training.gov.au/TrainingComponentFiles/ICT/ICT50220_R1.pdf

Australian Government. (2021b, March 22). *Standards for VET Accredited Courses 2021*. https://www.legislation.gov.au/F2021L00269/latest/text

Australian Government, Australian Skills Quality Authority (ASQA). (2022). *Users' guide to developing a course document*. https://www.asqa.gov.au/resources/guides/users-guide-developing-course-document

Australian Government, Department of Education and Training. (n.d.a). *Fact sheet: Competency-based training*. https://www.myskills.gov.au/media/1776/back-to-basics-competency-based-training.pdf

Australian Government, Department of Education and Training. (n.d.b). *Fact sheet – VET quality standards*. https://www.myskills.gov.au/media/1774/back-to-basics-vet-quality-standards.pdf

Australian National Training Authority (ANTA). (1998). *National Competency Standards*. https://training.gov.au/TrainingComponentFiles/NTIS/CSC98_4.pdf

Australian Qualifications Framework Council. (2013, January). *Australian Qualifications Framework* (2nd ed.). https://agf.edu.au

Australian Skills Quality Authority (ASQA). (2019, October). *Users' guide to Standards for RTOs 2015 (Version 2.2)*. https://www.asqa.gov.au/sites/default/files/2022-01/ASQA%20-%20Users%27%20Guide%20to%20the%20Standards%20for%20RTOs%20%28v2.2c%29.pdf

Badawi, S. (2024, April 23). *Education administration and management: Shaping the future of learning*. https://in.indeed.com/career-advice/finding-a-job/what-is-educational-administration

Ballotpedia. (2023, March 22). *K-12 education content standards in the states*. https://ballotpedia.org/File:Education_Banner.png

Becker, M., & Spöttl, h. c. G. (2019). *Guidelines to monitoring and assessment of TVET teacher's performance and quality. Reference to the regional TVET teacher's standard for ASEAN*. https://sea-vet.net/images/Publications/02_Assessment_Guidelines_final.pdf

Berk, S. (2022). *General education versus vocational education: Vocational education and its future*. https://link.springer.com/content/pdf/10.1007/978-981-19-1604-5_6.pdf

Biddle, D. A. (2009). *Guidelines Oriented Job Analysis® (GOJA®): A job analysis process for selection procedure development and validation* (9.1th ed.). https://

home.ubalt.edu/tmitch/651/PDF%20articles/Job%20Analysis%20Survey%20 GOJA_booklet.pdf

Biggs, J. (2014). Constructive alignment in university teaching. *HERDSA Review of Higher Education, 1,* 5-22. https://www.herdsa.org.au/herdsa-review-higher-education-vol-1/5-22

Biggs, J. (n.d.). *Constructive alignment.* https://www.johnbiggs.com.au/academic/ constructive-alignment/

Blaschke, L. M. (2012). Heutagogy and lifelong learning: A review of heutagogical practice and self-determined learning. *The International Review of Research in Open and Distributed Learning, 13*(1), 56-71. https://www.irrodl.org/index.php/ irrodl/article/view/1076/2113

Boston University Center for Teaching & Learning. (n.d.). *Experiential learning.* https://www.bu.edu/ctl/guides/experiential-learning/

Bound, H., & Lin, M. (2011). *Singapore Workforce Skills Qualifications (WSQ), Workplace Learning and Assessment (Stage II).* Institute for Adult Learning.

Bradbury, A. (Ed.) (2019). *Pedagogy: Theory and practice of teaching.* Clanrye International.

Brady, P. (n.d.). *The use of competency standards in the design of curriculum. A NSW experience in construction and automotive courses.* https://avetra.org.au/ resources/Documents/Conference%20Archives/Conference%20Archive%20 2002/19%20Paul%20Brady.pdf

Brush, K. (2016). *Vocational education from the 1900s to today.* studencaffe blog. http://blog.studentcaffe.com/vocational-education-1900s-today/

Bünning, F., & Shilela, A. (2006). *The Bologna Declaration and emerging models of TVET teacher training in Germany.* https://unevoc.unesco.org/fileadmin/user_ upload/pubs/Bologna_02_08_06.pdf

Button, L. (n.d.). *Curriculum essentials: A Journey.* Pressbooks. https://oer. pressbooks.pub/curriculumessentials/

Campion, M. C., Schepker, D. J., Campion, M. A., & Sanchez, J. I. (2019). Competency modeling: A theoretical and empirical examination of the strategy dissemination process. *Human Resource Management, 59,* 91-306. https:// www.researchgate.net/profile/Juan-Sanchez-15/publication/335424988_ Competency_modeling_A_theoretical_and_empirical_examination_of_ the_strategy_dissemination_process/links/62013b4d15ebcb296c76f89b/ Competency-modeling-A-theoretical-and-empirical-examination-of-the-strategy-dissemination-process.pdf

California Community Colleges Chancellor's Office. (2022, June). *Minimum qualifications for faculty and administrators in California community colleges* (17th ed.). https://www.cccco.edu/-/media/CCCCO-Website/About-Us/ Divisions/Educational-Services-and-Support/Academic-Affairs/What-we-do/ Curriculum-and-Instruction-Unit/Minimum-Qualifications/cccco-2022-report-min-qualifications-a11y.pdf

California Community Colleges Chancellor's Office. (2024). *Key facts*. https://www. cccco.edu/About-Us/Key-Facts

careeronestop. (2024a). *Career/Technical education teachers, postsecondary school*. https://www.careeronestop.org/Toolkit/Careers/Occupations/occupation-profile. aspx?keyword=Career/Technical%20Education%20Teachers,%20Postsecondar y&onetcode=25119400&location=US

careeronestop. (2024b). *Career/Technical education teachers, secondary school*. https://www.careeronestop.org/Toolkit/Careers/Occupations/occupation-profile.aspx?keyword=Career/Technical%20Education%20Teachers,%20 Secondary%20School&location=US&onetcode=25-2032.00

Carley, S. (2015, November 4). *Educational theories you must know. Miller's pyramid*. St. Emlyn's. https://www.stemlynsblog.org/better-learning/ educational-theories-you-must-know-st-emlyns/educational-theories-you-must-know-millers-pyramid-st-emlyns/

Case, B., & Zucker, S. (2005). *Horizontal and vertical alignment*. Pearson Education. https://images.pearsonassessments.com/images/tmrs/tmrs_rg/ HorizontalVerticalAlignment.pdf?WT.mc_id=TMRS_Horizontal_and_Vertical_ Alignment

Casey, K., & Sturgis, C. (2018). *Levers and logic models: A framework to guide research and design of high-quality competency-based education systems*.

Castel-Branco, E. (2021, July 29). *National and regional qualifications frameworks: Overview for CINTERFOR training*. https://www.cinterfor.org

Catherine, C., & Hyslop, A. (2018). *2018 ACTE quality CTE program of study framework*. https://www.acteonline.org/wp-content/uploads/2019/01/

HighQualityCTEFramework2018.pdf

Cedefop. (2011). *Exploring leadership in vocational education and training.* https://www.cedefop.europa.eu/files/6113_en.pdf.

Cedefop. (2015). *Vocational pedagogies and benefits for learners: Practices and challenges in Europe.* Publications Office of the European Union. https://www.cedefop.europa.eu/files/5547_en.pdf

Cedefop. (2016, June). *Professional development for VET teachers and trainers.* https://www.cedefop.europa.eu/files/9112_en.pdf

Cedefop. (2018). *Analysis and overview of NQF level descriptors in European countries.* https://www.cedefop.europa.eu/files/5566_en.pdf

Cedefop. (2019a). *Vocational education and training in Europe: Finland.* https://www.cedefop.europa.eu/en/tools/vet-in-europe/systems/finland-2019

Cedefop. (2019b). *Vocational education and training in Finland: Short description.* https://www.cedefop.europa.eu/files/4176_en.pdf

Cedefop. (2020). *Vocational education and training in Germany: Short description.* https://www.cedefop.europa.eu/en/publications/4184

Cedefop. (2022). *Teachers and trainers in a changing world: Building up competences for inclusive, green and digitalised vocational education and training (VET).* https://www.cedefop.europa.eu/files/5586_en.pdf

Cedefop. (2024). *Teachers' and trainers' professional development.* https://www.cedefop.europa.eu/en/projects/teachers-and-trainers-professional-development

Central Intelligence Agency (CIA). (2022a). *Explore all countries: Australia.* The World Factbook. https://www.cia.gov/the-world-factbook/countries/australia/

Central Intelligence Agency (CIA). (2022b). *Explore all countries: Finland.* The World Factbook. https://www.cia.gov/the-world-factbook/countries/finland/

Central Intelligence Agency (CIA). (2022c). *Explore all countries: Germany.* The World Factbook. https://www.cia.gov/the-world-factbook/countries/germany/

Central Intelligence Agency (CIA). (2022d). *Explore all countries: Taiwan.* The World Factbook. https://www.cia.gov/the-world-factbook/countries/taiwan/

Civil Air Navigation Services Organization (CANSO). (2016). *Aeronautical information management (AIM) training development guidance manual: A competency-based model for ANSPs.* https://www.icao.int/NACC/Documents/Meetings/2021/AIMTF4/2-AIM-TrainingManual.pdf

Clarity Consultants. (2024). *Return on expectations (ROE) vs. return on investment (ROI)*. https://clarityconsultants.com/blog/return-on-expectations-vs-return-on-investment

Coach, V. V. (2023, January 26). *Pedagogy vs andragogy vs heutagogy*. Likedin. https://www.linkedin.com/pulse/pedagogy-vs-andragogy-heutagogy-viki-voice/

College of the Canyons. (2024). *From industry to community college full-time faculty*. https://www.canyons.edu/administration/humanresources/employment/announcements/fromindustrytocommunitycollegefulltimefaculty.php

Colorado Department of Education. (2014). *Career development: The process of progression in career development*. https://www.cde.state.co.us/cdesped/tk_tab05_careerdevelopment

Commonwealth of Australia. (2012). *Standards for training packages*. https://www.dese.gov.au/download/7116/standards-training-packages-2012/5198/document/pdf

Commonwealth of Australia. (2021). *Standards for accredited courses*. https://www.tac.wa.gov.au/SiteCollectionDocuments/AQTF%202021%20Standards%20for%20Accredited%20Courses.pdf

Constant, L., Culbertson, S., Stasz, C., & Vernez, G. (2014). *Improving technical vocational education and training in the Kurdistan Region – Iraq*. RAND. https://www.rand.org/pubs/research_reports/RR277.html#download

Cournoyer, M. (2016). *Vocational education and training – Three types of governance models*. Job Market Monitor. https://jobmarketmonitor.com/2016/02/17/vocational-education-and-training-three-types-of-governance-models/

Coward, A. (2017). *Competency based education and training: Implications for workforce*. https://slideplayer.com/slide/6934186/Antonia%20Coward%20PhD.%22%E2%80%94%20Presentation

Craig, S. B., & Hannum, K. M. (2007, January). *Experimental and quasi-experimental evaluations*. https://www.researchgate.net/publication/238733566_EXPERIMENTAL_AND_QUASI-EXPERIMENTAL_EVALUATIONS

Cris, S. (2023, October 11). *What is the difference among teaching approaches, strategies, methods, and techniques?* Quora. https://www.quora.com/What-is-the-difference-among-teaching-approaches-strategies-methods-and-techniques

Daffin, L. W. (2021). *Principles of learning and behavior* (2nd ed.). Washington State University. https://opentext.wsu.edu/principles-of-learning-and-behavior/

de Beeck, S., O. & Hondeghem, A. (2009). *Managing competencies in government: State of the art practices and issues at stake for the future.* Organisation for Economic Co-operation and Development. https://www.oecd.org/officialdocuments/publicdisplaydocumentpdf/?cote=GOV/PGC/PEM(2009)2&docLanguage=En

DeakinCo. (2018). *Developing world-class employees with the 70:20:10 model.* https://www.deakinco.com/media-centre/ news/Developing-world-class-employees-with-the-70:20:10-model

Deißinger, T., & Hellwig, H. S. (2011). *Structures and functions of competency-based education and training (CBET): A comparative perspective.* https://www.voced.edu.au/content/ngv%3A51126

Department of Administrative Services (DAS). (2021, September). *Commonly used action verbs.* https://www.oregon.gov/das/HR/Documents/paf2.pdf

Department of Industry. (2014). *Training package development handbook.* https://vetnet.gov.au/search/Pages/download.aspx?url=https://vetnet.gov.au/Public%20Documents/training_package_development_handbook.pdf#search=unit%20of%20competency%20version%203%2E0

Deschepper Consulting. (2017). *Good practice in VET teaching and learning – A guide to practitioner perspectives.* https://vdc.edu.au/wp-content/uploads/2018/07/Final_User_Guide-April-2018.pdf

Deutsche Gesellschaft für Internationale Zusammenarbeit (GIZ) GmbH. (2019). *TVET glossary.* https://tvetreform.org.pk/wp-content/uploads/downloads/Reports%20and%20Publications/TVETGlossary.pdf

Deutsche Gesellschaft für Internationale Zusammenarbeit (GIZ) GmbH. (2022, February). *Education governance.* https://www.giz.de/expertise/downloads/giz2022-en-education-governance.pdf

Economics Discussion. (n.d.). *Job analysis methods.* https://www.economicsdiscussion.net/human-resource-management/job-analysis-methods/31701

edmentum. (2023). *Reimagining career-connected learning: A guide to designing quality career & technical education programs for workforce readiness.* https://cdn.edmentum.com/assets/pdf/COLL-82-CTE-Interactive-Workbook.pdf

Education Commission of the States. (2020, April). *Does the state have policy for CTE program establishment or approval?* https://files.eric.ed.gov/fulltext/ED607337.pdf

Education Commission of the States. (2023). *50-state comparison: Secondary career and technical education.* https://www.ecs.org/50-state-comparison-secondary-career-and-technical-education-2023/

Education Encyclopedia – StateUniversity.com (2022). *Vocational and technical education.* https://education.stateuniversity.com/pages/2533/Vocational-Technical-Education-CURRENT-TRENDS.html

European Centre for the Development of Vocational Training (Cedefop). (2017). *The changing nature and role of vocational education and training in Europe (Volume 2: Results of a survey among European VET experts).* Publications Office. Cedefop research paper; No 64. http://dx.doi.org/10.2801/548024

European Quality Assurance in Vocational Education and Training (EQAVET). (n.d.). *EQAVET quality assurance cycle.* https://ec.europa.eu/social/main.jsp?catId=1546&langId=en

European Quality Assurance in Vocational Education and Training (EQAVET). (2023). *EQAVET – European quality assurance in vocational education and training.* https://ec.europa.eu/social/main.jsp?langId=en&catId=1536

European Training Foundation (ETF). (1999, reprinted with updates 2000). *Development of standards in vocational education and training – Specification, experience, examples (Vol. 2).* European Communities. https://www.etf.europa.eu/sites/default/files/m/C12578310056925BC125702700578929_ESEE_STANDARDS2_EN.pdf

European Training Foundation (ETF). (2015). *Promoting quality assurance in vocational education and training: The ETF approach.* https://www.etf.europa.eu/sites/default/files/m/B77049AC22B5B2E9C125820B006AF647_Promoting%20QA%20in%20VET.pdf

European Union (EU). (n.d.). *Description of the eight EQF levels.* europass. https://europa.eu/europass/en/description-eight-eqf-levels

eyepopslikeamosquito. (2021, July 16). *Organizational culture (Part V): Behavior.* https://www.perlmonks.org/?node_id=11135065

Fawcett, C., El Sawi, G., & Allison, C. (2014). *TVET models, structures, and policy reform: Evidence from the Europe & Eurasia region.* United States Agency for International Development (USAID). https://www.tvet.ps/files/file/library/world/TVET_Models.pdf

Federal Ministry of Education and Research. (n.d.). *The DQR.* https://www.dqr.de/dqr/en/the-dqr/deutscher-qualifikationsrahmen-the-dqr

Finch, C. R., & Crunkilton, J. R. (1999). *Curriculum development in vocational and technical education: Planning, content, and implementation* (5th ed.). Allyn and Bacon.

Finnish National Agency for Education (EDUFI). (2021). *Education in Finland.* https://www.oph.fi/sites/default/files/documents/education-in-finland-2020_3.pdf

Finnish National Agency for Education (EDUFI). (2022). *Qualifications frameworks.* https://www.oph.fi/en/education-and-qualifications/qualifications-frameworks

Florida Department of Education. (2023). *2023-2024 CTE curriculum frameworks.* https://www.fldoe.org/academics/career-adult-edu/career-tech-edu/curriculum-frameworks/2023-24-frameworks/

Fretwell, D. H., Lewis, M. V., & Deij, A. (2001). *A framework for defining and assessing occupational and training standards in developing countries.* World Bank, The Ohio State University & European Union-European Training Foundation. https://unevoc.unesco.org/e-forum/A_Framework_for_Defining_Training_Standards.pdf

Frye, A. W., & Hemmer, P. A. (2012). Program evaluation models and related theories. *Medical Teacher, 34*(5), 288-99. https://jcesom.marshall.edu/media/53474/program-evaluation-models-and-related-theories.pdf

Galvão, M. E. (2014). Making the case for vocational education and training improvement: Issues and challenges. In *Quality assurance in vocational education and training: A collection of articles* (pp. 5-15). European Training Foundation.

Gammarano, R. (2020). *258 million workers in the world are over-educated for their jobs.* ILOSTAT. https://ilostat.ilo.org/258-million-workers-in-the-world-are-over-educated-for-their-jobs/

German Educare. (2023, February). *5 myths about vocational training and education.* https://www.germaneducare.com/5-myths-about-vocational-training-

and-education/

Glatthorn, A. A., Boschee, F., Whitehead, B. M., & Boschee, B. F. (2018). *Curriculum leadership: Strategies for development and implementation.* Sage.

Glatthorn, A. A., Jerry M., Jailall, J. M., & Jailall, J. K. (2000). *The principal as curriculum leader: Shaping what is taught & tested* (2nd ed.) (pp. 83-91). Corwin Press.

Gonczi, A., Hager, P., & Oliver, L. (1990). *Establishing competency-based standards in the professions.* Department of Employment, Education and Training, Australia. https://www.voced.edu.au/content/ngv%3A29478

Gonczi, A., Hager, P., Athanasou, J. (1993). *The development of competency-based assessment strategies for the professions.* Australian Government Publishing Service. https://www.voced.edu.au/content/ngv%3A25858

Gosselin, D. (n.d.). *Competencies and learning outcomes.* https://serc.carleton.edu/integrate/programs/workforceprep/competencies_and_LO.html

Governance Institute of Australia. (2024). *What is governance?* https://www.governanceinstitute.com.au/resources/what-is-governance/

Green, D., & Levye, C. (2021). *eCampusOntario open competency toolkit.* https://ecampusontario.pressbooks.pub/competencytoolkit/

Growth Engineering Technologies. (2023, June 1). *Edgar Dale's cone of experience: A comprehensive guide.* https://www.growthengineering.co.uk/what-is-edgar-dales-cone-of-experience/

Gruppen, L. D. (2012). Outcome-based medical education: implications, opportunities, and challenges. *Korean J Med Educ, 24*(4), 281-285. https://www.kjme.kr/journal/view.php?doi=10.3946/kjme.2012.24.4.281

Hager, P., & Gonczi, A. (1996). What is competence? *Medical Teacher, 18*(1). https://www.researchgate.net/publication/232061493_What_is_competence

Halupa, C. M. (2015). Pedagogy, andragogy and heutagogy. In *Transformative curriculum design in health sciences education* (pp.143-158). https://www.researchgate.net/publication/297767648_Pedagogy_Andragogy_and_Heutagogy

Hampf, F., & Woessmann, L. (2017). Vocational vs. general education and employment over the life cycle: New evidence from PIAAC. *CESifo Economic Studies, 63*(3), 255-269.

Healy, M. (2023). *How much work experience is enough for a successful career?* https://www.linkedin.com/pulse/how-much-work-experience-enough-successful-career-mark-healy

Hey, J. (2004). *The data, information, knowledge, wisdom chain: The metaphorical link.* https://www.jonohey.com/files/DIKW-chain-Hey-2004.pdf

Hirsh, A., Nilholm, C., Roman, H., Forsberg, E., & Sundberg, D. (2022). Reviews of teaching methods – which fundamental issues are identified? *Education Inquiry, 13*(1), 1-20.

Hochstein, D. J., & Hochstein, J. I. (2000). *DACUM...A tool for documenting industrial involvement in curriculum design.* https://peer.asee.org/dacum-a-tool-for-documenting-industrial-involvement-in-curriculum-design.pdf

Imperatore, C., & Hyslop, A. (2017, March). *Defining high-quality CTE: Quality CTE program of study framework, Version 4.0 (Beta).* https://www.acteonline.org/wp-content/uploads/2018/02/ACTE-HighQualityCTEFramework-Draft4.0-Beta.pdf

Imperatore, C., & Hyslop, A. (2018, October). *2018 ACTE quality CTE program of Study framework.* https://www.acteonline.org/wp-content/uploads/2024/05/HighQualityCTEFramework2018.pdf

Institute of Progressive Education and Learning. (n.d.). *K-12 administration.* http://institute-of-progressive-education-and-learning.org/k-12-education/k-12-adminisrtation/

INTENSE. (n.d.). *Development of a curriculum.* https://intense-eu.info/blog-post/development-of-a-curriculum/

International Bureau of Education (IBE). (2013). *Training tools for curriculum development a resource pack.* http://www.ibe.unesco.org/fileadmin/user_upload/Publications/Training_tools/IBE-CRP-2014_eng.pdf

International Civil Service Commission (ICSC). (2015). *The common classification of occupational groups (August 2015).* https://icsc.un.org/Resources/HRPD/JobEvaluation/CCOG_9_2015.pdf

International Labour Organization (ILO). (2010). *International standard classification of occupations (ISCO).* https://www.ilo.org/public/english/bureau/stat/isco/

International Labour Organization (ILO). (2019). *Guidelines for model TVET institutions (MTIs)*. https://www.ilo.org/wcmsp5/groups/public/---asia/---ro-bangkok/---ilo-dhaka/documents/publication/wcms_736053.pdf

International Labour Organization (ILO). (2020). *Competency-based training (CBT): An introductory manual for practitioners*. https://www.ilo.org/sites/default/files/wcmsp5/groups/public/@arabstates/@ro-beirut/documents/publication/wcms_757836.pdf

International Labour Organization, Department of Statistics (ILOSTAT). (2022). *International Standard Classification of Education (ISCED)*. https://ilostat.ilo.org/resources/concepts-and-definitions/classification-education/

International Labour Organization (ILO), Regional Office for Asia and the Pacific. (2009). *Making full use of competency standards: A handbook for governments, employers, workers and training organizations*. Regional Skills and Employability Programme in Asia and the Pacific (SKILLS-AP). https://www.ilo.org/wcmsp5/groups/public/---asia/---ro-bangkok/documents/publication/wcms_112589.pdf

International Technology and Engineering Educators Association (ITEEA). (2021). *Standards for Technological and Engineering Literacy: The role of technology and engineering in STEM education (STEL)*. https://www.iteea.org/File.aspx?id=177416&v=90d1fc43

Iowa State University, Center for Excellence in Learning and Teaching. (2022). *Revised Bloom's taxonomy*. https://www.celt.iastate.edu/instructional-strategies/effective-teaching-practices/revised-blooms-taxonomy/

IResearchNet. (n.d.). *Super's career development theory*. http://career.iresearchnet.com/career-development/supers-career-development-theory/

Jackson High School. (2024). https://www.jackson.stark.k12.oh.us/Page/732

Jones, S. (2021). *Why theory must come before practical lessons in FE*. tes magazine. https://www.tes.com/magazine/archived/why-theory-must-come-practical-lessons-fe

Karasiotou, P. (2004). *General education versus vocational training: How do they affect individual labour market performance?* https://sites.uclouvain.be/econ/DP/IRES/2004-18.pdf

Karim, N. A. A., & Yin, K. Y. (2013). Outcome-based education: An approach for teaching and learning development. *Journal of Research, Policy & Practice of*

Teachers & Teacher Education, 3(1), 26-35.

Kashyap, D. (n.d.). *Educational administration: Meaning, nature and other details.* https://www.yourarticlelibrary.com/educational-management/educational-administration/educational-administration-meaning-nature-and-other-details/63730

Kaur, S. (n.d.). *13 Educational Administration: Structure, functions and processes at the district and sub-district level.* https://ebooks.inflibnet.ac.in/edup13/chapter/educational-administration-structure-functions-and-processes-at-the-district-and-sub-district-level/

Keevy, J. (2016). *Policy rationales for qualifications frameworks and how they tend to evolve: New developments and implications for TVET.* https://www.academia.edu/29186337/Policy_rationales_for_qualifications_frameworks_and_how_they_tend_to_evolve_new_developments_and_implications_for_TVET?auto=download

Keily, T., & Perez Jr., Z. (2020, April 22). *What's required to become a CTE teacher?* https://www.ecs.org/whats-required-to-become-a-cte-teacher/

Kerka, S. (1998). *Competency-based education and training. Myths and realities.* https://eric.ed.gov/?id=ED415430

Key Differences. (2017). *Difference between assessment and evaluation.* https://keydifferences.com/difference-between-assessment-and-evaluation.html

Key Differences. (2024). *Difference between training and education.* https://keydifferences.com/difference-between-training-and-education.html

Kirkpatrick Partners. (2021). *The Kirkpatrick model.* https://www.kirkpatrickpartners.com/Our-Philosophy/The-Kirkpatrick-Model

Kirkpatrick, J., & Kirkpatrick, W. (2015). *An introduction to the new world Kirkpatrick model.* https://www.cpedv.org/sites/main/files/file-attachments/introduction_to_the_kirkpatrick_new_world_model_-eval_002.pdf

Knobloch, N. A. (2003, December). Is experiential learning authentic? *Journal of Agricultural Education, 44*(4). https://www.researchgate.net/publication/228497672_Is_Experiential_Learning_Authentic

Kodiappan, R. (2011). *Challenges affecting the integration of competency-based training at the higher levels of the Singapore Workforce Skills Qualifications – National Qualifications Framework.* Institute for Adult

Learning (IAL), Singapore. https://www.ial.edu.sg/content/dam/projects/tms/ial/Research-publications/Researching-work-and-learning-in-singapore/Challenges%20affecting%20the%20integration%20of%20competency-based%20training%20at%20the%20higher%20levels%20of%20the%20Singapore%20Workforce%20Skills%20Qualifications%20-%20National%20Qualifications%20Framework.pdf

Krönner, H. (Ed.). (1989). *Innovative methods of technical and vocational education.* Report of the UNESCO International Symposium Hamburg, June 5-9, 1989. Federal Ministry of Education and Science. https://unevoc.unesco.org/fileadmin/user_upload/pubs/sym8906e.pdf

Larmer, J. (2012, June 5). *PBL: What does it take for a project to be 'Authentic'? Some criteria for determining whether or not a project-based learning unit is authentic.* https://www.edutopia.org/blog/authentic-project-based-learning-john-larmer

Law Insider. (2023). *Curricular materials definition.* https://www.lawinsider.com/dictionary/curricular-materials

Learningbp. (2019, October 11). *Learning theories: Definition and characteristics every educator should know.* https://www.learningbp.com/learning-theories-definition-and-characteristics-every-educator-should-know/

Liew, A. (2013). DIKIW: Data, information, knowledge, intelligence, wisdom and their interrelationships. *Business Management Dynamics, 2*(10), 49-62. https://www.researchgate.net/publication/236870996_DIKIW_Data_Information_Knowledge_Intelligence_Wisdom_and_their_Interrelationships

Los Angeles City Personnel Website. (n.d.). *Competency model for mechanical engineering associate (7554).* https://personnel.lacity.gov/doc.cfm?get=Comp7554

Loveless, B. (2023, April 14). *15 learning theories in education (a complete summary).* https://www.educationcorner.com/learning-theories-in-education/

Lucas, B. (2014). *Vocational pedagogy: What it is, why it matters and what we can do about it.* https://unevoc.unesco.org/fileadmin/up/vocational_pedagogy_bill_lucas_unesco-unevoc_30april.pdf

Lucas, B. (2019, August 13). Seventeen effective pedagogical methods in vocational education. *Lucubrate Magazine.* https://magazine.lucubrates.com/seventeeneffective-pedagogical-methods-in-vocational-education/

Lucas, B. (n.d.). *Vocational pedagogy: What it is and why it matters.* https://cris. winchester.ac.uk/ws/portalfiles/portal/356280/63Vocational_pedagogy_what_ is_is_and_why_it_matters_Bill_Lucas.pdf

Lucas, B., Spencer, E., & Claxton, G. (2012, December). *How to teach vocational education: A theory of vocational pedagogy.* https://www. improvingtechnicaleducation.org.uk/assets/__/resource-library/resource/pdf/ report-how-to-teach-vocational-education.pdf

MacDonald, S., Nink, C., & Duggan, S. (2010). *Principles and strategies of a successful TVET program.* https://www.voced.edu.au/content/ngv%3A65025

Malamed, C. (2010). *Informal learning: An interview with Jay Cross.* http:// theelearningcoach.com/elearning2-0/ informal-learning-an-interview-with-jay- cross/

Mansfield, B. (2001). *Linking vocational education and training standards and employment requirements: An international manual.* European Training Foundation. https://www.etf.europa.eu/sites/default/files/m/C12578310056925 BC12571FE00473D6B_NOTE6UAEET.pdf

Massachusetts Department of Elementary and Secondary Education. (2022). *Career technical education advisory committee guide.* https://www.doe.mass.edu/ccte/ cvte/advisory.html

Mayall, T. (2017). *How long does it take an employee to be fully productive?* https:// recruitshop.com.au/blog/2017/05/01/long-take-employee-fully-productive/

McClarty, K. L., & Gaertner, M. N. (2015). *Measuring mastery: Best practices for assessment in competency-based education.* American Enterprise Institute for Public Policy Research.

McClelland, D. C. (1973). Testing for competence rather than for "intelligence." *American psychologist, 28* (1), 1-14.

McGehee, W., & Thayer, P. W. (1961). *Training in business and industry.* John Wiley & Sons Inc.

McKinsey & Company. (2022). *What is leadership?* https://www.mckinsey.com/ featured-insights/mckinsey-explainers/what-is-leadership?stcr=ADD8092A0B9 E45EAA18B69D9F72DBA6E&cid=other-eml-alt-mip-mck&hlkid=2b0c0f2070 c44593983ad92c2e6ffc45&hctky=3101247&hdpid=bb279bfb-0363-4d9f-927d-

ff38f79b0e07

Mcleod, S. (2023a, June 15). *Constructivism learning theory & philosophy of education*. SimplyPsychology. https://www.simplypsychology.org/constructivism.html

Mcleod, S. (2023b, June 15). *Kolb's learning styles and experiential learning cycle*. SimplyPsychology. https://www.simplypsychology.org/learning-kolb.html

Mcleod, S. (2023c, June 16). *Memory stages: Encoding storage and retrieval*. SimplyPsychology. https://www.simplypsychology.org/memory.html

McPheat, S. (2024). *The Kirkpatrick model of evaluation explained*. Skillshub. https://www.skillshub.com/the-kirkpatrick-evaluation-model-explained/

MetisNet, C. S., Patrick, S., & Pittenger, L. (2011). *It's not a matter of time: Highlights from the 2011 Competency-Based Learning Summit*. http://www.aurora-institute.org/wp-content/uploads/iNACOL_Its_Not_A_Matter_of_Time_full_report.pdf

Michigan Department of Education. (2017, March). *Michigan's high school career and technical education standards and expectations*. https://www.michigan.gov/mde/-/media/Project/Websites/mde/CTE/cte_cluster/CTE_Content_Standards.pdf

Michigan Department of Education. (2023, December 21). *State of Michigan Career and Technical Education Director - State Office Administrator 17*. https://www.governmentjobs.com/careers/michigan/jobs/newprint/4323377

Michigan Department of Education. (n.d.). *Qualifications for administrator certification in Michigan*. https://www.michigan.gov/mde/- /media/Project/Websites/mde/CTE/cte_admin/Section-1---Roles-and-Qualifications.pdf?rev=583e67ddd55c4e24abcd733457c82cfa&hash=214A0289D5E0CDB41C378A640629D65D

Michigan Department of Education, Office of Career and Technical Education (MDE-OCTE). (2017). *Technical review, assistance, and compliance (TRAC) manual*. https://www.michigan.gov/-/media/Project/Websites/mde/CTE/cte_TRAC/TRAC_Manual.pdf?rev=8e3ee62bd9be485780415d362d79c869

Michigan Department of Education, Office of Career and Technical Education (MDE-OCTE). (n.d.a). *Administration manual (2023-2024 ed.)*. https://www.michigan.gov/mde/-/media/Project/Websites/mde/CTE/cte_admin/Admin-

Manual-for-PRINT.pdf?rev=e0733b5d8a6c45a3bcd48b37ba8f2bb8&hash=05A BE8EAEBBCF4062C71F86AE057A95E

Michigan Department of Education, Office of Career and Technical Education (MDE-OCTE). (n.d.b). *New career and technical education program application tool kit (2023-2024 ed.).* https://www.michigan.gov/-/media/Project/ Websites/mde/CTE/Tool-kits/New-CTE-Program-Application-Tool-Kit.pdf?rev =a13e491b0f124216a3938b7afbff6b57

Miller, K. (2018). *Bloom's taxonomy and Webb's depth of knowledge.* Synergis Education. https://www.synergiseducation.com/blooms-taxonomy-and-webbs-depth-of-knowledge/

Ministry of Education. (2022). *Technical and vocational education: Advancing industry growth in Taiwan and the world.* https://ws.moe.edu.tw/Download.ash x?u=C099358C81D4876CE71664C148AB438440159124E97D7B839D8066D A1BF907169C12A5E47BCC950B22450DED1F6F1D7BDFEC8608BC8D30F 8908BDB3841C71F0792FD55464E15F06C3D6AC87837C3361C&n=70FF865 D5FF4A15C6D54060A6C8857C0F58E6B8A4DFE8CBC572CDDD44DDD6F 383C8F59D5E7783E8F9C5AAF0D5DC9B18C4C6BF80B87C1BAA78451472 BD452E5DE20EF2CE5F9B8DBE6&icon=..pdf

Ministry of Education and Culture & Finnish National Agency for Education. (2019). *Finish VET in a nutshell.* https://www.oph.fi/en/statistics-and-publications/ publications/finnish-vet-nutshell

Ministry of Education and Sports, The Republic of Uganda. (2019). *The technical and vocational education and training (TVET) policy.* https:// www.education.go.ug/wp-content/uploads/2020/05/FINAL-TVET-POLICY_IMPLEMENTATION-STANDARDS_IMPLEMENTATION-GUIDELINES_19TH_MAY_2020.pdf

Nanyang Technological University. (2022). *Constructive alignment: A guiding principle of course design.* https://www.ntu.edu.sg/education/teaching-learning/ teaching-and-learning-resources/obtl/constructive-alignment

National Association of State Directors of Career Technical Education Consortium. (2013). *The state of career technical education: An analysis of state CTE standards.* https://cte.careertech.org/sites/default/files/State-CTE-Standards-ReportFINAL.pdf

National Center for Education Statistics (NCES). (n.d.). *Postsecondary/College level glossary*. https://nces.ed.gov/surveys/ctes/tables/glossary_college.asp

National Centre for Vocational Education Research (NCVER). (2020). *Glossary of VET*. https://www.voced.edu.au/vet-knowledge-bank-glossary-vet

National Institute for Excellence in Teaching (NIET). (2020). *High-quality curriculum implementation: Connecting what to teach with how to teach it*. https://www.niet.org/assets/1da4c1fbd6/high-quality-curriculum-implementation.pdf

National University. (n.d.). *Learning theories: Theories of learning in education*. https://www.nu.edu/blog/theories-of-learning/

Newmann, F. M., King, M. B., & Carmichael, D. L. (2007). *Authentic instruction and assessment: Common standards for rigor and relevance in teaching academic subjects*. http://psdsped.pbworks.com/w/file/fetch/67042713/Authentic-Instruction-Assessment-BlueBook.pdf

Nikolov, R., Shoikova, E., & Kovatcheva, E. (2014, January). *Competence based framework for curriculum development*. https://www.researchgate.net/publication/285404039_Competence_Based_Framework_for_Curriculum_Development

Norcini, J. C. (2003, April 5). Work based assessment. *BMJ, 326*(7392), 753-755. https://www.ncbi.nlm.nih.gov/pmc/articles/PMC1125657/

Norton, R. E. (2000). *Determining what to teach*. https://repository.vtc.edu.hk/cgi/viewcontent.cgi?article=1109&context=ive-adm-others-iveta

Norton, R. E. (n.d.). *Competency-based education via the DACUM and SCID process: An overview*. https://unevoc.unesco.org/e-forum/CBE_DACUM_SCID-article.pdf

NSW Department of Education and Training. (2002). *NSW framework for implementing training packages*. http://hdl.voced.edu.au/10707/120244

O*NET OnLine. (2024a, February 20). *Career/Technical education teachers, postsecondary 25-1194.00*. https://www.onetonline.org/link/summary/25-1194.00

O*NET OnLine. (2024b, February 20). *Career/Technical education teachers, secondary school 25-2032.00*. https://www.onetonline.org/link/summary/25-2032.00

O*NET OnLine. (2024c, May 21). *Training and development specialists.* https://www.onetonline.org/link/summary/13-1151.00

O*NET Resource Center. (2022). *The O*NET® Content Model.* https://www.onetcenter.org/content.html#cm5

Office of Personnel Management (OPM). (2013). *Multipurpose occupational systems analysis inventory – close-ended (MOSAIC) competencies.* https://www.opm.gov/policy-data-oversight/assessment-and-selection/competencies/mosaic-studies-competencies.pdf

Office of Personnel Management (OPM). (n.d.a). *Appendix G – OPM's job analysis methodology.* https://www.ders.es/insan_kaynaklari/OPM's_Job_Analsis_Methodlogy.pdf

Office of Personnel Management (OPM). (n.d.b). *Writing competencies.* https://www.opm.gov/policy-data-oversight/assessment-and-selection/competencies/writing-competencies.pdf

One Target Work Skills. (n.d.). *Features of competency-based assessment.* https://ontargetworkskills.com/definitions/features-of-competency-based-assessment/

Open Library. (n.d.). *How to construct a competency.* https://ecampusontario.pressbooks.pub/competencytoolkit/chapter/how-to-construct-a-competency/

OpenLearn Create. (2020, August 21). *General teaching methods.* https://www.open.edu/openlearncreate/mod/page/view.php?id=146085

Oregon Department of Education. (2019). *CTE programs by county, 2019.* https://www.oregon.gov/ode/learning-options/CTE/resources/Pages/CTEPOS_Application_Resources.aspx

Oregon State University. (2024). *SMART goals.* https://success.oregonstate.edu/learning/smart-goals

Organisation for Economic Co-operation and Development (OECD). (2007). *Terms, concepts and models for analysing the value of recognition programmes.* http://www.oecd.org/education/skills-beyond-school/41834711.pdf

Organisation for Economic Co-operation and Development (OECD). (2010). *Learning for jobs.* https://www.oecd.org/education/skills-beyond-school/Learning%20for%20Jobs%20book.pdf

Organisation for Economic Co-operation and Development (OECD). (2011, May). *Learning for jobs: Pointers for policy development.* https://web-archive.oecd.

org/2013-03-14/228111-learningforjobspointersfor%20policydevelopment.pdf

Organisation for Economic Co-operation and Development (OECD). (2015). *OECD reviews of vocational education and training: Key messages and country summaries.* https://web-archive.oecd.org/2015-08-19/369275-oecd_vet_key_messages_and_country_summaries_2015.pdf

Organisation for Economic Co-operation and Development (OECD). (2021, March 31). *Teachers and leaders in vocational education and training.* https://www.oecd-ilibrary.org/education/teachers-and-leaders-in-vocational-education-and-training_59d4fbb1-en

Organisation for Economic Co-operation and Development (OECD). (2022a, September 22). *Preparing vocational teachers and trainers: Case studies on entry requirements and initial training.* https://www.oecd.org/publications/preparing-vocational-teachers-and-trainers-c44f2715-en.htm

Organisation for Economic Co-operation and Development (OECD). (2022b, December 8). *The landscape of providers of vocational education and training.* https://doi.org/10.1787/a3641ff3-en.

Organisation for Economic Co-operation and Development (OECD). (2023). *Evaluation & quality assurance.* https://gpseducation.oecd.org/revieweducationpolicies/#!node=41737&filter=all

Oslo Business Forum. (2024). *5 levels of leadership by Jim Collins.* https://www.obforum.com/article/5-levels-of-leadership-by-jim-collins

Pappas, C. (2023, April 22). *Authentic learning model: Creating meaningful learning experiences.* https://elearningindustry.com/authentic-learning-model-creating-meaningful-learning-experiences

Parliament of Australia. (2021). *The vocational education and training sector: A quick guide.* https://parlinfo.aph.gov.au/parlInfo/download/library/prspub/6342100/upload_binary/6342100.pdf

Patrick, S., Sturgis, C., & Lopez, N. (2017). *Quality and equity by design: Charting the course for the next phase of competency-based education.* Aurora Institute. https://aurora-institute.org/resource/quality-equity-design-charting-course-next-phase-competency-based-education/

Peck, D. (2023, May 5). *The Kirkpatrick Model of training evaluation* (with examples). https://www.devlinpeck.com/content/kirkpatrick-model-evaluation

Peek, K. (2011). *Competency-base education made easy: A step-by-step handbook for developing and implementing competency-based education programs in institutions of higher education.* https://www.sccollege.edu/Departments/AcademicSenate/CICouncil/Documents/CBE%20Handbook%20for%2011-2-20.pdf

Peisach, L. (2023, October 3). *Recruiting and retaining successful CTE teachers.* https://www.ecs.org/recruiting-and-retaining-successful-cte-teachers/

PowerSchool. (n.d.). *Heutagogy explained: Self-determined learning in education.* https://www.powerschool.com/blog/heutagogy-explained-self-determined-learning-in-education/

Prosser, C. A., & Quigley, T. H. (1949). *Vocational education in a democracy.* American Technical Society. Author(s) of interpretive text unknown. http://www.morgancc.edu/docs/io/Glossary/Content/PROSSER.PDF

Puckett, J, Davidson, J., & Lee, E. (2012). *Vocational education: The missing link in economic development.* Boston Consulting Group. https://www.bcg.com/publications/2012/vocational-education-missing-link- economic-development

Purdue Libraries (n.d.). *Instructional System Design (ISD): Using the ADDIE model.* https://www.lib.purdue.edu/sites/default/files/directory/butler38/ADDIE.pdf

Radfar, A. (2023, January 10). *Effective governance in TVET: The model of German dual vocational education system.* https://www.linkedin.com/pulse/effective-governance-tvet-model-german-dual-education-amir-radfar/

Railey, H. (2017, August). *State education governance structures: 2017 update.* https://www.ecs.org/wp-content/uploads/State_Education_Governance_Structures_-_2017_update.pdf

Ramsden, P. (2003). *Learning to teach in higher education* (2nd ed.). RoutledgeFalmer.

Rathy, G. A. (n.d.). *Models of curriculum evaluation.* https://slidesplayer.com/slide/11309557/

Regional Health Occupational Resource Center. (2004). *DACUM competency profile for the entry level registered nurse.* https://ca-hwi.org/public/uploads/pdfs/Entry_Level_Registered_Nurse_.pdf

Renold, U., Bolli, T., Caves, K., Bürgi, J., Egg, M. E., Kemper, J., & Rageth, L. (2018). *Comparing international vocational education and training programs: The KOF Education-Employment Linkage Index*. National Center on Education and the Economy. http://ncee.org/wp-content/uploads/2018/03/RenoldVETReport032018.pdf

Revermann, S. (n.d.). *What is the difference between vocational & technical courses?* https://www.practicaladultinsights.com/what-are-the-differences-between-technical-and-vocational-training.htm

Rimmer, T. (n.d.). *An introduction to SAM for instructional designers*. https://community.articulate.com/articles/an-introduction-to-sam-for-instructional-designers

Romiszowski, A. J. (1981). *Designing instructional systems: Decision making in course planning and curriculum design*. Kogan Page.

Rothwell, W. J., & Kazanas, H. C. (2008). *Mastering the instructional design process: A systematic approach*. John Wiley & Sons.

Satani, A. (n.d.). *Curriculum evaluation sage*. https://www.academia.edu/33788705/Curriculum_evaluation_sage

Sawi, G. E. (1996). *Curriculum development guide: Population education for non-formal education programs of out-of-school rural youth*. https://www.fao.org/3/ah650e/ah650e00.htm

Schieske, G. (2021). Improving TVET facilities and equipment. *TVET Journal*. https://tvetjournal.com/tvet-institutions/improving-tvet-facilities-equipment/

SCRIBD. (n.d.). *Curriculum of competency unit (Cocu)*. https://www.scribd.com/document/496105531/11-CoCU-6

Singapore Nursing Board. (2023). *Core competencies of registered nurse*. https://www.healthprofessionals.gov.sg/docs/librariesprovider4/publications/core-competencies-and-generic-skills-of-rn_2023.pdf

Singapore Workforce Skills Qualifications (WSQ). (n.d.). *Interpretation of WSQ competency standards for training and assessment*. https://www.ssg.gov.sg/content/dam/ssg-wsg/ssg/TrainingOrganisations/cd/Competency_Standards_for_Training_and_Assessment.pdf

SkillsFuture Singapor. (2023, April 19). *Skills framework for financial services*. https://www.skillsfuture.gov.sg/skills-framework/financial-services

SkillsFuture Singapore. (2020a). *Singapore Workforce Skills Qualifications (WSQ)*. https://www.ssg.gov.sg/wsq.html

SkillsFuture Singapore. (2020b). *Skills Framework*. https://www.ssg.gov.sg/wsq/ skills- framework.html

Skyline College. (n.d.). *Curriculum committee handbook 2024-2025*. https://www. skylinecollege.edu/curriculumcommittee/assets/documents/Curriculum%20 Committee%20Handbook%202024-2025.pdf

Smith, E. (2002). Training packages: Debates around a new curriculum system. *Issues in Educational Research, 12*(1), 64-84. https://www.researchgate. net/publication/295072571_Training_Packages_Debates_around_a_new_ curriculum_system

Smith, M. K. (2008). *Informal learning: Theory, practice and experience*. infed. http://infed.org/mobi/informal-learning -theory-practice-and-experience/

South African Qualifications Authority (SAQA). (2017). *Standard glossary of terms*. https://hr.saqa.co.za/glossary/pdf/NQFPedia.pdf

Spöttl, G., & Becker, M. (2016). *Standards – An instrument to enhance the quality of TVET teacher training*. https://www.researchgate.net/publication/323344950_ Standards-an_instrument_to_enhance_the_quality_of_TVET_teacher_training

Spöttl, G., & Loose, G. (2015). *Securing quality in TVET – A compendium of "best practices": Fourteen main principles for the improvement of Technical and Vocational Education and Training*. https://tvet-online.asia/wp-content/ uploads/2020/03/loose_spoettl_tvet4.pdf

Spöttl, G., & Loose, G. (2018). Work-process based development of curricula: A framework. *TVET@Asia, 11*. https://tvet-online.asia/issue/11/spoettl-etal-tvet11/

Starting Point. (2023, November1). *Active learning*. https://serc.carleton.edu/ introgeo/gallerywalk/active.html

Steve. (2012). *Theory and practice*. https://steveklabnik.com/writing/theory-and- practice

Stevens, E. (2022). *What is design thinking? A comprehensive beginner's guide*. CareerFoundry. https://careerfoundry.com/en/blog/ux-design/what-is-design- thinking-everything-you-need-to-know-to-get-started/

Stufflebeam, D. L. (2007). *CIPP evaluation model checklist: A tool for applying the CIPP Model to assess long-term enterprises* (2nd ed.). Intended for use by evaluators and evaluation clients/stakeholders. https://citeseerx.ist.psu.edu/ viewdoc/download?doi=10.1.1.401.1277&rep=rep1&type=pdf

Sunday, K. O., Omodolapo, K. R., & Tolani, B. T. (2016). *Models of curriculum evaluation and application in educational technology.* https://www.slideshare. net/koldaf20/models-of-curriculum-evaluation-and-application-in-educational

Super, D. E. (1980). A life-span, life-space approach to career development. *Journal of Vocational Behavior, 16*, 282-298.

Surbhi, S. (2017). *Difference between training and education.* https://keydifferences. com/difference-between-training-and-education.html

TAFE Queensland. (2023, May 4). *2024 course guide-Greater Brisbane.* https:// issuu.com/tafebrisbane/docs/1461_tas_guide_2024_v7_issuu

Tahirsylaj, A., & Fazliu, F. (2021). From content- to competence-based curricula – An educational account of curriculum policy in Kosovo. *European Education, 53*(1), 1-14.

Tanaka, N., Angel-Urdinola, D., & Rodon, G. (2023). *Teachers in technical and vocational education and training are critical for successful workforce development.* World Bank Blogs. https://blogs.worldbank.org/en/education/ teachers-technical-and-vocational-education-and-training-are-critical- successful

TEACH.COM. (2020, August). *Teaching methods.* https://teach.com/what/teachers- know/teaching-methods/#teachercentered

TeacherBuilder.com. (2023, October 27). *How to become a science teacher in Texas.* https://www.teacherbuilder.com/blog/how-to-become-a-science-teacher-in- texas/

Teaching Excellence in Adult Literacy (TEAL). (2010). *Student-centered learning.* https://lincs.ed.gov/sites/default/files/6%20_TEAL_Student-Centered.pdf

Teaching Kit. (2021). *A simple way of curriculum evaluation process.* https://www. youtube.com/watch?v=qxnHuFT1yzY

Technical and Vocational Education and Training Authority (TVETA). (2020). *National TVET standards: Kenya report 2020.* https://www.tveta.go.ke/wp- content/uploads/2021/02/National-TVET-Standards-Kenya-Report-2020-5.12.- 2020-2.pdf

Texas A&M University-Commerce. (2024). *Career and technical education teacher certification.* https://www.tamuc.edu/programs/career-technology-education- certificates/

Texas Education Authority (TEA). (2024a). *Becoming a classroom teacher in Texas.* https://tea.texas.gov/texas-educators/certification/initial-certification/becoming-a-classroom-teacher-in-texas

Texas Education Authority (TEA). (2024b). *Career and technical education.* https://tea.texas.gov/texas-educators/certification/career-and-technical-education-cte/career-and-technical-education

Texas Legislature. (2022, September). *Certificate Renewal and continuing professional education (CPE) requirements.*

The Academic Senate for California Community Colleges (ASCCC). (2017). *The course outline of record: A curriculum reference guide revisited.* https://www.asccc.org/sites/default/files/COR_0.pdf

The Center on Standards and Assessment Implementation (CSAI). (2019). *Career and technical education (CTE) standards.* https://files.eric.ed.gov/fulltext/ED597308.pdf

The Editorial Team. (2019, December 18). *CTE teacher: Education, salary, and outlook.* https://resilienteducator.com/teaching-careers/cte-teacher/

The Federal Government. (n.d.). *Germany's school system.* https://www.make-it-in-germany.com/en/living-in-germany/family-life/school-system

To, O. C. (2017). *A program evaluation of an apprenticeship program using Stufflebeam's CIPP model.* https://digitalcommons.gardner-webb.edu/cgi/viewcontent.cgi?article=1263&context=education_etd

Towers, E. R. et al. (1966). *Rationale and structure for industrial arts subject matter.* https://eric.ed.gov/?id=ED013955

Training Accreditation Council (TAC). (2023, December 1). *TAC fact sheet: The Australian Qualifications Framework and units of competency.* https://www.wa.gov.au/government/document-collections/training-accreditation-council-tac-fact-sheets-doc-collection

Training.com.au. (2016). *MSMSUP292 – Sample and test materials and product (Release 1).* https://training.gov.au/Training/Details/MSMSUP292

Training.com.au. (2022a). *About training.gov.au.* https://training.gov.au/Home/About

Training.com.au. (2022b). *The recognition of prior learning process.* https://www.training.com.au/recognition-prior-learning-rpl/?ab=62-uv3WsQzOJER-XbX9

nvA.1!a9BLpeHZQ4isifEhIRlIsQ.1!Eq0Clb6LQhmLVQL0DGPyBQ.0&utm_
referrer=https%3A%2F%2Fwww.google.com%2F

Training.com.au. (n.d.). *Unit of competency details: SISCAQU015 – Test pool water quality* (Release 1) [Site version 3.23.3.2]. https://training.gov.au/Training/Details/SISCAQU015

Trisca, L. (2023, December 21). *How to assess employee skills and competencies: Methods, best practices, and expert insights.* Zavvy. https://www.zavvy.io/blog/assess-employee-skills-competencies

Tubsree, C., & Bunsong, S. (2013). *Curriculum development of vocational teacher education within the context of ASEAN integration process.* https://tvet-online.asia/wp-content/uploads/2020/03/PWP_vol-2_Tubsree_Bunsong.pdf

Tuck, R. (2007). *An introductory guide to national qualifications frameworks: Conceptual and practical issues for policy makers.* Skills and Employability Department, International Labour Office (ILO). https://www.oitcinterfor.org/sites/default/files/file_publicacion/NQFGuideILO.pdf

Twinkl. (n.d.a). *Framework.* https://www.twinkl.com.tw/teaching-wiki/framework

Twinkl. (n.d.b). *What is a subject based curriculum.* https://www.twinkl.com.tw/teaching-wiki/subject-based-curriculum

U.S. Bureau of Labor Statistics. (2018). *Standard Occupational Classification.* https://www.bls.gov/soc/2018/home.htm

U.S. Bureau of Labor Statistics. (2023, September 6). How to become a career or technical education teacher. *Occupational Outlook Handbook.* https://www.bls.gov/ooh/education-training-and-library/career-and-technical-education-teachers.htm#tab-4

U.S. Bureau of Labor Statistics. (2024, April 17). Training and Development Specialists. *Occupational Outlook Handbook.* https://www.bls.gov/ooh/business-and-financial/training-and-development-specialists.htm

U.S. Department of Education. (2019, September). *Bridging the skills gap: Career and technical education in high school.* https://www2.ed.gov/datastory/cte/index.html#data-story-title

U.S. Department of Education. (2021, June 15). *The federal role in education.* https://www2.ed.gov/about/overview/fed/role.html

U.S. Department of Education. (n.d.). *Program of study.* https://cte.ed.gov/initiatives/

octaes-programs-of-study-design-framework

U.S. Office of Personnel Management (OPM). (2019). *Delegated examining operations handbook: A guide for federal agency examining offices.* https://www.opm.gov/policy-data-oversight/hiring-information/competitive-hiring/deo_handbook.pdf

U.S. Office of Personnel Management (OPM). (n.d.). *Job analysis.* https://www.opm.gov/policy-data-oversight/assessment-and-selection/job-analysis/job_analysis_presentation.pdf

UNESCO. (2015). *Recommendation concerning technical and vocational education and training (TVET).* http://portal.unesco.org/en/ev.php-URL_ID=49355&URL_DO=DO_TOPIC&URL_SECTION=201.html

UNESCO. (2017). *Guidelines for the quality assurance of TVET qualifications in the Asia-Pacific region.* https://unesdoc.unesco.org/ark:/48223/pf0000259281

UNESCO. (2023, February 23). *Learner-centred teaching in technical and vocational education and training: Perspectives and reviews of six Asia-Pacific countries.*

UNESCO, and International Labour Organization (ILO). (2018). *Taking a whole of government approach to skills development.* https://www.ilo.org/wcmsp5/groups/public/---ed_emp/---ifp_skills/documents/publication/wcms_647362.pdf

UNESCO Institute for Lifelong Learning. (2015). *Global Inventory of Regional and National Qualifications Frameworks Volume I: Thematic Chapters.* https://uil.unesco.org/fileadmin/keydocuments/LifelongLearning/en/NQFInventoryVol1.pdf

UNESCO-IBE. (2022a). *Competency-based curriculum.* http://www.ibe.unesco.org/en/glossary-curriculum-terminology/c/competency-based-curriculum

UNESCO-IBE. (2022b). *Curriculum (plural curricula).* http://www.ibe.unesco.org/en/glossary-curriculum-terminology/c/curriculum-plural-curricula

UNESCO-IBE. (n.d.). *Most influential theories of learning.* https://www.studocu.com/latam/document/universidad-del-zulia/linguistica-aplicada-a-la-ensenanza-de-lenguas-extranjeras/most-influential-theories-of-learning/56022304

UNESCO-UIS. (2012). *International Standard Classification of Education ISCED 2011.* http://uis.unesco.org/sites/default/files/documents/internationalstandard-classification-of-education-isced-2011-en.pdf

UNESCO-UNEVOC. (1987). *A guide for evaluation of technical and vocational education curricula*. https://unevoc.unesco.org/fileadmin/user_upload/pubs/Studies-03e.pdf

UNESCO-UNEVOC. (1993). *International workshop on curriculum development in technical and vocational education (Final report)*. https://unevoc.unesco.org/fileadmin/user_upload/pubs/h0606e.pdf

UNESCO-UNEVOC. (1994). *Guidebook for curriculum development and adoption*. https://unevoc.unesco.org/fileadmin/user_upload/pubs/h0477e.pdf

UNESCO-UNEVOC. (2022a). *Australia: TVET country profile*. https://unevoc.unesco.org/wtdb/worldtvetdatabase_aus_en.pdf

UNESCO-UNEVOC. (2022b). *Finland: TVET country profile*. https://unevoc.unesco.org/home/Dynamic+TVET+Country+Profiles/country=FIN

UNESCO-UNEVOC. (2022c). *Germany: TVET country profile*. https://unevoc.unesco.org/home/Dynamic+TVET+Country+Profiles/country=DEU

UNESCO-UNEVOC. (n.d.). *TVETipedia Glossary*. https://unevoc.unesco.org/home/TVETipedia+Glossary

UNESCO-UNEVOC, International Centre. (n.d.). *Functional analysis*. https://unevoc.unesco.org/home/Functional+analysis

United Nations. (n.d.). *Goals 4 Ensure inclusive and equitable quality education and promote lifelong learning opportunities for all*. https://sdgs.un.org/goals/goal4

United States Department of Labor, & Office of Administrative Law Judges Law Library. (n.d.). *Dictionary of Occupational Titles* (4th ed., rev. 1991) – Appendix B Explanation of data, people, and things. https://www.dol.gov/agencies/oalj/PUBLIC/DOT/REFERENCES/DOTAPPB

University at Buffalo. (2022). *Content development*. https://www.buffalo.edu/catt/develop/build/content-development.html

University of Alabama at Birmingham. (n.d.). *Action verbs used to describe job duties*. https://www.uab.edu/humanresources/home/images/M_images/Forms/Compensation/Action_Verbs_Used_to_Describe_Job_Duties.pdf

University of Baltimore. (n.d.). *Competency modeling & job analysis: Current trends and debates in the academic literature*. https://home.ubalt.edu/tmitch/651/competency%20modeling%20trends.pdf

University of Central Florida, Faculty Center. (n.d.). *Teaching methods overview*.

https://fctl.ucf.edu/teaching-resources/teaching-strategies/teaching-methods-overview/

University of Hawaii at Manoa. (2010). *Choose a method to collect data/evidence.* https://manoa.hawaii.edu/assessment/resources/choose-a-method-to-collect-data-evidence/

University of Illinois Springfield. (2022). *Pedagogy, andragogy, & heutagogy.* https://www.uis.edu/colrs/teaching-resources/foundations-good-teaching/pedagogy-andragogy-heutagogy

University of Minnesota. (2015). *1.5 Planning, organizing, leading, and controlling.* https://open.lib.umn.edu/principlesmanagement/chapter/1-5-planning-organizing-leading-and-controlling-2/

University of Minnesota, Center for Educational Innovation. (2023). *Pedagogy – Diversifying your teaching methods, learning activities, and assignments.* https://cei.umn.edu/teaching-resources/inclusive-teaching-predominantly-white-institution/pedagogy-diversifying-your-teaching-methods-learning-activities-and-assignments

University of South Australia. (2023). *How students learn.* https://lo.unisa.edu.au/mod/book/view.php?id=610988&chapterid=120209

University of Wisconsin-Madison, Division of Extension. (2024). *7.10: Logic models and indicators.* https://logicmodel.extension.wisc.edu/introduction-overview/section-7-using-logic-models-in-evaluation-indicators-and-measures/7-10-logic-models-and-indicators/

User Generated Education. (n.d.). *Principles of authentic learning experiences.* https://usergeneratededucation.wordpress.com/2019/01/20/authentic-learning-experiences/#comments

Usman, I. (2013). *Principles and strategies for qualitative TVET management in Nigeria.* https://www.academia.edu/4044837/PRINCIPLES_AND_STRATEGIES_FOR_QUALITATIVE_TVET_MANAGEMENT_IN_NIGERIA

Valamis. (n.d.). *Competency model.* https://www.valamis.com/hub/competency-model

van Vulpen, E. (n.d.a). *Job analysis: A practitioner's guide.* AIHR. https://www.aihr.com/blog/job-analysis/#What

van Vulpen, E. (n.d.b). *The ADDIE model for instructional design explained.* https://

www.aihr.com/blog/addie-model/

Varlikar, P. (2024, May 23). *Understanding the scope of educational administration.* https://medium.com/@heenabhinde0/understanding-the-scope-of-educational-administration-452b6ad7e49a

Varma, C., & Malik, S. (2023, October 18). *TVET in the 21st century: A focus on innovative teaching and competency indicators.* https://www.intechopen.com/online-first/87862

Vazirani, N. (2010). Competencies and competency model – A brief overview of its development and application. *SIES Journal of Management, 7*(1), 121-131.

Verma, E. (2024, February 5). *How to measure training effectiveness in 2024.* https://www.simplilearn.com/how-to-measure-effectiveness-corporate-training-article

Vijayanagara Sri Krishnadevaraya University. (n.d.). *Unit 3 – Leadership coordinating and controlling.* https://vskub.ac.in/wp-content/uploads/2020/04/UNIT-3-PPBM.pdf

Viviano, T. (2012). What 21st Century leadership in career and technical education should look like. *Journal of Career and Technical Education, 27*(2), 51-56.

Volmari, K., Helakorpi, S., & Frimodt, R. (Eds.). (2009). *Competence framework for VET professions.* Finnish National Board of Education and editors. https://www.cedefop.europa.eu/files/111332_Competence_framework_for_VET_professions.pdf

Wahba, M. (n.d.). *Competence standards for technical and vocational education and training TVET.* https://unevoc.unesco.org/e-forum/CompetenceStandardsforTVET.pdf

Waseda University. (n.d.). *What is technology?* http://www.f.waseda.jp/sidoli/STS_Intro_03.pdf

Watermeyer, R. (2012). *Curriculum alignment, articulation and the formative development of the learner.* International Baccalaureate (IB). https://www.ibo.org/globalassets/publications/ib-research/curriculumalignmenteng.pdf

Webb, N. L. (1997). *Criteria for alignment of expectations and assessments in mathematics and science education.* Research Monograph No. 6. National Institute for Science Education. https://files.eric.ed.gov/fulltext/ED414305.pdf

Western Governors University (WGU). (2020, April 7). *10 simple principles of adult learning.* https://www.wgu.edu/blog/adult-learning-theories-principles2004.

html#close

Wheelahan, L. M. (2007). How competency-based training locks the working class out of powerful knowledge: A modified Bernsteinian analysis. *British Journal of Sociology of Education, 28*(5), 637-651. https://www.researchgate.net/publication/233101020_How_competency-based_training_locks_the_working_class_out_of_powerful_knowledge_A_modified_Bernsteinian_analysis

Wheelahan, L. M., & Carter, R. (2001). National training packages: A new curriculum framework for vocational education and training in Australia. *Education and Training, 43*(6). https://www.researchgate.net/publication/44833822_National_Training_Packages_a_New_Curriculum_Framework_for_Vocational_Education_and_Training_in_Australia

Wilson, H. (2023, February 1). *The complete guide to competency-based education.* D2L. https://www.d2l.com/blog/the-complete-guide-to-competency-based-education/#h-authentic-assessments

Wilson, L. O. (n.d.). *Wilson's curriculum preliminary rating scale.* https://thesecondprinciple.com/wp-content/uploads/2019/08/curriculum-check-sheet.pdf

Witheridge, A., Ferns, G., & Scott-Smith, W. (2019, October 5). Revisiting Miller's pyramid in medical education: the gap between traditional assessment and diagnostic reasoning. *Int J Med Educ, 10*, 191-192.

WSH Council. (2022). *Training and assessment guide (TAG) – Competency Unit: Supervise Construction Work for Workplace Safety and Health.* https://www.tal.sg/wshc/-/media/tal/wshc/resources/training-materials/pdf/supervise-construction-work-for-wsh.pdf

Wyman, N. (2017). *Three myths about vocational education you need to know are untrue.* https://www.linkedin.com/pulse/three-myths-vocational-education-you-need-know-untrue-nicholas-wyman

Wyman, N., McCrindle, M., Whatmore, S., Gedge, J., & Edwards, T. (2017). *Perceptions are not reality: Myths, realities & the critical role of vocational education & training in Australia.* Skilling Australia Foundation.

Yousafzai, A. (2023, May 8). *What is the difference among teaching approaches, strategies, methods, and techniques?* Quora. https://www.quora.com/What-is-the-difference-among-teaching-approaches-strategies-methods-and-techniques

Zayyan, M. (2011). Objective structured clinical examination: The assessment of choice. *Oman Medical Journal, 26*(4), 219-222. https://www.ncbi.nlm.nih.gov/pmc/articles/PMC3191703/pdf/OMJ-D-10-00135.pdf

附錄一：詞彙

ㄅ

- 補救教育（remedial/developmental/compensatory education）：透過加強學術能力較弱學員／生的核心學術能力（如讀、寫、算），協助其彌平本身與同儕差距的教育。
- 標準參照測驗（criterion-referenced test）：又稱效標參照測驗，是測驗結果根據事先設定的標準加以解釋的測驗，亦即採用絕對性標準（如以答對 60% 為參照點）比較的測驗，如汽（機）車駕照考試、技能檢定考試。

ㄆ

- 波隆那進程（Bologna Process）：歐洲國家之間的一系列部長級會議和協議，旨在確保高等教育資歷標準和品質的可比較性。因 1999 年歐洲 29 個國家的教育部長在義大利波隆那大學簽署了波隆那宣言（Bologna Declaration），故進程以波隆那命名。
- 品質保證（quality assurance, QA）：又稱品質確保，簡稱品保，指用以促成產品或服務品質符合品質標準或要求的系統化程序或維護機制。
- 拼圖（jigsaw）：原指如七巧板之類的拼圖遊戲，在本書中指一種合作學習活動，採由不同圖片相互依賴拚成全圖的拼圖遊戲精神，將學員／生各 4-6 名分成一組（歸屬組；依能力的異質性分組），指定給各組相同的作業（如製作一支產品行銷多媒體短片），各組組員各負責完成作業的一部分（如多媒體短片中的文字、圖片、照片、聲音、動畫和影片等項目的處理），各組負責相同部分的成員先集結在各圖片組（如動畫組）一起學習到精熟，然後回到其歸屬組教會其他組員其所精熟的部分教材內容，一起完成作業（組內合作外常搭配組間競爭的作品比賽）。而上述程序也會有變異和添加（如分組學習前先全班授課、加入全班小考）。
- 評估（assessment）：透過資訊蒐集作為證據以判斷和結果有關之人員或事物特性的程序。
- 評估中心法（assessment center method, ACM）：國內習稱為評鑑中心法，指透過與工作相關的模擬活動、心理測驗、小組演練和面試等各種方法對受評者進行評估的程序。通常涉及多名評估者甚至搭配角色扮演者，旨在對受評

者的職能進行標準化評核。

· 評估規準（assessment criteria）：用以引導學習和評估受評對象之績效表現和／或具備職能的標準。

ㄇ

· 模組（module）：自我具足的獨立學習區塊（或段落），可以單獨完成，也可以作為課程的一部分，其完成可導致一個或多個職能單元的達成。

ㄈ

· 反思（refection）：即反省，回過頭來省思。在專（職）業的情境脈絡中，常指批判性地評估能改善特定任務或表現的方法、如何因應特定情境，甚至是如何與遇到的人員互動等方面的檢討。反思的精神在為了向前進而向後看（looking back for moving forward）。

· 賦能（empowerment）：又稱賦權、賦能、培力等，指賦予個人自由和權力以提升其自主和自決程度，進行想做的事或控制發生在身上之事件的過程。

ㄋ

· 內容專家（subject matter expert, SME）：對特定工作具有真正專業知能的人，如在職績優人員及其直屬主管。通常需先訂定客觀取樣規準，再根據規準選取。

· 能力發展（skill development）：又稱能力開發、技能發展等，指辨認能力缺口和改善能力的程序或方法。

ㄌ

· 利害關係人（stakeholder）：可影響系統（或組織）的行動、決定、政策、實務或目標的任何個人或團體及受其影響的任何個人或團體。

· 綠色能力（green skill）：生活在發展和支持永續和資源節約社會所需的知識、技能、價值和態度。

ㄍ

· 工作（job）：又稱職務，指個人（含雇主和自僱者）已執行或將執行的一組任務（task）和職責（duty）。

- 工作分析（job analysis）：又稱職務分析，是針對某一工作釐清其包含活動與責任、和其他工作的相對重要性、執行工作所需資格及工作條件的探討程序。
- 工作本位學習（work-based learning）：通常是在職業教育與訓練系絡中、發生在工作環境的學習活動，其目的在透過實務教學和有經驗工作人員和／或訓練師的引導下參與工作活動，達成特定學習目標。
- 工作明細（job specification）：某一工作所需最低資歷（教育與訓練、證照、經驗、能力、特質等）的敘述。
- 工作崗位上訓練（on-the-job training, OJT）：在職場正規情境中進行，且作為學習者生產性工作之一部分的訓練。
- 工作跟學（job/work shadowing）：如影隨形般，由一名人員跟隨另一名較熟練人員，近接地觀察以學習其執行之工作的準工作崗位上訓練方式。
- 工作說明（job description）：某一工作所涉及職責、任務與勞動條件的事實敘述。
- 工作輔具（job aid）：提供簡單說明以協助人完成任務或達成目標的工具、裝置或指引。如會議籌辦事項的檢核表。
- 科學－科技－工程－數學人力（STEM workforce; STEM: science, technology, engineering and mathematics）：原指至少擁有學士學位和從事科學與工程（S&E）職業的人員，主要是電腦和數學科學人員，生物、農業與環境生命科學人員，物理科學人員，社會科學人員，和工程人員五大類。但現今已擴大到在 STEM 職群中的 S&E、S&E 相關和中級技術職業所有教育程度人員。
- 乾實驗室（dry lab）：原指較無使用化學藥劑的實驗室或實習場所。例如利用電腦模擬或資料分析的實驗室。
- 國際教育分類標準（International Standard of Classification of Education, ISCED）：聯合國教科文組織為各國教育制度的綜合統計描述提供架構的分類系統，和將各國教育班制（program）轉化成其教育層級可做國際比較的方法。ISCED 分類的基本單位是教育班制，ISCED 也根據學習領域、班制取向和班制目的進行分類。現行版本為 2011 年的 ISCED-11。
- 國際職業分類標準（International Standard Classification of Occupations, ISCO）：國際勞工組織所提供將各種工作（或職務）根據工作中所進行任務和職責，歸類到清晰定義之職群的組織工具。現行版本為 2008 年的 ISCO-08。
- 規準（criteria）：或稱判準、準則、標準，是事物可據以做判斷或做決定的原則或標準。
- 過度教育（over education）：超越實用或有用的教育。

- 關鍵績效指標（key performance indicator, KPI）：針對組織、團隊或個人在特定目標下、一段時間內之績效的量數。例如學校學生畢業三個月的學用配合程度和就業率、班制的招生率。

ㄎ

- 客觀結構式臨床測驗（Objective Structured Clinical Examination, OSCE）：簡稱臨床技能測驗，是一種通常用在醫事人員教育、訓練與評估的模擬本位考試，以測試臨床技能、表現和職能。其「客觀」指透過各分站的多名主考人評分而產出較客觀的分數，「結構式」指採有時間限制下分站進行標準化一站接一站的形式與程序之考試。
- 課責（accountability）：又稱問責、績效責任等。指負起決策或行動接受檢查，以及獎勵或懲罰之責任的特質。亦即：責任（responsibility）主要關聯任務的完成與效率等，課責則關聯任務的成功、過程與後果之隨後檢核。因而組織成員可能爲某件（或某些）任務既需負責任（responsible）亦需被課責（accountable），或只需負責任或只需被課責。
- 課程（curriculum）：內含一系列結構化學習結果及其有關學習經驗，做有順序安排和常以一系列相關單元、模組或科目呈現的計畫。
- 擴展配對問題（extended matching question, EMQ）：在醫學和相關學科測試中常用的試題形式，題目一開始提供 10 個可能答案（診斷、藥物選擇等）的清單，然後提供三個簡短的場景。應考人在每個場景的情況下，必須從清單中選擇最合適的答案（答案可以重複使用）。這種試題遵循相當特定的格式，使能容易編寫並產出形式相當一致的問題。

ㄏ

- 混成學習（blended learning）：泛指兩種以上學習方法的組合，例如傳統面對面傳授法（如課堂、工作崗位上、工作本位等）和科技輔助傳授法（如線上學習）的組合。

ㄐ

- 及時教學（just-in-time teaching）：學生在課堂外閱讀指定教材，及時在線上回應簡短問題，在隨後課堂時段參與協作練習。
- 加速課程（accelerated course）：可以在少於正常時間內完成的課程。以比普

通學生更快的速度升讀年級或取得課程成績，其結果可能導致跳級，或修習更高階課程。

- 技術及職業教育與訓練（technical and vocational education and training, TVET）：簡稱技職教育與訓練，指包含和生產、服務和生計等廣泛職域有關之教育、訓練與能力發展，是終身學習的一部分，可在中等及大專教育階段實施，也含可取得文憑或證書等資歷的職場本位學習、進修訓練和專業發展。

- 技術教育（technical education）：旨在培育畢業生從事高於技工職業但低於科學或工程專業之職業（如技術員／technician）的教育，但在有些國家（如臺灣），技術教育已提高至包含工程和管理等專業人才的培育。

- 家教式指導（tutoring）：由較有經驗的人（任課教師／直屬主管、任課教師／直屬主管以外的學校／組織內其他人員、專業指導者甚至同學／同儕）擔任指導者（tutor）針對被指導者（tutee）在特定領域、學科或主題的學習需求，提供的額外學術和／或能力發展的支援。提供方式除一對一之外可採小組或學習中心方式實施。

- 基模（schema）：在心理學中，指存在長期記憶中，協助組織和解釋資訊的認知架構或概念，亦即是個人用以解釋周遭世界的思考和行為樣態。

- 就業能力（employability skill）：又稱軟能力，是個人獲得工作、保有工作和持續進步的能力，常含工作準備和工作習慣、人際能力，以及學習、思考和適應能力等。

ㄑ

- 情境脈絡（context）：又稱環境、背景、系絡，指構成事件、陳述或想法的前後、上下、左右相互關聯的系絡，藉此系絡可更加了解事件、陳述或想法。

- 期釋制（block release）：員工、學徒或訓練生從職場釋出一段時間（通常一週或以上）到教育機構接受相關教育或訓練的方式。

ㄒ

- 先前學習的採認（recognition of prior learning, RPL）：對個人透過先前訓練、工作或生活經驗所獲得之知識與技能的承認與採計，在澳洲等國經此評估程序可取得完成學科或模組的名分或學分，在職業教育與訓練部門還可能直接取得資歷。

- 形成性評估（formative assessment）：在課程或班制實施中依規則間隔進行，

目的在適時提供回饋以協助改善學員／生之績效表現的評估（如段考）。

- 班制學習計畫（program of study）：聚焦班制的課程學習計畫，常含兩個以上、做順序安排和要求完成的學科。職業教育與訓練的班制學習計畫需符應產、職業標準，在前後教育階段之間相互校準，並統合技術及職業能力與一般學術能力。

- 訓練套件（training package）：明定個人在職場有效執行工作所需知識和技能（以職能單元呈現），以及如何組合職能單元以取得國家資歷架構下全國承認及可攜式資歷的文件。

- 學科學習計畫（course of study）：聚焦學科或學科領域的課程學習計畫，通常是學生在某一教育階段（如高中）應完成之一系列課程的統合或分科（或領域）學習計畫。相當於臺灣的「課程綱要」或日本的「學習指導要領」。

- 學習（learning）：將個人和環境的經驗與影響結合起來，以獲取、充實或調整個人知識、技能、價值、態度、行為和見解的過程。

- 學習介入（learning intervention）：又稱學習干預，指提供給遭遇學習困難學習者的額外支持，例如提供一對一指導、安排同儕教導。

- 學業成績平均點數（grade point average, GPA）：各科學業成績（如在 ABCD 四點制中，A為4分、B為3分、C為2分、D為1分）乘以其學分數的加總，再除以各科學分數之加總的平均數。

ㄓ

- 真實評估（authentic assessment）：受評人在真實世界的場景中應用其職能或才能的評估。

- 職前訓練（initial training/entry-level training/pre-employment training）：某一職業的職前訓練，又稱初任訓練，這種訓練通常先實施基礎訓練再接續專精訓練。

- 職前教育與訓練（initial education and training）：又稱初任教育與訓練，指在職前教育與訓練系統實施的職業準備教育與訓練。

- 職能（competency）：勝任某工作角色或展現工作績效所需的一組知識（knowledge, K）、技能（skill, S）、才能（ability, A）或其他特徵（other characteristic, O）——KSAO；由於 A 是 KSO 的綜合表現，因此在某些文獻會以職能（competency/competence）替代 A。

- 職能本位教育與訓練（competency-based education and training, CBET）：著

重個人透過教育與訓練可以做到什麼（結果）以符應產業明確標準的教育與
訓練取向。

- 職能單元（unit of competency）：某特定工作功能或職業中關鍵功能或角色
的描述。澳洲職業教育與訓練系統的每個訓練套件即由多個職能單元組成。

- 職涯進路（career pathway）：一般指職業生涯的發展途徑。在美國，也專指
一種支持個人從教育轉銜到勞動力的人力發展策略，該策略是一系列結構化
和相關聯的教育班制和支持服務，使學員／生（通常在工作階段）能夠隨著
時間推移而進展到更好的就業和更高階的教育與訓練。

- 職業（occupation）：含有相近任務（task）和需要相近能力之工作（job，又
稱職務）的組合。職業和工作（job）或職稱（job title）不同，工作有特定的
工作環境並由一個人執行，職業是具有共同特徵之工作的組合。

彳

- 沉浸式學習（immersive learning）：以數位方式（如 VR、AR 和行動裝置等）
模擬真實世界的場景，在刺激中引發學習者反應的學習方式。

- 常模參照測驗（norm-referenced test）：測驗結果根據分數在團體中位置而加
以解釋的測驗，亦即採用相對性標準（如以平均數為參照點）比較的測驗。
如提供 PR 值（百分等級）的國中基本學力測驗、性質是任用考的公務人員高
普考試。

- 傳統教學（traditional instruction）：結構化、著重面對面互動和以教師為中
心的教學，含教師主導討論和教師傳授知識。學生常按年齡或能力編班，教
材主要環繞教科書、講述和個別寫作作業，同班學生通常接受單一和一致的
課程，學科常是個別、獨立而非統整或科際整合。

ㄕ

- 社會夥伴（social partner）：在工作關係中合作以達成共同協定目標（通常是
所有參與團體的利益）的團體，如雇主、員工、工會和政府。職業教育與訓
練的社會夥伴指和職業教育與訓練系統或提供機構合作，以確保職業教育與
訓練切合勞動市場需求的雇主、公會、工會、政府機關及其他教育與訓練機
構等。

- 師徒式指導（mentoring）：由較有經驗的人（任課教師／直屬主管、任課教
師／直屬主管以外的學校／組織內其他人員、專業指導者甚至是同學／同儕）

擔任指導者（mentor），針對被指導者（mentee）建立長期、信任關係，提供成長、學習、職涯發展、專業發展，以及工作與生活平衡等層面的建議和榜樣等支援。

- 溼實驗室（wet lab）：原指使用較多化學藥劑的實驗室或實習場所。即反應和現象都實際在眼前發生的實驗室或實習場所。

ㄖ

- 入職方案（induction program）：組織協助新員工就緒和融入的活動方案。通常含歡迎到職、協助生活就緒、確保其有知能和支持履行工作角色的活動。有效的方案既裨益新進員工亦提升組織形象、降低員工離退和缺勤率。
- 日釋制（day release）：員工、學徒或訓練生每週從職場釋出一、兩天，到教育機構接受相關教育或訓練的方式。
- 軟能力（soft skill）：又稱軟實力，即和硬能力（hard skill）互補的就業能力（employability skill），常含溝通能力、批判和結構思考、團隊合作能力、自我管理、時間管理、文化覺察、普通知識、創意、負責、誠信、工作倫理、協商能力和社交禮儀等。
- 認知負荷（cognitive load）：指工作記憶資源的使用量；個體對覺得學習內容的困難度愈大或個體覺得在心智上愈需要努力才能學會，則認知負荷愈大。

ㄗ

- 自我效能（self efficacy）：個人對自己能否達成特定行動目標或完成特定任務的信念。
- 自我概念（self-concept）：個人對自己身、心、靈等多方面的知覺與信念之綜合。
- 尊嚴勞動（decent work）：又稱合宜勞動、體面勞動，是概括人們在工作生活中各種願望的勞動。包含獲得有生產力和公平收入之工作機會的提供，工作場所的安全和家庭的社會保護，個人發展和社會融合的更佳前景，有表達其關切、組織和參與影響其生活、機會平等和性別待遇之決定的自由。
- 資歷（qualification）：個人具備既定標準下之學習結果經權責機構評估和驗證程序決定的正式結果，通常會發給證書、文憑或學位予以證明。
- 綜合效益（synergy）：簡稱綜效，團隊合作所產生整體大於個體之總和的能量或效益。例如在其他變數相同下分別採用兩種單一教學法只能分別讓學員

／生精熟 30% 和 20% 的技能，若兩種教法混合使用能讓學員／生精熟 70% 的技能，則兩種教法混和的綜效為 20%（即 70% – (30% + 20%)）。

- 總結性評估（summative assessment）：發生在課程或班制中某時間點（某學習段落結束時、整個學習結束時或學習中任何時候）所進行，目的在總結了解學員／生到該時間點之成就的評估，通常比形成性評估更結構化。

ㄙ

- 思考─配對─分享（Think-Pair-Share, TPS）：一種合作學習活動，教師／訓練師提出一個開放式問題，學員／生安靜地思考（Think）一、兩分鐘。然後，每個學員／生與一名搭檔配對（Pair），討論該問題兩到五分鐘。最後，全班進行討論，學員／生舉手並分享（Share）他們蒐集到的所有想法和意見。
- 速成訓練（accelerated training）：目的在使受訓者能夠在比通常短很多的時間內，獲得進入某一職業所需資歷之密集式的職業訓練或再訓練。

一

- 硬能力（hard skill）：又稱硬實力，指工作所需的技術性能力。例如使用特定機具、設備、器材，執行工作所需特定任務和程序的能力。

ㄨ

- 偽工作（pseudo-job）：指低於個人資歷的工作，如具工程師資歷者擔任清潔工；或泛指生產力低的工作，如專職的送葬人、街頭舉看板人等。
- 微憑證（micro-credential）：透過時間短、標的能力聚焦的班制取得的職能表徵。

ㄩ

- 魚缸辯論（fishbowl debate）：一種合作學習活動，如果只有討論沒有辯論時則稱為魚缸討論（fishbowl discussion），學員／生被分為內圈和外圈，在內圈（即魚缸內）的 4 或 5 名學員／生針對主題進行辯／討論；外圈（即魚缸外）的學員／生安靜地聆聽辯／討論並做筆記。內外圈學員／生需輪替使歷練貢獻者和聆聽者角色。

又

- 歐洲職業教育與訓練學分制（European credit system for vocational education and training, ECVET）：歐盟（EU）用以協助個人轉移、認可和累計其學習成果，以利取得資歷的技術性架構。其工具和方法包括以學習結果單元和關聯點數、轉移和累計程序以及補充文件（如學習協議、成績單和 ECVET 使用者指引）來描述資歷。

其他

- BYOD："Bring Your Own Device"（自攜電子設備）的縮寫，指允許或要求學員／生在課堂上使用自己帶來的電子設備（如筆記型電腦、智慧型手機等裝置）。
- Z 世代（generation Z/Gen Z）：指 1996-2010 年出生的人，此一介於千禧世代和 Alpha（α）世代之間的世代受到數位科技、氣候變遷、金融局勢變動和 COVID-19 等影響，其特質是喜歡寵愛自己、社群媒體和自我風格，重視社會議題和工作—生活平衡等。

附錄二：職能的常用行動動詞及其釋義

說明：職能是和工作生活有關之知識、技能、才能和其他特質的組合，通常由可觀察和可測量的行動動詞（action verb）開頭。本附錄所列行動動詞並未窮盡。

資料來源：Department of Administrative Services (DAS), 2021; University of Alabama at Birmingham, n.d.

ㄅ

- 保全（Secure）：避免損失的風險。
- 保證（Assure）：給予信心、確定、擔保。
- 保證（Insure）：採取必要的措施和防範來確保。
- 報告（Report）：敘說；提供資訊或資料。
- 比較（Compare）：確定兩個或多個項目、條目是否相同，如否則辨認差異所在。
- 標準化（Standardize）：使遵行透過權威、習慣或普遍同意所建立的事物之模型或規準。
- 編輯（Edit）：修改和準備材料（書面、影片、磁帶、配樂）以供出版或展示。
- 編寫（Compose）：以適當或有序的形式創建或排列。
- 辨識（Identify）：確定來源、性質或明確特徵。

ㄆ

- 排程（Schedule）：規劃時間表。
- 排優序（Prioritize）：根據事物的重要性或緊急程度進行排序或排名。
- 培育（Foster）：促進成長或發展。
- 評價（Appraise）：評鑑事物的價值或功績。
- 評估（Assess）：確定事物的價值或準確性；評鑑。
- 評鑑（Evaluate）：決定或確定價值；評估；審慎評價。

ㄈ

- 發布（Issue）：正式提出或分發。
- 發展（Develop）：揭露、發現、完善或展開計畫或想法。
- 分配（Distribute）：交付到適當的目的地。
- 分類（Classify）：排列或分派到類別。
- 分析（Analyze）：分解至元素並批判性地檢視，以研究或確定關係。
- 服務（Serve）：協助或促進利益；以特定身分行事。

ㄉ

- 代表（Represent）：代替或為他人行動。
- 登記（Register）：登入紀錄；正式或官方註冊。
- 督導（Supervise）：親自監督、指揮或指導負責滿足標準的他人工作。
- 達到（Attain）：獲得或實現。

ㄊ

- 探究（Investigate）：透過仔細檢查和系統性查詢進行研究。
- 推展（Promote）：鼓勵成長和發展；透過安排或介紹來進一步推進或導入某事。
- 推進（Proceed）：開始執行行動。
- 推薦（Recommend）：勸說或建議採取行動；提議或建議採用。
- 推斷（Project）：透過資料外推估計事物。
- 通知（Notify）：使知悉。
- 通信（Correspond）：書面溝通。
- 提示（Refer）：為協助、處理資訊或決定而送交或指示。
- 提供（Provide）：供應所需的東西；裝設。
- 提議（Propose）：宣布計畫或意圖。
- 調查（Survey）：檢查條件、情境或價值。
- 調節（Regulate）：使有秩序或合方法。
- 調解（Mediate）：透過與有爭端的雙方合作幫助他們達成協議。
- 調整（Adjust）：對某些事物進行細微的改變，使其更適合或更能發揮功能。
- 談判（Negotiate）：為達成協議與他人協商。

ㄌ

- 利用（Utilize）：使用。
- 領導（Lead）：引導或指導某條路線或方向；引導；指導營運。

ㄍ

- 估計（Estimate）：預測要求；估價；判斷近似值。
- 改善（Improve）：使事物變得更好，提高事物的價值或品質。
- 更新（Update）：使合時宜。
- 貢獻（Contribute）：在實現目標或產出結果扮演重要角色。
- 規劃（Plan）：設想或計畫實現一系列行動。
- 僱用（Hire）：給予有薪酬職務。
- 概述（Outline）：對重要特徵進行總結。
- 溝通（Communicate）：傳達口頭或書面訊息；傳遞資訊。
- 管理（Manage）：行使行政、執行和監督性指導。
- 購買（Purchase）：用金錢或等價物品購買東西。
- 歸檔（File）：有條不紊地安排。

ㄏ

- 合併（Consolidate）：連結成一整體。
- 核准（Approve）：接受為滿意；對資源的投注行使最終決定權。
- 回答（Answer）：以口頭或書面回覆請求或要求。
- 回應（Respond）：回覆或做出反應。
- 彙編（Compile）：彙集資訊；蒐集自其他文件。

ㄐ

- 加速（Expedite）：加快程序或進展。
- 建立（Establish）：使之存在；簽訂協議。
- 建構（Construct）：透過組合或排列零組件形成。
- 建議（Advise）：推薦行動方案；提供基於專門知識的意見。
- 計算（Calculate）：進行數學運算；做出確定或可能的判斷。
- 校對（Proofread）：閱讀文字以找出錯誤並進行更正。

- 記載（Document）：以書面資訊和紀錄支持
- 接受（Accept）：接收；認為是眞實的、正當的、正常的、必然的。
- 教導（Instruct）：教學；教練；傳授或傳播知識。
- 解決（Solve）：找到對策。
- 解釋（Interpret）：構思某事物的意義；向他人解釋某事物。
- 監視（Oversee）：視導、觀看或調查。
- 監督（Monitor）：出於特定目的的觀看、觀察，或檢查；追蹤。
- 稽核（Audit）：進行正式檢查或評核。
- 檢查（Examine）：仔細查看以確定合規性。
- 檢視（Inspect）：嚴格檢查適用性；執行時具有接受或拒絕的權力。
- 繳交（Submit）：提出或呈現供他人酌情或判斷。

ㄑ

- 求解（Resolve）：尋找解決方案。
- 清晰表達（Articulate）：提供清晰和有效的溝通。
- 確定（Determine）：解決；最終性或權威性地決定。
- 確保（Ensure）：保證或確定。
- 確認（Confirm）：准許、驗證。
- 簽署（Sign）：透過簽名正式批准文件。

ㄒ

- 協作（Collaborate）：與他人一起工作；為了與他人合作，擔任提供密切關係、聯繫或連結的聯絡人。
- 協助（Assist）：給予支持或輔助。
- 協調（Coordinate）：組合他人的行動以達到共同的結果。
- 修改（Revise）：重做以修正或改善。
- 修整（Modify）：進行更改。
- 訓練（Train）：教導或指導他人以達到預定標準。
- 詳述（Specify）：精確詳細地陳述或明確命名。
- 選擇（Select）：選出最適合的。

ㄓ

- 支持（Support）：促進利益或事物的成因。
- 主持（Facilitate）：使程序更容易執行。
- 制定（Formulate）：開發或設想。
- 招募（Recruit）：尋找他人成為新成員、學生或工作人員。
- 指引（Guide）：展示或引導道路；管理事務；影響他人的行為或意見。
- 指派（Assign）：分派或指定由他人執行的任務或職責。
- 指揮（Conduct）：引導；從指揮或管制的職位進行；指導或參與營運或管理。
- 指導（Direct）：透過目標、政策、實務的制定指引工作營運。
- 追求（Pursue）：採取措施以獲得或完成。
- 追蹤（Track）：觀察與監控經過。
- 執行（Execute）：使生效或實施。
- 掌理（Administer）：管理或指揮職責或行動的履行。
- 準備（Prepare）：為某種目的、用途或活動做好準備。
- 製作（Produce）：賦予形狀或形式，做出或產出某物。
- 轉錄（Transcribe）：將資料從一種記錄形式轉化到另一種形式，而不改變資料本質。
- 證實（Verify）：確認或確定真實性；證明。

ㄔ

- 呈現（Present）：介紹；給予；提供查看。
- 承認（Recognize）：清楚地知覺；表示讚賞。
- 查核（Review）：仔細檢查或批判性地檢查；檢查或重新檢查。
- 處理（Process）：依規定程序辦理。
- 創始（Initiate）：開始或導入。
- 創造（Create）：使之存在；透過想像力產出。
- 傳播（Disseminate）：散布或散發資訊。
- 澄清（Clarity）：就事物透過更詳細的解釋使更清楚。

ㄕ

- 生成（Generate）：使之存在；使成為；產出。
- 蒐集（Gather）：收集；累積並依序放置。

- 師徒式指導（Mentor）：爲經驗較不足的人提供建議和支持，並監督和促進其進步。
- 書寫（Write）：寫字、撰擬。
- 授權核准（Authorize Approve）：透過既得權力授權。
- 設計（Design）：根據計畫構思、創建和執行。
- 設想（Devise）：提出新的事物，也許透過組合或應用已知的或新的想法或原理。
- 實行（Perform）：實現或執行某項動作或功能。
- 實施（Implement）：付之行動；執行計畫或方案。
- 篩選（Screen）：檢查並區分重要性的性質；過濾。

ㄗ

- 組裝（Assemble）：從各種來源按預定順序彙集或聚集在一起。
- 組織（Organize）：建立行政架構；安排或形成。
- 增進（Enhance）：改善；做得更好。
- 諮商（Counsel）：提供建議或輔導，向……諮詢。
- 諮詢（Consult）：尋求他人的建議；提供專業建議或服務；商議。
- 遵守（Comply）：順應如規則、法律、政策或法規等事物。
- 總結（Summarize）：以口頭或書面簡潔地概括要點。
- 贊同（Endorse）：支持或推薦；表示許可。

ㄘ

- 草擬（Draft）：準備初步形式的論文或文件。
- 參加（Attend）：爲了做出貢獻而出席。
- 參與（Participate）：較深入地參加。
- 採行（Adopt）：採取並付之實施；接受或執行計畫。

ㄢ

- 安排（Arrange）：爲活動做準備；按正確順序排列。

ㄧ

- 研究（Research）：從多個來源探究特定問題。

· 應用（Apply）：為了某種目的而使用；勤勉地或加以密切注意地使用。

ㄨ

· 完成（Accomplish）：全面執行；達到。
· 完備（Finalize）：使某件事達到一切都已達成一致並安排好的地步。
· 委託（Delegate）：委由他人執行可能帶有特定課責程度的任務或職責。
· 問候（Greet）：以誠摯、專業的方式歡迎。
· 晤談（Interview）：透過各種來源的詢問或檢查以獲取事實或意見。
· 維持（Maintain）：保持現有狀態；固持。

ㄩ

· 預料（Anticipate）：預見和提前處理、事先思考或考慮、提早補救。
· 預測（Forecast）：意料；提前估計。
· 預算（Budget）：規劃資源（特別是金錢或時間）的分配、支出或使用。

國家圖書館出版品預行編目資料

職業教育與訓練／李隆盛著. ──初版.──
臺北市：五南圖書出版股份有限公司，
2024.11
面； 公分
ISBN 978-626-393-840-3（平裝）

1.CST: 技職教育 2.CST: 職業訓練

528.8   113015338

1I8B

職業教育與訓練

作　　者 ― 李隆盛

企劃主編 ― 黃文瓊

責任編輯 ― 黃淑真、李敏華

文字校對 ― 黃淑真

封面設計 ― 姚孝慈

出 版 者 ― 五南圖書出版股份有限公司

發 行 人 ― 楊榮川

總 經 理 ― 楊士清

總 編 輯 ― 楊秀麗

地　　址：106臺北市大安區和平東路二段339號4樓

電　　話：(02)2705-5066

網　　址：https://www.wunan.com.tw

電子郵件：wunan@wunan.com.tw

劃撥帳號：01068953

戶　　名：五南圖書出版股份有限公司

法律顧問　林勝安律師

出版日期　2024年11月初版一刷

定　　價　新臺幣600元

經典永恆・名著常在

五十週年的獻禮——經典名著文庫

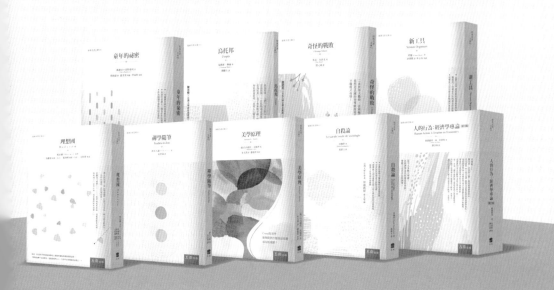

五南，五十年了，半個世紀，人生旅程的一大半，走過來了。

思索著，邁向百年的未來歷程，能為知識界、文化學術界作些什麼？

在速食文化的生態下，有什麼值得讓人雋永品味的？

歷代經典・當今名著，經過時間的洗禮，千錘百鍊，流傳至今，光芒耀人；

不僅使我們能領悟前人的智慧，同時也增深加廣我們思考的深度與視野。

我們決心投入巨資，有計畫的系統梳選，成立「經典名著文庫」，

希望收入古今中外思想性的、充滿睿智與獨見的經典、名著。

這是一項理想性的、永續性的巨大出版工程。

不在意讀者的眾寡，只考慮它的學術價值，力求完整展現先哲思想的軌跡；

為知識界開啟一片智慧之窗，營造一座百花綻放的世界文明公園，

任君遨遊、取菁吸蜜、嘉惠學子！